U0366479

"十三五"国家重点图书出版规划项目

中国法学前沿·研究生教学参考书

Frontier of Chinese Law Research
Reference Books for Postgraduates

Comparative Corporate Law:
International Experiences and Suggestions for China
(2nd Edition)

现代公司法比较研究

——国际经验及对中国的启示

（第二版）

黄 辉 著

清华大学出版社
北 京

版权所有，侵权必究。举报：010-62782989，beiqinquan@tup.tsinghua.edu.cn。

图书在版编目(CIP)数据

现代公司法比较研究：国际经验及对中国的启示/黄辉著. —2 版. —北京：清华大学出版社，2020.5（2024.7 重印）

（中国法学前沿·研究生教学参考书）

ISBN 978-7-302-55312-0

Ⅰ. ①现… Ⅱ. ①黄… Ⅲ. ①公司法－对比研究－世界－研究生－教学参考资料 Ⅳ. ①D912.290.4

中国版本图书馆 CIP 数据核字(2020)第 058292 号

责任编辑：李文彬
封面设计：傅瑞学
责任校对：赵丽敏
责任印制：杨 艳

出版发行：清华大学出版社
   网 址：https://www.tup.com.cn, https://www.wqxuetang.com
   地 址：北京清华大学学研大厦 A 座 邮 编：100084
   社 总 机：010-83470000   邮 购：010-62786544
   投稿与读者服务：010-62776969, c-service@tup.tsinghua.edu.cn
   质量反馈：010-62772015, zhiliang@tup.tsinghua.edu.cn
印 装 者：三河市东方印刷有限公司
经 销：全国新华书店
开 本：170mm×240mm 印 张：22 插 页：2 字 数：417 千字
版 次：2011 年 1 月第 1 版 2020 年 6 月第 2 版 印 次：2024 年 7 月第 6 次印刷
定 价：86.00 元

产品编号：077970-01

敬献母校清华

序

　　如果有人问,我们可以看到的公司法著作是多还是少? 恐怕不能以简单的答案回答这个简单的问题。可否这样说,一般性的公司法著作不少,有特色的公司法著作并不多。

　　目前,市面上的公司法著作有两类:一是中国学者写的讨论中国公司法问题的著作;二是中国学者翻译的外国学者撰写的著作。无疑,第一类公司法著作在采用比较法研究问题时也会涉及国外公司法,但毕竟不是专门研究外国公司法的著作。后者,由于是外国学者的著作,即使采用比较研究方法,涉及中国公司法问题,但他们不可能顾及在中国文化背景下成长起来的读者,包括大部分公司法学者和专业人士。因此,在公司法的著作中,缺少熟悉中国文化背景,也熟悉外国公司法的学者撰写的著作。在这一意义上,黄辉教授所著《现代公司法比较研究——国际经验及对中国的启示》有着特别优势。作者受过国内系统的高等教育,其法学学士学位与法学硕士学位均在清华大学取得,又有在国外著名大学研究和工作多年的经历,站在一个中西文化的交汇点上,对于国内外公司法都有很好的把握,因此,在进行公司法比较研究时,他懂得如何结合中国实践,突破中国读者理解外国法的重点与难点,并有针对性地提出一些如何借鉴国际经验的意见和建议。所以,本书的出版不仅有重要的理论意义、实践价值,也有着很强的可接受性。

　　该书是一部公司法的比较研究著作,深入各章研读可以发现,它通过揭示澳大利亚公司法的要义及其与其他英美法系国家的对比分析,展现了英美法系公司法的核心特征,与大陆法系公司法相映成趣。基于此,它不仅考量了现代公司法的各种具体制度,而且阐述了公司法的经典理论和发展前沿,为我们充分展现了现代公司法的特色,让我们看到了现代公司法的整体性格、历史衍变和未来趋势。以英美法系为例,各国公司法虽同出一源,但在各自不同的国情下独立发展,在继承英美法总体精髓的基础上,融入了本国的特性,促使了全球范围内公司法的多样性。这再一次告诉我们,公司法是世界的,但它首先是民族的。

　　因此,本书的最大特色是有所选择,在比较分析中鲜明地展示了各国公司法的共性与个性。无疑,从理论到实践,国外公司法涉猎的内容浩如烟海,如将其所有内容作为一部著作的讨论对象,对于作者而言不一定是难事,但对于非以研究国外公司法为职业的读者则不一定都是好事。相反,以"特色事项"为参照,突出重点,在重要问题上加以阐述,则是一种很好的选择。该书除了对公司法历史发展路径的分析以外,重点讨论了公司的存续、组织、人格、董事义务、股东救济、公司集团和公司的监管体系等,并在其中以较多篇幅论述了澳大利亚公司法的特色之处,诸如其从州法到联邦法的演变(这与美国公司法形成鲜明对比)、一部公司法典涵括证券甚至全部金融产品(这与英国单独制定金融服务法形成鲜明对比)、董事义务的特殊类型、公司监管机关的特色执法等,都向人们展示了国外公司法的特质之处,使人有耳目一新之感。

当然,我们作为读者研读国外公司法并不仅以了解知识为目的。我们的重要任务是不断完善中国公司法,并使之现代化。因此,从所有发达的市场经济国家的公司法制度、判例、学说中寻找促使中国公司法完善、现代化的经验、手段与工具,是我们的重要目的。为达到这一目的,我们需要阅读外文的国外公司法文献,也需要阅读在国外进行研究工作并已取得成就的中国学者的中文著作。

我不仅和黄辉有师生之情,也有幸作为他所著《现代公司法比较研究——国际经验及对中国的启示》一书在中国境内的第一读者,通读全书,亲自感受其上述价值。我相信,读者一定会从此书受益。因此,特作此序,并祝该书问世。

王保树

2010 年 11 月于清华园明理楼

二 版 自 序

此书自 2011 年首发以来,承蒙各方厚爱,几度售罄,出版社也已数次加印。作为与经济联系最为密切和重要的法律,公司法一直在不断发展,因而几年前就想修订,但由于各种事务实在太多,且在香港的学术研究成果以英文为主,故一再延宕,时至今日,已届十年,母校清华也迎来 109 年华诞,第二版工作开始成为我工作重点之一,终于顺利完成。

第二版主要是对已有内容的更新和补充,没有增加新的章节,主要原因在于,一方面,出版社对于书稿篇幅有限制,大量增加篇幅将抬高成本;另一方面,从学术上讲,选题须有取舍,与其贪多求大,不如精耕细作,有所侧重。我本想增加公司资本制度的相关章节,比如公司类别股、公司减资和股份回购等,但正如我在初版自序中提到,公司资本制度与证券法联系紧密,同股不同权规则和股份回购规则等都主要涉及证券市场,希望以后有机会再写一本证券法比较研究的书时予以涵括。另外,中国公司法修改工作已经启动,我有幸受邀在 2020 年 1 月 8 日参加了商法学研究会在清华举办的公司法修改巡回论坛第一场,主题就是公司资本制度的修改,发现大家意见分歧颇大,因此,更让我坚信有必要进一步研究,使得思考更为成熟,论证更为有力,而不宜仓促行事,误人误己。

在对已有内容的更新和补充过程中,主要有以下几个特点。首先,初版是以澳大利亚公司法为切入点,第二版除了进行更新之外,还延展了更多其他法域,特别是香港公司法,同时加强了对美国与英联邦法域区别的论述(虽然美国属于英美法系,但实际上与英联邦法域存在很大差异,而国内学者经常将英美法系作为一个整体讨论,从而忽视它们内部的微妙关系),以让读者对国际经验有更全面和深入的理解;其次,在国际经验的基础上增加了关于中国问题和相关建议的讨论,比如,公司注册资本制度改革、公司法人格否认制度、公司法定代表人越权担保行为的效力和责任问题、董事义务制度、股东派生诉讼制度,以及公司集团制度等,以提升本书的针对性和实用性;最后,第二版吸收了我在过去十年的一些研究成果,由于篇幅限制,很多地方只能点到为止,详细论述可以参见相应脚注中的原始文献。

由于担心盗版和电脑兼容等问题,出版社没有给我初版的 Word 文档,我只好对照纸质书,逐条列出需要修订的地方,这显然没有在 Word 文档上直接修订起来方便,可能使得第二版文本与初版文本之间有些衔接不顺之处。由于时间和能力的限制,第二版肯定还有不少缺憾,敬请读者像对待初版一样不吝指出,以供日后改善。实际上,这次第二版受益于很多读者给我提出的建设性意见,每当读者提出建议,我都一一记录下来,在第二版时参考使用,从这个意义上讲,本书是读者与作者的共同智力成果,因此,谨向各位读者表达诚挚谢意。另外,清华大学出版社李文彬老师对于此书的加印和第二版工作给予了大力支持,高效严谨,令我感佩。最后,感谢家人一如既往的支持,正如十年前初版过程中的小儿一样,小女在修订版过程中带来了无限的欢乐,他们和此书一样都是我的生命意义之所在。

黄辉

2020 年 1 月 28 日于香港

一 版 自 序

一、本书的缘起

在经济日益全球化的今天,公司法作为与经济联系最为密切和重要的法律,也在悄然经历一场全球化的进程。放眼望去,自20世纪90年代中期以来,公司法改革的浪潮汹涌澎湃,席卷全球,各国都在努力健全和完善公司法,以提高自己在国际经济舞台上的竞争力。应当承认,与西方发达国家相比,我国的公司法还有一定差距。他山之石,可以攻玉,我们需要了解国外公司法的传统特色及其最新发展,进行比较和甄选,采取"拿来主义",根据国情予以借鉴和吸收。

我在国外从事公司法的教学和研究工作,但与母校清华和国内学术界一直保持着非常密切的联系,每年至少回国一次参加学术会议,同时也邀请国内学者去国外访问,并有机会进行一些合作研究。在这些学术交往中,我听到一些评论,认为国内外的学术交流还应当进一步加强:虽然国外的公司法规则和理论不断引进到国内,但还是难以有一个全面和深入的理解。究其原因,一方面,由于英文水平和文化背景等方面的一些不足,有些引进和论述不甚清楚,有失偏颇,甚至存在舛误之处;另一方面,引进的系统性不强,很多都是围绕个别问题进行论述,有时导致"只见树木,不见森林",不太了解各个具体制度之间的相互制约和补充关系,可能出现理解片面和盲目借鉴的问题。比如,中国公司法原则上引入了股东派生诉讼等新颖制度,但实际效果尚存疑问,因为除了法律条文之外,国内立法对于这些制度在国外的具体运行环境关注不够,包括法院角色、律师作用、诉讼费用规则以及其他替代性救济制度等。

鉴于上述问题,有些"好事"的朋友"怂恿"我:何不利用国内和国外的双重背景撰写一本公司法比较研究的著作呢?当我就此通过国际长途电话向恩师、中国法学会商法学研究会会长、清华大学法学院王保树教授请教时,他肯定了本书价值并大力鼓励。我早年就读清华时,王老师就时常谆谆教诲,中国的公司法起步晚,基础非常薄弱,具体制度欠缺甚多,需要广泛借鉴和吸收国外公司法的发展经验,而且强调在进行比较研究时,不能只求大概和生搬硬套,而必须深入了解详细的具体规则和当地的法律环境,这样才能全面了解一项法律制度,并在此基础上结合中国国情进行甄选和本土化,减少并尽量避免出现"淮南为橘,淮北为枳"的问题。

二、本书的内容

作为公司法比较研究著作,本书写作的一个核心问题就是研究范围,包括两个方面,一个是比较的国家范围,另一个是讨论的题目范围。

对于第一个问题,经过反复考虑,笔者决定以英美法系为中心,并选择以澳大利亚公司法为切入点和模板展开讨论。首先,在一本书中全面涵盖世界各国公司法,显然既无必要,亦不可行,这样的研究绝非一人之力可以完成。其次,选择以英美法系为中心是因为该法系历史悠久,特征鲜明,在法律制度和理论研究等方面都处于领先地位,对各国公司法的发展影响深远,包括我国公司法。再次,笔者多年来一直在英美法系国家中从事公司法等领域的教学和研究,对于英美公司法有一些成果积累和体会心得。但大陆法系公司法也很有特色(欧盟多年来通过公司法指令等方式努力推动欧盟公司法一体化)①而我国传统上属于大陆法系,公司法早年间接通过日本和中国台湾等法域受到一些大陆法系的影响,因此在很多问题上本书也探讨了大陆法系国家的相关做法,与英美法系进行比较和对照。最后,英美法系本身乃一大法系,所属国家何其多也,笔者自忖目前没有能力、可能也没有必要将各国都详细讨论。本书的做法是,选取其中一国作为切入点和平台,在此之上兼顾其他各国,从而揭示英美法系公司法的一些共同特征和差异之处。

那么,以哪个英美法系国家为切入点呢?笔者的选择是澳大利亚公司法。一方面,就英美法系而言,国内关于英国和美国公司法的著作或译作已经很多,大家对于它们已经相当了解,特别是美国公司法,几乎已经成了国内公司法教学和研究的实质内容,很多学者言必称之,因此再以它们为切入点恐成赘言,难有新意。另一方面,英美法系中,各国公司法虽然相互借鉴,存在很多共性,但历经多年的不同路径发展,已经各具特色。如今,英国公司法与美国公司法在理念和制度上存在不少差异,而澳大利亚公司法兼受英国法和美国法的影响,因此非常适合作为从比较法角度研究英美法系公司法的一个平台和枢纽。相对而言,国内学者对于澳大利亚公司法了解不多,而其又非常富有特色,在一些制度上领英美法系甚至全球风气之先,比如证券交易所的公司化改制并自我上市、金融监管体制的"双峰"监管模式、公司授权资本制的废除、董事的防止破产交易义务以及董事义务和股东派生诉讼等重要制度的成文化改

---

① 除了公司法指令(company law directive)之外,欧盟还发布了股东权利指令(shareholders rights directive)和金融服务指令(financial services directive),这些指令对于公司法都有一定影响。

革等。① 笔者在澳大利亚从事公司法的教学和研究已有多年,对该领域的掌握有相当自信。当然,这种做法的一个潜在问题是澳大利亚法的讨论比例可能偏大,但此问题目前还是先留给读者评判,如有需要笔者希望在以后的版本修订中再作调整。

历史上,澳大利亚最初是英国的一个海外殖民地,直接承继和接受英国法,因此早期的法律影响主要来自英国。1901年,澳大利亚组建联邦,成为一个主权国家,其法律开始独立发展,兼容其他法源,并进行本土创新,逐渐自成体系。1986年,澳大利亚修改宪法,使其法律体系与英国法在形式上完全脱离。当然,由于历史传统的原因,现实中英国法对于澳大利亚法律的影响仍然很大。时至今日,尽管英国法在澳大利亚已经没有强制性的约束力,但澳大利亚法院还是非常尊重英国判例。另一方面,第二次世界大战之后,由于政治、经济和地缘等方面的原因,澳大利亚与美国开始建立和加强战略同盟关系,美国法对于澳大利亚法律的影响相应增大,特别是体现在与经济有关的法律诸如公司法中。简言之,澳大利亚公司法同时参考英国法和美国法,在结合国情的基础上兼容并蓄,大胆创新,自成一极。这使得澳大利亚公司法既具有自己的鲜明特色,又蕴存了英美法系的整体特征。比如,在公司法人格否认、股东派生诉讼和控股股东义务等很多重大问题的处理上,澳大利亚公司法采取了一个介于比较保守的英国法和比较激进的美国法之间的折中态度,保持了较好的立法平衡,非常具有比较研究价值。

内容范围的第二个问题是讨论题目的选取。虽然公司法一词已经成为一个非常通用的词汇,但公司法的内涵和外延并不完全清楚,特别是对于公司法与证券法之间的关系问题,不同国家、不同学者的理解也不尽相同。比如在英国,公司法是历史悠久的传统法律部门,证券法通常被视为公司法的一部分,需要指出,虽然2000年金融服务市场法(Financial Sevices and Markets Act)在立法上与公司法分离开来,但学者还是在理念上将其归入公司法范畴②;澳大利亚的"大公司法"特征更为明显,一部公司法(Corporations Act)包罗万象,涵括了公司、证券甚至其他金融产品的相关法律问题;而在美国,证券法的地位则相对独立,成为一个自成体系的法律部门。另外,虽然

---

① 笔者在悉尼时曾经与同事闲聊,探讨为什么澳大利亚能够在相当数量的商法制度方面处于"领头羊"地位。这当然是一个巨大的话题,背后原因很多,其中很有意思的一种解释是:一方面,澳大利亚的市场足够大,商业行为也足够多,从而有机会面临商法重大问题并有动力去解决它们(相比之下,一些经济容量很小的欧洲和亚洲小国等就不会有同样的机会和动力);而另一方面,澳大利亚的市场又足够小,历史包袱也足够少,因此法律改革成本较低,更容易对于商法重大问题及时作出法律反应(相比之下,美国强大的利益集团政治和英国传统的保守法律文化等因素阻碍了这些国家的很多法律改革)。

② 英国比较权威的几本公司法著作在体例上都是如此,比如 Paul L. Davies, *Gower and Davies' Principles of Modern Company Law* (8th ed, Sweet & Maxwell, 2008); John Lowry and Arad Reisberg, *Pettet's Company Law: Company and Capital Market Law* (3rd ed, Longman, 2009)。

证券法有时称为 securities law，但更多时候是"证券监管"(securities regulation)，其原因主要在于，该法律部门的很多规则都是监管机构制定的。① 因此，不同学者对于公司法与证券法著作的内容范围问题各持己见：美国的公司法著作主要限于传统范围；而英国和澳大利亚的公司法著作则范围广泛，包括证券法的内容，比如公司发行股票融资、公司收购、信息披露和资本市场不当行为等问题。

中国的立法模式借鉴美国，对于公司与证券分别立法，而本书是面向中国读者，故本书主要限于传统的公司法范围，对于证券法问题以及与证券法紧密联系的公司资本问题(比如，债权融资与股权融资比较、股息分配、股票类别设立及更改、公司减资以及股份回购等)，笔者计划以后再单著一书，与本书互为姊妹篇。

三、本书的体系

在进行比较分析时，体系结构非常重要，应该既有整体的把握，又有具体的细节，这样理解才能全面和深入。本书的体系结构主要基于笔者在国外多年的公司法教学和研究体会，经过了国外学生的实际检验，希望有些借鉴意义。近年来，国内一些学者在编撰教材时不再拘泥于公司法的立法框架，而是广泛参考国外的教材体例，极大地提高了国内公司法教材的质量，是一种值得庆贺的发展趋势。但在借鉴国外教材体系时，有一点需要注意，即不要盲目模仿照搬，因为国外的公司法教学在实践中很灵活，并不是机械地遵循指定教材的体系内容。

比如，很多公司法教材都没有讨论公司立法和监管体系，这并不是因为该问题不重要——不懂得公司监管体系，岂能真正理解公司法规则的来源与执行？在美国，公司法属于州法事务，证券法属于联邦事务，因此通常在证券法教材中讨论监管体系问题。但由于监管体系的形式对于公司法的实质内容影响深远，该问题一直是学者争论重点，加上包括英国和澳大利亚在内的很多英联邦国家在公司法体系上与美国不同，具有统一的公司立法和监管体系，因此公司法课程也讨论公司法体系问题。另

---

① 近年来，以哥伦比亚大学的皮斯托(Pistor)和伦敦政治经济学院的许成钢等人为代表的一些学者提出了"不完备法律理论"(incomplete law)，并将其适用于金融监管领域。根据该理论，法律具有内在的不完备性，而立法机关是事前立法，法院是事后立法，都难以有效应对变化迅速的金融监管。相比之下，专门的监管机关兼具其事前和事后立法的双重功能，而且，与法院只有在当事人提起诉讼之后才能被动介入不同，监管机关能够主动介入，因此在法律高度不完备的金融监管领域，剩余的立法权和执法权应当授予监管机关。参见 Katharia Pistor and Chenggang Xu, "Incomplete Law—A Conceptual and Analystical Framework and its Application to the Evolution of Financial Market Regulation", available at http://papers. ssrn. com/sol3/papers. cfm? abstract_id＝310588；Katharia Pistor and Chenggang Xu, "Law Enforcement Under Incomplete Law：Theory and Evidence from Financial Market Regulation", available at http://papers. ssrn. com/sol3/papers. cfm? abstract_id＝1160987。

外,该问题显然具有重大的研究价值,故本书将它们与美国对比研究可以揭示英美法系内部公司法的不同发展模式。另外,对于公司集团问题,很多著作的处理是分散在公司具体问题中讨论,笔者将公司集团单列,作结全书,主要考虑公司集团本身就是一个独立的课题,其涉及的问题与单个公司完全对应,比如公司人格和公司治理等,单列有助于对比,逻辑结构更强。

另外,本书是以英美法系为中心的比较研究,因此在写作风格上更多地体现了英美法系的特征。在法律逻辑思维方面,大陆法系注重概括性的原理,然后演绎出规则,并适用于案件;而英美法系恰恰相反,是从具体的判例中归纳出规则和原理,因此判例的事实细节和推理过程就非常重要。为了充分揭示各国公司法之间的异同之处,从而更好理解现代公司法的精义,本书对于重大判例及相关规则作了很具体的论述,也许有人会认为这过于细节,但笔者认为,真正了解一门法律,就必须深入掌握详细规则。公司法的各种原理和概念大家现在都很熟稔,各国也大致趋同,但正如西谚所言,"关键在于细节"(the devil is in the detais),脱离具体规则而讨论原理和概念的后果是导致泛泛而谈和一知半解甚至误解,很多重大的法律问题往往就在于细节之处,在充分理解具体规则的基础上进行归纳和抽象才能"深入浅出",否则恐怕就会是"浅入浅出"。

以上种种对于本书写作问题的思考,实际上也反映了本书的写作历程。在国外,中文著作不算学术成果,也无法提升国际影响力,加上正常的教学任务和其他"现实意义"更为重大的科研项目已经相当繁重,因此本书写作在时间分配上只能退居其次,主要利用假期和一些零散时间完成。如前所述,本书的初衷很简单,就是笔者通过与国内学术交流发现,也许可以利用自己在国外公司法教学和研究中的一些成果和体会,以中国人的思维视角、结合中国公司法的当前问题探讨国外的公司法及其新近发展和动态,努力起到一个桥梁沟通的作用。本书的价值自应留给读者评说,但笔者的愿望是,本书应当至少在信息资料方面有所贡献,同时个人的一些浅见能够开阔一些思路,激发一些讨论。总之,限于学识和经验,书中不足和缺憾在所难免,敬请读者在谅解的同时进行批判性阅读,如能不吝赐教,提出建设性意见,以图日后修订,不胜感激之至。

黄 辉

2010 年 11 月于香港

目　　录

第一编　公司与公司法

第二编　公司存续与法人格

第一编 公司与公司法

第一章 导 论

本编旨在阐述公司法的历史发展,相关的公司法基础理论和监管体系,从而为以下各编对于公司法的具体比较研究铺下基石。本章将以英美法系为中心,讨论公司法的总体发展特征,揭示各国公司法之间的历史互动和内在联系。具言之,第二节将考察英美公司法的历史演变过程,并展望其未来发展方向。第三节探讨公司法的一些基础理论问题,比如,公司本质为何? 公司的权利和合法性来自哪里? 公司的价值目标又是什么? 这些问题贯穿本书始终,体现于公司法的各种具体制度之中,具有开篇明义,提纲挈领之效,故置于导论中阐述。

第一节 概 述

一、公司文化与资本主义:"四大时代"

从某种意义上说,西方资本主义的发展史就是公司及公司法的发展史,有学者将资本主义公司产业的发展大致划分为四个阶段,每个阶段都有自己的鲜明特色和主导经济形式。[①]

第一阶段主要处于 18 世纪到 19 世纪,称为"企业家时代"(age of the entrepreneur),属于公司发展的童年期,也是资本主义的财富原始积累阶段。在这个阶段,公司的股东和经理通常是同一个或同一群人,他们设立公司,投资公司,并管理公司,一人身兼数职,称作"企业家"。当然,这其中有不少人靠掠夺天然资源、贿赂政府官员和操纵证券市场等手段致富,故又称为"强盗式资本家"(robber baron)。

第二阶段是 20 世纪前叶,称为"职业经理人时代"(age of the professional business manager),属于公司发展的成熟期。在此阶段,公司的所有权与经营权分离开来,股东拥有公司的所有权,但经营权掌握在职业经理人手中。伯利(Berle)和米恩斯(Means)在其巨作《现代公司和私有财产》(*The Modern Company and Private*

---

① Robert Charles Clark, "The Four Stages of Capitalism: Reflections on Investment Management Treaties" (1981), 94 *Harvard Law Review* 561.

Property)中经典地描绘了这一现象。由于股东不再参与公司管理,股份与股东的身份之间没有直接联系,股份的流动性大大增强,证券市场迅速发展。

第三阶段出现于 20 世纪中叶,称为"基金管理人时代"(age of the portfolio manager)。此阶段的主要特征是机构投资者的兴起,将第二阶段中的股东所有权角色再次细分为资本提供者和资本投资者。在此阶段,证券市场日益重要,上市公司数量急剧上升,投资选择极大丰富,但鱼龙混杂,良莠不齐,从而投资抉择非常关键,投资专业化应运而生。基金管理人为普通投资者提供专业的理财和投资服务,成为投资者的投资者,同时,其他诸如投资银行等市场中介结构也蓬勃发展。基金开始成为公司的股东和证券市场的中坚,对于公司治理和市场发展具有重大的意义。

第四阶段萌芽于 20 世纪末期,称为"储蓄规划人时代"(age of the savings planner)。在该阶段,资本提供者的角色又一次细分为普通储蓄人和储蓄决策人。如今,各种保险机构、年金和养老金组织等为普通储蓄人提供储蓄建议,普通老百姓将储蓄交给这些机构,这些机构再投资于各种基金,成为基金的基金。概言之,从上述的四个发展阶段看,公司中的劳动分工越来越细,专业化程度越来越高,社会人员参与度越来越大,公司财富的分配度越来越广。与此相应,公司法也不断发展,并派生出证券法和投资管理法等,成为诸法之母法。

二、公司的英文用语之辨:"Company" or "Corporation"

在具体讨论公司与公司法之前,需要首先界定一下英美法系中"公司"的英文表述,以方便国际学术交流,避免不必要的概念混乱。在英文中,"公司"的对应单词有两个:company 和 corporation。这两个单词既有相同点,又有不同点,由于历史文化等方面的原因,不同国家对于它们具有不同的习惯用法。

首先,这两个单词的意思很相近,都可以用来指现代的公司组织,通常也可以相互替代使用。习惯上,company 多使用于英国,而 corporation 多使用于美国。在其他英美法系国家,比如澳大利亚,二者经常混用。澳大利亚 2001 年公司法典的名称使用的英文是 Corporations Act,但法典中的条文却大量使用单词 company。这一方面反映了澳大利亚公司法兼具英国法和美国法特征;另一方面也说明了 corporation 和 company 两个单词通常可以互换。

然而,二者在某些特定场合存在一些重要区别。这种差别经常引起很多有趣的问题,比如,unincorporated company 到底是什么意思?究竟如何翻译才妥当?为什么无限责任公司只能是 unlimited liability company 而不是 unlimited liability corporation?严格地讲,在公司法领域中,corporation 一般是指成熟的现代公司类型,具有现代公司的各项主要特征,比如独立人格、有限责任、永久存续以及内部治理等;

相对而言,company 的外延要比 corporation 广泛得多,除了现代公司形式之外,还包括其他一些相关的商业组织形式。①

实际上,company 一词的语义相当丰富,远远超出了公司法的范围。最广义而言,company 就是指一定数目的自然人为了共同的目标而聚集在一起所形成的联合。这种目标可以多种多样,甚至包括婚姻,结伴出游,行业协会,党派等(比如,company 具有"剧团"和军事建制上"连队"等语义)。不过,一般而言,company 通常是指那些为了商业和经济目的而形成的多人联合。在这个意义上,company 包括现代的公司组织和合伙组织。当然,狭义而言,company 几乎等同于 corporation,只限于现代的公司组织,而 partnership 用以专指合伙组织。因此,对于 company 一词含义的正确理解,要注意其使用的具体场合。比如,在短语 unincorporated company 中,company 的意思就是一般的商业组织,整个短语翻译为中文也就是"没有公司化的商业组织",否则很难表述和理解。同样,由于 company 在英文中并不必然就是现代的公司概念,unlimited liability company 的短语就使用 company 而不是 corporation。

应当指出,company 一词的丰富内涵主要是由于历史原因形成的,从而该词没有严格的法律定义。② 在英美法系的发源地英国,公司组织脱胎于合伙形式,二者之间具有紧密的历史渊源关系,而不是像今天很多人感觉的二者之间似乎泾渭分明。如后文所述,商业组织从合伙演化为公司的过程是一个连续的渐进发展过程,存在很多中间形态的过渡形式,它们兼具公司与合伙的双重特征,比如授产契约公司(deed of settlement company)。在普通法上,公司董事的信义义务就与合伙人之间的信义义务存在千丝万缕的联系。另外,在美国,自 20 世纪 90 年代后,兴起了一种很有意思的商业组织形式 limited liability company,这种组织形式实际上介于严格意义上的公司与合伙之间,比如,一方面,它具有公司的有限责任特征;另一方面,在税收、资本结构和内部治理等方面,又体现合伙组织的特征。因此,该组织形式的英文用 company 而不是 corporation。我国很多人把该组织形式按字面翻译为"有限责任公司",显然,这个翻译非常具有误导性,极易与我国公司法上的有限责任公司混淆。也许,我们需要创造一个新的词汇,毕竟英文中有 company 和 corporation 两个词,而对应的中文却只有一个"公司"。

---

① 需要注意,这并不是说 company 一词的含义比 corporation 广泛,相反,后者的外延可能更广泛一些,因为 corporation 有两种含义,一种是社团性的公司,称为 corporations "aggregate";另一种是单体性的社会职位,比如主教和牧师等神权职位和部长等政府职位,称为 corporations "sole"。有些学者认为,这可能是英国传统上使用 company 而不是 corporation 来称呼"公司"的原因。当然,如上所述,就公司法领域本身而言,corporation 的含义似乎比 company 更为严格和狭窄一些。

② Per Buckley J. in Re Stanley (1906),1 Ch. 131 at 134.

第二节　公司演变：过去与现在

公司是法人团体概念(body corporate)适用于商业领域的组织形式,已经在现代商业中占据了主导地位,不过,从历史上看,与法人团体概念本身相比,公司的崛起时期并不长。在英国普通法中,具有独立法人资格的社团形式早在一千年以前就已出现,但是,当时主要是作为一种调整宗教和社会群体关系的工具。随着中世纪后期西方资本主义的发展,法人团体形式开始应用于商业领域,称为商业社团、财团或公司(business corporation),直到 20 世纪初期才逐渐成为西方国家中主导性的商业组织形式,并随后为其他国家效仿。沧海桑田,岁月变迁,公司制度不断发展和革新,但是,中世纪公司的很多主要特征延续至今。毫无疑问,了解公司法的发展历史可以让我们更好地掌握现代公司法。

一、早期商业形式

公司是一种法人形式。尽管法人与自然人在权利能力和行为能力方面存在诸多差别,但是,二者最重要的共同点是都具有法律上的人格,从而能够独立地享有权利和承担义务。现代公司法的起源是与这种法人概念紧密联系在一起的。英格兰早在中世纪之前就有了团体法人理念。[①] 教会法首先发展了这一理念,因为教会长久以来拥有大量的财产和很多特权,教会在支配财产和行使权利时需要以团体法人的名义进行。教会法将自然人与法人区分开来,赋予宗教团体法人地位和独立人格以方便教会的活动。教会法的这个理论对于世俗的普通法产生了深远影响,普通法接受此理论后将其扩展到与宗教毫无关系的其他事务中,比如自治镇(borough),大学和行会(guild)等。这些团体都包括很多自然人成员,团体本身需要与个体成员区分开来。所以,团体法人形式最初是被用于与宗教和社会有关的事务,而且,法人人格需要通过英国皇室的特许状(charter)而获得。

行会是中世纪出现在商业领域的一种享有自治权的组织。在 13 世纪和 14 世纪,新兴的商人阶层为了摆脱封建制度的桎梏而争取各种自治权。英国皇室向商人颁发特许状,授予他们一些特权,比如对于某些商品的贸易垄断权,以团体名义起诉和应诉,使用团体印章等。这些团体就是行会。需要注意,虽然行会的组织形式方便地将团体和其成员的权利与义务区分开来,但是,行会并不是用以进行独立的团体交易,而是其成员个体交易的松散联合,因为个人交易通过行会能够享有那些特许状授

---

① A F Conard,*Corporations in Perspective* (1976),pp.126-134.

予的特权。另外,行会成员需要遵守行会规章,这些规章规定了入会、交易、争议解决等各方面的问题。所以,行会与现代的公司形式还相差甚远,更类似于今天的各种商业协会。

在中世纪,商业合伙形式也开始出现。商业合伙比行会更接近现代的公司形式,因为商业合伙是合伙人以一个共同名义进行交易,而不像行会中实际上是个人以自己名义独立交易。这个时候的合伙有两种形式。一种称为克蒙达(commenda),类似于今天的有限合伙。克蒙达中,一个有资金的合伙人向另一个有经营才能但没有资金的合伙人提供资金,双方根据合同分享合伙收益。提供资金的合伙人不参与合伙事务的经营管理,并只在其提供资金的范围内承担责任。由于这种有限责任,有限合伙在英格兰直到 1907 年才立法予以肯定,并影响了其公司法对于有限责任的态度。[①]另一种称为索肖塔(societas),发展为今天的普通合伙。每个合伙人都是其他合伙人的代理人,并对合伙债务承担无限责任。

二、特许公司(chartered company)

16 世纪中叶,由于商人阶层的日益崛起,行会作为一种中世纪规范行业的社会制度,已日趋式微,并最终瓦解。特许公司,作为一种新的团体形式,逐渐承继了行会规范交易活动的功能。但是,由于这些公司采用股份制结构以取代松散的个体交易,这种公司形式越来越成为追求私人利益的商业工具。

历史上,最早被称为公司(company)的英国商业组织为那些从事海外贸易的商人所采用。早在 14 世纪,英国皇室就颁布了这方面的特许状,授予那些组织一定的特权,但是,直到 16 世纪由于英国海外贸易和殖民活动的扩展,才经常颁发这种特许状,设立特许公司。荷兰和法国也存在类似的特许公司,而在西班牙和葡萄牙就没有,因为其皇室保留了自己进行海外贸易的权利,并通过国家机构从事海外贸易。另外,特许状授予公司的不仅是贸易特权,而且还有在海外的广泛自治权,比如立法权,征税权,甚至发行货币,宣战媾和等权利。

(一) 特许受制公司

最早的特许公司形式是所谓的"受制公司"(regulated company)。这种公司实际上是将行会制度原则扩展到海外活动,因为公司成员是自负盈亏和自担风险地独立进行海外贸易,只不过需要遵守公司制定的规章而已。[②]公司成员之所以设立这种公司,其目的是通过公司的特许状得到海外贸易的垄断权和公司在海外的自治管理权。

---

①　Paul L Davies, *Gower's Principles of Modern Company Law* (1997),19.

②　H R Hahlo, "Early Progenitors of the Modern Company"(1982),*Juridical Rev* 139, 150.

由于航海活动的高风险性,通过设立股份制来向社会大众筹集资金和分散风险就显得非常重要。因此,公司成员的单独贸易形式逐渐向公司股份制的贸易形式过渡,以团体名义和账户进行交易的合伙原则也逐渐被这种公司所采用,这种公司从而最终演变成具有紧密团体特征的商业组织。

我们可以通过著名的英国东印度公司的发展来理解这一演变过程。东印度公司最早在1600年通过特许状,获得在印度和印度支那地区的贸易特许权。最初,任何公司成员都能以私人名义独立地开展贸易。同时,他们也可以向公司出资认购股份,开始这种股份制在每一次航海活动后就清算。在1614年后,这种股份制的存续时间逐渐延长,不是以航海活动为准,而是以一定期间为准。1653年出现了第一个固定而持续的股份形式,但是,直到1692年,公司成员进行独立贸易的行为才被禁止。因而,东印度公司就从一个为了管理特定贸易而设立的受制公司,演变为一个追求公司成员商业利润的更为现代化的公司形式。这个新的公司形式被称为股份公司(joint stock company),并沿用至今。[1]

(二) 特许股份公司(chartered joint stock company)

但是,直到17世纪后半期,受制公司与股份公司的区别才比较清晰,而对于合伙与股份公司的区分就要晚得多。很多股份公司最初就是以合伙形式设立的,不过其合伙契约中规定了合伙人的出资份额享有一定程度的自由转让权。股份公司此时逐渐显示了优势,比如,公司可以永久存续,能够方便地提起诉讼,通过使用公司印章可以将公司行为与公司成员的个人行为区别开来,公司股份的自由转让等。需要注意,现代公司制度最为重要的优势,即有限责任,实际上是后来才具有的。这一点非常令人诧异,但实际情况确实如此。换句话说,追求有限责任并不是公司制度出现的直接原因。历史上,尽管早在15世纪就有一个判定非贸易性公司中公司成员对其公司债务不承担责任的案例,[2]但直到15世纪末,这一原则才最终适用于贸易性公司中。

后来,通过特许状授予公司商业垄断权的做法在政治上出现了问题。17世纪中叶,享有商业垄断权的公司受到了公众质疑。很多人认为商业垄断权是一种国家权力,应当由国家行使,而且,私人享有商业垄断权是对自由贸易的不当限制。在英国1688年的大革命后,英国皇室只能颁发特许状允许设立公司,但公司的商业垄断权则须由特别的法律授予。

---

[1] 需要注意,这里讨论的股份公司是公司发展过程中的一个历史形态,有别于我国现行公司法中规定的股份公司,但是,由于二者称谓相同,英文用语也一样,在国际学术交流和实务操作中有时会造成混淆。

[2] Holdsworth, H. E. L., vol. 3, 484.

除海外贸易外,设立公司的特许状也向英国国内的贸易业颁发。由于股份公司的优势,此时出现了一大批拥有法定垄断权而成立的强大的特许股份公司,吸引了广泛的投资大众的参与。适用于特许股份公司的一些实践做法和法律原则对现代公司法产生了深远影响。兹举几例,第一,许多特许股份公司的章程采用了"一股一票"的投票原则,而不是原来行会中的"一人一票";第二,公司的领导者,也就是现代的公司董事,被认为应当像代理人一样为公司服务,并承担信义义务;第三,公司财产与公司成员的财产相独立。

三、1720 年:南海泡沫(the South Sea bubble)

17 世纪时,可以自由转让股份的股份公司在英国已经非常普遍。在此世纪末,伦敦已经出现了有组织的证券交易场所,并有一批专业的股票经纪人。18 世纪初股票交易非常火爆,投机盛行,股票价格大幅飙升,形成经济泡沫。同时,从英国皇室获取特许状设立公司也非难事,而且,即使无法获得特许状,也可以"借壳经营",即购买一家已经设立的"壳公司"进行经营。这个高度投机的泡沫经济通常被称为"南海泡沫",得名于当时臭名昭著的英国南海公司。

南海公司成立于 1711 年,主要从事南美洲的奴隶贸易。1719 年南海公司获得了几乎所有的不可赎回型的国债,主要是通过劝诱当时的国债持有者以国债换取南海公司的股权。南海公司的宣传是,通过持有政府债券将会有助于公司的形象和业务发展。这个题材炒作得很成功,公司股价从 1720 年 2 月的 1.29 英镑飙升到 8 月的 10 英镑。公司股价越高,国债持有者越愿意以国债换股,公司的筹资成本就越低。这个商业模式在市场上引起了轰动,其他公司也如法炮制,希望借机分一杯羹。南海公司看到其他公司也在从其制造的火爆行情中获利后,就想方设法将这些公司驱逐出市场。该公司成功游说政府通过 1720 年 7 月的泡沫法(Bubble Act),但此法并未实现南海公司独霸市场的意图。于是,南海公司转而试图通过法律诉讼的方式去没收与其竞争的公司的特许状。但是,这些行为导致了市场的恐慌,并最终引发了经济泡沫的破灭,投资者普遍损失惨重,甚至血本无归。1720 年 9 月,南海公司的股价回落到 1.24 英镑。政府随后对于南海公司进行调查,发现了公司欺诈和政府人员的腐败行为,投资者信心受到重创,证券市场一蹶不振。

四、法定公司和授产契约公司

英国 1720 年通过的泡沫法规定,如果商业组织没有获得法律授权或特许状,就不能以公司的名义开展经营活动和发行可自由转让的股票。这个规定看起来很严厉,但实际上的效果并不可怕。根据此法律而提起的控诉案件几乎没有,一直到

19世纪初也才只有一个报道的案例。①但是,此法律本身还是具有巨大的威慑力和影响力。由于1720年的南海泡沫事件对股份公司打击严重,很多股份公司消亡,所以,政府对于设立股份公司非常谨慎,越来越倾向根据特别的法律设立公司,并只对有限的几种行业授予公司设立权。这些公司被称为法定公司(statutory company)。亚当·斯密在其1776年的巨著《国富论》中的观点颇有代表性,他认为,股份公司形式只适合于那些可以简化为日常固定的带有公共性质的行业,比如银行,火灾和海难保险,开凿运河,水业管理等。②这种对于股份公司设立进行限制和泡沫法的共同结果是,商人只好采用非公司形式的其他商业组织开展业务,比如股份制的合伙。在18世纪中叶以后,非公司的股份制合伙组织数量越来越多,规模越来越大,其股份的自由转让也实际上被默许。因此,1720年的泡沫法逐渐成为一纸空文,并最终于1825年被废除。

以上所提到的非公司的股份制合伙组织就是所谓的"授产契约公司"(the deed of settlement company)。这种授产契约公司通过授产契约(deed of settlement)而成立,这种授产契约是一种大致介于现代公司章程和信托契约之间的书面文件。根据这种契约,投资者可以认购一定数目的股份,契约的内容可以在大多数投资者的同意下进行变更,选举董事进行经营管理等。所以,这种公司可以为其成员带来现代公司机制的许多好处,但其名义上又不是真正的具有独立人格的公司,从而规避了泡沫法的禁止性规定。所以,虽然泡沫法的初衷是为了禁止非法私下设立公司,但是,其实际结果却是促使了这种公司的繁盛。另外,为了方便公司财产的持有和提起诉讼等,公司的财产是利用信托机制而置于某些公司成员选举出的信托人名下。这种授产契约公司尽管规避了泡沫法,但是,其本身的合法性一直不确定。直到1844年,随着泡沫法的废除,英国制定了第一个关于公司设立方面的法律,让这些公司通过向官方进行正式登记才取得合法的公司地位,成为英国现代的登记公司(registered company)。时至今日,英国保险业中仍然存在这种公司类型。

前文述及,有限责任并不是公司与生俱来的品格,在英国公司发展的早期,有限责任没有与公司直接挂钩,也不是人们寻求设立公司的直接原因。不过,有限责任显然是公司形式的一个关键特征。18世纪末,有限责任逐渐成为商人设立公司的一个重要原因,并认为是公司制度的首要优势。此时期,英国政府对其授权设立的公司承认了有限责任。商人们私下成立的授产契约公司也通过在授产契约加入有关条文来引入有限责任,这种契约型有限责任的有效性一般取决于交易第三方是否知道授产

---

① R. v. Cawood (1724), 2 Ld. Raym. 1361.

② Adam Smith, *Wealth of Nations* (1776), vol. V, Chapter. 1, Pt. Ⅲ, art. 1.

契约中的相关责任限制条文。

概言之,在这个时期,英国公司及其公司法的发展遭受重挫。有学者认为,如果当时的英国政府没有对股份公司的设立进行限制,那么,股份公司早在 18 世纪就很有可能会变成主导的商业组织形式,而英国公司法的发展也就会相应提前大约 150 年。[①]而且,更为重要的是,英国公司法可能就会具有本质上的不同。授产契约公司本质上是一种合伙,其所适用的法律规则都是来自于合伙法,契约法和信托法中的相关内容。后来,英国现代的登记公司(registered company)就是建立在这种授产契约公司的基础之上,所以,英国现代公司是从基于相互合意的合伙形式发展而来,这使得英国的公司法与合伙法有着相当紧密的联系,并留有不少合伙法的痕迹。相反,在美国,尽管当时作为英国殖民地也受到了泡沫法的影响,但是,在其 1789 年独立之后,政府就非常积极地通过立法授权成立公司,这种公司一般都具有现代公司的基本特征,这种公司在英文中一般称为 corporation,与合伙泾渭分明。从这个意义上说,现代美国公司法对于合伙和契约原则的依赖远小于现代英国公司法。这也在一定程度上解释了为什么英国人的公司法表述为 company law,而美国人的公司法则是corporation law。

五、1844 年：登记公司(registered company)

19 世纪初,英国存在以下三种主要的商业组织形式：合伙,授产契约公司,政府通过特别法律授权成立的公司。其中,合伙和授产契约公司在数量上占主导地位。尽管授产契约公司本质上也是合伙,但是,其与普通合伙之间差别明显。授产契约公司一般规模比普通合伙大很多,成员人数可达几千人以上,而且,由于泡沫法逐渐沦为具文,实践中其股份的转让已无大碍。另外,授产契约公司的内部经营管理体制非常类似于现代公司,设立经营委员会,一般成员不能直接介入公司管理。但是,授产契约公司的成员理论上仍然承担无限责任,不过,这种无限责任可以通过授产契约予以限制,而且,实践中由于公司成员的数目巨大和频繁变更,无限责任通常也难以落实。

1825 年泡沫法废除以后,英国面对授产契约公司大量存在的现实,试图通过一系列立法重新构建其公司制度体系。在 1825 年到 1844 年,英国政府采取了一系列过渡性举措,授予授产契约公司真正的公司权力。于是,虽然授产契约公司名义上仍不是真正的公司实体,但却享有了真正的公司权力,学者称这种公司为"准公司"(quasi-

---

① Paul L Davies,*Gower's Principles of Modern Company Law*(1997),28.

corporations)。[1]

但是,由于缺乏对于这种公司的有效监管,这些公司经常被用于欺诈目的,从而导致英国 1841 年的国会调查。该调查形成的最终结论是,只要为了合法目的,任何团体都应当可以申请通过注册登记而成立公司(registered company)。注册登记时,公司必须真实有效地披露其重要的相关信息,但国家并不对公司进行实质性审查。布兰代斯(brandeis)法官很精辟地阐述了这种以信息披露为基础的公司监管制度理念:"阳光是最好的防腐剂;灯光是最好的警察。"(sunlight is said to be the best of disinfectants, electric light the most efficient policeman.)[2]根据上述调查的建议,英国国会在 1844 年通过了股份公司法(joint stock companies act)。该法采纳了授产契约公司的组织架构,并对于股东大会,公司财务会计,公司管理人员等作出了具体规定。1856 年,该法修正案废除了公司的授产契约(deed of settlement),而代之以两个公司章程性文件,即联合备忘录(memorandum of association)和联合条款(articles of association)。对于信息披露以及其他公司事务的规定,英国在 1900 年再次立法进行了修订。

需要指出,1844 年的股份公司法没有规定公司股东的有限责任。实际上,在此后的十年里,英国人对于有限责任的利弊问题进行了一场旷日持久的激烈辩论。支持有限责任的人认为,有限责任可以帮助下层的普通平民,为他们提供一个安全的投资渠道,而且,通过保护投资人可以有效地帮助公司获得资金从而促使经济的发展;但是,反对者认为,无限责任能够有效地促使公司成员小心谨慎地投资并管理公司,防止公司成员凭借有限责任而进行欺诈。[3]最终,公司有限责任的赞成派取得胜利,并促使了英国 1855 年有限责任法的通过(limited liability act),该法正式地赋予了公司有限责任。与此相应,在 19 世纪早期之前,美国公司法的普遍规则也是股东无限责任,到 1850 年,美国大多数州的公司法才明文规定了有限责任制度,而加利福尼亚州直到 1931 年还保留着股东按股份比例承担无限责任的规定。[4]

另外,虽然以上讨论一直都集中在公司立法方面,但是,这些立法都不是完整的法典,而且,19 世纪英国公司法的发展并不是完全通过立法而推动的。相反,从 19 世纪中叶开始,公司法都是通过法院在代理、合伙和信托法等基础上而发展起来的,特别是衡平法院(court of chancery)和最高法院的衡平法庭(the chancery division of the

---

① B C Hunt, *The Development of the Business Corporation in England 1800—1867* (1936), p. 83.

② L D Brandeis, *Other People's Money* (1914), Ch5.

③ R R Formoy, *The Historical Foundations of Modern Company Law* (1923), pp. 114-130.

④ Janet Alexander, "Unlimited Shareholder Liability Through a Procedural Lens", 106 *Harvard Law Review* 387, 415 (1992).

supreme court)。这些公司法发展的领域包括公司董事、管理人员、发起人和大股东的义务；公司越权规则；公司筹资和保持资本等。所以,尽管成文法在公司法发展中起到了一定作用,比如修改和补充了判例法,但是,公司法的许多重大规则都基本上包含在判例法中。

在19世纪前叶的美国,公司总体上呈现两个特点：一是设立的股份公司大都是为了公共目的,比如修桥,挖河,筑路等,并通常享有一定的商业垄断权。这一点与英国非常类似。二是美国公司的地域性,即美国公司都是经营与所在州有关的业务,并从当地州政府而不是联邦政府取得特许权。取得特许权的方式与英国非常类似,商人们需要付出高昂代价去游说政府,需要政府通过特别的法律授权。1840年后,美国公司开始采取注册登记制,不过,公司设立还是有公司规模、公司资本以及公司营业范围等方面的限制。虽然后来随着经济的发展,美国各州的公司逐渐将业务扩展到全国,但是公司及公司法的地域性一直保持至今。显然,这与美国的联邦政府体制紧密相关,并成为美国公司法的一大特征,即各州都有自己独立的公司法,并相互竞争。

六、现代英美公司法

如上所述,在1840年左右,英国和美国都开始采取了公司登记制。在公司法的发展史上,19世纪中叶后的英美公司法普遍被认为是现代英美公司法。

进入20世纪后,英国在1908年、1929年、1948年和1967年多次对其公司法进行修订。加入欧盟以后,英国法受到欧盟有关法律的重大影响。由于欧盟积极地推动各成员国的法律协调化(harmonization),并频繁地发布公司法指令,英国公司法的立法改革也就基本上是遵照欧盟指令而进行,因此相应地比较频繁。

1985年,英国进行了一次公司法的大规模立法修订,其结果是,制定了1985年公司法以及其他三个配套法律：公司证券(内幕交易)法、商业名称法、公司合并法。但是,此次立法修订没有包括其他重要的有关法律,比如破产法。另外,仅仅一年之后,1986年制定的金融服务法就对1985年公司法进行了重大修改,特别是关于公司收购方面的内容。公司证券(内幕交易)法中的许多内容也被修改。这就使得公司法和内幕交易法方面漏洞百出。因此,在1989年,英国再次进行公司法修订,主要针对公司账户管理和审计方面,并涉及其他方面,比如修订金融服务法有关内容。

2006年,英国再次进行了公司法修订,制定了2006年公司法(Companies Act 2006)。此次修订力度很大,气势恢弘,公司法的条文多达1 300条,是英国历史上篇幅最长的公司法。该公司法采用大一统的立法模式,吸收合并了其他的相关公司立法,并引进了很多重大的突破性改革,比如,该公司法对于普通法上的董事义务进行了成文化,并在一定程度上涵括了公司社会责任的理念,要求公司董事善意地追求"公司成功",而不是传统上的"公司最佳利益";另外,该公司法第一次在英国以成文法的形式规定了股东派生诉讼制度。该次修订的主要目的是,顺应历史潮流,优化公司监管结构,减轻公司监管负担,提升英国公司法的国际竞争力。为实现此目的,2006年公司法大力简化了公司监管规则,允许并倡导电子化的信息披露及其他监管机制等,小型私人公司在此改革中尤其受益。在新公司法下,私人公司的经营决策过程更为便捷,内部治理结构更为灵活,比如,不再需要像公众公司那样召开年会,设立公司秘书职位,以及特别的会计处理等,英国政府估计,新公司法将为小型私人公司每年节省大约1亿英镑的监管费用。

与英国形成鲜明对照的是,美国没有全国统一的公司法,而是各州独立制定公司法,美国现代公司法的主要特征表现为各州公司法之间的竞争。20世纪以来,为了吸引商人们在本州设立公司而收取公司登记费,各州都开始努力简化公司设立程序,优化相关公司规则。在早期,新泽西州是这场竞赛的领头羊,但是,后来由于其采取了过于严厉的公司监管体制而使得特拉华州后来居上。特拉华州的领先地位一直保持至今。虽然该州面积很小,但其在公司设立竞争中的优势令人震撼:最新数据表明,超过50%的美国公众公司和大约63%的财富500强公司都是在特拉华州注册,由此带来的公司注册费用和税收等收入占该州财政来源的很大比例。① 因此,在一定程度上,特拉华州的普通公司法(Delaware General Corpoations Law)已经成了美国公司法的代名词。

在美国,除了特拉华州公司法之外,美国律师协会制定的《模范商业公司法》(Model Business Corporation Act,简称《模范公司法》)对于美国现代公司法的发展也影响巨大。② 模范公司法是美国律师协会的商法分会下的公司法委员会制定的一套公司法规则范本,目前美国已有大概32个州全部或大部采用了该范本,而且其他很多州也在不同程度上部分地借鉴了该范本。③ 该范本最早颁布于1950年,旨在减少第二次世界大战后美国各州公司法之间的差异及其带来的适用困难。自颁布之日

---

① Department of State, Division of Corporations, State of Delaware: The Official Website of the First State, http://www.corp.delaware.gov/aboutagency.shtml (accessed 17 September 2009).

② 顾名思义,《模范商业公司法》只适用于营利性的商业公司,因此美国律师协会还制定了《模范职业公司补充》(Model Professional Corpoaion Supplement)和《模范闭锁公司补充》(Model Close Corporation Supplement)。虽然这两个文件名为"补充",但并不是《模范商业公司法》的一部分,而是相互分离的法典,以满足职业公司和闭锁公司的特殊需要。

③ See e.g., Lucian Bebchuk, "The Case for Increasing Shareholder Power" (2005) 118(3) Harvard Law Review 833, 844. 需要指出,还有一些州尚没有采用《模范公司法》,其中比较重要的州包括特拉华州,纽约州,得克萨斯州和加利福尼亚州。

起,该范本就一直不断地进行修订,以反映法律变革和适应社会发展,其中,在1969年和1980年的修订较大,1984年更是进行了彻底修订,影响深远,称为《修订版模范商业公司法》(Revised Model Business Corporation Act)。在1984年版本的基础上,修订继续进行,在2002年和2005年分别进行了较大修订。2016年再次进行一次彻底修订(2016年版),并于2017年12月9日发布。

澳大利亚的公司法立法模式非常有趣,兼具英国的统一立法与美国的各州立法特征。由于澳大利亚也是联邦体制,起初的公司法都是各州法律,但是,1950年以来,为了减少各州公司法间的差异而带来的不便,澳大利亚一直非常积极地寻求公司法的联邦一体化,并多次为此目标而进行法律改革。2001年,在各州政府的大力配合下,联邦议会终于制定了适用于全国的统一公司法,但是,就目前而言,这种统一立法有别于英国模式,因为它取决于各州的明示授权同意,而各州理论上可以撤回授权。①

总言之,从公司法的实质内容上来看,现代英美公司法已经相当成熟。比如,英国和澳大利亚的多次公司法改革都主要是形式上的结构调整,实质性的改革并不多:英国公司法主要是为了遵守欧盟法律一体化目标下的公司法指令要求而进行修订;澳大利亚公司法主要是为了实现联邦一体化而进行改革;而美国的模范公司法旨在通过协调各州公司法而实现全国范围内的立法统一。这种改革与其说是法律改革,毋宁说是政治运动。当然,在实质内容方面,英美公司法也有一些大动作,但都是针对一些局部的具体问题,比如,在现实中出现了像安然和世通等公司丑闻后,修改有关信息披露和审计责任等规定以亡羊补牢。最后,值得指出,作为欧盟成员国,英国的公司法需要遵守相关欧盟指令进行修改,但欧盟指令在很大程度上是基于大陆法系的模式,其结果是英国公司法被迫融入了很多大陆法系公司法的元素,这一方面促进了英美法系与大陆法系公司法在一定程度上的互动与融合;另一方面也导致英美法系的发源地——英国反而越来越背离了英美法系的很多传统特征。2016年6月英国通过公投决定脱欧,历经多次政治和法律争议,最终于2020年1月31日正式脱欧,但过渡期至2020年12月,以便英国与欧盟谈判各项"分手"细节。尽管谈判结果尚不可知,但总体而言,在英国脱欧后,其公司法将重新独立发展,不再受欧盟公司法指令的拘束,然而,经过将近50年的欧盟一体化进程,英国公司法已经在很多方面浸染了大陆法系公司法的色彩,在脱欧后究竟会如何发展,值得关注。

---

① 关于澳大利亚公司法发展的详细论述,参见第一编第二章第二节。

第三节　公司理论：公司的本质与目标

公司本质为何？公司的权利和合法性来自哪里？公司的价值目标是什么？这些都是公司法的基本理论问题，对于公司法的制定和实施具有直接的指导意义。本节将讨论关于这些问题的一些重要理论学说，在后面第六章讨论公司治理时还会讨论其他一些重要理论，比如公司的社区理论和团体生产理论等。[①] 这些理论的重要性在于，它们有助于理解公司法的实然性，从而不致迷失于公司法的具体条文之中，同时又可用于评价其应然性，并指明立法改革的方向。

一、特许权理论（concession theory）

特许权理论历史久远，兴起于 19 世纪上半叶。此理论将公司视为一个由国家创造的拟制实体，公司的独立法律人格是基于国家的特许。此理论包括两个派别：一方面，激进派认为公司的一切都是源于国家的特许，比如公司的存在及其权利，因此，公司必须在其存续过程中一直严格遵守国家法律以获得独立人格；另一方面，温和派仅仅认为公司的经营权利源于国家的特许，一旦公司符合国家法律的基本条件，就可自动获得经营权。[②] 不管哪派理论，它们都主张以下两个主要观点。

第一个观点是从哲学上认为公司是拟制的实体（artificial entity）。需要指出，在英文中，这需要与虚构的实体（fictitious entity）相区别，因为虚构的实体是指子虚乌有之物，而拟制的实体是指人造之物，虽非浑然天成，但却是事实存在，与天然之物相对（下文将要讨论的自然实体理论就是将公司视为自然存在的实体），一旦创设，便与自然人一样具有独立人格，可以享受权利和承担义务，因此，特许权理论认为，公司作为法律拟制之物，是为了法律和商业上的便利而人为创设的。

第二个观点是从政治上界定公司的地位。19 世纪上半叶，强调个人主义的自由政治理论风靡欧洲，认为社会由国家和个人组成，个人利益应当获得优先保护。但是，公司的出现对于此理论提出了挑战：要么支持公司形式，认为公司是一种个人用以追求个人利益而自愿组成团体的机制；要么反对公司形式，将公司视为一种国家用以威胁个人权利的工具。为了解决该问题，特许权理论将公司与国家联系在一起，从而保护个人权利。该理论认为，公司的权利来自于国家的特许，因此，公司必须遵守

---

① 笔者已将这些公司基本理论的代表作翻译并结集出版，以方便读者全面、准确地了解这些理论。参见黄辉编译：《公司法的逻辑》，法律出版社 2016 年版。

② Bratton W, "The New Economic Theory of the Firm: Critical Perspective from History" (1989) 41 *Stanford Law Review* 1471, 1475.

国家法律,接受国家监管,在特许权范围内经营,并不得侵害其他个人利益和公众利益。换言之,此观点为国家干预公司事务提供了理论基础。特许权理论在当时被法院接受,因此,公司成立后必须在其章程中所载明的特许权范围内从事商业活动,超出范围的经营行为无效,此即所谓的"超越权限"原则(ultra vires)。在大多数英美法系国家,此原则已经被废除,但是,普通法上的特许权理论对于法院仍有一定的影响力。

二、自然实体理论(natural entity theory)

自然实体理论盛行于 20 世纪初,包括两个主要观点。第一,公司是个人行为的自然产物,而不是国家法律的创设之物。这个观点得到很多经济学家的支持,认为公司的出现是经济增长的自然结果,是社会化大生产和经济力量集中的必然。由于公司是自然实体,因此,国家应当像对待自然人一样对待公司,而不应该施加更多的管制,换言之,国家对于公司的内部事务不能过多干预。①

第二,公司一旦成立,就自动具有独立的法人格,与组成公司的股东和雇员等分离开来。为了理解公司的内部运行和决策机制,此理论将公司与自然人进行类比,因此有时也被称为"有机理论"(organic theory)。在关于公司民事责任和刑事责任的案件中,此理论经常被引述。比如,丹宁勋爵(Lord Denning)的以下经典表述早已脍炙人口:"公司在很多方面都可比拟为一个自然人。它具有控制行动的大脑和神经中枢,它也具有使用工具和执行大脑指令的手脚。公司中的一些人仅仅就是执行命令的手脚,而不能视为代表公司的思想和意图,而另外一些人,比如董事和经理,就是公司的大脑,代表着公司的思想,控制着公司的行为。"②这样,在公司责任问题中,董事和经理等人员的心理状态就可以被视为公司的心理状态,比如故意或过失等,从而对于公司直接适用相关的法律,而无需为公司另作特别规定。

三、公司契约论(法经济学理论)(contractarian theory)

20 世纪 70 年代,美国以芝加哥大学为中心,崛起了著名的"芝加哥法学派"(即经济分析法学派)。他们主张自由放任的经济模式,反对政府干预,强调使用经济学方法分析法学问题。在公司法领域中,该学派倡导公司自治,减少政府监管,主张利用私法性质的契约解决公司问题,因此该理论通常被称为"公司契约论"(contractarian

---

① Mark G,"The Personification of the Business Corporation in American Law"(1987)54 *University of Chicago Law Review* 1331,1470.

② HL Bolton(Engineering)Co. Ltd. v. TJ Graham & Sons Ltd. (1957)1 QB 159,172.

theory),亦称为"法经济学理论"(law and economics theory)。① 根据该理论,公司不是一个独立的实体,而是被解构为公司各参与人之间设定权利和义务关系的明示和默示契约所组成的一个契约网(a nexus of contracts);公司法的主要作用就在于减少这个契约机制的交易成本,其基本特征应当是任意性规范而非强制性规范。

公司契约论发轫于诺贝尔经济学奖获得者、芝加哥大学法学院教授罗纳德·科斯(Ronald Coase)构建的法经济学意义上的公司模型。按照科斯的公司模型,公司是一个用以替代市场进行契约交换和生产的机制。因此,公司实质上可以解构为一组契约关系,当事人包括股东、经理、其他雇员、债权人、供应商和其他公司参与人等。② 换言之,公司机制与通常的当事人之间的市场契约关系并无任何不同,公司只不过是一个"高度专业化的替代市场"而已。③ 之所以选择通过公司形式进行生产,是因为公司能够减少代理成本(agency cost)。代理成本存在于任何的涉及决策行为的代理关系之中,即只要一个人雇用另一个人从事包含决策行为在内的工作,就必然会产生代理成本。这种成本来源于代理人与被代理人之间的利益偏离。概言之,代理成本可以分为三部分:第一,被代理人为了防止代理人的自我交易行为或懈怠渎职行为而付出的监督成本;第二,代理人为了向被代理人表明自己的忠诚而付出的证明成本;第三,其他成本,比如,尽管代理人勤勉努力,但仍然没有使得被代理人的利益最大化等。

在公司中,代理成本主要来源于董事与股东之间存在的利益偏离,比如,董事的利益在于公司的成长,工作的稳定,报酬的增加和个人声誉的提高等,而股东的利益在于公司利润最大化和投资回报率。为了降低代理成本,公司形式中包含了各种相应机制。当公司发起人或董事发行股票时,证券市场上的投资者就会首先审查公司的治理结构和措施,包括董事的忠诚和能力以及股东控制权等,然后决定是否投资。根据契约理论,这是一个优胜劣汰的自然选择过程。只有那些市场投资者赞同的公司治理措施才会生存下来,这些治理措施也就是最优的措施,比如独立董事和股东救济制度等。除了资本市场之外,其他市场机制也有这方面的作用,比如公司控制权市场、经理人市场和产品市场等。

根据公司契约论,公司不过是一组契约,而不是一个真正的实体,因此公司不存

---

① Frank H. Easterbrook and Daniel R. Fischel, "The Corporate Contract" (1989) 89 *Columbia Law Review* 1416-1448.

② M C Jensen & W H Meckling, "Theory of the Firm: Managerial Behaviour, Agency Costs and Ownership Structure" (1976) 3 *J Fin Econ* 305.

③ A Alchian & H Demsetz, "Production, Information Costs, and Economic Organization" (1972) 62 *Am Econ Rev* 777.

在上下的等级制度。公司中降低代理成本的各种措施完全是由市场机制决定的,并体现在相关的契约中;公司中的各方契约当事人都被视为理性的经济人,有权利也有能力按照自己的意愿缔结契约。公司契约论主张公司自治,公司事务被视为契约当事人之间的私人事务,它们应当交由市场力量的"看不见的手"决定,尽量减少国家干预。在此理论下,公司法的主要作用就在于减少契约机制的交易成本,具言之,第一,通过提供一个标准的格式契约而减少契约订立的成本;第二,通过国家统一的执法机关而减少契约履行的成本。在一个完美的没有交易成本的科斯世界中,也许可以完全通过契约途径解决公司中的代理问题,但现实世界存在交易成本。比如,订立契约需要成本,特别是由于搭便车(free-ride)和集体行动(collective action)等问题的存在,使得单个契约订立的成本都可能很大,社会总体的契约订立成本就会更加高昂。实际上,这些订约成本中有很大一部分是纯属没有必要的浪费,因为每家公司中的参与人每次都需要不断重复地订立一些内容上几乎雷同的契约。为了避免这部分重复性的订约成本,国家应当提供一套标准的契约格式条款,以便公司参与人在需要时方便援用。当然,这些标准条款应当尽可能地接近于在一个交易成本为零的世界中公司参与人通过协商所可能达成的契约条款。公司法律规范实际上就是这些契约标准条款。在有些情况下,这些契约标准条款可能并不符合具体公司的最佳利益,公司参与人可以改变那些标准条款,并专门订立适合自己特定情况的具体契约条款。因此,公司法应当主要是任意性规范而非强制性规范。

公司契约论在美国具有重大影响,长期以来一直是其公司法学界的主流思想,已经非常成熟,并体现在其公司法和相关经济政策中。① 在共和党的里根总统执政期间,该理论的影响尤为明显,主张该理论的许多学者也被委以重任,比如,《法律的经济分析》(*The Economic Analysis of Law*)一书的作者波斯纳(Richard A Posner)教授和《公司法的经济结构》(*The Economic Structure of Corporate Law*)一书的作者伊斯特布鲁克(Frank H Easterbrook)教授都被任命为联邦上诉法院法官。另外,美国20世纪80年代的公司收购浪潮促进了公司治理结构和业绩表现的提高,从而支持了公司契约论主张通过市场机制保证董事尽责和降低公司代理成本的观点。

四、公司宪政论(corporate constitutionalism)

公司宪政论由澳大利亚国立大学法学教授 Stephen Bottomley 最近系统提出和详

---

① 近年来,由于公司契约论已臻成熟,"芝加哥"经济分析法学派开始转向研究非公司型的商业组织,特别是20世纪90年代以来在美国蓬勃发展的新型的有限合伙组织(limited liability partnerships)和有限责任公司(limited liability companies)。

细阐述。① 与公司契约论不同,公司宪政论反对将公司视为一组契约,而是将其定性为一个政治体(body politic),即提供一个决策的协商和作出机制,而公司治理的评判标准应当不仅包括法经济学研究中的经济效益,而且关注政治学中的决策民主和权力问责等价值。简言之,该理论认为公司具有私人和公共的双重属性,相应地也需要体现私人和公共的双重利益。

需要注意,虽然公司宪政论将公司视为一个类似于共和国的政治体,但其明确指出,不能将公司简单地与国家政治生活中的议会制度等同起来。② 换言之,该理论的核心不是形式上的类比,而是实质上把各种国家宪政理念适用于公司中,比如自由宪政主义(liberal constitutionalism),即尊重个人权利和利益;社区主义(communitarianism),即在尊重个人权利的同时考虑整体利益;共和主义(republicanism),即组织治理目标是为了全体成员的共同利益。为了实现这些理念,公司宪政论着重强调公司的决策过程,希望通过程序正义实现实质正义。

为了保证程序正义,公司的决策过程应当遵循以下三个政治原则。③ 第一,问责制(accountability),即公司的决策过程应当进行分权,建立多种权力制衡机制;第二,协商(deliberation),即公司的决策过程应当经过充分协商,这个协商机制的中心就是股东大会;第三,可竞争性(contestability),即那些没有服务于股东利益的公司决策应当可以被挑战,这个挑战机制既包括公司内部的投票程序,又包括公司外部的法院诉讼等。因此,该理论的主要关注点就在于董事会和股东大会的权力分配、决策过程和制约机制。与公司契约论主张董事会中心主义的观点不同,公司宪政论提倡股东积极参与公司事务,认为股东是公司的主人,应当像公民是国家的主人一样积极参与公司治理,而不是消极甚至在公司出现问题时干脆选择退出。

概言之,与公司契约论的经济分析方法不同,公司宪政论对于公司进行了一个政治学维度的思考,为公司本质和目标等问题提供了一个全新的分析框架,具有很高的理论价值和实践意义。虽然该理论问世不久,但影响已经不小,并在其出版的第二年即 2008 年就获得了名望很高的"哈特社会法律图书奖"(Hart Socio-Legal Book Prize)。另外,笔者在学术交流中发现该理论在中国似乎很有市场,好几位中国公司法学者在接触该理论后都表示出浓厚的兴趣。究其原因,除了该理论本身具有的新颖性和说服力之外,可能还有其他几个因素:第一,在中国传统的企业制度中,企业带有天生的国家体制色彩。麻雀虽小,五脏俱全,企业就是一个小社会,一个人几乎可

---

① Stephen Bottomley, *The Constitutional Corporation：Rethinking Corporate Governance* (Ashgate, 2007).

② Ibid,p. 38.

③ Ibid,p. 12.

以在企业中度过一辈子,包括出生、上学、工作、治病直至死亡。与公司契约论相比,公司宪政论能够更加现实地反映这种企业的存在本质和治理目标。第二,公司宪政论以决策民主等政治原则作为公司行为的价值评判标准,至少在理念上更加契合中国的社会主义背景和意识形态。第三,我国学者历来比较崇尚在法学研究中结合一些哲学和政治学分析,而公司宪政论正是借用了政治学研究的一些成果,比如哈贝马斯(Habermas)关于"协商政治"(deliberative politics)的概念,[①]佩迪特(Pettit)关于"共和主义"(republicanism)的政治理念,[②]因此容易引起我国学者的共鸣。

五、公司社会责任(corporate social responsibility)

公司社会责任是相对于股东利益至上原则(shareholder primacy norm)而言的,反映了公司目标和价值的问题。显然,以上各种关于公司本质的理论对于公司目标问题具有直接和重大的影响。此处只对公司社会责任进行一个简要评述,关于该问题的进一步详细讨论,参见第三编第一章。

虽然公司社会责任已经成为社会各界广泛关注的问题,但它并没有一个明确的定义。历史上看,在20世纪30年代,伯利(Berle)和多德(Dodd)在《哈佛法律评论》上展开了一个关于公司社会责任的著名大辩论。伯利在撰写其经典之作《现代公司和私有财产》(*The Modern Company and Private Property*)的过程中,在《哈佛法律评论》上发表了其中的一章,认为董事应当追求股东利益最大化。[③]时任哈佛大学法学院教授的多德立即撰文反驳这一观点,主张公司的社会责任。[④]随后,伯利又为自己的观点进行了辩解,认为公司社会责任在理论上不清楚,在现实中无法实行,因此,不能抛弃股东利益至上原则。[⑤]但是,后来伯利承认,大众的观点支持公司社会责任,多德在辩论中占了上风。不过,这个结果是否真正地反映了当时法律理论本身的价值优劣,还是掺杂了过多的公众情绪和政治因素,并不完全清楚。因此,时至今日,关于公司社会责任的争论一直没有停息,随着新古典法经济学的兴起,有的学者天才般地

[①]　Jürgen Habermas, *Between Facts and Norms: Contributions to a Disclosure Theory of Law and Democracy* (William Rehg trans, 1996).

[②]　Philip Pettit, *Republicanism: A Theory of Freedom and Government* (1997).

[③]　A A Berle, "Corporate Powers as Powers in Trust" (1931) 44 *Harvard Law Review* 1049.

[④]　E M Dodd, "For Whom are Corporate Managers Trustees?" (1932) 45 *Harvard Law Review* 1145.

[⑤]　A A Berle, "For Whom are Corporate Managers Trustees: A Note" (1932) 45 *Harvard Law Review* 1365.

将两派观点结合起来,认为"公司的社会责任就是追求利润最大化"。①

值得指出,公司社会责任理念的支持者可以细分为两派。温和派允许董事考虑非股东的其他公司参与人的利益,认为公司社会责任基本上是一个道德约束;而激进派要求董事必须保护非股东的利益,公司社会责任成为一种强制性的法律义务。有些公司理论,比如契约理论,主张股东利益至上,而其他理论,比如自然实体理论、国家宪政理论以及第六章将谈到的社区理论和团体生产理论,都在不同程度上支持公司的社会责任。比如,根据自然实体理论,既然公司拥有与自然人一样的法律地位,那么,它们就应该像自然人一样受到道德规范的约束,而不能不顾一切地追求利润最大化。这个观点就是多德教授在1932年的辩论中提出的。当然,公司毕竟还是一个组织,其道德约束需要通过董事等自然人体现。多德认为,董事应当服务于公司的最佳利益,而公司的利益并不等同于股东利益,因此,董事应当考虑非股东的其他公司参与人的利益,比如,雇员、债权人、客户、供应商以及当地社区等。但是,一仆难待二主,当股东与非股东利益出现冲突,董事应当如何取舍,公司社会责任理论并没有给出明确的答案,从而导致董事行为无章可循,这正是公司社会责任饱受诟病之处。

虽然关于公司社会责任的学术辩论尚未结束,但这一理念已经在很多英美法系国家生根发芽,并得到了不同程度的官方支持。不过,虽然有些国家的法律文件中包括了带有公司社会责任色彩的文字,但是,它们并不是强制性的法律义务,而更像是一种道德劝诫,因此这些文字主要具有象征性的意义,而实际作用并不乐观。当然,将公司社会责任上升到法律义务是一个解决方案,但是,由于这一改革非常激进,会对整个公司制度产生革命性影响,因此,各国将此举视为红色警戒线,不敢轻易逾越。比如,2004年,由于一家生产石棉产品的公司对于员工和客户的健康损害赔偿问题,澳大利亚掀起了公司社会责任的辩论高潮,政府成立了专门委员会进行调查和研究。尽管此次事件影响巨大,社会舆论要求公司承担社会责任,但是,最后的研究报告仍然坚决反对公司社会责任的法律义务化,而主张通过其他途径解决,比如,市场机制,其他专门法律诸如劳资关系法、公平交易法、消费者保护法以及环境保护法等。

值得注意的是,英国2006年新修订的公司法以"公司成功"代替了"公司最佳利益",规定董事"可以"考虑非股东的利益,明确地体现了公司社会责任理念,朝着公司社会责任的法定义务化目标迈出了非常大胆的一步,具有重大的实践意义。不过,这

---

① See e. g. , Stephen M. Bainbridge, "In Defence of the Shareholder Wealth Maximization Norm: A Reply to Professor Green" (1993) 50 *Washington and Lee Law Review* 1423.

一立法改革争议颇多,正如很多学者指出,在解决问题的同时,它提出了更多的新问题,首先,究竟何为"公司成功",与"公司最佳利益"到底有何实质区别;其次,董事是"可以"而非"必须"考虑非股东的利益,这似乎还是将公司社会责任问题交由董事自由裁量,而非严格的法律义务;最后,在股东与非股东之间出现利益冲突时,董事究竟应当如何协调等。因此,英国上述改革的实际效果如何,尚待时间检验,但不管怎样,这是一个非常有益的探索。

六、小结:比较与评判

由上可见,公司的诸种基本理论各有优劣,是不同历史阶段和社会背景下的思想产物,没有一种理论能够单独、圆满地解释现实中公司与公司法的本质与目标。我们不能机械地按图索骥,认为现实中公司或公司法就是依照某一种理论而构建。当然,在各个历史时期和各个国家中,上述理论的影响力有所不同,因此,各国在制定自己的公司法时,都采取了非常灵活务实的态度,即针对不同问题选择不同理论,从而获得最适当的解决方案。下文将对上述各种理论进行一个评述。

1844 年,英国废除公司特许成立的做法,普遍地授予设立公司的权利,即只要符合一定条件并登记,公司便可成立。这一转变极大地削弱了特许权理论,加之该理论主要关注公司的成立和独立人格问题,而对于公司的内部治理机制等重大问题并没有太大的理论指导价值,因此该理论在现代已经日渐式微。

相比之下,虽然公司自然实体理论也是历史久远,但至今仍然保持一定的生命力。它与特许权理论的共同之处在于,公司是一个独立的实体;不同之处在于,前者认为公司是一个自然的实体,是私人行为的结果,而后者认为公司是一个拟制的实体,是国家行为的产物。根据自然实体理论,公司的成立与国家无关,其管制不应当有别于自然人,因此,公司法应当具有私法性质。另外,作为一个实体,公司具有自己的内部组织和层级结构,以保证公司的有效运营,如上所述,这个组织体系的运转中心就是董事会和经理,因此,在此理论的基础之上,产生了公司治理的董事会和经理中心主义(managerialism)。[①]

公司契约论或法经济学理论目前是英美法系公司法的金科玉律,牢牢地统治着公司法学者的思想,特别是在美国,公司法学者几乎是言必称该理论。但是,公司契约论也存在一些问题。公司契约论纯粹从经济学的视角看待公司,而排斥其他的研究思路,导致研究方法上的片面性,使得其难以对于某些问题作出完全令人满意的解释。比如,如果公司只不过是一组契约,那么,如何解释公司享有的各种特权呢?比

[①]　See e. g. , Peter F. Drucher, *Concept of the Corporation* (rev. ed. 1972).

如永久存续、有限责任和独立人格等。这些特权并不是契约关系的必然产物,其他的商业契约关系,比如合伙就没有这些特权。另外,公司契约论将公司各参与人之间的复杂关系简化为一堆双边契约,这与现实中公司的组织结构和运营模式并不完全吻合。在现代社会中,很多大型公司已经是庞然巨物,富可敌国,内部架构已经发展得非常精细复杂,组织严密,层级分明,具有机构实体的典型特征,难以解释为一组松散的契约。最后,从契约自由原则出发,公司契约论提倡公司事务应当通过私人的、自愿性的当事人协议机制解决,反对国家进行各种公权干预。但是,现实中世界各国都以公司法等形式强制性地规制公司行为,特别是 21 世纪以来,先有安然丑闻,紧接着金融危机,目前的一个国际共识就是需要加强政府监管。这在一定程度上削弱了公司契约论的解释力和适用性。

因此,有不少学者开始反思公司契约论的现代意义,试图对其进行修正,甚至推倒重来。① 如后文所述,近年来出现的公司团体生产理论对于契约理论大胆地提出了疑问和修正。② 公司团体生产理论将大型公司视为一个具有层级制度的生产团队,从经济分析的角度出发解释公司架构和治理的实然性和应然性。

本节中讨论的公司宪政论无疑也是对公司契约论的一个重大挑战,在理念和指导原则上都与公司契约论完全不同。上文提到的公司团体生产理论对于公司契约论提出了质疑,但该理论还是以经济分析为基础进行理论构建和制度评判,与公司契约论具有共同的理念背景和分析母体。相比之下,公司宪政论走得更远和更彻底,实质上是公司法的政治学分析,提倡公司生活中的公共利益和政治价值,将公司视为由股东组成的“共和国”,因此股东不应当消极地,甚至放弃参与公司治理,而是要像在国家政治生活中的公民一样积极发挥作用。

不过,需要指出,公司宪政论也存在不少缺陷。该理论的核心内容在于强调形式上的公司决策过程,即程序和结构问题,而不是实质上的决策结果及其价值标准。该理论认为,只要决策过程体现了民主政治模式的问责制、协商和可竞争性三大原则,就能保证决策内容的正义。换言之,公司法的目标就是提高决策过程的质量。这个决策过程的主要机制是股东大会,决策人是股东,因此股东在公司治理中占据一个中心的地位。在这方面,虽然公司宪政论与公司契约论存在方法论上的不同,但它并没有挑战公司契约论的一个中心原则,即股东至上原则(shareholder primacy)。按照公司宪政论,虽然股东处于公司决策的中心,但他们在进行决策时会综合考虑短期和长

---

① 笔者对于公司契约论有更为详细的批判,参见黄辉:《对公司法合同进路的反思》,载《法学》,2017年第 4 期。

② Margaret M. Blair and Lynn A. Stout, "A Team Production Theory of Corporate Law" (1999) 85 *Virginia Law Review* 247-328. 第三编第一章第四节对于此理论另有详述。

期的利益,包括公司的社会责任问题,因此其他的公司相关利益人并不必然需要亲自参与公司决策过程。

显然,这里的关键问题是,现实中股东是否真正愿意或有能力像公司宪政论所期望的那样去考虑其他人的利益,去承担社会责任,不无疑问。当然,由于公司其他利益相关人和监管者对于股东施加了各种明示或暗示的压力,以及公司社会责任意识和道德理念的日益普及,有些投资者的确能够自觉地扮演公司宪政论中所要求的股东角色。但同时还有很多投资者仍然只是专注于公司赢利,根本达不到公司宪政论的要求。另外,公司宪政论也将董事会视为一个实现公司社会责任的"协商论坛",但董事能否不负众望也颇值商榷,毕竟他们本质上只是股东的代理人而已。总言之,虽然公司宪政论在理论上为公司社会责任问题提供了一个解决路径,但现实效果如何尚待检验。

第四节　未来之路:发展方向及研究前沿

一、公司法发展方向:全球融合抑或路径依赖

经济全球化引起了公司法比较研究的繁荣,其中心论题是,经济全球化是否会导致公司法全球化,即各国公司法的融合?在全球范围内,由于英美法系国家在政治、经济和文化等方面的集体优势,英美公司法的影响正日益凸显。现实中,全球公司法呈现出明显的融合趋势,而英美公司法似乎正是融合的目标。

学者们对于英美法系和大陆法系公司法的区别及其未来发展进行了激烈辩论,主要分为三派。一方面,耶鲁大学的亨利·汉斯曼教授和哈佛大学的内涅尔·克拉克曼教授主张公司法发展的全球融合论(convergence)。[1] 他们认为,各国虽然在公司治理、股权结构、资本市场和企业文化方面存在明显差异,但在公司形式的基本法律层面已经取得了高度的统一,并且有可能进一步地融合。比如,很多大陆法系国家已经陆续引入了英美法系的独立董事制度和股东派生诉讼制度等。导致这种融合的一个主要原因是,各国已经普遍认同公司治理的股东中心模式,遵循股东利益至上的原则。与此相对,其他的公司治理模式都宣告失败,包括20世纪五六十年代在美国发展的经理中心模式、在德国登峰造极的雇员中心模式和直到最近在法国和很多亚洲

---

[1]　Henry Hansmann & Reinier Kraakman,"The end of history for corporate law"(2001) 89 *The Georgetown Journal* 439-468. 笔者已将该文翻译出版,参见黄辉编译:《公司法的逻辑》,法律出版社2016年版。

国家仍占主导地位的政府中心模式。当然，各国在公司治理方面达成上述共识还有其他原因，比如，当代英美公司在全球经济竞争中的胜利、经济和金融的学术研究在世界范围内的深入影响、经济发达国家中公司股权的日益分散以及在很多主要国家中激进的股东代表和利益团体的出现等。由于股东中心模式已经成为标准模式，所以，它的胜利宣告了公司法的历史发展"终极"。

另一方面，哈佛大学的卢西恩·伯查克和马克·罗伊两位教授针锋相对地提出了一个公司治理和所有权结构中的路径依赖理论（path dependence）。[①] 他们认为，在任何时候，一个国家所具有的公司结构都部分地依赖其早先所具有的结构。他们指出并分析了这种路径依赖的两种类型：第一种是公司所有权结构驱动的路径依赖；第二种是公司规则驱动的路径依赖。首先，一个国家公司所有权结构依赖于其早先所具有的所有权结构。早先的所有权结构之所以具有这种效果，是因为它们会影响在一个特定国家中有效率的公司治理结构的类型特征；而且，它们会使某些利益集团既有动力又有权力去阻碍对于所有权结构的改革。其次，公司规则影响着所有权结构，同时，这些规则自身也依赖早先的公司治理结构。早先的所有权结构会影响对于一个特定国家有效的公司规则的类型特征，而且，还会对于决定是否采纳那些有效公司规则的利益集团政治产生影响。路径依赖理论阐释了为什么经济发达国家的公司结构在尽管存在融合压力的情况下仍然相差甚远的原因。根据路径依赖理论，某些重要的公司差异在将来仍会持续。

此外，哥伦比亚大学和斯坦福大学的双聘教授罗纳德·J. 吉尔森教授发展了一个折中的理论，研究公司治理体系的各种融合方式。[②] 他认为，公司法规则的功能适应性与其外在形式的路径依赖性之间存在互动关系，而这种互动关系将会影响公司治理体系的融合是表面形式上的还是实质功能上的。根据该理论，公司治理融合具有三种形式。第一，公司治理的功能性融合。这种融合发生在当现有的公司治理制度具有足够的灵活性，因而能够在不改变制度形式性特征的情况下，对改变了的环境条件迅速作出反应。比如，虽然英美法系在形式上没有单独设立监事会，但是，其董事会中的独立董事和相关专门委员会实际上发挥了大陆法系中监事会的监督公司管理层的功能。第二，公司治理的形式性融合。在某些情况下，现有公司治理制度的基

[①] Lucian Bebchuk & Mark Roe, "A theory of path dependence in corporate ownership and governance" (1999) 52 *Stanford Law Review* 127-170. 笔者已将该文翻译出版，参见黄辉编译：《公司法的逻辑》，法律出版社 2016 年版。

[②] Ronald Gilson, "Globalizing corporate governance: convergence of form or function" (2001) 49 *The American Journal of Comparative Law* 329-357. 笔者已将该文翻译出版，参见黄辉编译：《公司法的逻辑》，法律出版社 2016 年版。

本结构形式必须改变,否则,难以有效解决问题。比如,在 1997 年到 1998 年对于东南亚金融危机的处理中,很多东南亚国家被迫按照美国模式对其公司治理体系进行根本性的变革。第三,公司治理还可以通过契约进行融合。这种融合通常发生在以下情况中:一方面,现有的公司治理制度缺乏足够的灵活性,从而无法进行功能性融合;另一方面,历史传统和政治障碍等又限制了其在制度形式方面进行变革的能力。

总之,关于公司法的未来发展方向,理论上争议很大,尚无一致看法。公司法的路径依赖性与融合性究竟孰强孰弱,以及以何种形式融合,还有待时间的检验。另外,这也是一个半杯水到底是"半满"还是"半空"的悖论,主要取决于看问题的角度。比如,一些在海外研究中国法的学者以中国公司法为例得出了截然不同的观点,有人认为,中国公司法借鉴外国公司法,特别是英美公司法,从无到有,逐步发展,体现了公司法融合趋势;其他人则认为,虽然中国公司法在发展中逐渐与国际接轨,但仍具有很多国情特色,从而支持了路径依赖理论。

二、公司法研究前沿:热点与趋势

在英美法系,公司法学科历史悠久,是一个大学科,不但在法学院中地位显赫,而且在社会上也备受关注。总体而言,英美法系的公司法律制度已经非常健全,各种学说观点也相当丰富,目前国外公司法的研究前沿呈现以下几个主要特征。

第一,虽然英美公司法已经相当成熟,但仍然在基础理论和制度上不断发展和创新,这也是英美公司法一直引领全球公司法研究的重要原因。近年来,鉴于安然丑闻和最近的金融危机,公司治理和投资者保护的重要性日益凸显,热门课题很多,比如,董事的激励和约束机制;[1]董事会中心主义的重新检讨;[2]公司社会责任问题;[3]会计师事务所、证券公司和资信评级机构等市场中介的看门人角色和责任问题;[4]证券法的公共和私人执行机制等。

---

[1]　Lucian Bubchuk and Jesse Fried, *Pay without Performance*: *The Unfulfilled Promise of Executive Compensation* (Harvard University Press, 2006).

[2]　Stephen Bainbridge, *The New Corporate Governance in Theory and Practice* (Oxford University Press, 2008).

[3]　Kent Greenfield, *The Failure of Corporate Law*: *Fundamental Flaws and Progressive Possibilities* (University of Chicago Press, 2007). 近年来,全球公司法的一个重要发展方向是所谓的 ESG,该词是 Environment(环境)、Society(社会)和 Governance(治理)三个英文单词的首字母缩写,强调公司的环境保护、社会责任和治理素质等方面的要求。中国证监会 2018 年 9 月 30 日修订已实施 16 年的《上市公司治理准则》,增加了 ESG 方面的规定,顺应了国际趋势。

[4]　John C. Coffee Jr., *Gatekeepers*: *The Professions and Corporate Governance* (Oxford University Press, 2006). 笔者已经将该书翻译出版,参见(美)约翰·科菲,《看门人机制:市场中介与公司治理》,牛津大学出版社,黄辉、王长河等译,北京大学出版社 2011 年版。

第二,虽然公司理论研究方面不断有重大成果出现,但在很多具体问题上已经研究得非常透彻,该说的都基本上说了,很难再有新观点出现,最多不过将现有观点重新包装和组合而已。对于现有各种观点不一致、相互争执不下的问题,已经很难再从理论方面进行突破,理论争论几乎变成了无聊的口水战,双方各执一端,谁也无法说服谁。因此,学者们开始将眼光投向各种观点和假说的实证研究上,采用访谈、问卷调查和计量经济学等定性和定量分析方法,让客观数据说话。[①]

这个新的方法论极大改变了公司法研究的面貌,促进了交叉学科的发展。公司法研究不再是传统闭门造车型的"读—想—写",而是需要离开书桌看看外面的真实世界,利用实证数据来塑造并验证理论观点。这对于公司法学者而言既是机遇,也是挑战:它为公司法研究打开了一片新天地,但这块新天地的进入门槛不低,需要研究者对于社会学、经济学和统计学等相关学科有一定的掌握。另外,需要指出,实证分析方法也不是万能药,一是因为有些理论观点无法进行实证分析;二是因为根据选取的研究模型和研究样本的不同,最终结果可能截然不同,从而还是无法得出确切结论,理论观点的口水战又演变成了实证数据的口水战。[②]

第三,随着经济全球化,公司法研究也越来越关注各国公司法之间的比较分析。这种比较分析法学促进了公司法学者之间的交流,开阔了公司法研究的范围,兼具重大的现实和理论意义:一方面,通过比较发现问题,并结合国情进行相互借鉴;另一方面,从各国公司法的差异出发,反思公司法的基础理论问题。公司法未来发展方向的"全球融合与路径依赖"争论,[③]公司治理比较的政治经济学,[④]通过比较对于公司法本身进行剖析,[⑤]公司法规则的国际移植效果,[⑥]以及包括本书在内的笔者的一些

[①] 比如,20 世纪末以来,著名的 LLSV 组合(Rafael La Porta,Florencio Lopez-de-Silanes,Andrei Shleifer,Robert Vishny,合称 LLSV)发表了对于股权分布、投资者保护机制与公司治理和证券市场发展水平之间关系的一系列实证研究。See e. g.,LLSV,"Legal Determinants of External Finance",*Journal of Finance*,July(1997);LLSV,"Investor Protection and Corporate Governance" *Jounral of Financial Economics*,October(2000).

[②] 关于法学实证研究方法论的更多探讨,参见黄辉:《法学实证研究方法及其在中国的运用》,载《法学研究》2013 年第 6 期。

[③] Jeffrey N. Gordon and Mark J. Roe(eds),*Convergence and Persistence in Corporate Governance* (Cambridge University Press,2004).

[④] Mark J. Roe,*Political Determinants of Corporate Governance*:*Political Context*,*Corporate Impact*(Oxford University Press,2006).

[⑤] Reinier Kraakman,Paul Davis and Henry Hansmann et al.(eds),*The Anatomy of Corporate Law*:*A Comparative and Functional Approach*(Oxford University Press,2004).

[⑥] Katharina Pistor et al,"Evolution of Corporate Law and the Transplant Effect:Lessons from Six Countries" World Bank Research Observer,Vol. 18,No. 1,pp. 89-112,Spring 2003.

研究,①都是属于这个研究领域。

第四,公司法研究的一个前沿是交叉学科,比如从人权和女权理念等角度研究公司法。目前国际上公司法研究的一个新兴领域就是公司法与人权法之间的交叉互动,特别是跨国公司的人权保护和社会责任问题。② 1948 年联合国全体大会决议通过并颁布《世界人权宣言》(*Universal Declaration of Human Rights*),要求保护各项基本人权。虽然该宣言的对象主要是国家行为,但它也适用于非国家的其他主体的行为,比如商业公司。现实中,有些大型跨国公司的行为经常涉及环境保护和人权问题,但目前公司法基本上还是属于私法范畴,因此各方一直在寻求从人权法角度对于跨国公司进行有效监管。另外,有些学者从女权主义的角度探讨公司和公司法的价值理念和目标,提出了一些很有趣的观点。③该研究认为,公司主要体现了男性价值,崇尚竞争和追求利润最大化,并通过建立等级分明的组织结构,强调纪律和控制,挤压个人自由和权利、进行工作环境的隔离和孤立等方式实现这些目标。公司法中的男性价值观则体现在法条的抽象性,强调权利,鼓励竞争等。因此,女权主义理论主张公司法应当采纳女性价值观,强调宽容和关心、人与人之间的感情和联系、责任感和义务感等。

---

①　See e. g., Hui Huang, *International Securities Markets: Insider Trading Law in China* (London, Kluwer Law International, 2006); Hui Huang, "China's Takeover Law: A Comparative Analysis and Proposals for Reform," (2005) 30 *Delaware Journal of Corporate Law* 145.

②　See e. g., Paul Redmond, "Transnational Enterprise and Human Rights: Options for Standard-Setting and Compliance" (2003) 37 (1) *The International Lawyer* 69.

③　See e. g., Lahey K and Salter S, "Corporate Law in Legal Theory and Legal Scholarship: From Classicism to Feminism" (1985) 23 *Osgoode Hall Law Journal* 543; Gabaldon T, "The Lemonade Stand: Feminist and Other Reflections on the Limited Liability of Corporate Shareholders" (1992) 45 *Vanderbilt Law Review* 1387.

第二章 公司立法与监管

第一节 概　　述

作为一种现代商业组织形式,公司为商业活动提供了一个有效的融资机制。的确,有些人富有余钱但缺乏兴趣或能力进行商业活动和管理,而有些人具有商业才能但缺乏资本。公司有机地将这些人组织在一起,形成一个团体,而公司本身也在法律上被赋予独立的法人格,成为商业社会的重要基本单位。在这个团体中,股东是出资人,经理是日常经营的负责人,当然,有些人可能同时兼具这两个角色。需要指出,更广义地讲,公司的参与人还包括普通雇员、供货商和客户等。因此,公司是一个多元主体的集合,各方主体都是公司的利益相关人(stakeholder)。理解公司利益相关人的概念是理解公司法的起点也是重点,在以后章节中对于具体公司法规则的讨论中,追根溯源都需要回到该问题。简言之,公司问题不过就是公司各方利益相关人的利益冲突问题,而公司法就是对其进行衡平和调整的规则。

在西方,作为财团法人的公司直到 20 世纪初期才成为商业组织的主要形式。当然,社团法人的出现和应用比这早得多。早在 12 世纪,英国法就采用了社团法人的概念处理宗教和社区中的集体财产关系,形成了一套相对完备的规则。这些肇始于欧洲中世纪的法律概念和规则很多都保留和沿用在现代的公司法中,比如,法人的独立人格和代理规则等。[①]

澳大利亚公司法传统上承继英国法,但随后受到美国法的重大影响,因此,澳大利亚公司法博采二者之长,结合本国国情发展出一套独具特色的公司法规则体系和监管结构。本章将首先讨论澳大利亚公司法的发展历史,然后考察澳大利亚金融市场的监管机关和制度体系,最后评介澳大利亚公司法中几个富有本国特色的执法方式。

---

① 关于现代公司法演变过程的详细讨论,参见第一编第一章第二节。

第二节　公司法体系：美国与澳大利亚立法模式之比较

一、概述

澳大利亚公司法的立法体系和监管体系紧密联系在一起，经历了几个重要的发展阶段。与其他普通法国家一样，国家体制和宪法问题对于公司法影响甚大，不仅决定了公司法的立法内容，而且体现在监管架构的设置上。比如，在采用联邦制的美国，公司法及公司监管属于州法的范围，各州都有自己的公司法和监管机构，并相互竞争以吸引更多的公司到本州注册，从而获得相关利益。如前所述，长期以来，特拉华州是这场竞争中的领头羊，超过一半的美国公众公司和大约 63％ 的财富 500 强公司都是在该州注册。① 当然，这种成功绝非偶然，而是缘于该州的授权性公司法、高度专业的法院体系和律师队伍，以及运转有效的公司注册服务机构等。②

与美国一样，澳大利亚也是一个联邦制国家，但是，其公司法体系与美国的州法架构不同。同时，在此方面，澳大利亚与作为单一制国家的英国也风格迥异。总体而言，澳大利亚的公司法呈现了一个从州法到联邦法的发展态势，而且，这个演化仍在进行之中，尚存诸多不定因素。本节将按照时间顺序探讨澳大利亚公司法的发展过程，从而揭示宪法体制对于一国公司法的影响，并分析其未来走向。

二、1900 年之前：澳大利亚早期的公司及立法

悉尼是英国人踏上澳洲大陆的第一块土地，其所在的新南威尔士州成为澳洲的第一个州，随后英国人的殖民地不断扩展，陆续建立了今天的墨尔本所在的维多利亚州，布里斯班所在的昆士兰州等。在此历史背景下，澳大利亚诞生的第一家本土公司便是成立于 1817 年的新南威尔士州银行，经过近两个世纪的发展壮大，该家银行于 1982 年改名为西太平洋银行（Westpac Banking Corporation），成为澳大利亚的四大商业银行之一，营业网点遍布全国。这家公司都是私人出资和经营的，几乎没有从政府获得任何资助。但是，在此殖民早期，更多的公司属于政府的特许公司（charted

---

　　① 参见第一编第一章第二节。需要指出，美国的证券法及其监管体系属于联邦事务。在 1929 年经济危机之后，根据罗斯福总统的新政，美国制定了《1933 年证券法》和《1934 年证券交易法》，并设立了联邦的证券监管机构，即著名的证券和交易委员会（Securities and Exchange Commission，SEC）。下节将对公司及证券等监管体系进行详细论述。

　　② See e. g. , Roberta Romano, *The Genius of American Corporate Law* (1993)；Bernard S Black, "Is Corporate Law Trivial：A Political and Economic Analysis" (1990) 84 *Nw U L Rev* 542.

company),拥有英国王室授予的特权,从政府获得资金、土地和人力上的大力支持。这些特许公司主要经营道路修建、农业开发、畜牧业等关系民生的大事。当时,澳洲的主要公司形式是股份公司,各个殖民地陆续在 1860 年到 1870 年期间都奉行"拿来主义",采用了英国 1862 年的公司法,此后,英国公司法的修订都基本上被照搬使用。当然,澳洲也进行了一些立法革新和尝试,比如,在 19 世纪中期,澳洲的几个殖民地政府先后立法允许设立有限合伙,而英国直到 1907 年才允许这一商业组织形式。另外,在 1871 年,出现"淘金热"的维多利亚州首次引入了无责任公司形式(no liability company),[①]以减少采矿业中的各种欺诈行为。

1901 年,澳大利亚举行全民公决并获得英国国会批准,通过 1900 年联邦宪法,将几个殖民地统一为一个联邦制国家。[②] 在该宪法通过之前,很多人曾经呼吁在联邦层面上建立一个全国性的公司法律体系。《宪法》第 51 条规定,联邦议会有权对于"外国公司以及成立于联邦境内的交易和金融公司"进行立法。但是,在 1909 年的 *Huddart,Parker & Co. Ltd. v. Moorehead* 一案中,[③]澳大利亚联邦最高法院对于上述条款进行了限制性解释,从而排除了对于公司问题进行统一联邦立法的可能。因此,当时的公司立法就成了各州事务。

三、1975 年之前:州法形式的公司法及其问题

由于上述的宪法问题,各州都制定了自己的公司法。但是,各州的公司法之间存在很多差异之处,导致公司在进行跨州业务时非常麻烦。在第二次世界大战之后,澳大利亚经济快速增长,各州之间的贸易日益频繁,全国性市场逐渐形成,从而各州对于进行统一公司立法的必要性开始达成共识。1962 年,各州和领地都先后采用了《统一公司法》,但是,公司监管仍然属于各州事务,各州都有自己的监管机关。不过,1969 年到 1975 年期间发生的一系列事件很快就打破了这一局面,因此,该期间被很多澳大利亚公司法学者视为其公司法发展过程中的分水岭。

1969 年 9 月,澳大利亚股市正值其发展史上最为波澜壮阔的一轮大牛市。该牛市起源于一个名为"Poseidon"的矿业公司。1969 年 10 月,该公司向其上市的阿德莱德证券交易所报告,称其在西澳大利亚发现了一个储量丰富的镍矿和铜矿。其后的短短两个星期内,该公司的股价从 1 澳元飙升到 7 澳元;到两个月后的年底,更是不

---

① 关于该公司形式的讨论,参见第二编第一章。

② 需要指出,澳大利亚直到 1986 年才成为一个严格意义上的独立国家。在 1986 年之前,虽然澳大利亚具有自己独立的法律体系,但是,英国枢密院仍是澳大利亚的终审法院。1986 年后,澳大利亚联邦最高法院成为终审法院,英国法不再直接适用于澳大利亚。

③ (1909) 8 CLR 330.

可思议地突破了 200 澳元大关。该股引领的投机气氛逐渐扩散到整个矿业板块,很多新公司高价包装上市,各类违规交易行为充斥市场,一夜暴富或暴跌的故事不断见诸报端,街谈巷议。这些事件引起了国会的高度关注。1970 年,国会开始讨论建立一个全国性的证券监管委员会的必要性和可行性;1974 年,国会的调查报告对于当时各州的证券交易所大加鞭挞,批评它们没有有效地监管市场以及各自的会员券商。该调查报告认为,其中一个重要问题在于各州公司法律之间的诸多差异和公司监管机关之间缺乏协作。因此,该报告建议成立一个全国性的公司监管机关。

另外,在 1971 年的 *Strickland v. Rocla Concrete Pipes Ltd.* 一案中,①澳大利亚联邦最高法院推翻了上述的其半个世纪前对于《宪法》第 51 条的限制性解释,但是,没有对于联邦的公司立法权进行详细论述。一年之后,澳大利亚两大政党中的工党赢得大选,上台执政,承诺将处理联邦的公司立法权问题。1974 年,该政府向国会提出议案,要求参照美国证监会的设立模式,建立一个全国性的证券监管机关,并且,进一步求借鉴英国的统一公司立法模式,试图以联邦的公司立法替代各州的公司立法。遗憾的是,在该议案即将进行国会辩论的前夜,工党政府出于政治原因被迫解散,该议案也随之流产。与工党要求直接进行联邦公司立法的主张不同,后来的自由党政府对于公司监管问题采取了一种更为灵活的"曲线救国"的处理方式。

四、1975 年至 2001 年:寻求联邦立法的替代方案

自由党政府的做法是建立所谓的"协作框架",即各州相互协调,统一立法,但公司法仍然属于州法范围,从而避免了进行联邦立法的违宪问题。根据该"协作框架",联邦政府与各州政府达成协议,建立一个三层的公司监管体系。最高层是公司与证券监管的部长级会议;中层是全国性的公司与证券监管委员会(National Companies and Securities Commission,NCSC),该委员会具体负责监管工作,但需要服从部长级会议的指令;最底层是各州的公司监管机构,这些机构是本州公司监管工作的主要承担者,但是,它们都需要服从 NCSC 的指令,以保证各州监管方面的协调一致。另外,该"协作框架"也力促各州的公司立法统一,要求各州采用相同的立法。

虽然该"协作框架"在一定程度上实现了各州公司监管的协调统一,但是,它的协作机制非常松散和低效。比如,各州部长组成的会议不是一个常设机构,采用的决策机制也是集体负责,从而经常出现相互推诿责任和踢"政治足球"的现象;NCSC 与各州的监管机关之间在功能上有叠床架屋之嫌,导致行政低效。这些问题促使后来的工党政府重新考虑进行联邦立法和建立统一监管体系的方案,从而不得不直接面对

---

① (1971) 124 CLR 468.

《宪法》第 51 条,再一次寻求司法解释。1990 年,在著名的 *New South Wales v. Commonwealth* 一案中,[①]澳大利亚联邦最高法院的六位大法官判定,《宪法》第 51 条没有授权联邦政府对于公司设立问题进行立法。法院认为,按照文义解释,该条的联邦立法范围限于"外国公司以及成立于联邦境内的交易和金融公司",因此,联邦只能对"已经成立的"交易和金融公司进行立法,而不能对于新公司的成立问题进行立法。

面对此判决,工党政府无可奈何,只能回到谈判桌前,与各州政府重新进行协商,以促成公司立法和监管的统一。[②] 谈判的结果是一个所谓的"全国性框架",从 1991 年 1 月开始实施。虽然该框架也是一个过渡性的权宜之计,但是,其要求的各州协作程度大大强于先前的"协作框架"。首先,根据"全国性框架",公司法仍然属于州法范围,但是,各州采用完全一样的公司法,并且,法律修订和改革也统一进行,从而保证公司立法上的绝对一致,实现公司法在立法方面的"联邦化"。其次,废除了先前的过于繁冗的三级监管体系,建立了一个全国性的监管机构,即澳大利亚证券和投资委员会(Australian Securities and Investment Commission,ASIC)。ASIC 是公司和证券领域的唯一监管机关,只对联邦部长和国会负责。最后,联邦法院与各州法院对于公司法问题都有管辖权。

这个"全国性框架"的实施效果非常不错,实现了公司立法、监管和执法方面的统一,但是,其在本质上仍是一个基于州法的变相实现联邦化的方案,因此,最终还是没有避免违宪性问题。1999 年,澳大利亚联邦最高法院认为,宪法并没有授权联邦法院对于属于州法范围的公司法行使管辖权;[③]2000 年,在 *R v. Hughes* 一案中,[④]联邦最高法院认为,联邦检控机关不能对于联邦立法之外的事务提起诉讼,从而使得联邦检控机关无法检控与公司有关的犯罪行为。显然,这在实质上导致了"全国性框架"的瘫痪。由于该框架已经陷入了僵局,联邦政府又需要与各州政府协商一个新的方案。

五、2001 年之后:联邦立法

根据《宪法》第 51 条,州政府可以将自己的权力交由联邦政府行使,因此,如果州政府将公司法的立法权交给联邦政府,后者就可以制定联邦性的公司法。显然,州政

---

① (1990) 169 CLR 482.

② 由于宪法问题只涉及公司设立方面,因此,工党政府曾经考虑过制定一部不包括公司设立问题的联邦公司法。但是,如果公司法不涉及公司设立,则难谓公司法,意义不大,加之其他潜在的宪法问题,因此,工党政府最终放弃了这一方案。

③ Re Wakim;Ex parte McNally (1999) 163 ALR 270.

④ (2000) 171 ALR 155.

府通常不愿意放弃自己的权力，但是，由于公司法问题的特殊性，各州最终都同意将立法权交由联邦政府行使。2001 年 7 月，联邦公司法生效，适用于各州，而先前的各州公司法停止适用。不过从实质内容上看，联邦公司法基本上承继了先前的各州公司立法。因此，在立国后 100 周年，澳大利亚第一次有了适用于全国的公司法。

需要指出，各州并非永久性地让渡公司立法权，而是规定了具体时限，当然，这个时限可以续展。起初，该时限为 5 年，即权力让渡期为 2001 年至 2006 年。2004 年，各州宣布将权力让渡期延长至 2011 年。此后数次延长，最近的延长期是 2021 年 7 月，如不出意外，还将继续延长。如果某个州在权力让渡期结束后拒绝续展，则联邦公司法停止在该州适用。如果该州的公司想要到适用联邦公司法的州进行营业，就需要首先向 ASIC 注册。为了避免这种麻烦，该州的公司可能就会干脆选择离开该州，而到一个适用联邦公司法的州注册。显然，各州都不希望将自己的公司赶到其他的州去，否则将丧失当地的财政收入和工作机会等，因此，这种机制间接地促使各州适用联邦公司法。当然，如果很多州都选择退出联邦公司法，联邦公司法就难以维持了。

另外，权力让渡协议对于公司法的修改进行了详细的规定。一方面，联邦政府同意，只有首先征询各州意见并在某些情况下获得各州同意，才能修改联邦公司法。对于涉及公司收购、融资以及金融产品和服务的条款，不需要各州同意；对于涉及公司成立和其他公司监管方面的条款，则需要至少三个州或领地的同意（澳大利亚总共有六个州，两个领地）。另一方面，各州承诺，只有在首先征询其他各州意见的前提下，才会修改自己的权力让渡协议。只有当四个以上的州或领地认为联邦公司法的修改违反了权力让渡协议时，州才能选择拒绝接受立法修改。

2001 年联邦公司法成功地解决了 1991 年"全国性框架"面临的法院管辖权的问题。2001 年公司法对于公司案件的民事管辖权和刑事管辖权进行了具体规定。根据公司法第 1337B 条和第 1337C 条，联邦法院和各州的最高法院都可以审理与公司相关的民事案件；而刑事方面的公司案件都由州法院审理。

需要指出，从内容上看，澳大利亚 2001 年公司法实际上是一个非常广泛的公司法集大成者，涉及公司监管和公司证券监管等各方面。换言之，该公司法包括了传统的公司法和证券法。另外，根据 2001 年的《金融服务改革法》，该公司法的适用范围进一步扩展到所有的金融服务产品，比如，金融衍生产品以及银行和保险公司的金融产品，从而又具金融监管法之效。因此，该部法律条文众多，体积庞大，放在书包有难以承受之重，但是，其条理清晰，使用方便，颇有"一册在手，各法尽有"之感。

六、体系之争：联邦统一立法抑或各州分别立法

由上可见，澳大利亚公司法的发展历程蜿蜒曲折，富有戏剧性，与其政治体制密切相关，宪法在其中扮演了一个重要角色。当然，这个发展主要是形式上的，经历了一个从州法到联邦法的过渡，其实质内容基本上还是一脉相承的。确实，从 1962 年起，澳大利亚各州的公司法就几乎大同小异。因此，从某种意义上讲，上述的发展与其说是公司法的发展，不如说是宪法的发展。首先，1909 年的 *Huddart Parker v. Moorehead* 一案和 1990 年的 *New South Wales v. The Commonwealth* 一案对于宪法第 51 条中的联邦立法权进行了限制性解释；其次，1999 年的 *Re Wakim* 一案和 2000 年的 *R v. Hughes* 一案又分别对于联邦法院和联邦检控机关的公司案件管辖权提出了挑战。虽然基于各州权力让渡协议的 2001 年联邦公司法成功地解决了这些问题，但是，由于权力让渡协议并非永久，而是存在特定期限，理论上各州都存在拒绝延期的可能，因此，联邦公司法的未来充满各种变数。鉴于此，自由党的联邦司法部长在 2004 年表示，司法部正在考虑修订相关宪法条款，希望彻底地解决联邦公司法的宪法问题，为联邦公司法提供一个坚实的宪法基础。不过，由于宪法修订兹事体大，需要全民公决，加之目前的立法权让渡协议并无大碍，故此事一拖再拖，最终不了了之。

不过，从现实角度看，尽管各州的权力让渡协议存在不确定性，但各州选择退出该协议的可能性并不大。原因在于，第一，如前所述，在该协议下，选择退出的州可能会遭受公司迁去他州和就业机会流失的不利；第二，该协议目前运行良好，各州政府不会冒无谓的政治风险；第三，该协议是各州政府和联邦政府长期不懈努力的结晶，当然不会轻易抛弃。澳大利亚公司法发展的一个突出特征是联邦化。尽管宪法问题的荆棘当道和不同政党的轮流执政，但是，各届政府都在朝着公司法联邦化的同一个方向努力，孜孜不倦地追求全国范围内公司法的立法和执法统一。因此，笔者认为，即使未来澳大利亚联邦公司法面临了新的宪法问题，各州与联邦政府的反应也是协力克服，而不是轻言放弃。总言之，其公司法联邦化的大趋势不会改变。

从更深的层次上看，澳大利亚公司法联邦化的价值理念在于追求各州监管的统一而非相互竞争。这与美国和加拿大形成鲜明对比。这些国家在语言文化、宪法体制和历史背景等方面都存在很多类似之处，比如，同为联邦制国家，移民国家，早期都是英国殖民地，但是，它们对于公司监管体系的构建却风格迥异，相映成趣。在美国，州法与联邦法根据公司事务的不同类型分工监管：州法规制公司的成立和管理，即传统的公司法事务；联邦法主要限于公司证券市场的监管，即传统的证券法事务，比如，公开融资、金融市场监管和公司收购规则等。在加拿大，联邦和各省都有自己的公司

立法,因此,在每个省,既有自己的省法又有联邦法,当然,各省的立法都大体上与联邦法一致;但是,与美国不同,加拿大没有联邦层面的证券市场监管体系,而是各省建立独立的监管系统。

公司监管的统一模式与竞争模式各有利弊,需要根据具体情况作出具体选择。在统一模式下,联邦立法适用于各州,不需要各州分别立法,从而避免了重复立法的时间和费用,实现了立法的规模效应。另外,一个统一的联邦监管机构有助于提高执法效率,而且可以保证执法尺度的一致。这种立法与执法的统一模式可以防止各州"以邻为壑",即投机性地制定有利于本州但相应成本却由他州承担的公司立法;同时又可减少公司"首鼠两端",即利用各州监管之间的差异而进行法律规避的投机性行为。最后,一个统一的公司法也便于学者研究、学生学习和公司遵守。

当然,各州分别监管的竞争模式也有其优势。比如,分别监管可以让各州"量体裁衣",根据本州的具体情况制定相应立法;另外,在竞争模式下,不同的公司法理念和规则都可以进行试验,然后利用"优胜劣汰"的市场竞争机制,最终找到最佳的法律。

上述问题已经在各国,特别是美国,引起了一场长期而深入的学术辩论,至今未息。著名的布兰代斯大法官批评美国的公司法竞争是恶性竞争,认为各州都竞相放宽公司监管标准以吸引公司。[①] 诸如凯瑞(Cary)教授和哈佛大学的伯查克(Bebchuk)教授等很多学者也持相同意见,抨击美国公司监管的竞争模式,认为这是一场"朝底竞争"(race to the bottom)。根据该观点,各州为了吸引公司到本地注册,就尽可能地将本州公司法制定为有利于公司经理(而不必然有利于公司股东),因为公司经理通常是公司注册地的决策者。[②] 另外一些学者,比如耶鲁大学的 Romano 教授,则针锋相对地认为,这是一场"朝顶竞争"(race to the top),而这场竞赛中的优胜者特拉华州制定了最好的公司法。[③] 他们的理由是,如果某州的公司法以股东利益为代价而过分纵容公司经理,那么,投资者和债权人就会压低成立于该州的公司的股票或债券价格,从而增加这些公司的融资成本,而且这些公司很可能成为敌意收购的目标,因为收购者可以在收购后将这些公司重新设立于其他具有更好的公司法的州,使得这些

---

① Liggett Co. v. Lee (S. Ct. 1933).

② See e. g., William L Cary, "Federalism and Corporate Law: Reflections upon Delaware", (1973) 83 *Yale L J* 663; Lucian A Bebchuk, "Federalism and the Corporation: The Desirable Limits on State Competition in Corporate Law", (1992) 105 *Harv. L Rev* 1435.

③ See e. g., Ralph K Winter, Jr., "State Law, Shareholder Protection and the Theory of the Corporation", (1977) 6 *J Legal Stud* 251; William J Carney, "Political Economy of Competition for Corporate Charters", (1997) 26 *J Legal Stud* 303; Roberta Romano, "Competition for Corporate Charters and the Lesson of Takeover Statutes", (1993) 61 *Fordham L Rev* 843.

公司的股价上升而获利。为了支持各自的理论,双方学者都进行了很多实证研究,但是由于实证方法和数据选择等方面的差异,实证研究也无定论,这也使得该问题成为公司法中一道靓丽持久的风景线。[①]

第三节　公司与金融监管体制

一、金融监管体制的国际比较：2008 年全球金融危机的启示

本节将以澳大利亚为例讨论公司与金融监管体系。由第二节可知,澳大利亚的公司监管日益联邦化,采用了统一的监管模式。目前,澳大利亚证券和投资委员会(Australian Securities and Investments Commission, ASIC)是一个联邦监管机构,承担澳大利亚全国的公司与金融监管责任。另外,澳大利亚强调自治监管(self-regulation),即澳大利亚证券交易所(Australian Securities Exchange, ASX)负责上市公司的一线监管和自律。因此,与其他许多国家一样,澳大利亚建立了一个政府与交易所协同监管的体系(co-regulation)。

为了更好地理解 ASIC 在澳大利亚金融市场的监管角色,有必要探讨 ASIC 与其他金融监管机构的关系。下文将要谈到, ASIC 的监管范围很宽,既包括公司,证券,还涉及金融产品。在金融市场上, ASIC 保证各种金融产品在信息披露标准方面的一致性和可比性,比如,存款账户、支付工具、证券、期货合约、养老金和保险产品等。此外, ASIC 还负责颁发和管理各种金融机构的注册执照。另一家监管机关是澳大利亚审慎监管局(Australian Prudential Regulatory Authority, APRA),专门负责银行和非银行金融机构(比如,银行、保险公司和养老金等)的金融安全和稳健监管,但是,证券公司的金融安全监管例外,仍由 ASIC 负责。澳大利亚联邦储备银行(Reserve Bank of Australia)履行中央银行职责,负责制定和实施货币政策,保障和监督整个金融系统的健康运行。另外,公司收购小组(Takeovers Panel)专门负责处理与公司收购有关的事务和争议;澳大利亚公平竞争和消费者保护委员会(Australian Competition and Consumer Commission)负责监管金融产品和服务领域中的不正当竞争行为。澳大利亚的金融监管模式是 1997 年金融监管体制改革的结果,以适应银行业、证券业

---

① 笔者参加了 2007 年 11 月在纽约大学法学院举行的第二届法学实证研究学术会议,该会议汇集了全球许多著名学者,当今美国的公司法泰斗几乎全部到场,包括在各州公司法竞争模式辩论中的主要参与者,比如,哈佛大学的 Lucian A. Bebchuk 教授、耶鲁大学的 Roberta Romano 教授、哥伦比亚大学的 John C. Coffee 教授,原斯坦福大学的 Bernard S. Black 教授等。本会议继续对于公司法的竞争模式问题进行了专门的探讨和辩论。需要指出,在经济日益全球化的今天,公司法竞争已经不仅存于一国之内,而且扩展到国际竞争的大舞台上。

和保险业等产业的边界日益模糊和允许混业经营的现实趋势。[①]

由于澳大利亚的金融监管体系中有两个主要的监管机关,即 ASIC 和 APRA,故称为"双峰监管"模式(Twin-peaks model)。ASIC 统一负责金融机关的商业行为监管,规范金融产品的发行与交易,以实现保护投资者利益的目标,而 APRA 统一负责金融机关的审慎性监管,要求金融机关的各项财务指标符合审慎标准,以实现保护金融机关自身安全的目标,因此,这种模式又称为"目标性"监管模式(objectives-based regulation)。与此相对,英国的金融监管模式被称为"单一监管者"模式(single-regulator model)或"统合监管"模式(integrated regulation model),因为英国的金融监管权力全部集中于金融监管局(Financial Services Authority,FSA)。美国的金融监管机关数量众多,既存在于联邦层面又存在于各州层面,更为重要的是,总体上美国的金融监管体制是按照传统的金融行业划分而设置的,即银行、保险和证券行业的监管者相互分离,故美国的金融监管体制被称为"多头监管"模式(multi-regulators model)或行业监管模式(sectoral regulation model)。

客观地讲,上述每种模式都各有优劣,在很大程度上取决于作为监管对象的金融市场发展阶段。不过,相对而言,澳大利亚的"双峰监管"模式在应对金融现代化发展带来的混业经营等问题时显得更为合理和有效,其根据不同的金融风险性质将监管分为商业行为监管和审慎性监管,前者保护投资者利益,后者保证金融机构的自身稳健。在金融危机后,美国的小布什政府提出了以澳大利亚模式为参照改革本国金融监管体制的长期计划;英国更是在 2013 年从"单一监管者"转为"双峰监管"模式,废除了原来的金融监管局,将其职责一分为二,分别赋予新设立的审慎监管局(Prudential Regulatory Authority)和金融行为监管局(Financial Conduct Authority);此外,荷兰、南非等国家也陆续采用了该模式,因此,国际上很多学者认为其已经成为未来的发展趋势。[②]在借鉴国际经验和考虑中国国情后,笔者也一直主张中国金融监管体制的长期改革目标应当是澳大利亚的"双峰监管"模式。[③]

---

① 关于澳大利亚金融监管体系的详细讨论,参见拙文:《金融监管体制改革:国际比较与分析》,载王保树教授主编:《商事法论集》第 10 卷,法律出版社 2006 年版,第 240~241 页。

② 关于各国金融监管体制的详细讨论和比较,参见 Hui Huang and Dirk Schoenmaker (eds), *Institutional Structure of Financial Regulation: Fundamental Theories and International Experiences* (London, Routledge, 2015);黄辉:《金融监管现代化:英美法系的经验与教训》,《广东社会科学》,2009 年第 1 期,第 181-187 页。

③ See Hui Huang, "Institutional Structure of Financial Regulation in China: Lessons from the Global Financial Crisis" (2010) 10(1) *The Journal of Corporate Law Studies* 219-254;黄辉:《中国金融监管体制改革的逻辑与路径:国际经验与本土选择》,载《法学家》2019 年第 3 期。

二、证券监管机关：美国与澳大利亚之比较

在诸如澳大利亚等西方国家中，奉行三权分立的宪法体制，通常由议会制定法律，而由警察、检控机关和法院等机构执行法律。但是，对于某些法律，主要是经济方面的监管法律，包括公司法和反垄断法等，执法重任不是落在上述传统的机构肩上，而是赋予一个相对独立、高度专业化的监管机构的手中。需要注意，在此领域，专业监管机构的管辖权并不是唯一的，法院和检控机关等仍然扮演着重要的角色。这种专业监管机构通常相对独立于政府，拥有的权力很大，包括准立法权、准管理权和准司法权。美国著名的证券和交易委员会(Securities and Exchange Commission,SEC)就是这类专业机构的突出代表。严格而言，这种享有广泛权力的机构是违背三权分立原则的，因此，有些学者将其描述为传统的立法机关、行政机关和司法机关之外的第四个权力机关，并且批评此类机关存在权力过度集中和滥用权力等潜在问题。不过，从现实角度看，这种担心似乎没有必要。确实，这种专业监管机构的出现是现代社会中经济行为日趋复杂，相关法律日益专业化的客观要求，其权力集中也是保证监管效率的重要前提，而且，对于它们的权力制衡机制也相当有效。迄今为止，这类机构运行良好，已经成为各国普遍采用的一类监管范式。

澳大利亚证券和投资委员会(ASIC)就是属于这种相对独立、高度专业化的监管机构。该机构负责公司法的执法工作和日常管理。如第二节所述，澳大利亚2001年公司法包罗万象，除了涵括传统的公司法和证券法之外，还兼有金融服务监管法之职。与此相应，ASIC既负责公司监管，比如公司的设立和管理等；又是证券监管者，负责证券市场的健康运行，稽查诸如内幕交易等各种不当市场行为等；还是金融服务监管者，保护金融服务消费者的权益。从这一点看，ASIC的监管范围远远超出了美国SEC的监管范围。上节述及，美国的公司监管属于州法范围，各州有各自的公司法和监管机关，而证券监管主要是联邦法范围，①美国主要的证券法律有1933年的《证券法》和1934年的《证券交易法》，而联邦证券监管机关就是SEC。换言之，美国SEC主要负责联邦证券监管工作。

为了保证ASIC进行高效监管，ASIC拥有广泛的权力。第一，ASIC可以发布各种监管指导(regulatory guide)，表明自己对于某些问题的监管政策或对于公司法中模糊之处进行解释和扩充。从实用角度看，这些监管指导往往比公司法本身还重要。但是，这些监管指导文件的法律效力并不清楚。严格而言，法律并没有明确地给予

---

① 美国各州还有自己的证券监管体系，制定了所谓"蓝天法"的州证券法。但比较而言，联邦证券监管体系重要得多。

ASIC 立法权,这一点与美国 SEC 不同。美国 1934 年的《证券交易法》就明确授权 SEC 制定具有法律效力的规则。① 比如,美国联邦证券法对于内幕交易的规制就是基于 SEC 制定的著名的 10b-5 规则。② 需要指出,现实中,ASIC 发布的监管指导文件几乎毫无例外地作为法院的判案依据,因此,虽然理论上存在争议,但它们具有事实上的法律效力。第二,ASIC 拥有强大的调查权和取证权。在 ASIC 调查过程中,ASIC 可以要求任何人给予合理的协助,并且在宣誓后回答问题,不得拒绝。ASIC 还可以查阅相关文件,进行复制,甚至保留原件。法律甚至明确规定,被调查的公司不能主张普通法中的"不得自证其罪"的特权保护(privilege against self-incrimination)而拒绝提供相关证据。③ 第三,ASIC 可以提起民事执行诉讼。第四,ASIC 可以提起刑事诉讼。按照 ASIC 与公共检控机关的协议,前者可以对于情节轻微的刑事案件进行起诉,而后者负责重大的刑事案件的起诉。第五,ASIC 还可以行使一些具有裁判权性质的权力,可以豁免某些人和公司的法律义务等。

除了广泛的权力之外,ASIC 还高度独立,以保证其监管工作的顺利进行。澳大利亚从人员任命、组织构架和财政经费等方面确立 ASIC 的独立性。首先,在设立上,ASIC 的法律形式是一个独立的法人团体,成员人数在三个到八个之间。所有成员都是在联邦部长的提名下由总督任命(类似于法官的任命程序)。成员的任期最长为 5 年,但可以连任。其次,ASIC 的财政经费由国会批准。最后,ASIC 只向联邦部长和国会负责。联邦部长可以要求 ASIC 调查可疑案件,还可以向 ASIC 下达书面指示,ASIC 必须执行。但是,书面指示只能针对总体的监管政策,而不能针对具体案件。另外,这些指令必须公开,且需向国会备案存档。迄今为止,联邦部长的这个指令发布权只在 1992 年使用了一次,是要求 ASIC 与联邦检控机关对于公司刑事案件的起诉权问题进行协商。如上所述,协商的结果是,ASIC 负责轻微刑事案件的起诉而检控机关负责重大刑事案件的起诉。国会也建立了专门的委员会,负责督察 ASIC 的工作。当然,除了联邦部长和国会的直接监督外,ASIC 还有其他的监督机制,比如,法律规定,ASIC 成员必须披露自己的利益冲突情形,不得滥用权力等。另外,ASIC 作出的监管决定可以被司法审查,属于行政诉讼的范围。

---

①　Securities Exchange Act 1934 (US), s 23(a)(1).

②　See e. g., Hui Huang, *International Securities Markets*: *Insider Trading Law in China* (Kluwer Law International), Ch 5.

③　但是,个人仍然可以主张"不得自证其罪"的普通法保护。

三、证券交易所的公司制改革潮流与争议:一个全球性课题

澳大利亚有几个证券交易所,但最主要的是澳大利亚股票交易所(Australian Stock Exchange,ASX)。1998 年是 ASX 发展中的一个重要的里程碑。在这一年, ASX 的会员投票将 ASX 从一家会员制交易所转变为一家公众公司,并且在自己运营的股票交易市场上市。ASX 是世界上第一家由会员制转变为公司制(demutualisation)并同时进行自我上市(self-listing)的股票交易所,此举在股票交易所的世界发展史上具有划时代的意义。

在 ASX 之后,全球的很多股票交易所都相继效仿进行了类似改革,比如,新加坡股票交易所在 1999 年、伦敦股票交易所在 2000 年、多伦多股票交易所在 2000 年、香港股票交易所在 2000 年都进行了公司化改制并在自己的股票市场上市,最为坚持传统的纽约股票交易所也顺应潮流,于 2006 年 3 月转变为公众公司并自我上市。但是,目前会员制的股票交易所还有不少,比如我国的上海和深圳股票交易所,欧洲一些国家如瑞士的股票交易所等。不过,总体而言,股票交易所采用公司制并自我上市的模式已是大势所趋。

证券交易所的公司化改制给证券市场监管带来了新的课题。第一个很有争议的问题是,能否提起行政诉讼对于交易所根据其规则作出的决策进行司法审查? 显然,这个问题的关键在于,证券交易所及其规则的法律属性究竟为何? 如果交易所及其规则被认为具有公权性质,则可以提起行政诉讼;反之则不行。在澳大利亚,这个问题视交易所规则的具体类型而定。根据公司法第 793B 条,对于除了上市规则之外的其他规则,比如市场规则等,在交易所和市场参与者之间,以及市场参与者相互之间具有契约效力。因此,交易所根据这些规则作出的决定不属于行政诉讼的范围。但是,问题的难点在于上市规则。澳大利亚公司法对于上市规则的性质没有明确规定,而 ASX 在其上市规则中宣称,自己对于公司的上市、暂停上市和永久退市等问题具有绝对的自由裁量权。现实中,交易所的决定可以进行司法审查,但通常限于程序问题,在实体方面法院通常尊重交易所的自由裁量权。

另外一个重要问题是 ASIC 对于 ASX 监管角色的监督。在 1998 年的改制之后, ASX 身兼双重角色:一方面,作为一个证券市场的运营者,负责市场的一线监管;另一方面,作为一家盈利性的上市公司,需要努力实现股东利益最大化。由于 ASX 在自己运营的股票市场上市,这等于是让 ASX 监管自己。因此,这个监管体系引起了很大争议。支持者认为,证券交易所进行一线监管具有很多优势:首先,交易所熟悉市场,能够识别市场不当行为,并且快速灵活地做出反应;其次,交易所可以根据监管需要的变化而适时修改相应规则,这远比修改法律便捷和有效;再次,交易所的监管

费用落在市场参与者头上,而无需耗费国家财政;最后,由于监管质量涉及交易所的声誉和对于投资者的吸引度,从而影响交易所的收入,因此,作为一家盈利性公司,交易所更有动力做好监管工作。但是,反对者认为,证券交易所的双重角色存在重大利益冲突,比如,由于交易所追求利益最大化,因此,可能不会投入足够的资源进行监管或提供某些必要的公共服务;另外,由于自我上市,交易所可能会以其他公司的利益或公共利益为代价而追求自我利益。

针对 ASX 双重角色的利益冲突问题,澳大利亚采取了很多措施,但利益冲突问题仍然存在,投资者的顾虑一直难以消除。2010 年,ASX 的市场监管职能逐步转交给 ASIC,以彻底避免利益冲突问题。在香港,针对港交所的类似争议也一直存在,2016 年香港证监会与港交所对于上市机制联合发布了一个征询意见报告,香港证监会的目标就是希望将上市审批权从港交所手中移交到自己手中,但最终还是让港交所继续行使上市审批权,但大幅限制了港交所 CEO 的权力,譬如,不能参加对于具体公司的上市申请进行审批的会议;而关于一般性的上市政策的会议,虽然可以参加但不能投票。[①]

第四节　澳大利亚富有特色的监管技术

一、概述

本节将讨论澳大利亚的三个富有特色的公司监管技术和执法方式,即可执行承诺(enforceable undertaking),民事惩罚机制(civil penalty scheme)和违法通知(infringement notice)。这些创新性的监管技术丰富和补充了传统的执法手段,提高了法律执行效率,增强了法律威慑力和守法度。

二、可执行承诺

顾名思义,可执行承诺(enforceable undertaking)就是澳大利亚证券和投资委员会(Australian Securities and Investments Commission,ASIC)与被监管者之间达成的一个可以强制执行的监管协议。现实中,ASIC 在发现被监管公司存在某些情节轻微的违法问题时,可以接受该公司的可执行承诺,从而不提起民事诉讼或进行行政处罚。在可执行承诺中,存在问题的公司承诺在一定时间内采取一定措施解决相关问

---

① SFC and HKEX, "Joint Consultation Paper: Proposed Enhancements to The Stock Exchange of Hong Kong Limited's Decision-Making and Governance Structure for Listing Regulation" (June 2016).

题。因此,可执行承诺是民事诉讼或行政处罚等传统执法方式的一个替代性方案。

与传统的执法方式相比,可执行承诺具有很多优点。首先,其富有灵活性和针对性。比如,如果一家公司存在信息披露方面的问题,公司就可以承诺建立和健全内部的信息披露机制,任命专门人员负责信息披露,向公众道歉,进行相关的社区服务等。与简单的处罚相比,这种方式能够更有效地解决相关问题,更好地提高守法度。的确,现实中很多公司在罚款之后依然故我,甚至将罚款视为一种经营成本。其次,可执行承诺经过自由协商而达成,从而避免了传统执法方式中烦琐的诉讼程序,降低了执法成本,提高了执法效率。最后,由于该监管方式建立在双方协议的基础上,避免了被监管方的抵触情绪,极大地减少了执行问题,从而有利于保持监管方与被监管方的良好关系,营造一个和谐、合作的监管环境。

为了增加可执行承诺的有效性、公平性和透明度,ASIC 通常将可执行承诺的内容公开,让其接受公众的监督和评判。另外,可执行承诺一旦达成和接受,就不能撤回或改变,除非得到 ASIC 的同意。如果 ASIC 认为被监管方违反了可执行承诺,则可以向法院申请强制执行令。如果法院认为可执行承诺被违反,就会发布强制执行令和其他相关命令,比如,没收公司从违反可执行承诺中获得的不当收益等。现实中,ASIC 在公司治理等体制建设方面使用可执行承诺的频率很高,公司通常都会遵守自己作出的可执行承诺,从而 ASIC 向法院申请强制执行令的情况很少。

三、民事惩罚机制

民事惩罚机制(civil penalty scheme)兼具民事责任和刑事责任之特征,旨在并蓄二者之长,提升执法效率,是一个重大的法律创新。传统上,法律责任机制包括刑事责任、民事责任和行政责任。这些责任机制具有各自不同的执行目标、执行对象、执行程序、举证标准和处罚方式等。比如,刑事责任的目标在于威慑和惩罚,针对严重的违法行为,需要经过严格的刑事诉讼程序,举证标准为"无合理怀疑"(beyond reasonable doubts),处罚方式包括罚金和监禁等;民事责任的目标侧重于补偿,针对普通的违法行为,民事诉讼程序也相对简便,举证标准采用较为宽松的"总体可能性"(on the balance of probabilities),处罚方式主要为赔偿金等。

民事惩罚机制是一类新型的法律责任形式,介于刑事责任与民事责任之间,也可以说是二者的混血。民事惩罚机制 1993 年引入公司法,规定在《公司法》的第 9.4B 部分。该机制的责任方式包括罚金、剥夺个人担任公司高管的资格,以及进行赔偿等,这些责任形式既可单独使用,也可合并使用。虽然民事惩罚机制具有刑事惩罚性,但其适用民事诉讼程序和举证标准,从而避免了追究刑事责任中的诉讼成本高和举证责任难等问题,提升了法律执行力。由于民事惩罚机制的刑民二重性,该机制在理论和实践中都引发了不少争论,比如,其到底是"保护性"还是"惩罚性"机制。在2004 年,澳大利亚联邦最高法院拒绝对于该机制的性质问题进行评论,认为"保护性"和"惩罚性"可以并存,二者之间的界限相当模糊。[1] 自 1993 年民事惩罚机制引入公司法以来,该机制实效显著,颇受赞誉,其适用范围已呈日益扩大之势。目前,该机制已经成为公司法的一个核心执行方式,近年来 ASIC 提起的民事惩罚案件比例大幅上升,增强了法律的威慑力。[2]

(一)适用民事惩罚机制的公司法条款

由于民事惩罚机制的刑民混合特征,该机制并不适用于所有的公司法规则。在公司法中,只有某些特定的条款才适用民事惩罚机制。这些条款的共同特点是,它们都非常重要,违反行为的后果都相当严重,通常构成刑事责任,但是,却难以侦查和举证,造成执法效率低下。对于这些条款,适用民事惩罚机制既可增加执法力度,又无过苛之嫌。这些条款总称为"民事惩罚条款"。[3]

最初,这些条款主要包括公司法中的法定董事义务,[4]以及其他一些关于公司资本交易方面的规则,比如,第 254L 条关于公司发行可赎回优先股的规定,第 256D 条关于公司减资的规定,第 259F 条关于公司回购自己股份的规定,第 260D 条关于公司为他人提供资助购买自己股份的规定和第 344 条关于财务信息披露的规定等。在学理上,这些民事惩罚条款总称为"公司民事惩罚条款"。鉴于民事惩罚机制在实践中成功地提高了公司法的执行效率,澳大利亚在 2002 年扩展了其适用范围,增加了适用该机制的公司法条款。这些增添的条款主要是关于金融市场和服务方面的监管规则,比如,内幕交易规则,操纵市场规则和虚假陈述规则等。学者将这些后来增加的条款统称为"金融服务民事惩罚条款"。这两类条款除了在引入时间上不同之外,更重要的是,如下文所述,它们在适用上也存在差异。

(二)民事惩罚机制的适用

作为一个创新性的责任类型,民事惩罚机制的实施程序也颇具特色。首先,法院需要作出一个"违法宣告"(declaration of contravention),指明被违反的具体民事惩罚条款、违法人和违法行为等。需要注意,只有 ASIC 才能申请法院作出该宣告,以防止该机制被滥用,同时也反映了该机制主要作为监管手段的定位。在该宣告作出之后,ASIC 可以进一步向法院申请罚金命令或者剥夺违法人担任公司高管资格的命令。

法院可以向违法人作出罚金命令,罚金的数额上限取决于违法者的身份:若违法

---

① Rich v. ASIC (2004) 50 ACSR 242,at 32.

② See,e. g. ,ASIC v. Adler (2002) 168 FLR 253;ASCI v. Rich (2003) 44 ACSR 341.

③ Corportions Act,s 1317E.

④ 关于澳大利亚公司法中的法定董事义务,参见第三编第三章。

者是个人,则上限为 20 万澳币;若违法者是公司或其他法人实体,则上限为 100 万澳币。根据第 1317G 条,对于公司民事惩罚条款而言,只有在违法行为严重损害到公司利益,或导致公司无力偿还债务等情况下,法院才能作出罚金命令;对于金融服务民事惩罚条款,只有当违法行为严重损害到那些金融产品发行者或交易者的利益时,法院才会作出罚金命令。

法院还可以作出要求违法人向受害人进行赔偿的命令。需要指出,与罚金令不同,在程序上,赔偿令的作出并不需要法院的"违法宣告"为前提。法院在决定是否作出赔偿令时,主要考虑两个因素:第一,被告人是否违反了民事惩罚条款;第二,相关损害是否由于违法行为引起。法院必须在赔偿令中确定赔偿数额,赔偿数额必须包括违法人的违法所得。对于公司民事惩罚条款,只有 ASIC 或受损害的公司可以向法院申请赔偿令,要求违法人向公司赔偿由于违法行为而导致的损害;对于金融服务民事惩罚条款,只有 ASIC 或由于违法行为而受损害的人才能向法院申请赔偿令。

根据第 1317K 条,以上的"违法宣告"、罚金令或赔偿令等程序都必须在违法行为发生之日起六年内提起。在这些程序中,法院都是适用民事的诉讼规则和证明标准。鉴于民事惩罚机制的强大惩罚性,为了避免其杀伤力过大,第 1317S 条规定,如果法院认为违法人没有欺诈性,而且,经过综合考量认为不应当施加民事惩罚责任,那么,法院就可以赦免违法人。

一个重要的问题是民事惩罚机制与刑事责任的关系。总言之,这二者并不相互排斥,当违法行为足够严重时,其不仅触发民事惩罚机制,还可能构成刑事责任。构成刑事责任的标准取决于民事惩罚条款的具体类型。首先,对于公司民事惩罚条款中的关于董事义务的规则,只有在违法人存在直接故意(intentional)或间接故意(reckless)时才构成刑事责任。其次,对于其他的公司民事惩罚条款,只要违法人存在欺诈性(dishonest)就可导致刑事责任。最后,对于所有的金融服务民事惩罚条款而言,它们的违反本身就可以触发刑事责任,而不需要其他的条件。[①]

民事惩罚机制与刑事责任之间的程序问题也颇值探讨。通常而言,民事惩罚机制不影响刑事责任的追究,在民事惩罚机制进行中和完成后都可以提起刑事诉讼。但是,反之并不成立。如果违法人已经被刑事起诉并宣告有罪,那么,法院就不能对于同一违法行为实施民事惩罚机制。如果在民事惩罚机制的过程中违法人被刑事起诉,那么,民事惩罚机制就需要中止,等待刑事诉讼的结果。另外,由于民事惩罚机制

---

① 需要指出,这并不意味着金融服务民事惩罚条款的刑事责任不要求违法人的主观要件。金融服务民事惩罚条款,比如内幕交易规则,通常自身就带有主观要件的规定,因此,违反这些条款既可以触发民事惩罚机制,又可以导致刑事责任。在决定如何追究责任时,监管者通常会综合考虑各种因素,包括违法行为的严重程度、诉讼程序和举证标准等。

适用相关的民事诉讼程序规则,因此,民事惩罚机制中使用的证据不能适用于刑事诉讼中。

四、违法通知

违法通知(infringement notice)主要适用于持续性信息披露中,于2004年引入,规定在公司法的第9.4AA部分。如上所述,信息披露规则属于民事惩罚条款,因此,在2004年以前,对于违反信息披露规则的行为,可以提起民事救济、民事惩罚机制和刑事诉讼。由于现实中信息披露方面的问题很多也很琐碎,适用民事惩罚和刑事诉讼都显得成本过高和缺乏效率。如下文所述,违法通知由ASIC自己实施,不涉及法院,从而可以提高执法效率。但是,另一方面,由于ASIC在该机制中集调查和裁判的双重角色于一身,因此,在国会的立法辩论中,有些人认为其违反了"三权分立"的基本原则,从而违宪。① 但是,最后国会仍然投票通过了该执法方式。

违法通知适用于情节相对轻微的信息披露问题。ASIC可以向信息披露不当的公司发出违法通知,施加一定数额的金钱罚款。需要指出,违法通知只适用于公司,而不适用于公司中的个人。② 通过这种执法方式,ASIC可以一方面有效地惩罚从事不当行为的公司;另一方面,可以及时地向所有公司传达自己对于相关问题的态度。

(一)违法通知的实施

如果ASIC有充分理由认为某家上市公司违反了持续性信息披露规则,它就可以向该公司发出违法通知。为了规范操作和防止滥用,ASIC制定了发出违法通知的具体步骤。③ 通常而言,当ASIC发现了一个可能的违法行为后,它就会展开正式调查。经过调查后,如果ASIC初步认为可以适用违法通知进行处理,那么,它就会指定一个没有参与调查过程的工作人员具体负责该案,决定是否存在违法情形和是否应当发出违法通知。下一步就是向涉嫌公司发出举行听证会的通知,在会议通知中,ASIC会列举和解释自己认为该公司违法的理由。收到通知后,涉嫌公司可以选择是否派出代表出席听证会,并且出示相关证据进行辩解等。这里需要指出两点:第一,听证会不是公开的;第二,ASIC不能在任何针对该公司的法律诉讼程序中使用该公司在听证会上出示的证据或信息。在听证会后,ASIC就可以决定是否发出违法通知。在作出此决定时,ASIC通常需要综合考量,比如,违法行为的市场影响、相关信息的重

---

① Parliamentary Joint Committee on Corporations and Financial Services, CLERP (*Audit Reform and Corporate Disclosure*) *Bill* 2003, para 6.31.

② 在情节严重的持续性信息披露问题中,公司高管也承担个人责任。不过,这些个人责任是通过民事救济、民事惩罚机制和刑事诉讼而追究的。

③ ASIC, *Continuous disclosure obligations: infringement notices* (2004).

大性、违法者的主观状态以及违法者的内控机制、守法纪录和补救措施等。另外,对于上市公司,在作出最终决定之前,ASIC 还会征询该公司上市的证券交易所的意见。

在违法通知中,ASIC 需要详细说明公司的违法行为和施加的金钱罚款。罚款的数额取决于公司的市场筹资额,比如,对于市值超过 10 亿澳元的公司,最高罚款额为 10 万澳元;对于市值超过 1 亿澳元但低于 10 亿澳元的公司,最高罚款额为 6.6 万澳元;对于市值低于 1 亿澳元的公司,最高罚款额为 3.3 万澳元。[①] 另外,如果违法公司是上市公司,违法通知还会要求该公司向证券交易所披露某些信息;如果违法公司不是上市公司,该公司就需要向 ASIC 提交某些指定的信息档案。根据第 1317DAH 条,违法通知的执行时限是发出后的 28 天之内,但是,ASIC 可以决定延长 28 天。在执行违法通知时,公司需要全额支付金钱罚款,并按照通知的要求进行相关的信息披露。

(二)违法通知的法律效果

在公司收到 ASIC 的违法通知后,公司可以选择是否执行该通知。根据第 1317DAF 条,如果公司选择执行违法通知,那么,ASIC 就不能再对其提起民事或刑事诉讼,而且,公司执行违法通知本身也不意味着公司承认自己存在违法行为,从而不影响公司的守法纪录。但是,由于公司的行为而遭受损害的人仍然可以提起民事赔偿之诉;而且,在上市公司的情形,证券交易所仍然可以根据上市规则对于公司进行处罚。另外,对于选择执行违法通知的公司,ASIC 的对外信息披露也有相应规定,以实现各方的利益衡平。一方面,ASIC 需要进行信息披露,接受公众监督;另一方面,限制违法通知方面的信息披露可以减少对于公司的负面曝光度,从而促使公司选择执行违法通知,提高 ASIC 的执法效率。根据第 1317DAJ 条,ASIC 可以公开公司的名称、违法行为和罚款数额,但是,ASIC 必须明确说明该公司已经接受了违法通知,而且,接受违法通知本身并不意味着公司承认自己违法,公司也不会被 ASIC 视为从事了违法行为。

公司也可以选择不执行违法通知,ASIC 不能进行强制执行。但是,ASIC 可以决定对于违法行为向法院提起诉讼,不过,在发出违法通知之后,ASIC 在后来提起诉讼方面存在一些限制。ASIC 可以提起的诉讼包括:第一,适用民事惩罚机制。民事惩罚机制中罚金的数额上限总是高于违法通知中罚款的数额上限;第二,如果上市公司没有按照违法通知的要求向所在的证券交易所披露指定的信息或者非上市公司没有向 ASIC 提交指定的信息文档,那么,ASIC 可以向法院申请强制公司信息披露的命令。在上述法院程序中,ASIC 不能直接使用其在发出违法通知中依赖的证据和信

---

① Corporations Act,s 1317DAE.

息。更重要的是,除了以上的法院诉讼外,ASIC 不能对于公司就同一涉嫌违法行为提起其他的民事或刑事诉讼。[①] 但是,由于公司行为而遭受损害的人仍然可以提起民事赔偿之诉;而且,在上市公司的情形,证券交易所仍然可以根据上市规则对于公司进行处罚。

因此,违法通知的使用对于各方相关人都有重大影响,ASIC 需要慎重决定是否采用该执法方式,而公司也需要慎重决定是否执行违法通知。由于发出违法通知后 ASIC 在诉讼方面就受到限制,现实中 ASIC 都是在有充分证据的情况下才会选择使用违法通知。另外,需要指出,无论公司是否执行违法通知,都不影响 ASIC 追究涉案相关个人的责任。

对于公司而言,决定是否执行违法通知就是一个更为复杂的过程,需要综合考虑各方因素,进行利弊权衡。比如,执行违法通知的支持理由包括:执行通常能够消除 ASIC 提起民事或刑事诉讼的威胁;违法通知中的罚款数额通常远低于民事惩罚机制中的罚金数额;执行本身并不意味着承认违法,也不影响守法纪录;ASIC 在违法通知的公开信息披露方面存在限制,从而减少了公司的负面曝光度。另一方面,执行违法通知的不利之处在于:公司丧失了一个可以在法庭上进行辩解并最终宣布无罪的机会;执行违法通知总是会在一定程度上影响公司的声誉,对于大型公司而言,这一点尤其重要;由于 ASIC 发出违法通知后就在诉讼方面受到限制,公司也许应当承受这些有限的诉讼风险;公司即使执行违法通知也不能保证万事大吉,因为潜在的受害人仍然可以对于公司提起赔偿之诉,ASIC 也可以继续追究公司高管等个人的责任。总言之,公司决定是否执行违法通知是一个相当微妙的判断,需要根据案件的具体情况进行具体分析,比如,ASIC 的证据是否充分,自己诉讼的胜算如何,罚款的数额是否合理等。

---

① 　Corporations Act, s 1317DAG.

第二编 公司存续与法人格

第一章 公司特征与类型

第一节 公司特征

无论从理论角度还是从实务角度看,公司法的一个首要实体问题就是,与其他商业组织形式相比,公司究竟有何优势和劣势,并在这种比较中凸显公司的特征。现实中,公司只是众多的商业组织形式中的一种,根据商业的不同性质和种类,有时其他的组织形式可能更加合适。因此,第二节将探讨各种可供选择的商业组织形式,比如,私人企业(sole trader)、合伙(partnership)、联营(joint venture)、公司等。不同的组织形式适合不同的商业,需要综合考虑多方因素而进行选择。然后,第三节考察澳大利亚的公司类型和各自适用的对象等。为了增进理解和扩大视野,笔者还将比较分析英国和美国的公司类型。

在讨论商业组织形式的选择之前,首先有必要对于公司特征的问题进行一个简短评述。国外一些公司法著作提到了公司特征,比如,有些学者认为,公司有下列四个特征,即(1)股东有限责任(limited liability);(2)股权自由转让(free transferability);(3)独立法律人格(legal personablity);(4)集中运营管理(centralized management);① 另外有些学者认为,公司特征包括:独立人格;有限责任;集中管理;股权自由转让;投资者所有权或控制(investor ownership)等。② 还有一些学者提到了其他特征,比如永久续续(perpetural succession)等。③

应当说,上述对于公司特征进行讨论的努力有一定意义,能够帮助理解公司概念,但需要注意,这些特征存在很多例外。第一,有限责任并不是所有公司的特征,如后文所述,澳大利亚就存在无限责任公司和无责任公司;第二,股权自由转让的特征不适用于私人公司或封闭公司,因为这些公司的股权转让通常受到一定程度的限制;

---

① See e. g. , Robert C Clark, *Corporate Law* (1986).

② See e. g. , Paul L Davies, *Introduction to Company Law* (2002); Henry Hansmann and Reinier Kraakman, "What is Corporate Law?" in Reinier Kraakman, Paul Davies and Henry Hannsmann et al. (eds), *The Anatomy of Corporate Law: A Comparative and Functional Approach* (2004).

③ See e. g. , John Grant, *Grant on Corporation* (1850).

第三，在某些情况下，公司的法律人格可能被否认；第四，集中管理的特征主要体现在大型的公众公司中，而在小型的私人公司或封闭公司中并不如此。因此，上述的公司特征并不能涵盖现实中形形色色的各种公司类型，而且这些特征也不是公司所特有，比如，美国的 limited liability company 不是严格意义上的公司（corporation），但它同样适用有限责任规则。

因此，抽象地讨论公司特征有时可能导致机械理解，反而造成混乱，无谓地纠缠于公司的定义问题。有鉴于此，现在很多公司法著作都不再孤立地讨论公司特征，而是将公司与其他商业组织形式进行对比，具体分析各自的优缺点，比如有限责任、独立人格、股权流动、永久存续、管理方式、税法处理以及可用的担保权类和商业声誉等各个方面。这样的讨论将公司置于真正的商业背景之中，更容易对于公司概念有一个全面和准确的把握，也更具有现实意义。本书也将按照这种思路，通过商业组织形式的比较和选择，显示公司形式的特征。

第二节　商业组织形式的选择

与其他的英美法系国家一样，澳大利亚的商业组织形式有很多种类，既可以用作营利性目的，也可用作非营利性目的。在有些情况下，营利与非营利之间界限模糊，很难区分。尽管种类繁多，这些商业组织形式大致可以分为两大类，即法人型组织和非法人型组织。非法人型组织主要包括私人企业、合伙和信托等；法人型组织的代表就是公司。需要注意，现实中，这些商业组织形式可能进一步相互组合，比如，一家公司可以是一个信托的受托人，或者与其他公司结成合伙等。本节将首先讨论非法人型的商业组织，然后讨论法人型组织，最后探讨在选择各种商业组织形式时需要考虑的因素。

一、非法人型组织形式

非法人型组织形式主要包括：（1）私人企业（sole trader）；[①]（2）合伙（partnership）；（3）信托（trust）；（4）非法人型的非营利性协会（unincorporated not-for-profit association）；（5）非法人型的联营（unincorporated joint venture）。

（一）私人企业

私人企业是最为简单的商业组织形式。顾名思义，私人企业就是一个人从事商业，当然，他可以雇用其他人协助料理生意。这个人自负盈亏，拥有商业的所有权和

---

① 在美国称为 Proprietorship。

经营权,同时对于生意上的债务承担个人责任,包括雇员在工作中产生的债务。因此,私人企业不是一个具有独立人格的法人。私人企业的成立、营业和终止都不需要任何的形式条件,也无须建立任何内部架构,因此,其经营相当灵活,从而为很多小商业采用。当然,如果私人企业想要一个商业名称,则需要登记。另外,私人企业必须遵守其他相关法律的规定,比如,根据税法,私人企业需要申请一个澳大利亚商业编号(Australian Business Number),登记商品服务税等。私人企业的收入都是以个人基础纳税,与公司形式相比,私人企业在合理避税方面机会较少。现实中,由于私人企业没有有限责任的保护,加之税收方面的不利,很多私人企业在经营一段时间后都选择变为一人公司。

(二) 合伙

合伙是指两个或两个以上的个体为了一个共同的商业目标而组成的联合。[①] 合伙通常都有合伙协议,载明合伙人的权利和义务关系,以及合伙事业的经营管理等。当然,除了合伙协议外,合伙关系还受到有关合伙的成文法和普通法的调整。在澳大利亚,合伙法属于州法范围,因此,各州都有自己的合伙法,但是,各州的合伙法在实质内容上都基本相同。

与私人企业一样,合伙不是一个独立的法人。这个非法人性质决定了合伙的一些基本特征:第一,合伙人对于合伙债务承担无限连带责任;第二,合伙的收入按照合伙人分别进行纳税;第三,合伙通常不能永久存续。在合伙人退伙、死亡和破产时,合伙将自动解散,除非合伙协议另有规定。另外,合伙的设立通常也不需要登记等手续。如果合伙想要一个商业名称,则需要登记。在营业过程中,除了税收方面之外,合伙没有向政府机构进行其他信息披露的义务。需要注意,在澳大利亚,合伙存在人数上的限制。《公司法》第115条规定,合伙的人数上限为20人,但是,某些职业例外。比如,对于医疗诊所,合伙人数上限为50人;律师事务所为400人;会计师事务所为1 000人。

另外,澳大利亚各州都允许设立有限合伙(limited partnership)。与普通合伙不同,有限合伙必须登记。有限合伙中存在两类合伙人:一类是普通合伙人,这些合伙人与普通合伙中的合伙人一样,管理合伙事务,承担无限连带责任;另一类是有限合伙人,这些合伙人投资合伙事业,但不直接参与日常管理,以出资额为限承担有限责任,颇似公司中的股东。从此角度上看,有限合伙可以说是普通合伙与公司的混合。由于有限合伙的灵活性,加之设立方面的便捷和信息披露方面的优势,有限合伙曾经是澳大利亚相当流行的一类商业组织形式。但是,在20世纪90年代初期,澳大利亚

---

① 关于澳大利亚合伙的详细讨论,see K L Fletcher, *Higgins and Fletcher—The Law of Partnership in Australia and New Zealand* (8th ed, 2001)。

开始在纳税方面将有限合伙视为公司对待,从而使得有限合伙失去了税收方面的优势。后来,公司法又规定,除了非常小型的有限合伙之外,有限合伙必须与公司一样遵守融资方面的公司法规则。这些法律改革极大地削弱了有限合伙的吸引力。现在,有限合伙主要适用于风险投资领域。由于风险投资的高风险和高成长性质,风险投资者通常作为有限合伙人,提供资金培养有前途的新企业;而发明创造者为普通合伙人,负责开发新型产品;一旦新企业成功甚至上市,则双方得益。

(三)信托

信托是英国衡平法的杰作,种类繁多,用途广泛。简言之,在信托结构中,受托人(trustee)为了受益人(beneficiary)的利益持有、保管或投资信托财产。在商业领域中,最常见的信托形式是单位信托(unit trust)。单位信托在外观上非常类似于公司,比如,二者都是将财产的所有权进行分割,在公司中称为股票,而在单位信托中称为单位。与公司一样,单位信托既可以是封闭的,也可以面向公众,甚至挂牌上市。另外,在单位信托中,受托人通常都是公司,比如基金公司。

但是,信托与公司实际上存在本质差异。与公司不同,信托不是一个独立的法律实体。首先,信托不能自己进行诉讼,不能承担债务。受托人对于信托的债务直接承担责任,因此,现实中受托人经常是公司。对于在管理信托财产过程中产生的债务,受托人可以从信托财产中受偿。信托契约通常规定,即使信托财产不足以偿付受托人,受托人也不能要求从受益人处获得补偿。其次,在税法上,信托不是一个纳税主体,信托收益的税收是直接针对受益人;如果信托收益没有分配给受益人,则受托人负责纳税。另外,在信托中,受益人的数目没有限制,一个受益人的死亡不会影响信托的存续。但是,需要指出,与公司不同,信托不能永久存续。长期以来,判例法发展了一个所谓的"信托无恒规则"(the rule against perpetuities)。在有些州中,信托的存续期为一个指定之人的生命期再加 21 年;在另外一些州中,信托的存续期一律规定为 80 年。最后,除了公开的单位信托之外,信托的成立通常不需要登记(当然,信托需要各方当事人自己订立信托契约),而且,在存续过程中,无须进行公开的信息披露和提交报告等。

(四)非法人型的非营利性协会

非法人型的非营利性协会主要是用以非营利性行为。但是,需要指出,"非营利性"协会(non-for-profit)是一个很宽泛的概念,包括慈善组织、教育和科研机构、社会文化和体育俱乐部,以及一些诸如合作建房协会(mutual building societies)和农村合作社(rural co-operatives)等促进会员互利互惠的组织。显然,上述有些组织的非营利性不无疑问。比如,很多的体育俱乐部,特别是橄榄球俱乐部,实际上非常赚钱,但是,由于这些钱不能以利润或红利的名义直接分给会员,而是以其他方式用以增加会员的福利和促进体育事业,因此,这些俱乐部不是合伙组织,也不是独立的法人。

虽然上述非法人型协会是非营利性行为最为常用的组织形式,但是,非营利性组织还经常采用其他形式。首先,信托形式就被广泛用以开展非营利性行为。其次,非营利性组织也可采用法人形式。比如,后文将要讨论的法人型协会(incorporated association)和合作社(co-operatives);另外,有些非营利性组织还选择一类特殊的公司形式,即以担保限制责任的公司(company limited by guarantee),公司类型将在后文进行详细讨论。在新南威尔士州和维多利亚州,由于允许设立法人型协会的时间较晚,因此,早期很多的社会、文化和科研机构都被迫采用了上述公司形式。

(五)非法人型联营

非法人型的联营(unincorporated joint venture)是一个非常令人困惑的组织形式。联营不是一个具有确定法律含义的法律术语,在一般语义上,该词意味着两个或两个以上的人为了一项共同的营利目标而组织在一起开展商业活动。显然,这与合伙的法律特征非常类似。确实,现实中的联营通常都是合伙,但是,联营还可以采取其他的组织形式,比如信托和公司等。因此,联营包括法人型联营和非法人型联营;联营人之间的法律关系取决于联营采用的具体组织形式以及联营人之间的相关协议,而不能一概而论。另外,有些形式表面上貌似联营,实际上可能只是普通的契约关系,从而当事人之间的法律关系就完全基于契约而定。现实中,出于税收方面的原因,澳大利亚的非法人型联营主要用于采矿业。

二、法人型组织形式

法人型组织主要包括合作社(co-operative societies,或简称 co-operatives)、法人型协会(incorporated associations)和公司法中的公司。当然,除了这些形式之外,还有一些其他形式。第一类是根据特许设立的公司(chartered corporations),这些公司在早期比较多,现在的重要性已经大为降低;第二类是根据特殊法律设立的公司,比如,根据银行法和保险法设立的银行机构和保险机构;根据某些特定法律设立的信用社(credit union)、合作建房会和友好会(friendly societies)等。另外,公司法中规定的公司类型将在下一部分详细讨论,因此,这里重点讨论合作社和法人型协会。

(一)合作社

合作社具有法人资格,因此,社员享有有限责任的保护。合作社的成立需要登记,既可以用作营利性目的,也可用以非营利性行为。澳大利亚关于合作社方面的立法属于州法范畴,各州的立法大同小异,此处只考察新南威尔士州的立法,以窥全豹。① 以下引用的法条均出于此法。为了增进对于合作社的理解,下文将合作社与公司进行比较。

一方面,合作社与公司之间存在很多类似之处。第一,二者都是独立的法律实体,都需要登记才能成立。第二,根据《新南威尔士州法》第 76 条,合作社的成员仅以出资为限对于合作社的债务承担责任。第三,根据该法第 204 条,合作社的社员选举出一个董事会,由董事会经营管理合作社。第四,合作社的财务需要进行年度审计,并将审计报告提交登记机关。

另一方面,二者之间也有重大的差异。首先是登记机关的主导角色。在设立方面,登记机关对于合作社的设立具有广泛的自由裁量权。与公司不一样,合作社的设立被视为是一种特权,登记机关需要考量申请成立的合作社是否确实有必要,是否能够真正地服务于社员利益等。另外,在合作社成立后,登记机关对于合作社的运作进行紧密监督和高度干预。比如,登记机关可以强制检查合作社的运行,进入场所调查取证;登记机关可以直接干预合作社的财务政策,包括要求合作社停止借款、偿还债务以及进行相应投资等;登记机关甚至还可以要求一家合作社将其产业转让给另一家合作社,或者要求合作社解散,并指定清算人等。由此可见,登记机关对于合作社的监管远超过对公司监管的力度,不过,这种家长式的管理有益于合作社。

此外,合作社与公司在日常运营和收益分配等方面还具有不同规则。这些规则包括:第一,社员资格向公众开放,没有种族、宗教和政治方面的歧视;第二,在投票时一人一票,而不是按照出资比例;第三,社员的出资可以随意撤回,而不受像公司法中资本维持原则那样的约束;②第四,合作社收益的分配通常是基于社员与合作社的交易数量;第五,合作社必须对于社员进行合作教育等。

在英国,早期的合作社主要是工人阶级等劳动者建立的一个互帮互助的组织。但是,在澳大利亚,合作社更多的是由乡村的农产品生产者建立,这些人通过合作社进行统一的市场营销和运输。数据表明,这种合作社交易的农产品占整个市场的份额很大,比如,占大米市场的 100%;蔗糖市场的 50%;烟草市场的 85%;蔬菜市场的 40%;奶制品市场的 50% 和水产品市场的 55%。另外,合作社还被其他很多人采用。一个与法律职业相关的合作社例子就是出庭律师(barrister)的办公室。在英联邦国家,律师分为两种:一种是不出庭律师(solicitor),占律师的大部分,他们的商业形式是律师事务所(law firm),多数为合伙制;另一种是出庭律师(barrister),数量不

---

① Co-operative Act 1992 (NSW).

② Re Namoi Cotton Co-operative Ltd. (1998) 26 ACSR 694.

多,但法官通常是从他们之中选任。出庭律师的商业形式为律师楼(chambers),虽然很多律师在一个律师楼中工作,但是,他们通常都是自己单干(当然可以各自雇用一些助理),相互之间没有业务上的直接联系。他们向律师楼缴纳会员费,律师楼就给他们提供一间办公室的使用权,以及行政管理人员、图书馆和复印机等共享资源。当然,除了提供物质上的便利之外,律师楼更重要的是代表着其会员律师的专业水平和职业声誉,因此,各家律师楼对于会员律师具有各自不同的资格要求和审查标准。

(二)法人型协会

法人型协会为非营利性组织提供了一个相对简单和费用不高的法人形式。与合作社一样,法人型协会的立法也属于州法范围,因此,此处以新南威尔士州的法律为例解释该组织形式的特征。根据《新南威尔士州法》第 7 条,五个或五个以上的人可以为了一个非营利性的目标而成立法人型协会。协会的设立需要登记,而且,在运营过程中需要像公司那样遵守一系列的信息披露义务。首先,法人型协会需要选举一个理事会进行日常管理,另外,还必须任命一个人专门负责该协会与登记机关之间的联络。如果协会的目标或规则有变,就必须及时向登记机关报告。其次,协会每年需要举行一次会员大会,审阅协会前一年的财务报告和状况,并向登记机关提交这些文件。不过,与公司的年报不同,协会的年报不用审计。与公司相比,协会的登记费和年报提交费都要便宜很多。最后,协会必须购买公共责任保险。

与非法人型协会相比,法人型协会的最大优势在于其法人资格和有限责任。但是,如果法人型协会没有如上所述购买责任保险,则协会的理事会成员对于协会的债务承担个人责任。尽管如此,现实中的法人型协会并不多。原因在于,第一,各州的相关立法差异较大,在一个州成立的法人型协会可能在另一个州不被承认。如果一个法人型协会想要在多个州中活动,就需要在各州进行登记,遵守每个州的有关规定。显然,这非常不便。第二,有些非营利性组织选择以担保限制责任的公司形式(company limited by guarantee),而不采用法人型协会。这主要是出于法律适用和税收方面的考虑,当然,也有其他的因素,比如,以担保限制责任的公司形式能够提升一个组织的社会地位;需要建立一个全国性的架构;更加愿意与监管公司的 ASIC 打交道等。[1] 第三,新南威尔士州和维多利亚州等大州通过立法允许设立法人型协会的时间都很晚,比如,新南威尔士州直到 1984 年才制定相关法律,[2]因此,很多非营利性组织只能被迫采用其他形式。

---

① S Woodward & S Marshall, *A Better Framework：Reforming Not-For-Profit Regulation* (Center for Corporate Law and Securities Regulation, University of Melbourne, 2004), p. 58.

② Associations Incorporation Act 1984 (NSW).

三、影响选择商业组织的因素

由上可见,商业组织形式种类繁多,可以进行自由选择,从而商业组织的选择就成为一个重要问题。每种组织形式都有自己的优势和劣势,不能断言某一种形式就必然强于其他形式。在进行选择时,需要具体情况具体分析,综合考量商业目标,营业性质,当事人的财务状况和税务标准等。当然,除了这些法律因素之外,还有很多其他的相关因素,甚至包括个人因素等。下文仅讨论影响选择的几个重要法律因素。

第一,有限责任。有限责任是促使当事人选择诸如公司等法人型组织的最重要因素。在公司的有限责任下,当事人以自己的出资额为限对于公司的债务承担责任,从而将自己的私人财产与公司事务隔离开来。但是,需要注意,对于很多的小型公司而言,这个有限责任的优势可能会有所削弱,原因在于,诸如银行等专业债权人通常要求公司董事或大股东为公司的借款提供个人担保。当然,即使如此,有限责任还是能够保护股东免受公司的其他债务的影响。

第二,公司具有永久存续性。在法律上,公司具有独立的人格,能够以自己的名义进行诉讼,拥有财产和承担债务等。股东的破产和死亡都不影响公司的存在,股东可以转让股份,而公司不受影响。但是,在合伙中,这些事件都会自动导致合伙的解散。当然,合伙协议可以规定上述情况下的合伙更新,从而避免合伙解散,但是,在合伙更新中,通常需要对于合伙财产进行必要的调整。

第三,融资渠道问题。公司在融资方面具有很大优势,一方面,公司可以公开发行股票和债券,从金融市场上直接融资;另一方面,在通过银行的间接融资中,公司可以采用一种称为"浮动担保"(floating charge)的担保工具。顾名思义,浮动担保就是浮动在公司的整体财产之上,因此,担保的标的财产处于不断变化之中,直到发生某些特定的事件才固定下来(或称为结晶化,crystallization),从而成为一个固定担保。在浮动担保固定之前,虽然公司的所有财产都是担保标的,但是,公司可以在正常的经营过程中随意使用和处置这些财产,就像没有担保一样。然而,在诸如抵押等其他担保方式中,担保人在使用担保财产时通常受到各种限制,比如,需要获得抵押人的同意才能处置抵押财产等。因此,浮动担保是一种非常受欢迎的融资工具,但是,它的适用限于公司。公司在直接融资和间接融资方面的上述优势是促使很多大型商业选择公司形式的重要原因。

第四,成本、形式要件和持续性义务。合伙是一类非常灵活的商业组织:其设立不需要任何的登记等形式要件;内部的管理架构也可随意设置;在运营过程中,也没有持续性的信息披露义务和报告义务。另外,合伙人可以自由撤回出资。相反,对于法人型组织而言,法人资格是国家赋予某个商业群体的法律地位,因此,它们的成立需要遵守登记等很多形式要件,从而承担相应费用;而且,在运营过程中,法律要求它们充分、及时地披露各种信息。对于公司而言,财务报告还必须进行审计,并提交登记机关,以备公众查阅。公司的内部机关和治理结构必须严格服从法律的规定;法律对于公司的运行,比如召开股东大会和董事会等,都进行了细致的规定。另外,为了保护债权人利益,股东不能随意撤资。最后,公司的解散也伴随着各种复杂的法律规则、时间拖延和高额费用。这些大量的法律规定给公司带来了很沉重的守法成本,有时由于过于僵硬,可能阻碍商业的高效运行,甚至导致出现公司僵局。

第五,税负方面的考虑也相当重要。在澳大利亚,早期的公司都承担双重税负。首先,公司的盈利在公司的手中缴纳税款;然后,公司利润以股利形式分配给股东,股东又需要缴纳所得税。相反,对于非法人型组织形式而言,比如,合伙和信托等,由于它们不是独立的法律主体,从而商业盈利都是在终端受益者手上缴税一次。确实,公司的双重税负是一个重要的不利因素,因此,在20世纪70年代,很多人都采用信托而非公司开展商业活动。鉴于此,澳大利亚在20世纪80年代进行改革,解决了公司的双重税负问题。现在,公司利润在公司手中根据公司税率纳税之后,分发的股利就带有相应的税分,股东在缴纳个人所得税时可以用来抵减税款。因此,公司在税负方面的不利地位得到了改观。

第三节 公司类型

澳大利亚公司法规定了多种不同的公司类型,不同的公司类型呈现不同的法律特征,遵守不同的法律规则,并适用于不同的商业。为了加深对于澳大利亚公司类型的理解,本节将同时探讨英国和美国的公司类型,并进行比较。确实,英美法系中不同国家的公司类型很容易混淆,从而导致对于各国公司法的错误理解。最后,根据英美法系的公司分类,对于我国的公司分类进行一个简要评述。

一、澳大利亚公司类型

根据澳大利亚公司法,公司主要分为两大类:一类是私人公司(proprietary company);另一类是公众公司(public company)。从责任限制方面而言,私人公司又可以分为两种:(1)以股份限制责任的公司(company limited by shares);(2)无限责任公司(unlimited company with share capital)。这两种公司都有划分为股份的公司资本。现实中,98.2%的公司属于以股份限制责任的私人公司。同样,从责任限制方面而言,公众公司又可分为四类:(1)以股份限制责任的公司(company limited by shares);(2)以担保限制股东责任的公司(company limited by guarantee);(3)无限责任公司（unlimited companies with share capital）；（4）无责任公司（no liability company）。因此，如表 1 所示，澳大利亚总共存在六种公司形式，其中，以股份限制责任的私人公司占绝大多数。另外，公司可以依法改变自己的公司类型。

表 1

私人公司	以股份限制责任的公司
	无限责任公司
公众公司	以股份限制责任的公司
	以担保限制股东责任的公司
	无限责任公司
	无责任公司

（一）私人公司

澳大利亚很早就确认了私人公司类型，其关于私人公司的法律制定于 1896 年，甚至早于英国，英国在 1907 年才制定了专门法律来规制私人公司。传统上，私人公司一般不能拥有超过 50 人的非雇员股东，而且其发行股票和转让股票方面也有限制。相对于公众公司而言，私人公司所适用的法律规则要宽松很多，比如在财务信息的公开披露义务方面。尽管英文的用词不同，澳大利亚法中的 proprietary company 与英国法中的 private company 实质上基本一样，因此，本书将二者都称为私人公司。

根据现行的澳大利亚公司法，尽管私人公司可以向现有股东和雇员发行股票，但是，它们不能向社会公开招股。这种私下的筹资手段非常方便而且成本低廉，因为公司不需要准备招股说明书并进行登记披露等。另外，除了公司雇员外，私人公司的股东成员不能超过 50 人。[①] 因此，私人公司在股东人员规模和通过股票筹资方面都有限制。如果私人公司违反了这些限制，私人公司就会被强制转变为公众公司。

在早期，由于私人公司不需要披露财务信息，所以，很多大型公众公司都将其重要的子公司设立为私人公司，从而规避信息披露义务。20 世纪 50 年后期，美国通用汽车公司收购了澳大利亚一家主要的汽车公司——和顿汽车公司，并将其变为全资子公司。在此之前，和顿汽车公司的股票在澳大利亚证券交易所上市交易，并负有信息披露义务。收购之后，按照当时的法律，和顿汽车公司就要退市成为私人公司，不再负有信息披露义务。由于和顿汽车在澳洲的长久影响和公众对于和顿汽车品牌的民族情绪，和顿汽车公司不披露其财务信息就变成了一个具有政治敏感性的问题。

针对这个问题，澳大利亚进行了公司法修改，将私人公司分为豁免的和不豁免的两种私人公司，或称为大型和小型的私人公司，所谓的豁免或小型私人公司，被界定

---

① Corporations Act 2001（Australia），section 113.

为其股票没有被公众公司及其子公司直接或间接所持有的私人公司。原则上,只有小型的被豁免的私人公司才不承担信息披露义务。这样,公众公司就不能再通过设立私人公司类型的子公司而规避信息披露义务。现实中,绝大多数的私人公司都是小型的豁免公司。比如,20世纪在90年代,97.7%的私人公司都属于豁免型公司。根据现行公司法,私人公司属于大型还是小型的问题是基于每个财政年度而言的。小型私人公司的标准是,在一个财政年度中,一个私人公司至少要满足以下三个条件中的两个才属于小型:(1)公司的总营业收入少于1 000万澳元;(2)公司的总资产少于500万澳元;(3)公司雇员在年终时少于50人。①

另外,1995年澳大利亚加大并明确了公众公司与私人公司之间法律义务方面的区别,从而使得私人公司类型更为灵活和方便,能够更好地为中小企业所采用,降低企业的运营成本,提升竞争力。所有私人公司都享有的特权包括:私人公司可以只有一个股东和一个董事;私人公司可以不举行股东年会;可以不通过股东大会的方式产生股东决议;对于有利益冲突的交易和关联交易的审查制度不同于公众公司。

在将私人公司划分为大型与小型之后,小型的私人公司还享有另外的特权,其中,主要是关于财务会计信息的准备和披露方面。根据公司法,所有公司都必须保存其书面的财务报表,这些报表记录了公司的交易、财务状况。但是,除了小型私人公司以外的其他公司还必须制作每个财政年度的财务报告,经独立审计后向公司主管机关提交,②从而任何人都可以查阅。这些财务报告一般包括年度的损益表,资产负债表,现金流量表。小型公司只有在以下情况中才需要制作这些年度报表并提供给公司成员(不是公司主管机关):(1)拥有表决权股份至少5%的股东要求公司这么做;(2)此公司被国外公司所控制,而此国外公司没有向澳大利亚公司主管机关提交联合的会计报表;(3)公司主管机关要求公司这么做。③另外,对于大型的私人公司,澳大利亚的公司主管机关也可以行使自由裁量权决定是否豁免其有关的信息披露义务。

(二) 公众公司

如果一个公司不是私人公司,那么,它就必然是公众公司。从责任限制的角度而言,公众公司又可以细分为以下四类。第一类是以股份限制责任的公众公司(company limited by shares)。这些公司一般规模较大,资产较多,因此,总体数量不多,只占公司总体的0.7%。

---

① Corporations Act 2001 (Australia), section 45A(2).

② 在澳大利亚,公司主管机关是澳大利亚证券和投资委员会(Australian Securities and Investment Commission),一个全国性的机构。该机构类似于我国的证监会,但其权力不只限于对证券市场的监管。关于该监管机构的详细讨论,参见第一编第二章第三节。

③ Corporations Act 2001 (Australia), section 294.

第二类是以担保限制股东责任的公司(company limited by guarantee)。非营利性的公司通常采用此公司形式,因为,以股份限制责任的公司形式一般都是用于营利性的公司。与英国的此类公司一样,公司没有股份资本,只是可以向成员收取费用或者向外举债。公司成员的责任限于他们各自所承诺的在公司终止时偿付的一定担保金额。很多的俱乐部、社区团体和协会都是采用这种形式。这种公司形式只能登记为公众公司,占公司总体的0.85%。需要注意,澳大利亚还存在一种既以股份又以担保限制股东责任的公司(company limited both by shares and by guarantee)。现行公司法已经禁止设立新的这类公司,但是,原来的这类公司可以继续存在。这类公司的设立原因是,公司尽管是非营利性,但是,需要筹集一些启动资金以购买办公场所与设备等。所以,公司就会向某些公司成员发行股份。现实中,这类公司非常少见,只占公司总体的0.04%。

第三类是无限责任公司(unlimited companies)。在后文对于英国法的讨论中将提到,1844年后,人们可以通过登记成立公司,但直到1855年公司才被赋予有限责任的特权。所以,在此期间登记成立的公司实际上都是无限责任公司。从这个意义上说,无限责任公司是现代有限责任公司的起源。1855年,绝大多数的登记公司都具有了有限责任的特征,但是,有些无限责任公司保留至今,英国和澳大利亚也立法承认了这种公司组织的原始类型。无限责任公司既可以登记为私人公司又可以登记为公众公司。

根据澳大利亚公司法,无限责任公司的股东对公司债务承担无限的个人连带责任。但是,这并不是说股东直接对公司债务承担责任。公司还是一个独立法人,在公司偿还债务时,首先以公司的资产进行偿还,如果公司资产不够,那么,公司股东就需要承担清偿责任。由于股东承担无限责任,公司正式名称中不需要有任何特别标识。由于无限责任公司没有将股东与公司债务有效地隔离开来,无法保护股东的个人财产,因此,现实中这类公司很少,只占公司总体的0.05%。

但是,无限责任公司在减资方面具有一个重大优势。对于股东责任有限制的其他公司类型而言,公司只有通过正式的批准程序才能减少公司资本。而对于无限责任公司而言,由于股东对公司债务承担无限连带责任,所以,这类公司就不需要遵循其他公司的减资程序。这种减资方便的好处对于投资公司或者共同基金(mutual fund)来说就非常重要。比如,共同基金公司向公众的基金认购者发行公司股票而筹集资金,然后投资于公司和政府的各种证券。这些基金一般都设立为开放式基金,即基金认购者可以随时赎回投资,其做法很简单,就是让共同基金公司回购其股票。显然,这样做实际上就是减少基金公司的资本。由于开放式基金公司的赎回业务非常频繁,方便的减资程序就很重要,因此,有些共同基金公司就采用了这种形式。[①] 但是,这并不是说,无限责任公司形式就是主要被属于公众公司的共同基金公司所采用,实际上,无限责任公司更多的是被用于私人公司。[②] 比如,在某些允许律师事务所采用公司形式的澳大利亚洲中,律师事务所就采用了这种无限责任公司的形式。

第四类是无责任公司(no liability company)。这类公司是具有澳大利亚特色的公司类型。根据澳大利亚公司法,只有那些只经营采矿业的公司才能登记为无责任公司,而且,无责任公司只能登记为公众公司。

无责任公司的产生原因有两个:一个是传统英美公司法对于出资的规定,即公司以高面值发行股票,但股东可以部分地付款,以后如果公司需要资金,公司可以向股东追讨。另一个原因是19世纪中期的澳大利亚采矿热潮。采矿业是一项高风险的行为,很多情况下,股东不愿追加偿付股价,所以,经常通过假名出资,以使公司在追讨股价时费用巨大,甚至无法追讨股价。针对这种情况,1896年澳大利亚法律规定,股东可以不追加偿付股价,只在其已经出资的范围内对公司债务负责,但是,公司可以没收没有付足股价的股票。两年后澳大利亚正式地引入无责任公司形式。因此,所谓的无责任,并不是完全的没有责任,而是相对于一般有限责任公司中股东需要对未付足股价承担责任而言的。一般有限责任公司中,股东不但以已经出资的金额对公司债务承担责任,而且,如果股东在认购股票时没有完全偿付股价,那么,股东对其没有付足的价款还需承担偿付责任。而在无责任公司中,股东只以实际出资额为限承担责任,而无需对其没有付足的价款承担责任。

数据表明,无责任公司类型数量很少,只占公司总体的0.09%。实际上,许多大型的矿业公司都没有采用无责任公司形式,原因在于,第一,无责任公司无法追讨股东的未付足股价;第二,无责任公司形式本质上具有高度投机性质,商业声誉不佳。[③] 所以,无责任公司形式主要由小型的矿业公司所采用。在无责任公司中,一般情况下,不管股份是否完全偿付,投票权和股利分配权等按照股份比例进行分配。在公司要求股东缴付拖欠股款时,虽然股东可以置之不理,但公司可以拒绝向他们派发股利,甚至没收他们的股份。股份没收后进行拍卖,拍卖款首先用于清偿没收、拍卖等费用,然后,填补原股东的未付股价,最后,如果还有剩余,则返还给原股东。

---

① 需要指出,在澳大利亚,现实中共同基金主要是采用信托形式,而非公司形式。

② Australian Securities Commission, *Enhanced Statutory Disclosure System: A Response to the Companies and Securities Advisory Committee* (1992), Appendix 2.

③ J C Waugh (1987) AMPLA Yearbook 30 at 53.

二、英国公司类型

毋庸置疑,英国公司法是英美法系各国公司法的历史源头。在其不断探索和发展的过程中,由于政治、经济和法律上的各种原因,先后出现了很多公司类型,体系较为复杂。根据划分标准的不同,英国公司可以进行多种分类。

(一)成立方式

按照公司成立方式的不同,英国有以下三种公司。第一种是登记公司(registered company)。这种公司就是简单地通过向公司登记机关登记而成立,这个登记机关通常是英国商业和企业及监管改革部(Department for Business, Enterprise & Regulatory Reform,简称 BERR)下属的公司议事堂(Companies House)。这种公司数量最多,也是最典型的公司。第二种是法定公司(statutory company)。这类公司主要是指英国在 19 世纪登记公司出现以前的由政府根据特别法律而授权成立的公司。在前面章节对于英美公司法历史的论述中,笔者已经提到了这类公司。[1] 这些公司大多是为了公共事业目的而设立的,比如,铁路,水电,煤气等。这些公司大多具有经营垄断权,所以需要法律的特别授权。在英国第二次世界大战后的国有化浪潮中,很多的此类公司被收为国有。不过,这些公司大部分后来又被私有化,并变成了登记公司,所以,尽管这类公司还存在,但数量已经不多。截至 2006 年底,英国的法定公司只有区区 50 家。[2] 第三种是特许公司(chartered company)。这类公司的形成有其深刻的历史原因,笔者在前面章节论述英美公司法历史时也提及了此类公司。这类公司是指由英国皇室授予特许状(charter)而成立的公司,著名的英国 BBC 广播公司就是这种公司。特许状能够赋予公司独立的法人格,但在 19 世纪中期,由于通过特许状授予完整的公司法人格的做法受到质疑,英国皇室就开始通过专利特许证(letters patent)向那些没有获得特许状的商业组织授予全部或部分的公司权利。现在,一般的商业公司都是通过登记而成立,因为这与申请特许状相比,又快又便宜。所以,现实中只有一些特殊性质的组织还会采取这种形式成为公司,比如慈善组织,学术团体,学校等,因为获得英国皇室的特许权能够为它们带来很大的荣誉。不过,也有很多这种非商业性的组织实际上并没有这样做,它们选择了用信托的方式开展活动。截至 2006 年,英国的特许公司为 798 家。[3]

---

[1]　参见第一编第一章第二节。

[2]　Paul L Davies, *Gower and Davies' Principles of Modern Company Law* (8th ed, 2008, Sweet & Maxwell) 21.

[3]　Paul L Davies, *Gower and Davies' Principles of Modern Company Law* (8th ed, 2008, Sweet & Maxwell) 21.

(二)股东责任

按照股东责任的不同,英国的登记公司又可以分为以下三种。[①] 第一种是无限责任公司(unlimited company)。由于有限责任的重要性,这些公司数量很少,并且只存在于那些具有特殊性质的不允许适用有限责任的行业领域。第二种是以担保限制股东责任的公司(company limited by guarantee)。这种公司一般都是为了非营利目的而设立的,不少慈善组织,学校,博物馆等就是此类公司。这种公司中一般没有股份的划分,没有分享公司营利的行为,所以,公司股东也不需要出资认购股份。只要公司正常运作,股东就不承担责任。只有当公司被清算而且有未清偿债务时,股东才需要在他们所同意的担保范围内,缴纳一定的金额。但是,现实中,一般这种担保金额都是象征性的,通常只有1个英镑。[②] 所以,这种公司中的股东责任很小。第三种是以股份限制股东责任的公司(company limited by shares)。这种公司通常以营利为目的,但有时也可以用作非营利目的。此类公司资本划分为等额股份,股东需要以现金或其他资产认购一定比例的公司股份。股东对于公司债务的责任就仅限于其出资范围,一旦已经完全且有效地偿付其股份,股东就没有其他责任。目前,绝大多数公司都是这种公司。根据股东人数的多少和营业规模的大小,这种公司又可细分为公众公司(public company)和私人公司(private company)。

在早期,私人公司的股东人数限制在50人,对于股份转让权也有一定限制,而且不能向公众发行股份。但是,私人公司比较灵活,运营成本低,比如,不需要公开账户,董事可以向公司借款等。后来,私人公司具有的这些区别于公众公司的法律特征逐渐消失,所适用的法律规则与公众公司日益趋同。英国1980年公司法重新较为清楚地区分了公众公司和私人公司。公众公司必须在公司章程中明确载明自己是公众公司并且遵守有关公众公司的法律规定。公众公司的正式名称中必须包括"公众有限公司"(public limited company,或简称 Plc)而不仅仅是"有限公司"(limited company)。而且,公众公司必须具有最低规定数额的已发行并认购的股票出资。除此之外的其他有限公司就是私人公司。私人公司不适用最低资本要求和其他一些公司资本规则,但是,私人公司不能公开发行股票和债券。私人公司的名称后缀一般必须包括"有限"(limited,或简称 Ltd.)的字样。

英国2006年公司法对于私人公司与公众公司的主要区别是,私人公司不能向公

[①] 与澳大利亚不同,英国2006年公司法不允许设立无责任公司(No liability company)。

[②] Paul L Davies, *Gower's Principles of Modern Company Law* (1997) 11.

众发行股票；①另外，除非在登记时特别注明是公众公司，否则公司就默认为私人公司。② 现实中，绝大多数的公司都是以股份限制股东责任的私人公司，而公众公司的比例非常低：截至 2006 年 3 月，英国的登记公司数量总共超过 200 万，而公众公司只有 1.15 万。③不过，由于股东人数和公司规模等方面法律限制的废除，有些私人公司实际上已经非常庞大，足可与公众公司媲美。④

（三）最新发展

近年来，特别是 1980 年以来，针对原来适用于公众公司和私人公司的法律规则之间区别太小的问题，英国开始努力扩大两种公司所适用的法律规则间的区别。同时，由于不同的私人公司间差别非常显著，英国对于不同规模的私人公司也开始区别对待，比如，在财务信息披露方面，公司被分为大型、中型、小型和微型（micro companies，微型公司有两个主要特征，一是规模很小；另一是股东与董事完全相同，即公司的所有权与经营权没有分离）等几种类型而承担不同的披露义务。这个方面的公司法改革的主要目的在于减轻中小公司的法律义务负担和经济运营成本。自 1998 年起，英国又进行了公司法的改革，其主要内容之一就是简化适用于中小公司的法律规则，比如，董事义务法典化，简化决策程序，简化财务报告，简化公司治理结构，简化设立条件等，从而为私人公司节约成本，提升竞争力。不过，从形式上看，在英国最近制定的 2006 年公司法中，还是将公众公司与私人公司规定在同一部法典中，而没有为私人公司单独立法。但是，有不少学者一直呼吁应当为私人公司单独立法。

另外，近年来英国创设了一些特殊类型的公司。第一种就是开放式投资公司（open-ended investment companies），出现在 2000 年。传统上，英国的基金管理模式都是契约型，即单位信托（unit trust），而不是公司型。在公司型基金下，基金人是基金公司的股东，基金公司将股东的钱集合起来进行投资，投资损益表现在公司的股价上。当投资者想要退出投资时，他们就需要让公司回购他们的股份，或者将股份转让给其他人。由于公司回购股份的限制很严，而且公司的股份流动性可能不强，因此退出投资非常困难。但是，欧洲大陆国家和美国的基金形式都是公司型，使得英国的信托型基金在国际竞争中有时处于不利地位。针对此问题，英国 2000 年的金融服务市场法（Financial Services and Markets Act 2000）允许设立所谓的"开放式投资公司"，

---

① Companies Act 2006（UK），s 755.

② Companies Act 2006（UK），s 4(2)(a). 需要注意，"公众公司"一词的用法有时存在歧义，有些人将其理解为传统的公众公司（public company），有些人将其理解为那些股票在证券交易所公开交易的公司（publicly traded company）。

③ DTI，*Companies in 2005-2006*，Tables A1 and A2.

④ 如前所述，澳大利亚公司法仍然保留了私人公司在股东人数等方面的限制性规定。

通过这种公司,投资者可以像赎回基金单位那样自由地要求公司回购股份。[①] 与普通的公司不同,这种公司需要遵守英国财政部制定的特别规章,而且其登记机关也不是通常的公司登记机关,而是英国的金融服务局(Financial Services Authority)。

另一种是所谓的社区利益公司(Community Interest Company),出现于 2004 年,用于非营利性目的。前文述及,以担保限制责任的公司传统上用作非营利性目的,但该类公司有个重大缺陷,即它们不发行股票,从而无法融资,因此限制了这类公司的效用,只能适用于那些不需要长期运行资本或通过举债就可以维持运转的非营利性机构。鉴于此,英国政府在 2004 年通过了相关法案,创设了所谓的"社区利益公司",该类公司的目的是非营利性,但可以融资,当然其融资等财务运作需要接受有关机构的严格监管。[②] 最后,在欧盟一体化进程的大背景下,英国在 2004 年引入了所谓的"欧洲公司"(European Company),该公司类型是欧盟法与各成员国本土法的混合产物,主要用以欧盟成员国公司之间的跨境并购运作,但该类公司数量极少,截至 2007 年初,整个欧盟仅有 60 家左右,其中只有 3 家在英国登记。[③]

三、美国公司类型

美国最初作为英国的殖民地,其公司法也承继英国法,但是,随着后来美国的独立和日益强大,其公司法也逐渐脱离英国法模式,终成一极。与英联邦国家不同,美国主要有以下两种公司类别:公众公司(publicly held corporation)和闭锁公司(privately held corporation)。

(一) 区别标准

从这两类公司英文名称的直观意义上理解,似乎其区分标准是股东人数的多少:公众公司有很多股东,并构成一种开放性的公众参与的感觉;而闭锁公司只有一些股东,并给人一种封闭性的少数人的一个圈子的感觉。但是,这种形式标准非常模糊,因为我们无法回答,到底股东人数多到什么程度就是公众公司,而少到什么程度就是闭锁公司。换言之,没有一个严格而确切的人数标准可以来清楚地区分公众公司和闭锁公司。现实中,公司的股东人数构成一个连续的区间,从一人公司到拥有成千上万个股东的大型公司。任何一个试图将这个连续体生硬地划分为公众公司和闭锁公司的具体股东人数数字,都会不可避免地带有武断的性质,没有充足的理由。比如,假设这个数字定为 50,那么,为什么拥有 49 个股东的公司就是一个少数人的小圈子,

---

① Financial Services and Markets Act 2000, s 236(3).

② Companies (Audit, Investigations and Community Enterprise) Act 2004, Pt 2.

③ Paul L Davies, *Gower and Davies' Principles of Modern Company Law* (8th ed, 2008, Sweet & Maxwell) 28-31.

而仅仅增加一个股东后公司就有了公众参与的感觉呢？所以，纯粹从股东人数的形式标准去区分公众公司和闭锁公司，既不可行，也无实益。

很多美国学者认为，区分公众公司与闭锁公司的最大意义在于公司股东是否可以自由流动，从而决定公司股东之间的关系。如果公司股东可以自由流动，公众投资者可以很容易地成为公司股东或退出公司，那么，公司股东之间的关系就很松散，而且，股东能够通过自由地进出公司而保护自我利益。相反，如果公司股东不能自由流动，公司股份由于限制或者市场原因而不能轻易转让，那么，股东之间关系就很紧密，股东不能方便地通过转让股份而退出公司，从而需要更多的保护。确实，正是这种股东转让其股份的方便程度的不同，导致公众公司和闭锁公司在治理结构、信息披露法律义务等方面需要存在相应的差异。因此，美国在区分公众公司和闭锁公司时，除了考虑股东人数的因素之外，更注重于公司股票是否有一个活跃而确定的交易市场（active established market），从而投资者是否可以很方便地进出公司。比如，公众公司就是那些具有足够多的股东并且其股票可以在市场上很方便地买进和卖出的公司。美国证券市场非常发达并且具有不同层次的市场，除了纽约证券交易所之外，还有其他几个证券交易所。只要其股票能够方便地买卖，而不管是在哪个市场，公司就应当被认为是公众公司。

总言之，在区分公众公司和闭锁公司时，既要注意其股东人数的形式标准，更要强调其股票市场流动性的实质标准。① 一般而言，这两个标准是一致的，比如，大多数闭锁公司中股东人数少，通常少于 10 人，股票交易也不活跃，但是，有时并不一致。有些公司尽管资产很多，股东也不少，比如 300 人，但是，股东大多是不活跃的股东（passive shareholders），公司股票也没有一个活跃的交易市场，因此，这种公司仍可能被视为闭锁公司。美国律师协会最近在 2005 年修订《模范商业公司法》时，第一次尝试着对于"公众公司"进行了定义：公众公司是指其股票在全国性证券交易所上市或在由一个或几个全国证券业协会成员运营的场外市场定期交易的公司。②

（二）各自特征

公众公司中由于股东人数众多而且流动频繁，所以，公司业务一般由职业的经理人进行管理。这些经理人虽然也拥有一些公司的股票，但一般比例都较低。所以，公众公司最为典型地代表了公司所有权与经营权的分离。相反，在闭锁公司中，所有股东或大多数股东都直接参与公司的经营管理，而且，对于股东股份的转让一般存在限

---

① 比如，特拉华州普通公司法（Delaware General Corporation Law）规定，闭锁公司的股东不超过 30 人，股份流通受到限制，不得向公众募集股份等。其他州公司法也有类似规定，但在细节上有些差别，比如加利福尼亚州公司法的人数限制是 35 人。

② Model Business Corporation Act（2005 edition），s1.40(18A)。

制,公司对于股东因死亡或决定离开公司后的相关股票处理都有规定。这样,外部投资者不能自由地成为公司股东,他们必须得到公司现有股东的同意才能成为新的公司股东。现实中,股东人数少和对于公司股份转让的限制通常是闭锁公司的特征。由于这种公司形式与合伙有一定的类似性,所以,闭锁公司经常被称为"公司化的合伙"(incorporated partnership)。

美国各州公司法和美国律师协会制定的《模范商业公司法》的范围都很宽,也非常笼统,并不是专门为公众公司或闭锁公司而制定,因此其中的大多数条款对于公众公司和闭锁公司都适用。当然,为了减轻闭锁公司的经济运营成本,发挥闭锁公司的竞争优势,很多州也考虑到公众公司与闭锁公司的现实差别,从而制定了一些特别针对闭锁公司的法规,这些法律规则没有像适用于公众公司的规则那样严格。2005年《模范商业公司法》也专门为闭锁公司提供了一套特别的规则,比如,该法第7.32节允许闭锁公司的股东通过契约方式自由地设定公司的一些商业安排,包括公司的管理结构、收益分配以及股东与董事之间的关系等;根据该法第14.34节,当闭锁公司中的股东之间发生争议时,可以让异议股东以公平的价格向其他股东转让股份,以代替强制性解散公司的救济方式。

四、大陆法系

总体而言,大陆法系对于公司概念的理解比较宽泛,因此公司类型繁多,甚至很多合伙性质的组织也称为公司。① 比如,德国的公司类型很多,包括无限责任贸易公司、两合公司、有限责任公司和股份公司等,其中最主要的是有限责任公司(GmbH)、股份公司(AG)和有限责任两合公司(GmbH & Co. KG)三种形式。② 大致上,德国的有限责任公司和股份公司分别类似于英美法系的私人公司和公众公司;有限责任两合公司则类似于英美法系的有限合伙,由有限责任股东(Kommanditist)和无限责任股东(Komplementǎr)组成。有限责任股东通常是自然人,而无限责任股东经常会由一家有限责任公司来充当,前者通常又是后者的董事和股东。在这种情况下,有限责任公司仅以其全部财产对两合公司的债务承担无限责任,而有限责任公司的股东不

---

① 需要指出,为实现欧洲统一市场的建立和便利欧盟境内的公司事务,欧盟通过直接立法创建了一些欧盟层面的商业组织形式,比如所谓的"欧洲经济利益团体"(European Economic Interest Grouping)、"欧洲公司"(Societas Europaea)、"欧洲合作社"(Societas Cooperative Europaea)等。这些组织形式的特征是,它们是欧盟层面的商业组织形式,直接适用欧盟制定的相关法律(但欧盟法经常转引成员国法律),它们能够很方便地将注册地从一个成员国改为另一个成员国。

② 参见 Gerhard Wirth, Michael Arnold, Ralf Morshäuser & Mark Greene, *Corporate Law in Germany* (Beck C. H., 2010).

需要承担无限责任,因而原本的无限责任被转化为了有限责任。这种组织形式的优势在于,既有合伙组织的灵活性,又能够获得有限责任保护。

在大陆法系中,还有另外一些兼具公司与合伙特征的混合型组织。其中值得一提的是所谓的"股份制有限合伙"(limited partnerships with shares),这实际上是合伙与公众公司的混合物。在英美法系,合伙与公众公司是两个风马牛不相及的东西,因此没有这种混合型组织。这种组织形式比较复杂,以法国为例,《法国商法典》(French Commercial Code)规定,关于有限合伙和公众公司的法律都适用于这种组织形式。与公众公司相比,这种组织形式的灵活性更大,管理合伙人可以是法人,比如私人公司。有限合伙人可以像公众公司那样自由转让股份,而管理合伙人在转让股份时就有限制,必须获得其他合伙人的同意,但与公众公司中的董事相比,管理合伙人拥有更多的权力。在很多其他欧洲国家,比如德国、西班牙和波兰等,都有这种组织形式。不过值得指出,荷兰在 1971 年废除了这种组织形式,以免有人利用这种组织形式作为公司的替代品,从而规避公司法。

五、小结:对于我国的启示

在公司类型方面,我国公司法承继了大陆法系特别是德国法的传统,将公司分为有限责任公司与股份有限公司。有限责任公司,简称有限公司,是股东以其认缴的出资额为限对公司承担责任,公司以其全部财产对公司债务承担责任的企业法人。股份有限公司,简称股份公司,是其全部资本分为等额股份,股东以其认购的股份为限对公司承担责任,公司以其全部财产对公司的债务承担责任的企业法人。这两类公司在股东人数、设立手续和公司机关等方面存在重大差别,现实中,有限责任公司一般适用于中小企业,而股份有限公司通常为大型企业所采用。①概言之,前者类似于英美法系的私人公司或封闭公司,而后者类似于英美法系的公众公司。

我国公司分类存在一些问题。第一,公司类型仅限于两类,可能难以完全满足现实需要。我国的公司类型可以再丰富一些,让企业有更多的选择。比如,在澳大利亚,除了有限责任的公司之外,还有无限责任的公司和无责任公司等。第二,有限责任公司与股份有限公司之间的实质区别还太小。在公司法中,这两类公司的相关规定无论从结构上还是内容上都很类似,让人感觉立法者在立法时似乎就是"剪切+粘贴",难以体现两类公司的不同性质和用途,不利于公司结构的优化和提高中小企业的竞争力。英国 2006 年新修订的《公司法》对于小型私人公司的法律规定进行了重大改革,突出了小型私人公司与大型公众公司之间的法律区别,改善了中小企业的法

---

① 王保树、崔勤之:《中国公司法原理》(第三版),社会科学文献出版社 2006 年版,第 36～38 页。

律监管环境,值得我国借鉴。

最后,该分类的命名方法值得商榷,容易造成语义上的逻辑混乱和国际交流中的概念混淆。一方面,从语言逻辑上看,这两类公司在名称上具有明显的重合性,股份有限公司本质上也是有限公司,从而股份有限公司似乎可以包括在有限责任公司之内。如上所述,在定义上,有限责任公司是"以认缴的出资额为限对公司承担责任",而股份有限公司是"全部资本分为等额股份,股东以其认购股份为限对公司承担责任",这种区分并没有实质差别,股东都有持股比例,不同之处仅在于是否将资本化为等额股份而已。另一方面,在前面章节中提到,我国的有限责任公司英文通常翻译为limited liability companies,这与美国20世纪90年代后发展的有限责任公司(limited liability companies)在表述上完全一样,但二者实际上截然不同;[①]另外,我国的股份有限公司翻译为joint stock companies,而在英国公司发展史上也曾出现过所谓的股份公司(joint stock companies),二者名称一样,但实质不同。[②] 这种情况有时容易造成国际学术交流和实务操作上的概念混淆。[③]

如前所述,有限责任公司类型不是英美法系的产物,而是创始于德国,被称为"德国立法者之桌上创作物"。后来,日本法承袭了德国法,又将其带到中国台湾地区。最后,出于语言文化等方面的原因,中国大陆公司法深受日本法和中国台湾地区法的影响,直接引入了该公司类型和称谓。如上所述,该类公司与股份公司在很多方面存在差异,大致类似于英美法系的私人公司,以利中小企业使用。鉴于以上提到的种种问题,笔者建议修改中国公司法结构框架,废除有限责任公司形态,将该类公司改革为私人公司或封闭型的股份有限公司。2005年,日本公司法修改将有限责任公司并入股份有限公司,不再保留有限责任公司的形态,同时,将股份有限公司再细分为"股份转让受限制"与"股份转让不受限制"两种类型,较好地处理了有限责任公司与股份有限公司之间的共性与差异。另外,我国台湾地区也在探索类似的"公司法"改革路径,提议废除有限责任公司类型,而引进"闭锁型股份有限公司",值得关注。

---

① 参见第一编第一章第一节。

② 参见第一编第一章第二节。

③ Baoshu Wang & Hui Huang, "China's new Company Law and Securities Law: An overview and assessment"(2006) 19(2)*Australian Journal of Corporate Law* 229-242.

第二章　公司设立与解散

本章主要讨论公司的设立和解散问题。当然,理论上公司一旦设立就可以永久存续,现实中很多公司也许永远不会解散,但是,公司从设立之日起就存在破产和解散的可能,这个威胁如影随形,挥之难去,对于公司的运营管理和组织架构等方面具有重大的影响。因此,虽然有些学者倾向于将公司设立和解散进行分章论述,但是,本书选择将二者放在一起,一方面,可以更完整地揭示公司的生命周期;另一方面,有助于理解以后章节关于公司机关和董事义务等问题的探讨。

第一节　公　司　设　立

一、设立程序

在澳大利亚,设立公司相当简单。如前所述,澳大利亚证券和投资委员会(Australian Securities and Investments Commission,ASIC)是公司登记机关,其网站上有相应的公司设立申请表格。一个人只需向 ASIC 提交一份申请便可设立公司。根据《公司法》第 117 条,公司设立申请必须载明以下事项:(1)申请设立公司的类型;(2)公司的名称;①(3)公司股东和董事的姓名和地址;(4)公司的主要办公场所;(5)如果申请设立以股份限制责任的公司,则需要注明公司资本的相关问题;如果申请设立以担保限制责任的公司,则需要注明公司的担保义务问题。细心的读者可能会发现,这里没有关于提交公司章程的强制性规定。为何如此?其原因将在后面章节中阐述。②

ASIC 收到合格的公司设立申请后就会登记公司,并签发一个登记证书,载明公司名称、类型和注册号码等。在登记后,公司就正式成立,具有独立的法律人格,可以开始营业或进行融资。公司的登记证书是公司符合公司成立条件并合法成立的有效证据,善意第三人可以合理信赖,而无需进行更多的调查。当然,如果公司不当设立,

---

① 《澳大利亚公司法》第 147 条对于公司名称的选择进行了规定,比如,不能与其他公司重名,不能选择法律禁止使用的名称等。另外,第 148 条规定,有限责任公司必须在其名称后加上"Ltd."的后缀;私人有限公司必须加上"Pty Ltd."的后缀。

② 参见第二编第二章第一节。

ASIC 可以撤销公司登记,或者强制要求公司解散。

虽然申请设立公司不难,但是,公司设立的实际过程却不短,前后大概需要好几个星期。在此期间,公司需要制定和通过章程,预定公司名称,然后,准备公司设立申请材料并提交 ASIC。因此,现实中,一个很普遍的做法就是预先设立一些公司,并储存起来,称为储备公司(shelf company),并让这些公司处于休眠状态,等到需要使用时再激活。由于这个做法方便快捷,节省时间,其在小型商业中尤为盛行。但是,需要指出,该做法存在很多潜在的法律风险,而且,通常需要改变公司名称和章程等。

二、公司发起人责任

公司发起人(promoter)不是一个严格的法律概念,而是一个商业概念,在不同的历史时期和背景中具有不同的含义。简言之,公司发起人就是负责设立公司之人,即那些在公司正式登记之前负责公司设立事务的人。[①] 在公司的发展早期,公司设立的条件和程序非常复杂,需要国家的特许等,因此,曾经出现了一批专门从事公司设立业务的中介人。最初,这些人都是有政府背景的社会上层人士,道德修养尚可;后来随着公司设立程序的日益简化,从事公司设立事务的人越来越多,不免就出现了一些欺诈之徒。在 1860 年到 1920 年之间的 60 年里,与公司设立有关的欺诈相当严重,案例很多,法院开始发展出一套专门适用于公司发起人的信义义务规则。

判例法认为,公司发起人的判断问题是一个事实问题,需要具体情况具体分析。通常情况下,发起人负责公司设立事务,直至公司正式成立。一旦公司登记成立,公司的董事会等机关就开始运行,发起人的角色也就随之终结。但是,如果在公司成立后,公司的董事会等机关没有运行,公司事务仍然掌控在发起人手中,那么,发起人的角色就没有停止,从而适用相关的信义义务规则。现实中,发起人的欺诈行为主要发生在发起人将自己财产出售给设立中的公司的场合。根据判例法,如果发起人从出售中获得利润,就需要进行充分的信息披露,否则违反信义义务。如果发起人违反信义义务,其主要的救济方式就是解除发起人与公司之间的交易合同;如果由于交易物毁损等原因而导致解除合同不可行,则可适用诸如赔偿损失等其他救济途径。

需要注意,发起人的信息披露对象不能仅限于公司董事会,而应当扩展至公司股东,因此,发起人通常需要通过招股说明书等方式进行信息披露。在 *Gluckstein v. Barnes* 一案中,英国枢密院认为,发起人与公司董事会之间通常存在紧密联系,甚至有时发起人自己就是董事之一,因此,发起人向公司董事会进行信息披露等于是自我

---

① John H Farrar et al, *Farrar's Company Law* (3ʳᵈ ed, Butterworths UK, 1991), pp.52-53.

披露,而股东实际上并没有获得信息披露的保护。[①] 但是,澳大利亚联邦最高法院认为,如果公司董事会是独立的,那么,发起人就可以只向公司董事会进行相关的信息披露。[②] 另外,如果全体股东在决定加入公司时都知道、并默认了发起人向公司出售资产并获利的行为,那么,发起人也不违反其信义义务。最后,如果发起人构成公司的全体股东,则发起人进行自我披露即可,而无需对于债权人等外部人进行信息披露。[③]

三、公司设立资本制度：国际比较与分析

(一)质疑"公司资本三原则"

在我国公司法理论中,经常提及所谓的"公司资本三原则",即资本确定原则,资本不变原则和资本维持原则。笔者认为,这个公司资本三原则体系是颇有问题的,笔者当年在国内学习时就有此感觉,在海外研究和工作多年后,这一感觉更加强烈,故在此提出来与大家探讨。

首先,在英美法系中,只有资本维持原则的概念(capital maintenance doctrine),这使得资本确定原则和资本不变原则是否能够称为"原则"就值得商榷,因为这具有误导性,让人觉得似乎所有的公司都必须遵循,但实际上,这两个所谓的"原则"最多也就是大陆法系公司法的原则。在我国,资本确定原则又称为法定资本制,要求公司确定资本总额,而且资本总额必须在公司成立前全部认购和实缴。但是,在英美法系,长期以来都是奉行授权资本制。下文将谈到,近年来英美法系公司法的发展趋势是连授权资本制都废除了,而采用更为简洁的"声明资本制"。

其次,这三个原则的内涵并不清楚,相互之间的关系更是令人困惑。比如,我国有学者认为,资本不变原则是指公司不得超越法定条件与程序而随意增减资本。换言之,资本不变原则似乎是专门针对公司增资和减资问题而言的,但是,公司股份回购作为公司减资的方式之一,[④] 又被认为属于资本维持原则的调整范围。另外,与减资相比,增资的法律规定通常宽松得多。因此,这里的问题是,资本不变原则的意义是什么？到底有无独立存在的必要？笔者认为没有,其功能可以被资本维持原则完全涵括,英美法系公司法正是如此处理。

最后,对于最为重要的资本维持原则,国内学者似乎有些误解。有人认为,该原则是指公司在存续过程中必须经常保持与抽象的公司资本额相当的公司现实资产,也就

[①] (1900) AC 240 at 249.

[②] Tracy v. Mandalay Pty Ltd. (1953) 88 CLR 215 High Court of Australia.

[③] Attorney-General (Can) v. Standard Trust Co. of New York (1911) AC 498.

[④] 中国《公司法》第 143 条第一款。

是保持公司资本与公司资产的一致性。比如,公司的注册资本是十元,那么根据资本维持原则,公司的资产就应当一直保持在十元,不能多,也不能少。这可能吗?有必要吗?

笔者认为,上述观点误解了"资本"与"资产"的概念及其相互关系。在会计处理上,资产是资本(所有者权益)与负债之和,因此资产与资本通常在数额上就是不一致的。另外,如果公司经营不当,资产严重缩水以至于数额低于注册资本,比如当年十元钱的股价跌到一元,那除了努力改善经营之外,没有其他办法能将股价拉回十元(当然可以通过无偿回购并注销股份的方式将股价拉高,但这是减资,而且不是强制性的)。反之,如果公司经营得当,资产增值以至于数额超过注册资本,当年十元钱的股价现在已经上涨到一百元,难道就必须将相当于每股 90 元的资产退还股东,从而使股价回归到十元钱吗?实际上,资本维持原则顾名思义是维持"资本",而不是维持"资产",其主旨不是要求保持公司资本与资产的一致,而是要求股东在出资后不得通过各种手段抽逃出资,从而达到保护债权人的目的。

总言之,公司资本制度可以大致分为公司设立时的资本制度和公司设立后的资本制度。资本维持原则主要是针对公司设立后的资本问题,即股东出资后不得通过各种手段抽逃出资。具体而言,这里的相关问题包括减少资本、股息派发、股份回购以及禁止持有本公司和母公司股票或接受该种股票的抵押权等。与此相对,公司设立时的资本制度主要是关注股东出资环节,包括资本法定还是授权问题、最低注册资本制度、股票面值制度以及出资形式等。本文主要讨论公司设立时的资本制度问题。

(二) 从"授权资本制"到"声明资本制"

如前所述,根据公司设立时资本是否确定的划分标准,传统上存在两种资本制度,即法定资本制度和授权资本制度。在法定资本制度下,公司的注册资本就是公司的实收资本,非常简单明确,包括我国在内的大陆法系国家多采用这种制度。相反,在英美法系国家,传统上采用授权资本制,使用"授权资本"概念(authorized capital,也称为名义资本,nominal capital)。这套制度相对比较复杂,因此下文进行详细论述。

在授权资本制下,公司章程通常要求公司在设立登记时写明一个公司资本数额,即授权资本数额,这个数额分割成大量具有相同面值的股份,然后,公司董事会就可以在授权资本的数额范围内决定具体的股份发行事宜,实际发行的资本便是发行资本(issued capital),尚未发行的资本称为未发行资本(unissued capital)。在发行资本中,股东可以进行部分缴付,因此发行资本又包括已缴资本(paid up capital)和未缴资本(unpaid capital)。这些资本术语之间的关系可用以下数学方程式表达:授权资本=未发行资本+发行资本(已缴资本+未缴资本)。

现实中,公司章程规定的授权资本通常都数额巨大,但事实上很多公司通常只发行其中的很少一部分,有些公司可能根本就没有打算发行全部的授权资本,纯粹是虚张声势而已。比如,公司的授权资本为 1 亿美元,但实际上可能只发行了 2 个美元。因此,对于公司外部人而言,授权资本具有很大的误导性。的确,授权资本的主要功能在于调整股东与董事会之间的关系,而非债权人保护。在授权资本制度下,股东设定授权资本的上限,而董事会在此数额之内决定实际发行的资本,如果董事会想要发行的资本数额超过授权资本,就需要股东的批准。随着现代公司法的发展,公司治理日益从股东大会中心主义转变到董事会中心主义,另外,股东对于公司资本的控制可以通过其他法律途径实现,比如可以选择在公司章程中自由设定股东控制权。

因此,英美法系各国纷纷废除了"授权资本制",而采用所谓的"声明资本制"(statement of capital)。根据该制度,公司在章程中不再规定一个唬人的授权资本额,而是要求公司实事求是,声明其实际发行资本的情况。董事会在公司运营过程中有权自主决定资本发行问题,而不像以前那样存在授权资本数额的限制。比如,从 1998 年 7 月 1 日起,在澳大利亚设立公司的申请文件的注明事项是:(1)每个股东同意购买的股份类型和数量;(2)每个股东同意购买股份的价格;(3)如果购买价款在公司登记之时没有全部付清,那么每个股东同意将来需要补足的价款。根据《澳大利亚公司法》第 120 条,在公司登记时,公司股份推定为已经向股东发行。在公司设立后,公司可以自由决定股份的发行条件,以及股份的权利和义务等。发行股票权通常赋予公司董事会,当然,董事在行使此权力时需要遵循相关的信义义务规则。[①] 另外,在很多公司中,章程规定现有股东对于新发行的股份享有先买权,即现有股东可以根据自己的持股比例优先认购新股。

在澳大利亚公司法的实务中,想要购买股份的股东需要向董事会提交一份股份购买申请,载明购买股份的类型和数量。如果董事会接受,就达成了一份有效的股份申购契约。董事会在公司的股份登记簿上记录该人的姓名和其持有的股份,或发给该人一个股权证。当然,购买者通常需要支付价款,既可以在申请时全额支付,也可以部分支付,公司在将来可以要求其补足剩余款项。由于这种灵活的支付方式,公司资本就包括两大部分:一部分称为"已缴资本"(paid up capital);另一部分称为"未缴资本"(unpaid capital)或"未召集资本"(uncalled capital)。[②] 另外,由于公司资本是指公司已经发行的、股东已经缴付或将来需要缴付的资本,因此,公司资本也称为发行

---

① 与澳大利亚相比,英国公司法中董事会发行股票的权力受到更多的限制,并且区别对待私人公司和公众公司。在私人公司中,如果其只有一个种类的股票,那么董事会可以自行决定股票发行,唯一限制就是董事的信义义务。在公众公司或拥有多个种类股票的私人公司中,股票的发行需要章程或股东大会普通决议的事先授权。

② 严格地讲,未付资本与未召集资本不同,因为在有些情况下,公司可能进行了召集,但股东仍没有出资,这种资本就只能称为"未付资本",而不是"未召集资本"。

资本(issued capital)。这些术语之间的关系可用以下数学方程式表达:公司资本(发行资本)=已缴资本+未缴资本。

在英美法系,从授权资本制到声明资本制已是大势所趋。如上所述,澳大利亚早在1998年就进行了立法改革;英国2006年公司法修订也废除了授权资本制;① 美国公司法属于州法权限,各州态度并不完全一样,但有些激进的州领风气之先,在20世纪80年代就已经进行了改革,迄今为止绝大多数的州已经废除了授权资本制;香港仍然采用授权资本制,但目前正在进行公司法的修订,有可能会顺应潮流,完成从授权资本制到声明资本制的历史转变。

(三) 最低注册资本制度

国内有些学者将最低注册资本制度视为法定资本制度的固有部分,但其实最低注册资本制度是一个独立的制度,与法定资本制度和授权资本制度都可以"兼容"。

最低注册资本制度是对于公司已发行资本而言的,即公司已经发行的资本不能低于某个数额标准。总体而言,传统上大陆法系公司法非常注重最低注册资本制度,包括具有大陆法系血缘的中国公司法,而该制度在英美法系国家中的运用并不广泛。② 澳大利亚和美国的绝大多数州都没有规定最低公司资本制度,理论上用一个美元或一个澳元就可以设立公司。

有意思的是,在英美法系的发源地——英国,情况却不一样。作为欧盟成员国,英国需要遵守欧盟的公司法指令。根据欧盟公司法指令第二号(Second Directive),英国引入了最低公司资本制度。③ 英国2006年的《公司法》规定,最低公司资本要求为50 000英镑(大约为65 000欧元,高于欧盟指令规定的25 000欧元标准)。④ 另外,这50 000英镑不需要在股票发行时一次性缴付,而只要缴付股票面值的25%,剩余部分可以等到公司要求支付或公司清算时才缴付。需要注意,上述的最低资本制度只适用于公众公司,而私人公司不受其约束。由于很多其他欧盟成员国的最低资本制度也适用于私人公司,因此这些国家的很多人选择到英国设立私人公司。

很多人对于最低公司资本制度提出了猛烈批评,主要有两个理由。⑤ 第一,最低公司资本制度只是一个"一刀切"式的简单数量标准,而现实中公司多种多样,因此该

---

① Ben Pette, John Lowry and Arad Reisberg, *Pettet's Company Law: Company and Capital Markets Law* (3rd ed., 2009) 311.

② See M Lutter, "Business and Priviate Organizations" in *International Encyclopedia of Comparative Law* (Mohr Siebeck, 1998), Vol. XIII, Ch. 2, Table.

③ Council Directive 77/91/EC, [1977] OJ L26/1, Art. 6.

④ Companies Act 2006(UK), s 763; the Companies(Authorized Minimum)Regulations 2008/729, reg. 2.

⑤ Paul L. Davies, *Gower and Davies' Principles of Modern Company Law* (8th ed, 2008, Sweet & Maxwell) 263-264.

制度过于僵硬和单一,无法反映和满足公司的真实资本需求。一方面,对于某些商业而言,这个标准可能过低,难以有效保护债权人;另一方面,有时这个标准可能过高,提高了行业进入门槛,从而降低了竞争度。如果最低资本制度的目标在于评估公司的运营风险,保护公司自身的安全,那么该制度就应当像银行监管一样,设立一整套复杂的评估体系,考察诸如资本充足率等多项财务指标。[①] 显然,对于所有的公司都进行这样的评估,既无必要,也不可行。

反对最低资本制度的第二个理由是,最低资本标准只是公司设立时的资本,并不保证在公司的运营过程中公司还一直保持这些资本,从而并不能起到保护债权人利益的作用。比如,如果公司经营不善,那么设立时的资本金可能很快就被消耗掉。针对此问题,英国 2006 年《公司法》第 656 条规定,如果一家公众公司的资产净值降低到已缴资本的一半以下,就必须召开特别股东大会,但是,该条并没有要求股东或董事会采取任何特定的措施。有些学者指出,该条款的实际作用并不大,因为在其被触发之前,公司的主要债权人可能已经根据借款协议采取了相关行动,比如要求董事采取应对措施,甚至更换管理层等。

(四)股票面值制度

与最低注册资本制度一样,股票面值制度也是一个独立的制度,在法定资本制和授权资本制下都可以采用。根据股票面值制度(Par value 或 Nominal value),计算公司资本就是将股票面值与股票数量相乘的简单算术。英文单词"Par"的字面意思就是"同等","Par value"就是指股票的价值一样,即一家公司的所有股票都有一个固定的同等面值。

1. 历史功能

股票面值制度是传统公司法的历史产物,有其存在的历史原因,曾经发挥了重要作用。第一个主要作用就是保证股东在购买股份时的平等,从而鼓励投资。在早期,公司必须严格地按照面值价格发行股票,既不多也不少。如果公司以低于面值的价格出售股票,则需要承担法律责任。这样,每个股东都以相同的价格购买股票,从而无须担心股价不等或等待股价打折。有些全球知名品牌至今仍然沿用这个营销策略,从不打折,目的就是消除购买者观望和期待打折的想法,促使他们尽快购买。第二个重要作用就是保护公司的债权人。在公司出现的早期,由于股东享有有限责任的保护,因此,公司债权人就要求股东向公司出资,并不得随意撤回资本。这样,债权人就可以根据公司资本判断公司的偿债能力,而且,在公司不能偿债而破产时,债权

[①] 关于银行的资本充足率等监管要求,参见拙文:《巴塞尔协议的演变:银行监管的新问题与新对策》,载《环球法律评论》,2006 年第 1 期,第 100~107 页。

人可以从公司资产中优先获得补偿。

2. 缺陷和问题

但是,随着经济发展和社会变迁,股票面值制度产生了很多问题。第一,非货币出资问题。如后文所述,现实中,除了货币之外,有的股东还希望通过其他方式出资或支付股票的对价(consideration),比如,知识产权和劳务等,但是,这些非货币资产难以估价,或者具有不确定性。由于此问题,股票面值就难以保证所有股东都以相同的对价购买股票。当然,解决此问题的一个简单办法就是禁止非货币出资,但是,这显然不符合商业现实的需要。第二,股票面值的规则过于僵硬。在有些情况下,公司可能需要以低于面值的价格发行股票,比如,向现有股东送股(bonus shares)或配股(rights shares)等。第三,对于违反股票面值的问题,法律处理相当复杂。如果股票发行的对价低于面值,则通常称为"掺水股份"(watered stock)。需要指出,在股票面值的规则被废弃之后,"掺水股份"的概念仍然存在,用以指那些没有按照法律规定付足对价而取得的股份。在美国,为了解决取得掺水股票的股东法律责任问题,法院发展了几种理论。第一个理论是信托基金理论(trust fund theory),由斯托利(Story)法官早在 1824 年所提出。[1]美国最高法院 1873 年在 *Sawyer v. Hoag* 一案中适用了此理论。[2] 最高法院认为,"公司的资本,特别是其未偿付部分,是为了公司一般债权人利益而存在的信托基金"。所以,在公司进入破产程序时,一个当初没有有效偿付其股票的股东就对债权人负有偿还责任。

Sawyer v. Hoag 一案的大致案情如下:Sawyer 是芝加哥一家保险公司的股东。为了达到保险公司成立时具有一定数额公司资本的要求,公司向股东发行股票。公司股东没有直接地以低于股票面值的价格认购股票,因为这样做很容易被发现并导致在公司破产时的追缴未付股票对价的法律责任。公司股东的做法是,表面上以全价认购公司的股票,但是,随后让公司把一部分认购款以借贷的形式还给股东。所以,实际上股东就是以低于股票面值的价格获得股票。通过这种方式,Sawyer 实际上以面值 33% 的价格取得股票。由于 1871 年的芝加哥大火灾,这家保险公司进入破产程序,公司债权人要求 Sawyer 补足其全额股价。但是,Sawyer 坚持认为自己是以全价获得股份的。法院最终判定,根据信托基金理论,Sawyer 对于公司负有责任,应当为了公司债权人的利益而追缴相关股价。

由于公司资本实际上并不具有真正的信托基金的要素特征,所以,信托基金理论存在问题,并于 1892 年被明尼苏达州最高法院在 *Hospes v. Northwestern Manufacturing*

---

[1]　Wood v. Dummer, 30 F. Cas. 435, No. 17, 944 (C.C.D. Me. 1824).

[2]　84 U.S. 610 (1873).

& *Car Co.* 一案中推翻。① 该法院认为信托基金理论不够准确,而发展了虚假陈述的欺诈理论(misrepresentation theory or holding out theory)。此理论被后来的判例所采纳。此理论的前提基础是,公司债权人是因为依赖公司资本而放贷的,换言之,债权人被股东的虚假陈述所欺诈。因此,以下两类公司债权人就不能主张获得掺水股票的股东追缴股票价款:一类是在公司不当发行股票之前就借款给公司的债权人;另一类是虽然在不当发行之后借款,但知道公司不当发行股票的债权人。但是,上述欺诈理论也有问题。现实中,掺水股票的股东并不会向债权人特别表明他们的股票不是掺水股票;而且,债权人通常都不知道公司的法定资本,更不用说依赖公司资本而作出是否放贷的决定。因此,有些美国法院就干脆认为掺水股票的股东是基于"法定义务"(statutory obligation)而对公司债权人承担责任。②

另外,在掺水股票的案件中,还有其他复杂的法律问题,比如,到底是由发行股票的公司董事负责还是由购买股票的股东负责,抑或二者都负责,以及这些责任是过错责任还是严格责任等。有些判例主张严格责任,认为只要"掺水股份"属实,就须承担责任。但是,根据 *Re Wragg Ltd* 一案,③如果董事在股票发行中善意地履行了合理调查义务,那么,即使股票最终发现掺水,董事也不负责任;对于股东而言,只要他们在购买股份时没有欺诈公司,就不负责任。但是,如果股东与公司董事有关联,能够影响甚至控制股份的发行,那么,上述规则不成立,股东将被视为公司发起人而承担责任。

3. 现代角色

股票面值的概念除了带来上述的种种问题之外,其传统的功能也逐渐丧失。一方面,它不能保证股东平等。为了避免"掺水股份"的法律责任,公司经常以远远超过股票面值的价格发行股票,比如,一元面值的股票可能以 10 元发行,甚至是 100 元。这种发行股票的方式称为"超级安全"发行,但是,它却完全破坏了股票面值的功能。在这种发行方式下,投资者只知道股票不会折价发行,但不知道它会以何种溢价发行,因此,不同的投资者可能会以不同的价格购买股票,从而不能保证股东平等。另一方面,公司资本保护债权人的功能也日益减少,借款公司的发行资本已经成为银行等贷款机构在决定是否放贷时的一个不太重要的考虑因素。在现代商业中,银行等贷款机构可以借助于其他更为有效的方式调查和评估借款人的资信状况,这些方式包括,聘用诸如标准普尔公司等信用评级机构,使用各种担保机制等。

---

① 50 N. W. 1117 (Minn. 1892).

② DuPont v. Ball, 106A. 39 (Del. 1918).

③ [1897] 1 Ch 796 Court of Appeal, England and Wales.

鉴于股票面值一方面带来各种问题;另一方面又丧失传统功能,因此,美国各州在 20 世纪 80 年代,澳大利亚在 1998 年都纷纷废弃了该制度。根据《澳大利亚公司法》第 254B 条,公司可以自由地决定股票发行的条件和价款等。在此问题上,英国公司法再一次体现了其保守的传统特征:英国 2006 年的公司法仍然保留了股票面值制度![1] 当然,在很大程度上,这也是欧盟法拖后腿的缘故。与最低资本要求一样,欧盟公司法指令第二号要求成员国保留股票面值制度。但是,欧盟指令只适用于公众公司的情形,因此英国的公司法改革委员会曾经建议,在废除授权资本制度的同时,还应当废除私人公司中的股票面值制度,遗憾的是该建议最终未被采纳。[2]

(五) 出资形式

1. 货币与非货币形式

在讨论公司资本的数量要求之后,紧接着的一个问题就是资本的形式,即股东的出资形式。随着公司形式日益成为商事活动的载体,公司出资的方式也越来越多样化。在澳大利亚,公司法没有对于出资形式进行任何限制,既可以是货币,也可以是非货币方式。现实中,非货币形式主要是有形的实物(property)或无形的财产权,以劳务(services)出资的情况比较少。

英国 2006 年公司法明确规定公司出资既可以是货币,也可以是非货币形式。[3]需要注意,公众公司中的非货币出资有一些特别规定。英国 2006 年公司法第 583(3)条对于公众公司中的"货币出资"进行了一个很宽泛的定义。比如,除了通常的以货币买股份外,货币出资的情形还包括:(1)股东保证将来以货币形式向公司出资;(2)债转股,即将一定金额的公司债权转化为股权。如果出资不能算作货币出资,那就是非货币出资了。在英国,公众公司可以接受的非货币出资形式有一些限制,比如,将来的劳务不能作为非货币出资形式。

在估值问题上,通常而言,当事人对于非货币出资的估值具有终局性效力,除非存在估值明显不当的情形,[4]或有证据表明当事人在估值时存在恶意。[5] 但是,英国对于公众公司中的非货币出资估值问题慎重得多,制定了一套特别的规定。为了保证公众公司中的非货币资产估价的公正性,在股票发行前 6 个月内,需要由独立的审计人对非货币资产进行评估,并出具详细的评估报告。只有评估报告认为非货币资

---

① Companies Act 2006 (UK), s 542(1),(2).

② 一种解释是,股票面值制度在英国已经使用了几百年,虽然存在一些问题,但英国人已经习惯了,因此不愿改变!

③ Companies Act 2006 (UK), s 582(1).

④ White Star Line, Re [1938] Ch. 458.

⑤ Tintin Exploration Syddicate v Sandys (1947) 177 L. T. 412.

产的价值不低于股票面值和相关溢价时,非货币出资才是有效的。[1]

澳大利亚的一个法律改革委员会曾经在 1986 年建议引入类似的规定,从而给予当事人在估值问题上的确定性,让董事会在评估非货币资产时也有章可循,降低相应的法律风险。但是,这个建议最终没有被采纳,主要原因是这种规定过于僵硬。[2] 因此,目前澳大利亚的做法还是在原则上要求董事在估价时善意地进行各种合理调查,包括但不限于参考独立的专业评估意见等。

对于出资形式的问题,美国公司法经历了一个从限制到放任的发展历程。在早期,美国的公司法对于出资形式进行了一些限制。虽然大多数州公司法允许非货币出资,但并不允许所有类型的非货币出资。一般而言,可以作为股票发行对价的非货币形式包括实物和劳务。1950 年版的《模范公司法》第 19 节规定,公司股票可以全部或者部分地通过以下形式出资:货币;其他有形或无形的实物财产;或者已经实际完成的劳动或服务。很多现行州公司法都采用了这一原则,而且它们还特别规定,本票(promissory note)或者对于将来履行劳务的承诺不构成有效对价。如果公司股票的对价不合格,那么就认为股票的发行是无效的,从而可以被撤销,或者公司其他股东和债权人可以提起诉讼,要求那些用不合格对价获取股票的人支付有效的对价。

早期的美国公司法有很多关于什么是有效股票对价的判例法。比如,公司成立之前的劳务是已经完成的劳务;发明专利是有效对价;合同权利或计算机软件等如果有真正价值的话,就构成无形资产。但是,如果合同权利上附有可能无法实现的重大行使条件,那就不是有效对价。缺乏新颖性和重大价值的秘密配方或策划等也不构成有效对价。以固定资产抵押的票据通常也认为是有效对价,而不是无效的本票。另外,如果股票对价既包括已经完成的劳务又包括将来要完成的劳务,那么,这种股票对价也是无效的,因为很难分配这两个阶段的劳务价值。因此,只有在公司雇员结束雇用合同后,公司向其所发行的股票才能作为有效的股票对价。

但是,随着社会和经济的发展,美国对于出资形式的态度日益开明,采取契约自治原则,让当事人自由决定。1984 年的《模范商业公司法》完全取消了上述对于非货币出资的各种限制。根据其 6.21(b)节的规定,有效的股票对价包括“任何有形或无形的财产或公司利益,包括货币,本票,已经完成的劳务,承诺将来要完成劳务的合同,或者公司的其他有价证券”。这个重大变化的原因在于,现实生活中有时需要为了合同权利、无形财产或利益等而发行股票。假设,一名影星同意拍摄一部电影,而

---

[1]　Companies Act 2006 (UK), Ch 6 of Pt 17.

[2]　Companies and Securities Law Review Committee, *Report to the Ministerial Council on the Issue of Shares for Non-Cash Consideration and Treatment of Share Premiums* (1986), para 12.

且,出于为电影拍摄筹资的目的需要成立公司,此影星的片酬就是此电影公司中一定比例的股权。但是,根据1950年《模范公司法》,在电影拍摄完之前,电影公司是不能向该电影明星发行股票的,因为其表演服务还未完成。所以,这部电影的拍摄计划就可能会流产。但是,取消对于非货币出资的限制也带来了一些问题,比如,如果以将来要完成的劳务出资,就存在将来那些劳务可能没有被实现的风险。为了解决这个问题,1984年的《模范公司法》规定,已经发行的股票仍然有效,但公司有权利要求相关人提供劳务,兑现其股票对价。如果这样还不行的话,公司就可以暂时冻结相关股票,直至收到有效对价为止;如果相关人始终没有提供有效对价,公司就可以取消他们所持有的股票。

2. 非货币出资的评估作价

非货币对价的一个核心问题就是评估作价和相应的法律责任,在这方面,美国法的演变也值得仔细研究。非货币出资的估价正确与否直接影响到公司其他股东的利益,如果非货币资产的价值被高估,那么其他股东的股份利益就会被稀释。在美国,根据1950年《模范公司法》,非货币资产的价值必须要通过评估来确定。1950年《模范公司法》规定由公司董事会以美元形式确定非货币资产的价值,而且只要公司董事会在估价时没有欺诈行为,董事会的估价就具有终局性(conclusive)。这样,如果公司董事会善意地估价,那么,即使估价错误或有问题,董事也不承担责任,估价也是有效的。这个规定既适用于有面值股票也适用于无面值股票。当然,对于有面值股票,非货币资产的价值应当高于股票面值。

这种处理有一定道理,首先,由于非货币资产必须评估作价,而且价格必须高于股票面值,公司现有股东的利益才不会受到不当侵害;其次,有关估价终局性的规定是与商业判断准则保护下的董事注意义务相一致的,以避免董事承担过重义务而妨碍其积极地冒险和履行经营管理职能;最后,终局性的估价也能给非货币投资者以确定性,否则,他们就会担心董事会的估价在事后会被轻易地推翻。特别是诸如专利发明之类的无形资产,价值通常难以判断,而且其价值与时间紧密相关。一项当时很有价值的发明,一年后可能就毫无价值。所以,事后判断会给非货币投资者带来太多的不确定性,不利于投资安全从而阻碍非货币投资。不过,将推翻董事会估价的理由仅限于欺诈,似乎有点过窄,可能会限制其他股东在由于不当估价而遭受损失的情况下寻求救济的权利。所以,对于欺诈的理解应当放宽,类似于实际欺诈意图的其他主观状态也应当被包括,比如,董事会鲁莽的估价行为(reckless)。

1984年《模范公司法》对于上述处理进行了重大修改。根据其6.21(c)节,公司董事会不需要定量地决定非货币资产的价值,而仅仅需要定性地决定,非货币资产所提供的股票对价是否"足够"(adequate)。而且,只要董事会对于股票对价足够性的决定是在股票是否有效发行、完全偿付和不得追偿额外责任(nonassessable)等问题上而做出的,这种决定就是终局性的。这样,具有终局性的董事会关于股票对价足够性的决定范围就有一定的限制。换言之,并不是董事会关于非货币出资的所有决定都是终局性的,而只是在某些问题上的决定具有终局性。

如前所述,1984 年的《模范公司法》是一次影响深远的修订,对于美国公司法的很多问题进行了大力改革。上述关于出资形式和估值问题的规定一直延续至今,2005年的《模范商业公司法》继受了上述做法。

(六)小结：对于我国的启示

从上述讨论中可见,公司资本制度的总体发展趋势是越来越自由,这主要是基于以下几个原因:第一,适应现代商业发展的需要,比如出资形式的自由化,对于非货币出资形式的限制日益放松;第二,一些传统的资本制度,比如最低注册资本制度和股票面值制度等,逐渐丧失了其原有功能,同时很多旨在保护股东和债权人利益的替代性机制不断出现,促使这些资本制度逐渐退出历史舞台;第三,随着公司治理模式从股东大会中心主义到董事会中心主义的转变,授权资本制也显得过时,加之其本身具有的天然缺陷,导致很多英美法系国家废除了该制度。

值得指出,与美国和澳大利亚相比,英国公司法的资本制度处于一个明显保守和滞后的状态。比如,美国和澳大利亚在 20 世纪就废除了授权资本制,而英国直到2006 年公司法修订才正式废除;在最低资本要求和股票面值制度上,英国法的保守性更是暴露无遗,时至今日还保留了上述制度;在非货币出资问题上,英国法明显更为严格,仍有不少禁止性规定。当然,这里有一个欧盟法的影响问题,由于欧盟公司法指令的硬性要求,作为欧盟成员国的英国不得不保留一些已经过时、意义不大的公司资本规则。不过,欧盟法的规定只适用于公众公司,因此英国对于私人公司没有设定最低资本。另外,由于种种原因,英国公司法仍然保留了股票面值制度。虽然香港公司法历史上一直追随英国公司法,但其 2014 年修订生效的新公司法有很多革新之处,包括废除了授权资本制和股票面值制度。

因此,虽然英国起初是英美法系公司法的源头,但在随后的发展中,由于保守的传统习惯,再加上欧盟法的掣肘,英国的公司法至少在公司资本制度上已经逐渐落后于其他的英美法系国家,甚至无可奈何地变成了夹在英美法系与大陆法系之间的一个混合物。相比之下,其他的英美法系国家,比如美国和澳大利亚,没有历史包袱,又无超主权法律的限制,与时俱进,大胆创新,从而能够引领时代潮流。由于欧盟公司法指令在很大程度上是基于大陆法系公司法,因此英国公司法的困境也反映了英美法系公司法与大陆法系公司法的分化。

客观地讲,由于种种原因,我国的公司资本制度还比较保守,但其发展方向还是顺应国际潮流、令人鼓舞的。2005 年公司法修改时对于公司资本制度进行了大力改革,降低了最低注册资本数额,放宽了资本缴纳的时间要求,在非货币出资方面也更为自由。[①] 当然,改革后仍有诸多限制,但有些限制,比如非货币出资不得高于有限责任公司注册资本的 70％等,鉴于我国的现实情况,目前还是有其存在的合理性。

但长远而言,我国公司资本制度的改革空间还很大。我国目前采用法定资本制,对于公司资本的数额和缴付问题进行了硬性规定,公司以后增资需要公司股东的决议。然而,在授权资本制下,公司董事会可以在章程授权的范围内自主决定股份的发行数额和时间。声明资本制则进一步自由化,让董事会拥有发行股份的更大决定权,章程中不再规定授权资本的数额上限,换言之,董事会几乎拥有一张公司资本的空白支票,可以根据公司的现实需要,自由决定何时发行股份、发行何种股份、发行多少股份以及股份的支付比例。从某种意义上讲,法定资本制体现了公司治理的股东大会中心主义,声明资本制体现了董事会中心主义,而授权资本制则是二者的一个折中。

因此,我国在改革公司资本制度时需要回答的一个前提问题是,我国公司法到底在多大程度上实现了从股东大会中心主义到董事会中心主义的过渡。具体而言,我国公司法中的董事义务和股东救济等制度是否能够保证董事会为了公司的最佳利益勤勉尽责地行使股份发行权。笔者认为,我国应当实事求是,结合自身国情,采取循序渐进的办法,先采用授权资本制,后采用声明资本制。不过,鉴于目前我国公司治理的状况并不乐观,董事义务和股东救济等核心制度仍欠完善,公司治理模式向董事会中心主义的过渡任重道远,因此,我国公司资本制度采取授权资本制恐怕还需时日。

另外,我国的最低注册资本制度导致了不少现实问题。一方面,增加了公司设立的成本,不利于商业发展和创新;另一方面,最低注册资本制度给人们一种公司资本决定一切的错觉,以为公司资本越多越好,即追求公司的规模而不是质量。在这种思想的指导下,公司过分强调注册资本,从而引发虚假出资、抽逃出资以及通过注册资本的虚假陈述诈骗交易方等严重问题。实践中,我国存在很多公开和半公开的公司设立中介机构,专门为公司设立提供短期融资,公司设立后就马上收回资金,这本质上就是协助公司设立人进行虚假出资和抽逃出资的不当行为,但作为公司登记机关的工商局很难(有时也不愿)去发现和处理。

从国际发展看,公司注册资本制度的债权人保护功能已经式微,而现实中也出现了很多更为有效的债权人保护机制。正是在此背景下,各国都纷纷简化公司资本制

---

① Baoshu Wang and Hui Huang, "China's new Company Law and Securities Law: An overview and assessment" (2006) 19(2) *Australian Journal of Corporate Law* 229, 232-233.

度,将该制度的价值目标从债权人保护转为提升公司效率。比如,英美法系很早就摒弃了最低资本额制度的债权人保护角色(如前所述,作为欧盟成员国,英国情况有点特殊,但英国脱欧后必将给公司法带来重大影响),而大陆法系的国家和地区近年来也逐渐废除了该制度,比如法国(2003 年)、荷兰(2006 年)、日本(2005 年)、韩国(2009年)和我国台湾地区(2009 年)等。

2013 年 12 月 28 日,我国对《公司法》进行了重要修改,并于 2014 年 3 月 1 日施行,修改内容主要涉及公司注册资本与登记制度,故本次《公司法》修改又称为 2013公司注册资本制度改革(以下称"2013 改革")。总体而言,2013 改革的内容大致有四个方面。第一,在资本数额方面,取消了 2005 年《公司法》规定的最低注册资本额要求,包括适用于有限责任公司的 3 万元标准和适用于股份有限公司的 500 万元标准,[①]这意味着,改革后的公司注册资本数额没有下限,即使是一元人民币也能成立公司。第二,在资本缴付方面,废除了 2005 年《公司法》规定的多项限制,比如资本缴付的期限和非货币出资占总体出资的比例等,这意味着改革后公司可以通过章程等方式自由决定资本缴付的期限和不同出资形式的比例。由于公司设立时股东不用实缴出资,而只是认缴,因此,有人将 2013 改革描述为"从实缴制改为认缴制"。其实,这个描述并不完全准确,因为 2005 改革已经废除了严格的实缴制,允许分期缴纳,但对于缴纳的期限和数额比例有一些限制,故宜称之为"部分的认缴制",而 2013 改革可称为"完全的认缴制"。第三,取消了验资要求。在 2013 改革之前,公司需要向注册机关(即工商行政管理机关)出具相关的验资报告,而 2013 改革将此要求废除。第四,2013 改革之后,相关的工商登记资料,特别是营业执照,只记载认缴出资额,不记载实缴出资额。

2013 改革旨在降低公司设立成本,改善营商环境,但引发了关于债权人保护问题的争议。笔者采用法经济学的进路,对于 2013 改革前后的债权人保护机制分别进行成本收益分析,认为 2013 改革有利于破除国人长期以来对于公司资本制度在债权人保护功能上的迷信,引入现代市场经济中新型的效率更高的债权人保护机制,从而构建多元化债权人保护机制的商法新思维。[②] 虽然有些具体问题还需要妥善处理,但总体而言这是我国公司法的一个值得肯定的重大发展。

最后,上文指出,公司资本制度可以大致分为两部分,即公司设立阶段的出资制度(包括最低注册资本额、出资方式、缴付方式和面值制度等问题)和公司运营阶段的

---

① 诸如金融等某些特殊行业的公司仍需遵守法律和行政法规等特别规定的最低注册资本要求。

② 黄辉:《中国 2013 公司资本制度改革的正当性:基于债权人保护功能的法经济学分析》,载《中国法学》,2015 年第 6 期。

资本维持制度(包括股利派发、股份回购、公司减资和自我持股等问题)。2013 年改革主要涉及公司设立阶段的出资制度,而在将来需要深化改革,涉及公司运营阶段的资本维持制度。2018 年 10 月 26 日,公司法再次修改,针对第 142 条的股份回购制度,补充完善股份回购的情形,适当简化股份回购的程序,扩大回购股份的使用空间等。与 2013 年改革一样,这次改革秉承的理念仍是降低交易成本,赋予公司更多自主权,是公司资本维持制度改革打响的第一枪,其他相关领域的改革也应逐步推开。

第二节　股权确认与转让

在公司设立以及其后运营的过程中,股权确认和转让有时会出现一些问题,比如没有登记、登记有误、各种登记文件之间相互矛盾以及股权转让合同效力不清、瑕疵股权的转让和章程限制转让等。上述问题在我国尤其严重,对于这些问题的处理,有些学者主张实质要件,而有些学者支持形式要件,因此,虽然股权的确认与转让问题在国外已经不是一个学术难点,本书仍然加以重点讨论,希望为我国提供参考。[①]

一、股权确认:股东名册的推定效力

根据 2001 年《澳大利亚公司法》(以下简称《公司法》)第 168 条和第 169 条,公司必须备置股东名册,其信息包括股东的姓名、住址和持股情况等。如果公司违反此规定,将导致严格的刑事责任(criminal offence of strict liability),而不问主观过错。任何人都有权查阅股东名册,但是,股东之外的人可能需要付费才能查阅,公司法对于查阅费用、地点和时间等问题都有具体的规定。第 176 条规定,在没有相反证据时,股东名册是股东资格的证明。在 1939 年的一个著名判例中,[②]当事人申购一家公司的部分付款的股票,他的名字登记在股东名册中,但是,他没有收到申购成功的通知,也没有收到股票。不过,该当事人承认曾经收到参加股东大会的通知。后来,这家公司破产,破产清算人要求该当事人补交股价余额。由于没有发现关于将股票分配给该当事人的任何公司决议,该当事人认为自己不是股东。但是,法院认为股东名册具有推定股东资格的效力,而该当事人没有足以推翻该推定效力的相反证据,因此判决

---

① 本处的讨论主要基于拙文:《股东资格与股权转让:澳大利亚经验及其对我国的启示》,载《公司法评论》第 8 卷,人民法院出版社 2007 年版,第 1~11 页。

② *Re Clifton Springs Hotel Ltd.* (in liq); *Ex parte Pask* (1939) VLR 27.

该当事人败诉。

另外,除了那些正在申请股权登记的人之外,任何没有登记在册的人都没有股东资格。换言之,通常只有登记在册的人才能享有股东资格,行使股东权利。但是,在某些特殊的情况下,比如,公司存在派系斗争从而拒绝登记新的股权持有人,那么,此人就能够以股东身份向法院寻求股东救济,包括要求公司进行登记。① 在处理登记请求权时,需要区分通过公司申购而获得股权和通过转让而获得股权两种情形。在第一种公司申购情形,申购人与公司具有直接的合同关系,因此,申购人可以基于申购合同要求公司进行登记。即使在公司登记之前,申购人对于所持的股权具有财产权,能够将此权利进行转让。在第二种股权转让情形,受让人有权要求转让人提供相关股权转让材料,然后受让人向公司出具这些材料,要求公司进行登记。② 传统上,股权转让材料包括转让合同和出资证明书等。当然,转让人也有权要求公司变更登记。

因此,一般而言,只有登记于股东名册的人才具有股东资格,其目的在于保障交易秩序和便捷。如果登记时间特别重要的话,那么,这一时间可能从公司董事同意登记之时或登记应当完成之时起算。③ 第 1072 条是一个选择性条款,即如果公司章程没有另外规定,则该条款适用。根据该条,在股东名册登记变动之前,转让人仍然是公司股东,但是,根据转让合同,受让人已经获得相应股票的财产权,因此,尽管受让人不能请求公司给予股东地位和利益,他们有权向转让人请求其在转让合同生效和登记变更之前获得的利益,或者,根据早在 1949 年的一个判例,可以认为受让人对于已经付款但尚未过户的股权具有衡平法上的信托利益。④

《公司法》第 175 条详细规定了股东名册的变更问题,包括删除股东、增添新股东和修改其他信息等。如果一个股东认为自己是由于公司的虚假陈述等才购买股票,那么,他可以要求退出公司,从股东名册中删除其名字。另外,公司也可以将已经不是股东的人从股东名册中剔除,当然,公司必须获得授权才能这样做,否则无效。这种权利可能来自法律的直接规定,或者来自股东。一旦发生争议,公司对于这种授权负有举证责任。⑤ 比如,澳大利亚允许发行部分付款的股票,公司有权在将来要求股东付清余额,如果股东拒绝付款,公司可以没收股票,将股东除名。如果股东名册记

---

① *Re Independent Quarries Pty Ltd*. (1993) 12 ACSR 188.

② 公司通常具有自由裁量权决定是否变更登记,详细论述参见下文。

③ *FCT v. Patcorp Investments Ltd*. (1976) 140 CLR 247.

④ *Avon Downs Pty Ltd. v. FCT* (1949) 78 CLR 353; see also *George Hudson Holdings Ltd. v. Rudder* (1973) 128 CLR 387.

⑤ *McLaughlin v. Daily Telegraph Newspaper Co. Ltd*. (No. 2) (1904) 1 CLR 243.

载有误并给相关人造成损失,则公司需要承担赔偿责任。

需要指出,第 1070A(3)(b)条允许在股权之上设立其他利益,特别是信托利益,即股票由信托人为其他受益人持有。出于交易便捷的考虑,公司可以只对于股东名册上的人作为股东对待,而不问是否其他人对于股权具有任何利益。当然,受益人可以要求在股东名册上注明自己的法律地位,但是,这并不影响公司行为,即公司仍然可以只与股东名册上的股权持有人打交道。至于信托人与受益人之间的问题,适用信托法。

二、股权转让:衡平法上的处理

澳大利亚不允许发行无记名股票(bearer shares),因此,受让人必须在股东名册进行变更登记之后才能获得股票的所有权,从而成为股东。这个规定的一个重要原因是,澳大利亚的各个州政府在股权转让时征收印花税,如果允许无记名股票,持有人就可以直接转让股权,从而规避印花税。

如上所述,在登记变更之前,受让人只有衡平法上的受益权,可以对抗转让人,但是,他们没有股权的法律所有权,尚不是股东,因而不能对抗公司。在某些情况下,公司甚至可以拒绝变更登记,但是,如果公司没有正当的拒绝理由,就必须在受让人申请之后的一个月内变更登记。现实中,股权转让合同通常都不要求转让人为受让人办理登记变更,因此,受让人需要自己办理登记事务。在变更登记之前,转让人成为受让人的信托人,而公司继续将转让人视为股东。当然,为了防止法律风险,受让人有时也会明确规定变更登记作为转让合同的生效条件。不过,这只是转让人与受让人之间的关系,对于公司和第三人都没有影响。对于在证券交易所挂牌交易的股票,交易和结算都是电子化,但是,其转让过程中的法律问题适用类似的处理规则。[①]

根据《公司法》第 1070A(1)条,股权属于私人财产,因此,长期以来,像其他财产一样,股权推定为可以自由转让。[②] 当然,公司法和公司章程中可以包括一些限制股权转让的条款,但是,如果这些条款存在模糊之处,法院通常都是采取有利于股权转让的解释。[③] 公司法上对于股权转让的限制主要是在公司处于外部托管和清算的场合。在公司处于外部托管和清算时,任何的股权转让行为都属无效,除非法院或清算人明确同意。

---

① 当然,现实中证券交易所的股票交易通常不会发生股权确认方面的重大问题,因为其实行股票交易电脑成交过户一体化,买卖成交时自动过户,只需在交割时缴纳票面金额一定比例的过户费即可。

② *New Lambton Land & Coal Co. Ltd. v. London Bank of Australia Ltd.* (1904) 1 CLR 524.

③ *Moodie v. W & F Shepherd (Bookbinders) Ltd.* (1949) 2 All ER 1044.

基于公司契约和自治理念，公司章程原则上也可以对于股权转让进行限制。这早在 1901 年就已确立。[①] 比如，公司章程可以规定，只有全体股东一致同意才能转让股份，或者现有股东具有优先购买权等。这种情况经常出现在小型的家族企业和联营企业中，因为在这些公司中股东的人合性非常突出。然而，困难的问题是，公司章程可以在多大程度上限制股权转让？能否完全禁止股权转让？澳大利亚的有些判例认为，公司章程可以授予董事绝对的权力去自由裁量是否登记股权转让。[②] 这种章程条款不会因为授权过大而被判为无效，1993 年的一个判例再次肯定了这一立场，即股权转让的权利可以通过公司章程而完全剥夺。[③] 但是，2001 年制定的《公司法》第1070A(1)(b)条似乎否定了这一判例法规则，遗憾的是，迄今还尚未出现这方面的权威判例。新西兰有一个判例对于其类似于上述《公司法》第 1070A 条的条款作出了解释，认为对于股权转让的绝对禁止的章程条款是无效的。[④] 在澳大利亚，很多学者也反对通过章程绝对禁止股权转让的做法。[⑤]

需要指出，以上关于公司章程限制股权转让的讨论是对于公司成立之时的章程而言的，对于公司修改章程而限制股权转让的问题的处理有所不同。根据第 140 条，在章程修改的情形中，现有股东的转让权不受影响，除非他们明确同意受制于新章程。这一条款存在两个例外。第一，根据第 648D 条，在部分要约收购中，公司可以修改章程，要求在公司对于要约收购进行投票通过之前，任何股东都不得擅自接受要约并转让股权。这实际上是一个要约收购的防御策略，是为了保证部分要约收购中股东能够得到平等待遇。第二，如果公司从公众公司转变为封闭公司，则可以修改章程对于股权转让作出限制或增加限制。

如上所述，公司可以限制股权转让，因此，某些公司机关可以被授权自由裁量是否进行股权变更登记。现实中，公司董事会通常有权自由裁量，比如受让人出具的股权转让材料是否存在问题，股权转让是否违反法律或章程规定等。在小型公司，公司也可以将此权力交由股东会行使。[⑥] 如果公司董事会拒绝变更登记，则必须产生董事会决议。[⑦] 如果董事会在投票中陷于僵局，则受让人有权要求公司变更登记。需要指

---

① *Borland's Trustee v. Steel Bros Co. Ltd.* (1901) 1 Ch 279.

② See e. g. , *Re Smith & Fawcett Ltd.* (1942)Ch 304；*Lyle & Scott Ltd. v. Scott's Trustees* (1959)AC 763.

③ *Stillwell Trucks Pty Ltd. v. Nectar Brook Investments Pty Ltd.* (1993) 10 ACSR 615 affirmed (1993) 12 ACSR 334.

④ *Wellington Bowling Club v. Sievwright* (1925) GLR 227. 加拿大也有些判例认为股权转让可以限制但不得绝对禁止。See e. g. , *Canada National Fire Insurance Co. v. Hutchings* (1918) AC 451.

⑤ See e. g. , Wallace and Young, *Australian Company Law and Practice* (LBC, Sydney, 1965), 324.

⑥ *Phillips v. Manufacturers' Securities Ltd.* (1917) 116 LT 290.

⑦ *Moodie v. W & F Shepherd (Bookbinders) Ltd.* (1949) 2 All ER 1044.

出,对于公司董事会而言,其自由裁量权的范围通常不是绝对的。公司章程通常会对这种自由裁量权作出限制;即使章程中没有限制,董事在行使自由裁量权时也需要遵循董事义务的一般要求。① 如果受让人认为董事在自由裁量时违反了董事义务,则受让人需要负担举证责任。②

需要注意,虽然公司通常都可以限制股权转让和拒绝股权变更登记,但是,上市公司是个例外。根据澳大利亚证券交易所的上市规则,上市公司章程不得对于股权转让作出任何限制,不得拒绝股权变更登记,在变更登记时也不得收取任何费用,除非法律和上市规则另有规定。③ 这显然是为了保护证券交易的效率和安全。

最后,根据第 521 条,原股东在转让股权之后的一年之内对于公司债务仍然负有责任。这种情况通常发生在转让部分付款的股票的场合。④ 如果股权转让后一年内公司破产清算,而且新股东无法偿还股票的余额,则原股东需要负担偿还责任。

三、小结:对于我国的启示

从上面的讨论中可以发现,《公司法》对于股东资格与股权确认的处理已经相当成熟,大部分重要的判例都可以追溯到 20 世纪初期或中期,对于我国具有重要的借鉴意义。

首先,股东名册非常重要,具有股东资格的推定效力。⑤ 在澳大利亚,公司在成立和存续期间需要向澳大利亚证监会(Australian Securities and Investments Commission)提交相关材料和进行信息披露,否则将导致严格的刑事责任。⑥ 但是,公司与证监会之间在信息备案方面并没有重叠。原则上,与公司内部事务相关的信息由公司保存,比如股东名册;只有涉及公共利益和监管需要的信息由证监会保存,比如公司董事的资料和股票发行情况等。因此,公司和证监会各自保存的资料是针对不同的信息,都具有推定的证据效力,比如,公司保存的股东名册是股东身份的推定证据,这样就避

---

① *Manning River Co-op Dairy Co. Ltd. v. Shoesmith*(1915)19 CLR 714.

② *Ascot Investments Pty Ltd. v. Harper*(1981)148 CLR 337.

③ 这些法律规定主要是外国投资方面的限制,比如,作为上市公司的 QANTAS 公司(澳大利亚快达航空公司)是澳大利亚的最大航空公司,已经在澳大利亚人心中具有国家象征的意义,根据有关法律,该公司中外国投资者的持股比例不得超过 49%。

④ 这类似于国内所谓的"瑕疵"股权转让的问题,不过,这里受让人通常都知道股票是部分付款的。

⑤ 在澳大利亚,股权明确界定为财产权,因此,这与财产法上的托伦斯登记制度是一致的。

⑥ 如前面章节所述,澳大利亚证监会监管范围很宽,既包括证券市场监管,也包括公司监管。在公司监管方面,负责公司设立和注册等,类似于我国的工商行政管理局。

免了类似于我国章程记载、股东名册和工商登记等形式要件之间的冲突问题。①

当然，与股东名册的重要地位相一致，法律对于股东名册的备置、变更和查阅等问题极其严格，甚至施加了严格的刑事责任。比如，只要公司没有备置符合规定的股东名册，就可能导致刑事责任，至于有无主观过错，在所不问。另外，任何人都有查阅股东名册的权利，公司需要对于股东名册的错误记载承担责任，造成损失则需赔偿。这些严格的法律规定保证了公司行为的规范性，从源头上减少了股权争议。目前，我国大量存在的股东资格认定纠纷，就是因为实践中公司的设立和运作不规范造成的。

其次，对于股权转让中的股权登记采取了衡平法上的处理。如上所述，股东名册具有强大的推定效力，通常这种推定效力很难被推翻，比如，不能仅以有效的转让合同为由主张股东资格，也不能仅以出资不实为由否定股东资格。如果受让人希望获得股东资格，则首先申请登记，必要时寻求司法救济。如果股东出资不实，比如拒绝缴付剩余的股权金额，则公司可以没收股票，将其从股东名册上除名而消除其股东资格，或者以其他方式追究出资不实股东的责任（比如在公司破产时，此类股东负有缴付余额的责任）。② 换言之，出资不实与股东资格需要分开处理。这种做法强调了程序正义，有利于商事交易的秩序和安全，体现了所谓的"外观主义"。但是，这种做法可能过于僵硬，很难保证实质公平，比如，即使受让人积极履行股权登记义务，股权登记也不可能瞬间完成，那么，在转让合同生效与股权变更登记之间，受让人就无法获得任何的股东利益。

因此，为了保护受让人，公司法让其享有衡平法上的受益权，可以对抗转让人。但是，受让人不能怠于登记，因为股票的法律所有权仍属于股东名册上的转让人，公司可以继续将转让人视为股东，让其行使股东权利；善意第三人也可以认为转让人就是股东并进行交易。这样既保护了受让人利益，又能够促使受让人进行变更登记，达到了一个很好的利益平衡，兼顾了实质要件与形式要件。实际上，这种做法类似于国内很多学者和法官主张的股东登记具有对抗性效力的观点，即股东登记具有对抗公

---

① 这个区别体现了我国公司法国情。在澳大利亚，基于公司自治理念，政府不能也不愿干涉公司内部事务，比如股东身份。一方面，像个人信息保护一样，如果披露内部信息，公司担心政府进行滥用，因此，从历史上看，公司向证监会的披露义务是随着监管的需要而逐渐产生的；另一方面，政府通常也不想监管公司的内部事务，否则将没有必要地增加监管成本，比如，股东名册的管理成本巨大，在澳大利亚，很多大公司都是雇用专门的公司处理股东名册事务，证监会当然不愿介入。而在我国，传统上老百姓好像都习惯让政府保存各种重要资料，觉得政府似乎更加可靠和权威，因此，工商行政管理局也登记股东信息，而且几乎所有的学者都认为其登记效力在所有形式要件中应当最高。

② 股东除名问题再次凸显了股东名册的重要性，因为股东除名是通过将股东从股东名册中删除而实现，而不是由于出资不实而自始否认股东资格。

司和第三人的效力。属于大陆法系的我国台湾和韩国的公司法即作此处理。[1] 我国目前司法实践中将股权分为自益权和共益权,在股权变更登记之前转让人仍是股东,但是,转让人应当根据诚实信用原则将行使自益权所得利益交付受让人,并善意行使共益权,与英美法系中的衡平法处理具有异曲同工之妙,值得肯定。

另外,这种衡平法上的处理对于我国目前大量存在的名义出资问题也有很好的借鉴意义。在英美法系中,显名和隐名股东的情况也很常见,但是,其法律问题并不复杂,因为根据股东名册的股东资格推定效力,显名股东具有股东资格,行使股东权利,而其与隐名股东之间的关系依据信托法处理。由于隐名股东不能对抗公司和第三人,因此,在选择显名股东时就需要非常谨慎。通常而言,公司和第三人只与显名股东进行交易,与隐名股东没有直接关系,但是,在某些场合,比如公司收购中,隐名股东作为股权的衡平法所有权人,在决定大股东股权披露义务和强制要约收购义务时可能需要计算其衡平法股权。[2] 当然,如果隐名出资是为了规避法律,则适用相关法律对其进行处罚,比如没收其股权等。

最后,由于股东登记的重要性,澳大利亚对于受让人的登记请求权和公司的登记拒绝权等进行了详细规定。转让人和受让人都有请求公司变更登记的权利,公司没有正当理由不得拒绝。公司董事会通常具有公司登记的拒绝权,正当理由包括股权转让材料不完整或无效,违反法律和章程中关于股权转让限制的规定等。当然,董事在行使拒绝权时需要遵循董事义务规则。公司章程可以限制股权的转让,其效力空间非常大,比如,在股份优先购买权的场合,如果章程明确地规定了购买价格或其计算方法,即使此价格实际上低于购买日股权的市场价格,章程条款仍然有效。[3] 但是,章程通常不能完全禁止股权转让。另外,对于公司设立时的章程和嗣后修改的章程需要区别对待。

第三节　公司解散

一、概述

在公司设立后,公司破产问题就像一把达摩克利斯之剑悬挂在那里,对于公司的经营行为、董事的信义义务以及公司各方参与人的利益分配等方面具有重大影响。

---

[1]　参见柯芳枝:《公司法论》(上),三民书局2002年版,第209～210页;[韩]李哲松:《韩国公司法》,吴日焕译,中国政法大学出版社2000年版,第253页。

[2]　《澳大利亚公司法》第6章。

[3]　Phillips v. Manufacturers' Securities Ltd. (1917) 116 LT 290; Thor Industries Pty Ltd. v. O'Donnell (1977) 2 ACLR 276.

因此,紧接着上节对于公司设立的论述,本节讨论公司解散,从而完整地展示公司的一个生命周期。在后面章节对于公司运营和董事义务等问题的阐述中,还将经常提及公司解散问题。因此,本节简要地讨论公司解散的各种模式和程序,对于这些问题的理解有利于后面章节的讨论。

的确,虽然理论上公司可以无限期地存在,但是,现实中并非如此。每天都有大量公司成立诞生,但同样每天也有大量公司解散消亡。特别是在经济萧条时期,很多公司由于无法偿还到期债务而破产和清算。当然,公司破产不是公司解散的唯一原因,比如有些公司是自愿解散的,但是,公司破产是公司走向终止的最主要原因。澳大利亚的公司破产问题主要是通过公司法进行调整。但是,需要指出,在有些国家,公司破产问题除了公司法上的规则之外,更主要是通过专门的破产法而予以规制的。比如,美国1978年的联邦破产法(Bankruptcy Code),英国1986年的破产法(Insolvent Act)。这种专门立法的原因主要在于,第一,公司破产问题的重要性和复杂性;第二,从理论上讲,公司法主要是以公司股东利益为中心,以公司实体的有效存在为前提,但是,在公司破产和清算的过程中,公司实体的独立性受到破坏,比如,清算人介入公司事务,而且,债权人的利益成为法律保护的中心,所以,破产问题已经不是一个严格的公司法问题;第三,破产问题涉及各种商业组织,并非只限于公司。由于这些原因,破产法逐渐成为一个独立于公司法的法学部门,从而有些英美法学者不在公司法著作中讨论公司破产问题,或者只是附带提及。

另外一个有趣的问题是相关的英文用语。各个国家对于"破产"和"清算"等词的英文表述并不完全一样,有时容易引起误解和混乱。总体而言,在美国,"破产"一词通常是bankrupt,"清算"一词多用liquidate;而在包括澳大利亚的英联邦国家中,"破产"一词主要是insolvent,而bankrupt通常用于个人破产的场合,"清算"一词则主要是wind up。最后,公司终止或解散一词是dissolve。

二、公司破产标准及规则体系

在澳大利亚,公司破产的标准是"现金流"标准。根据《公司法》第95A条,如果一家公司能够偿付到期的全部债务,则该公司没有破产,否则就是破产。[1] 这个破产标准立足于公司的现金流,而不是公司资产与负债的关系,因此,该标准有别于"资不抵债"的破产标准。根据"现金流"标准,即使一家公司的资产超过其债务,但是,如果公司不能及时变现这些资产,从而没有足够现金偿付到期债务,那么,该公司仍属于破产之列;反之,虽然一家公司的资产低于其债务,但是,如果公司有足够周转资金偿还

---

[1]　Corporations Act 2001 (Australia) s 95A.

到期债务,则公司没有破产。相对而言,"现金流"标准更符合现代商业的现实需要,给予了公司更大的财务自由,同时又更好地保护了债权人的利益。因此,"现金流"标准已经成为国际通行的公司破产标准。

需要指出,在公司发生破产问题时,通常的做法都是先尽量挽救公司,只有在没有挽救希望的情况下,才会最终宣布公司破产并进行清算。《澳大利亚公司法》第5章将这些程序统称为"外部托管"(external administration),因为此时的公司已经不再由董事管理和控制,而是由公司的外部人代为管理。这些程序主要包括:(1)自愿托管程序(voluntary administration);(2)担保债权人的财产接收程序(receivership);(3)清算程序(winding up 或 liquidation);(4)重组程序(scheme of arrangement)。

另外,《澳大利亚公司法》第5章并不是只规定因破产而解散公司的问题,而是也包括了其他诸如自愿解散公司等相关问题。从立法技术角度而言,这样做不无道理。由于在自愿解散那些并没有破产的公司时,其所面临的清算问题大部分与破产清算问题雷同,所以,在此章中将非基于破产原因而解散公司的问题一并规定,可以避免进行不必要的重复,简化本已非常繁冗的法律。

三、自愿托管

在公司不能偿付到期债务而面临破产时,英美法系各国都有一个拯救公司的机制,即自愿托管程序。澳大利亚在1993年引入了该程序,该程序非常灵活,能够便捷地实施,成本很低,为债权人处理财务困难的公司提供了各种选择。一般而言,该程序实施后有以下几个结果:第一,公司债权人投票通过一个公司整顿协议(a deed of company arrangement),同意延缓或者减少公司的债务,从而公司获救并继续营业,避免进入破产清算程序;第二,担保债权人行使自己的权利,指定财产接收人(receiver),该财产接收人将变卖担保财产来偿还担保债权人;第三,债权人经过调查和讨论之后,认为公司已经无可挽救,从而最终决定清算公司。在这三个过程中,公司股东和董事都要让位于公司的债权人,以及托管人(administrator)、财产接收人或清算人(liquidator)。

现实中,自愿托管程序很受欢迎。如上所述,一方面,此程序能够最大限度地挽救财务困难的公司;另一方面,即使公司无法挽救,公司债权人也可以充分协商如何进行清算,其结果通常会好于公司直接进入清算程序而获得的收益。该程序通常都是由公司自己提起。其做法是,公司董事会通过决议,认为公司已经处于破产状态或即将可能出现破产问题,并且建议任命公司的托管人。[1] 当公司被托管时,托管人就

---

[1] Corporations Act 2001 (Australia) s 436A(1).

全面接手公司事务；在托管程序下，公司董事和其他管理人员的职权被暂停，只有得到托管人的书面同意，这些人才能行使职权。

在托管人的指定方面，英美法系内部有所不同。在美国和英国，只有法院有权指定托管人，公司董事或债权人必须向法院请求（petition）指定托管人。而在澳大利亚，公司自己就可以通过书面形式指定托管人，但是，托管人必须是独立于公司的具有清算业资格的注册清算人（liquidator）。在澳大利亚，如果董事让公司在破产状态下继续营业并承担债务，董事就可能需要对于债权人的损失承担个人责任，这个责任称为董事的破产交易责任。① 此责任能够促使董事在公司可能出现破产问题时任命公司的托管人，原因在于：对于董事而言，虽然公司托管后他们将失去管理公司的权力，但是，托管程序为他们提供了一个避免破产交易责任的安全港。另外，公司的清算人和对于公司全部或几乎全部财产拥有担保权的债权人也可以任命托管人（这种债权人通常称为"重大担保债权人"（substantial chargee）），但是，这种情况在现实中并不多见。

无论托管人是如何指定的，托管人的工作基本上都是独立地调查公司的财务状况，并从公司债权人的利益出发进行相关决策。在此过程中，托管人实际上取代了公司董事管理公司的角色和地位。在任命后，托管人应当尽快而且最晚不得迟于下一个工作日通知有担保的债权人；在托管人任命后的十个工作日之内，重大担保债权人可以行使担保权，如下所述，现实中，该债权人通常会任命一个自己的财产接收人（receiver）。由于托管人的权力低于重大担保债权人的担保权和其任命的财产接收人的权力，因此，如果重大担保债权人选择行使担保权并任命财产接收人，就实际上冻结了托管人的权力，而且，在财产接收人变卖公司财产而偿还担保债务之后，公司的财产通常都所剩无几，托管程序也就没有太大意义。另外，需要指出，如果重大担保债权人决定行使担保权，就必须行使所有的担保权，而不能部分地行使，以避免财产接收人和托管人之间的潜在冲突。

如果公司没有重大担保债权人，或者重大担保债权人决定不行使担保权，那么，托管人就将开始实质性的托管工作。通常而言，为了保证托管人的工作不受公司债权人的影响，所有的公司债务都会被冻结，债权人不得单独追索债权，即公司处于所谓的债务延期偿付期间（moratorium），但是，有些情形例外，比如在托管程序启动之前就已经开始的债务诉讼和针对易腐败和损耗的物品的诉讼等。另外，在托管期间，除非具有法院的特许，债权人也不能执行董事个人对于公司债务的任何保证义务，此规则的目的在于，解决董事由于担心托管程序会触发自己的担保责任从而拒绝任命托管人的问题。

---

① 关于董事破产交易责任的详细讨论，参见第三编第三章第三节。

在托管期间,托管人将首先调查公司的经营、财产和财务等方面的情况,而且,在一定的时限内,召集两次债权人会议,对于托管的有关问题进行讨论。在任命后的五个工作日内,托管人必须召集第一次债权人会议,决定是否成立一个债权人委员会,该委员会的职能是代表债权人与托管人进行协商。另外,在此会议上,如果债权人不满意公司原来任命的托管人,他们还可以选择一个新的托管人。根据《公司法》第439A条,在任命后的21个工作日内,托管人必须召集第二次债权人会议,在此会议上,债权人需要对于实质性的重大问题作出决策,其最终结果通常有以下几种:第一,债权人通过一个公司整顿协议,同意延缓或者减少公司的债务,以期挽救公司;第二,托管程序结束,公司回归正常经营;第三,公司进入清算程序。

为了让债权人作出理性的决定,托管人必须向债权人充分披露公司的相关信息,而且,托管人必须提供自己对于以上三种可能结果的意见。在投票时,如果同意的债权人数目和其持有的债权价值都超过半数,则决议通过;如果债权人数目标准与债权价值标准不一致,则会议主席(通常是托管人)可以投决定票,从而确定最终结果。公司整顿协议的内容一般是延缓债务或削减债务,或两种兼而有之,前者通常称为债务延缓协议(moratorium deeds),后者称为债务削减协议(compromise deeds)。另外,公司整顿协议必须指明该协议的执行人,通常是托管人或公司董事。一旦公司整顿协议开始执行,公司的自愿托管程序就宣告结束。公司整顿协议对于所有的无担保债权人、支持该协议的担保债权人以及公司和公司股东等具有约束力。但是,如果反对该协议的担保债权人行使担保权会严重影响到公司整顿协议的实施,而且,他们的利益能够通过其他方式得到妥善保护,那么,法院可能会命令他们也必须服从公司整顿协议。

需要指出,法院在公司自愿托管程序中的角色非常重要。虽然自愿托管程序的启动不像清算程序那样需要法院的批准,而且,公司可以自己任命托管人,但是,法院有权监督公司的自愿托管行为。在此,法院的自由裁量权相当大,可以出于保护公众利益的理由而行使这些权力。[1] 现实中,法院紧密地监督公司自愿托管程序的进行和公司整顿协议的实施,比如,法院可以决定公司整顿协议的效力,而且,如果法院认为自愿托管程序和整顿协议被滥用,则法院有权终止该程序,命令公司进入破产程序。[2]

托管人对其在托管工作中产生的公司债务承担个人责任,比如,购买的商品,租赁的财产等,但是,托管人有权要求公司进行补偿。这种法律关系非常类似于信托结构,因为托管人的法律地位类似于信托人,在托管期间管理公司的财产。这里需要指

---

① Cawthorn v. Keira Construction Pty Ltd. (1994) 33 UNSWLR 607,611.

② Paradise Constructions Pty Ltd. (admin apptd); Pong Property Development Pty Ltd. v. Sleiman (2004) VSC 92.

出几点。第一,在清偿次序上,托管人的求偿权排在所有的债权之前(有些特殊的担保债权例外)。换言之,托管费用可以从公司财产中优先偿付。第二,在职权上,托管人无权像清算人那样撤销公司的某些交易,并追究公司董事和其他管理人员的责任。第三,如上所述,托管人在调查和召集会议等方面都有严格的时间限制,这使得托管人无法像清算人一样仔细地调查公司事务。因此,很多学者认为,自愿托管程序可能会被公司董事滥用,作为一种逃避清算程序的手段(因为清算程序中的审查和责任追究机制更为严格);而且,董事可以自己决定托管人的人选,这使得自愿托管程序比清算程序更加有利于董事。当然,这两个程序并不是相互排斥的,如上所述,在第二次债权人会议上,债权人可以决定让公司进入清算程序。另外,如果董事滥用自愿托管程序,法院也有权介入。

四、担保债权人的财产接收人

在英美法中,有担保的债权人(比如银行)通常都会在担保协议中规定,在某些情况下,比如公司没有及时偿付利息、不能偿还到期债务或公司停止营业等,他们可以指定只为其利益服务的财产接收人(receiver),占有或控制担保的公司财产以实现其债权。现实中,财产接收人通常会变卖用以担保的公司资产,然后以其收入偿还债务。需要注意,这里的担保不是小担保,而一般是以公司所有财产或者重要财产进行的重大担保,比如浮动担保(floating charge)等。所以,这里的担保债权人通常称为重大担保债权人(substantial chargee)。

理论上,这种接收人的出现并不一定会导致公司的破产,因为他们的目标只是追索担保债务而不管其他债务。不过,现实中,担保债权人一般都是在公司财务确实出现严重问题时才会指定接收人,因此,一旦接收人通过变卖公司资产而偿还公司担保债务,留给其他无担保债权人的公司资产也就所剩无几了,而且,由于公司的重大资产都被变卖,公司便再无挽救之余地。此时,公司一般都会进入清算程序。当然,现实中,清算程序也经常在财产接收程序结束之前就开始,有时还可能是先任命了清算人进行清算,担保债权人再任命自己的财产接收人。

另外,财产接收人的任命还可能是由于自愿托管程序而引起。如前所述,在自愿托管程序中,托管人在任命之后的 10 个工作日内必须通知重大担保债权人。如果重大担保债权人选择任命自己的财产接收人去执行债权,公司的托管人就让位于该财产接收人。这样,自愿托管程序便实际上处于中止状态,在财产接收程序结束之后继续进行,但是,此时的公司情况通常已经大为改变,很多重要的公司资产被变卖,使得自愿托管程序无法进行,从而最终进入清算程序。

严格地从字面上看,英文 receiver 一词的含义就是"接收人",即担保财产的接收人,换言之,这种人的权力仅仅限于被动地接收担保财产,而不能进行担保财产的管理工作,比如变卖财产而实现债权。显然,如果没有管理权力,纯粹的接收人难以有效地服务于担保债权人,因此,实务中,担保协议通常都会规定,担保债权人任命的人既有权接收财产,又有权进行管理,这种人称为"接收和管理人"(receiver and manager),但经常简称为"接收人"(receiver)。需要指出,法院有时会任命没有管理权的接收人,这种人就是严格意义上的 receiver,因为他们只能接收财产,而不能管理。比如,法院可能会任命这种人去保护公司的某些具体财产;①只有在非常极端的情况下,法院才会针对整个公司的财产任命接收人。② 在本书中,为方便计,"接收人"一词实为"接收和管理人"的简称。

一旦担保债权人任命了自己的财产接收人,而且,该接收人开始行使担保协议中的相关管理权力,那么,与这些权力相冲突的董事管理权就暂被中止,但是,董事仍然可以行使其他的管理权。因此,如果接收人的权力范围只是限于某些特定财产,那么,董事对于其他财产的管理权就不受影响。另外,即使担保财产几乎涵括所有的公司财产,董事仍然有权以公司名义提起一些诉讼,比如,挑战担保权的效力和接收人的任命效力等。③ 需要注意,接收人在工作中不能超越自己的权力范围,否则,接收人可能因为越权行为而承担相应的法律责任。最后,如果法院任命了一个接收人管理公司的所有财产,董事的管理权就暂时中止,只有等到该财产接收程序结束之后才恢复。

五、重组程序

在面临破产问题时,公司还可以采用一个所谓的"重组程序"(schemes of arrangement)进行债务重整。在此程序中,债权人可以决定延缓或削减公司债务,从而挽救公司。就债务重整机制方面而言,重组程序非常类似于前文提到的自愿托管程序,但是,前者比后者更为复杂和形式化,耗时也更长。比如,为了实施重组程序,需要向法院申请命令召集债权人会议或不同种类债权人的会议,而且,会议通知以及相关的信息披露文件必须经过法院的审批。债权人通常需要分组举行会议,对于重组方案进行表决;只有在所有的分组会议上获得 3/4 以上的多数同意,该方案才算通过,对于全体债权人才具有约束力。最后,该方案必须通过法院的审批同意才能付诸实施。

由于以上原因,自从 1993 年《澳大利亚公司法》引入自愿托管程序后,重组程序就很少使用。但是,现实中,该程序越来越多地被用来进行公司收购,因为与标准的公

---

① Corporations Act 2001 (Australia) s 1323.

② National Australia Bank Ltd. v. Bond Brewing Holdings Ltd. (1991) 1 VR 529,541.

③ Hawkesbury Development Co. Ltd. v. Landmark Finance Pty Ltd. (1969) 2 NSWR 782,790.

司收购程序相比,该程序具有一些重要的比较优势。由于此功能超出本书范围,故本节不作详细讨论。

六、清算程序

清算主要分为两类:一类是自愿清算(voluntary liquidation),比如公司股东或债权人决定清算公司;另一类是强制清算(mandatory liquidation),比如法院命令清算公司。在清算程序之后,公司就会注销登记而不复存在。

(一) 自愿清算与强制清算

公司自愿清算既可能由股东提起,也可能由债权人提起。对于股东提起的自愿清算,其前提条件是公司没有破产问题。因此,在公司没有破产时,公司股东可以通过特别决议而清算公司。公司股东可以任命清算人。公司股东自愿清算的原因很多,比如股东之间意见相左而导致无法进行公司经营;由于公司前景不乐观而股东一致同意清算,等等。这种公司股东提起的公司清算在公司发展的各个阶段都有可能发生,并在程序上存有一些差异。在公司只是注册而没有发行股票时,由于没有严格意义上的股东,所以,只要半数以上的公司组建人(incorporator)同意就可以清算并解散公司。在公司已经发行了股票而拥有股东后,清算公司的主要法律程序是由公司董事会提出公司清算的议案,然后交由股东批准。由于公司清算是重大事项,所以,一般需要特别多数的股东投票通过。

对于债权人提起的自愿清算,公司通常已经处于破产状态。因此,在公司面临破产问题时,公司债权人可以要求进行公司清算,并任命清算人。实行这种清算的公司通常需要召集两个单独的会议,即一个公司股东会议和一个公司债权人会议,并获得他们的多数同意。现实中,公司通常不会一开始就进行债权人自愿清算程序,而是在其他程序之后启动该程序。比如,如果发现公司已经破产,那么,公司股东的自愿清算就会转为债权人的自愿清算。另外,如前所述,在公司自愿托管程序拯救公司的努力宣告失败后,公司也会进入这种由债权人主导的清算程序。

强制清算是指法院介入而强制进行公司清算。强制清算的原因主要是公司不能偿还到期债务而破产,当然,还有一些其他的原因,比如,公司的成立存在瑕疵;公司成立后没有营业或者很长时间停止营业;公司大股东欺压小股东;公司陷于僵局;公司经营存在欺诈行为、越权行为甚至违法行为等。因此,法院强制清算的公司并不都是破产公司,比如,在公司没有出现破产问题时,股东可能提起压迫行为救济诉讼或强制清算公司诉讼等而要求强制清算公司。[①] 但是,现实中,因破产而被强制清算的

---

① 关于压迫行为救济和强制解散公司救济的详细论述,参见第三编第四章第四节。

公司占绝大多数。在公司出现破产问题时,公司董事、股东、债权人以及公司的国家主管机构等都可以向法院申请进行公司的强制清算,其中,公司债权人申请公司破产清算的案件比例最高。这些人在基于破产原因而申请公司清算时,必须证明公司破产,比如,公司无力偿还到期债务,公司不能依据法院有关判决进行金钱赔偿等。[①]

(二) 财产清算与分配

法院的强制清算命令对于公司各方都具有重大的意义。首先,在清算程序开始后,只有清算人有权对于公司财产进行处分。由于公司还没有注销登记和正式解散,所以,公司仍然还是一个独立存在的法律实体。但是,公司只能进行与清算目的有关的商业活动。在所有的公司文件中,公司名称后面都必须清楚地加上"破产中"的字样,以提醒相关人注意。因此,无论是自愿清算还是强制清算,公司董事都失去了管理公司的权力,此权力转由清算人行使。其次,在强制清算中,法院下达的清算令通常就等于是遣散公司雇员的通知,而在自愿清算中,公司雇员并不必然被遣散。最后,法院的清算命令不影响担保债权人的权利,但是,对于无担保债权人的影响很大,比如,无担保债权人只有在法院特许下才能提起针对公司的诉讼,而且不能执行清算程序启动之后获得的要求公司进行金钱支付的法院判决。

清算人负有清点、保护和变现公司资产的义务,形成所谓的"破产财产",然后,清算人需要根据一定次序进行公司资产的统一分配。因为很多情况下公司因破产被清算,而破产公司的资产有限,不太可能满足每个债权人,所以,公司资产的分配顺序就非常重要。这个顺序一般如下:首先,有担保的债权人。按照在同一公司资产上设定抵押权的先后次序,此类债权人又分为高级担保债权人(senior secured creditor)和低级担保债权人(junior secured creditor),即先设定抵押权的高级债权人优先于后设定抵押权的低级债权人而受偿。如上所述,法院的清算命令不影响担保债权人的权利,因此,用以偿付债务的"破产财产"一词有时是指担保债权人受偿之后剩下的公司财产。其次,优先债权人(preferential creditors)。这些债权通常是指清算费用、公司雇员的工资、退休金和工伤赔偿金等。需要注意,在清偿次序上,这些债权优先于浮动担保(floating charge)的债权。[②] 再次,无担保的债权人(unsecured creditors)。所有的无担保债权人的次序相同,如果公司资产不足以偿付所有的债权,则按债权比例进

---

① Corporations Act 2001 (Australia) s 459E.

② 在公司的浮动担保中,担保标的是公司的整体财产,而不是某些特定的财产,换言之,该担保"悬浮于"公司的所有财产之上,故称为"浮动担保"。在浮动担保过程中,公司财产可能不断变化;只有在行使担保权的那一刻,公司的整体财产才"固定化"(crystallization),成为担保标的。浮动担保的优势在于,公司经营不受影响,可以自由处分财产,不会像抵押担保那样受制于担保权人。由于合伙和个人都不能进行浮动担保,因此,这成为很多商业采用公司形式的重要原因之一。

行清偿。最后,公司股东。如果公司发行多种股票,那么各类公司股东的分配顺序也不同。比如,优先股股东通常就优先于普通股股东。公司章程通常会对这些问题作出规定。

根据《澳大利亚公司法》第5.7B部分,在清算公司破产财产时,清算人需要审查和处理可撤销交易(voidable transaction),并追究董事等公司管理人员违反相关义务的赔偿责任。通过这种机制,清算人可以恢复和增加公司的财产,从而保护债权人的利益。

对于可撤销交易,公司清算人可以向法院申请撤销交易,并将有关资产列入清算资产以进行分配。可撤销交易主要包括以下几种。第一,交易发生在公司清算程序启动前的6个月内,并导致了公司的破产问题。在这种破产交易中,如果公司给予某些债权人不公平的优先权(unfair preference),比如,公司在破产前突击地向某些无担保的债权人进行全额偿付;或者,交易的条款对于公司而言显然不合理,违反商业性(uncommercial),比如,以过低的价格出售公司资产或者以过高的价格买入资产,那么,此交易就可撤销。第二,如果上述的交易既符合"不公平优先权"的标准,又符合"违反商业性"的标准,则该交易撤销的追诉期间不是6个月,而是两年。第三,在有些破产交易中,公司的交易对方是关联方,换言之,这种导致公司破产的交易是关联交易,那么,这种交易撤销的追诉期间就是4年。第四,如果一项破产交易的目的就是逃避债务和损害债权人利益,那么,该交易撤销的追诉期间就长达10年。第五,如果公司的贷款交易不公平,具有对公司进行敲诈勒索的性质,比如,利率过高等,则此交易撤销的追诉期间没有任何限制。

当然,公司的交易方或者受偿的债权人等可以对于可撤销交易进行抗辩。根据第588FG条,如果交易方或债权人在交易中没有不当获利,或者出于善意而获利,不知道公司破产的问题,那么,法院就可能不会撤销交易。比如,债权人可以提出,其债务的清偿是按照他们与破产公司长期以来的惯例进行的,而不是为了躲避破产损失而特意进行的。《澳大利亚公司法》明文规定了"流动账户"(running account)的抗辩机制,认为如果债权人与公司有长期的稳定交易关系和财务支付惯例,那么,公司在清算前偿还债务的行为就不属于可撤销之列。①

除了上述的可撤销交易之外,清算人还有另外两个途径增加破产财产。第一,清算人可以追究董事违反其防止破产交易的信义义务而产生的赔偿责任。在澳大利亚,董事负有防止公司进行破产交易的法定义务,即如果董事知道或应当知道,该交易发生之时公司可能已经处于破产状态,或者将由于该交易而破产,那么,董事就必

---

① Corporations Act (Australia) s 588FE(3).

须阻止该交易的发生,否则,董事就可能对此承担个人的赔偿责任。[1] 另外,母公司也对子公司承担类似的防止破产交易义务,因此,如果母公司违反此义务,就需要赔偿。第二,根据第596AB条,如果一项交易的实施是为了规避或减少公司对于雇员工资和退休金等的偿付,那么,清算人和公司雇员可以起诉相关的交易者,要求他们承担赔偿责任。此条是在2000年针对当时一个公司重组中出现的损害雇员利益的问题而引入的,工会对此问题反应强烈,最终促使国会通过立法防止将来发生类似事件,显示了澳大利亚工会组织的强大力量。

最后,通常而言,在上述的可撤销交易和破产交易中,公司清算人会对公司董事或交易第三方提起相关诉讼。如果清算人怠于提起诉讼,公司债权人也可以提起诉讼。近年来,关于可撤销交易和破产交易的诉讼案件的数量显著上升,主要原因在于保险公司向公司清算人推出了一种所谓的"诉讼保险"的保险产品。根据这个险种,保险公司承担诉讼费用,而其保险费是胜诉金额的一定比例。[2] 这样,就有效地刺激了公司清算人提起诉讼。

(三)注销登记和解散

公司清算完毕后就要解散。与公司通过登记成立相一致,公司通过注销登记(deregistration)而解散(dissolution)。但是,在某些情况下,公司可能不经过清算程序而直接解散。比如,在公司开始清算后,发现公司资产很少,甚至不足以偿付清算费用,而且,各种事实都很清楚,无须开展进一步的调查,那么,就可以直接注销公司登记。

另外,对于很多事实上的"死亡"公司(defunct company),即那些长时间没有营业的公司,公司登记主管机构可以首先向公司发函询问不营业的原因。如果公司在规定时间内不答复,登记机关就会再发函询问,如果仍无回复,就会注销公司登记并公告。如果这种公司登记被错误注销,那么,相关利益人可以向法院申请恢复公司的命令,让公司复活(resurrection)。当然,这种"让公司复活"的提法有误导性,因为这种法院的命令不只是让公司复活,而是达到一种公司原来就根本没有被注销的效果。因此,通过这种命令,那些发生在公司被错误注销以后的交易行为就有法律效力,而不会出现因当时公司死亡而无主体资格的问题。

---

[1] 关于该义务的详细论述,参见第三编第三章第三节。

[2] Re Movitar Pty Ltd. (1996) 14 ACLC 587.

第三章　公司人格

第一节　概　　述

公司成立后,在法律上被赋予独立的人格(personality),成为所谓的法人(legal person),从而能够享有法律权利和承担法律义务。前面章节在关于公司历史发展的讨论中谈到,[①]法人概念发轫于中世纪教会法,用于解决宗教和社会群体的法律地位问题,而在几百年后的中世纪末期,该概念才逐渐应用于商业领域,形成现今的公司概念,并在 20 世纪初期成为西方国家中的主要商业组织形式。作为法人,公司具有实体地位和独立人格,而不是公司成员的简单集合体。这使得公司有别于诸如合伙之类的没有独立法人格的商业组织形式。公司的独立人格将公司与其成员在法律上隔离开来,为股东有限责任制度的设立创造了前提条件。但是,在某些情况下,公司法人格可能被滥用,因此,公司法允许法院"刺穿公司面纱"(pierce the corporate veil),即否认公司的法人格,将公司与股东视为一体,从而让股东对于公司行为承担无限责任。

本章第二节将首先讨论公司法人格的历史发展和特征,第三节考量公司法人格否认的问题。公司法人格是公司制度大厦的基石,因此,"刺穿公司面纱"规则的适用必须慎之又慎,否则可能导致整座大厦的坍塌。现实中,只有在非常例外的情况下,公司法人格才可能被否认。公司法人格否认是一个非常复杂的公司法问题,也是当前的一个热点问题,加上我国公司法在 2005 年修改时引入了公司法人格否认制度,但相关规定非常原则和笼统,在现实执行中出现不少困难,因此值得重点讨论。

第二节　公司人格之确立

一、法律意义

前面章节讨论了公司成立的问题,公司一旦成立,便具有独立的法人格(legal personality)。其法律意义在于,将公司与公司成员和其他相关利益人分离开来,在他

---

① 参见第一编第一章第二节。

们之间设立一个法律屏障,即所谓的"公司面纱"(corporate veil)。作为一个独立的法律实体,公司享有与自然人一样的民事行为能力,比如,(1)有权购买、拥有和处置财产;(2)能够独立承担责任;(3)能够以自己名义起诉和应诉等。应当指出,公司毕竟是法律拟制的实体,其法人格与自然人的法人格之间存在一些相应的重大差异。在形态上,公司既没有血肉之躯,也没有道德良心,能够"长生不死",股东的变化更替无碍于公司的永久存续。在法律上,一方面,公司不享有自然人的某些权利。比如,在澳大利亚,自然人享有的不得"自证其罪"(self-incrimination)的特权保护不适用于公司;①公司也可能不属于澳大利亚宪法第 117 条下的"女皇臣民",因为公司不可能像自然人一样向女皇宣誓效忠。另一方面,公司享有某些特定的权利。比如,公司有权发行股票和债券,设立浮动担保等。最后,需要注意,现实中有些公司章程明确限制公司的权力范围,但是,公司的权力行使并不会仅仅因为违反章程限制而无效,从而保护善意第三方的利益。

笔者发现,国内有些人经常将公司法人格与股东有限责任(limited liability)相提并论,甚至混为一谈,实际上它们是两个截然不同的概念。如上所述,公司法人格的功能在于设立了一个新的法律实体,该法律实体以自己的名义拥有财产和承担债务。在公司设立后,股东出资便成了公司财产,而不再是股东财产。公司管理层对于公司资产进行经营,并以其承担债务。股东责任制度则是解决下一步的问题:当公司财产不足以偿还其债务时,股东是否需要以自有财产为公司买单?在股东有限责任制度下,股东以出资额为限对于公司债务承担责任,因此,即使公司无力偿还其债务,股东也不用再掏腰包;相反,如果股东承担无限责任,则其责任不限于出资额,从而需要以自有财产填补公司无力偿还的债务窟窿。简言之,虽然公司都有独立的法人格,但股东责任既可能是有限,也可能是无限。前面章节中对于澳大利亚各种公司类型的讨论充分地说明了这一关系:澳大利亚的公司包括有限责任公司,无限责任公司和无责任公司等类型。②

虽然公司法人格与股东有限责任在概念上泾渭分明,但二者在功能上存在紧密的联系。公司法人格是股东有限责任的前提基础和必要条件,后者附于前者之上。古谚云:皮之不存,毛将焉附?因此,一旦公司法人格被否认,股东的自有财产就直接暴露于公司债权人面前,股东有限责任将无法存在。公司法制度的历史发展也清楚地表明了上述关系。在前面章节中谈到,从历史上看,公司法人格制度与股东有限责

---

① Corporations Act 2001, s 1316A; see also Environmental Protection Authority v. Caltex Refining Co. Pty Ltd. (1993) 178 CLR 477. 值得指出,美国也将该特权限于自然人,但英国和加拿大将其扩展到公司。

② 关于澳大利亚公司类型的详细讨论,参见第二编第一章第三节。

任制度并非同时确立,而是先有公司法人格制度,后有股东有限责任制度。[①] 由于股东有限责任制度有利有弊,历史上公司法引入股东有限责任制度时曾经颇有争议,对于该制度的辩论至今未息,并常常与公司法人格否认的问题纠缠在一起。当然,由于股东有限责任非常重要,现实中绝大多数公司都具有股东有限责任制度的保护,使得公司法人格与股东有限责任在效果上几乎等同。

二、历史溯源及发展

在英美公司法的历史上,公司的独立法人格及其法律效果主要通过判例法发展和确立,这方面的经典判例无疑是 1897 年英国上议院判决的 *Salomon v. Salomon & Co. Ltd.* 一案。[②] 该案被公认为是整个公司法中最重要的判例,具有划时代的意义,奠定了现代公司法的基础。此案的事实情节非常关键,也是此案引起广泛争议的原因,整个判决过程充分体现了围绕公司法人格制度的利益衡平和理念争斗,因此该案值得仔细考量。

在 *Salomon v. Salomon & Co. Ltd.* 一案中,Salomon 是一个皮货交易商和皮靴制造商。1892 年,他根据当时的英国公司法设立了一家公司,在此之前,他一直都是以个人名义进行营业。当时的英国公司法规定,公司的设立必须拥有至少 7 个原始股东,因此,Salomon 和其他六个家庭成员一起成为公司股东,每人持有 1 股。在公司设立后,公司以 39 000 英镑的价格购买了 Salomon 的个人商业,价款的处理包括三个部分:第一部分是公司向 Salomon 增发新股份,数量为 20 000 股,每股价值 1 英镑;第二部分是公司向 Salomon 发行具有浮动担保的债券,面值 10 000 英镑;第三部分的 9 000 英镑作为 Salomon 拥有的公司债权,但该债权无担保。这样,Salomon 最终拥有的公司股份为 20 001 股,而其他六个家庭成员每人 1 股。

Salomon 本想通过采用公司形式大显身手,扩展经营,可是,天有不测风云,公司设立后不久经济萧条,市道不济,公司营业每况愈下,亏损日增。一年后,Salomon 从 Broderip 处借款 5 000 英镑,以挽救处于风雨飘摇之中的公司。为了获得借款,Salomon 将自己的具有浮动担保权的债券转让给 Broderip,而自己作为债券上的第二顺序的担保债权人。遗憾的是,这笔借款并没有挽救公司的命运。当 Salomon 无法偿还上述借款的利息时,Broderip 就行使了担保权,最终导致公司破产清算。在 Broderip 行使担保权后,基于债券的担保债权价值尚存 1 055 英镑,因此,根据上述的借款安排,Salomon 认为自己可以在第二顺序行使该担保权。如果 Salomon 行使上述

---

① 参见第一编第一章第二节。

② (1897) AC 22 House of Lords.

剩余的担保权,公司的其他无担保债权人将两手空空,血本无归。公司清算人拒绝了 Salomon 的担保权,认为存在欺诈情形,主张公司不过是 Salomon 的"幌子和代理"而已。

初审法院支持公司清算人的主张,并认为 Salomon 将个人商业出售给公司的交易存在欺诈。比如,由于公司完全控制在 Salomon 手中,公司支付的购买款过高等,因此,交易应当无效。Salomon 随后提起上诉,但上诉法院驳回了上诉。上诉法院认为,Salomon 之外的其他六个公司股东只是傀儡而已,完全是 Salomon 为了满足公司法规定而用来凑数的。因此,上诉法院认为,Salomon 滥用了公司法中的公司设立权,虽名为公司,但生意依旧,纯属新瓶装旧酒,故而存在欺诈。Salomon 最终上诉至英国上议院。

英国上议院的 Halsbury 勋爵认为,公司法的条文是定案基准,法官不能擅自增减公司法的规定。根据当时的公司法,公司需要拥有 7 个股东,但没有规定每个股东的最低持股数额,也没有规定股东的相对持股比例。换言之,持有 1 股就足以成为合法的股东。另外,至于股东加入公司出于何种动机和理由,并非所问。本案中,Salomon 遵守了公司法的规定,而且,公司的股东都知道公司情况,因此,公司成立有效,不存在欺诈。Macnaghten 勋爵简要回顾了 Salomon 的创业史,认为 Salomon 设立公司开展营业是出于善意和正当的商业目的。针对上诉法院作出的其他股东属于傀儡的判定,Macnaghten 勋爵明确指出,公司法并没有要求公司股东必须相互独立,没有任何的联系;也没有规定每个公司股东都必须拥有实质性的股份利益;更没有规定公司股东之间必须达到力量均衡,不能存在一个具有绝对控制权的股东。实际上,为了满足公司成立的股东人数条件,当时的很多公司都是找朋友或公司职员充数,Salomon 的公司不过是其中之一而已。一旦公司依法成立,公司就具有自己的法人格,独立于公司股东,能够以自己名义行使权利和承担义务。而且,在本案中,公司不存在欺诈情形,因此,尽管公司的无担保债权人的处境令人同情,但他们只能抱怨自己的商业决策失误。Davey 勋爵重点讨论了公司成立后从 Salomon 处购买商业的交易,认为其不存在欺诈。比如,购买价款并没有过高,并且公司的全体股东都同意了上述交易等。最终,上议院判决公司成立有效,Salomon 胜诉。

大概半个世纪后的 1961 年,英国枢密院在 *Lee v. Lee's Air Farming Ltd*. 一案中援引了 *Salomon v. Salomon & Co. Ltd*. 的先例,再次重申了公司独立法人格的原则。[①] 本案发生在新西兰,Lee 设立了一家公司从事空中施肥业务,除了公司律师象征性地在公司持有 1 股之外,他持有其他全部公司股份。Lee 是公司的控制董事(governing director),同时也被公司雇为首席飞行员。由于 Lee 既是公司的控制董事,又是控股股东,他拥有公司的绝对控制权。两年后,Lee 在驾驶飞机进行空中施肥

---

① (1961) AC 12 Privy Council.

任务时不幸遇难。根据相关法律规定,公司在清算时需要首先支付雇员的抚恤金,然而,公司清算人认为,既然 Lee 是公司的控制董事,他就不能同时又是公司的雇员。Lee 的遗孀提起诉讼,案子一直打到新西兰上诉法院,在上诉法院判决其败诉后,该案最终上诉到英国枢密院。

英国枢密院首先认为,本案中公司的成立满足公司法的规定,不存在欺诈行为,因此合法有效。然后,枢密院指出,公司成立后便具有独立的法人格,将公司与公司股东分离开来。在本案中,公司与 Lee 都具有法律人格,是相互独立的实体,故而二者之间可以进行交易。虽然 Lee 拥有公司的绝对控制权,并担任公司的董事,但这并不妨碍他与公司之间存在劳务契约关系。换言之,一个人可以同时拥有双重身份。因此,尽管在上述劳务契约的订立过程中实际上只有 Lee 一个人参与,但从法律上讲,他一方面代表公司;另一方面代表自己。另外,从劳务契约的条款和执行情况来看,Lee 是出于善意,并无欺诈之嫌。最终枢密院判决 Lee 的遗孀胜诉。

简言之,*Salomon v. Salomon & Co. Ltd.* 一案最先确立了公司独立法人格的判例法原则,在现代公司法的发展史上具有里程碑的意义。它不但最终承认了一人公司的合法性,将公司形式的适用范围从大型商业扩展到小型商业,甚至个体商业,而且,还让公司发起人在公司资本结构方面拥有很大的灵活性,可以通过发行公司债券而非股票的形式向公司注入资产,从而有效地控制投资风险。需要指出,该案的判决在当时极具争议,并遭到很多人的猛烈抨击,认为上述措施过于激进,容易导致公司形式被滥用,而损害交易第三人的利益。不过,支持者认为,任何与公司交易的人都应当知道公司形式的潜在问题,并自负商业风险,在交易前仔细核查公司的财务状况,或通过诸如担保权等其他方式保护自己的利益。当然,在 *Salomon* 一案发生的 19 世纪末期,公司形式尚未普及,很多人甚至不知公司为何物,无时间亦无能力获取和分析公司报表,加之公司的信用体系尚未建立,因此,支持者的辩护理由难以平抑讥评之声。然而,随着社会的发展,公司概念日益深入人心,公司信用机制和信息披露制度等逐步完善,上述的支持观点便具有更强的说服力。而且,如下文所诉,后来法院还逐渐发展了公司法人格否认的法理,在某些情况下刺穿公司的面纱,以实现法律正义。

第三节　公司法人格之否认

一、概述

如前所述,在英美法系,著名的 *Salomon v. Salomon & Co. Ltd.* 一案确立了公司独立法人格的原则,奠定了现代公司法的基石。但在某些情况下,公司法人格可能被滥用,因此法院逐渐发展了所谓的"刺穿公司面纱"(piercing the corporate veil)规则,否认公司的独立法人格,将公司与股东等同起来,视为一体。"刺穿公司面纱"的主要法律后果在于,让股东直接承担公司的债务责任,以保护债权人利益;当然,除此之外还有其他的重要意义,比如防止利用公司形式逃避其他的法律义务或转移不法财产等。

"刺穿公司面纱"规则又称为"揭开公司面纱"(lifting the corporate veil)或公司法人格否认(disregarding the separate legal persona)。需要指出,在英国,有些学者和法官对于上述不同表述很认真地进行区别,认为"刺穿公司面纱"是指将公司的行为和权利债务视为股东的行为和权利债务,而"揭开公司面纱"是指为了某种法律目的而考虑公司的股权组成情况。① 另外,有人认为"揭开公司面纱"一词已经过时,而"刺穿公司面纱"一词更为时髦流行。② 与英国相比,美国和澳大利亚并没有作这种细致的区分,但"揭开公司面纱"的含义似乎比"刺穿公司面纱"宽泛,前者可以是指透过公司面纱而检视公司真实运行情况的各种情形,包括查明公司背后的真正控制人等,③而后者专指透过公司面纱而让股东直接承担公司的债务。鉴于这种用语上的区别,笔者采用"刺穿公司面纱"的提法,但同时根据国内的用语,也采用"公司法人格否认"一词。

从历史上看,公司人格否认法理的萌芽实际上就出现在 *Salomon v. Salomon & Co. Ltd.* 一案中。在该案的判决理由中,英国上议院在确立公司法人格原则的同时留有余地,为公司法人格否认规则的发展埋下了伏笔,比如英国上议院详细讨论了Salomon 在公司设立过程中是否存在欺诈的问题,暗示欺诈是否认公司法人格的一个潜在事由。在该案后,英国、美国和澳大利亚等国家的法院都各自通过司法实践探求"刺穿公司面纱"规则的法理基础和适用情形。

二、法理基础

由于公司法人格否认的效果在于剥夺股东有限责任的保护,因此,要理解前者的法理基础,就必须首先考量后者的制度功能。股东有限责任的制度功能可以大致从两个理论角度进行诠释,一个是有限责任的民主理论(democratic theory);另一个是有限责任的经济理论(economic theory),这两个理论之间存在一些交叉之处。

---

① See Atlas Maritime Co. SA v. Avalon Maritime Ltd. (No 1) (1991) 4 All ER 769 (Staughton LJ).

② Brewarrana v. Commissioner of Highways (1973) 4 SASR 476, 480 (Bray CJ); Walker v. Hungerfords (1987) 44 SASR 532, 559 (Bollen J).

③ Pioneer Concrete Services Ltd. v. Yelnah Pty Ltd. (1986) 5 NSWLR 254 (SCNSW, Young J).

第一,根据有限责任的民主理论,有限责任具有鼓励平民大众进行创业投资,从而实现经济和社会民主的重要功能。① 经济民主是共和政体的基础,是政治民主的前提。在无限责任下,投资创业完全是富人的专利,因为他们有资产抵抗投资损失。有限责任促发了投资大众化,公司股权和经济资源分散于平民手中,从而平民变成了共和政权的捍卫者。②

有限责任的民主理论经常从公司和公司法的历史发展角度揭示有限责任制度的上述功能。如前文所述,有限责任制度的发展历史并不长,直到 19 世纪才逐渐确立。③ 在此之前,股东都承担无限责任,其理念是,如果没有股东无限责任,银行等债权人向公司贷款的风险太高从而不愿贷款,但随着社会发展和担保等法律技术的完善,上述理念出现转变。另外,由于有限责任制度的保护,更多的中低收入阶层愿意而且能够通过融资进行创业,促使经济发展的平民化,让很多社会中低层人士有机会跻身于社会高层,缓和了社会冲突和矛盾。最后,经济生活的民主化催生了大量的中小企业,这些中小企业创造了大量的就业机会,从而进一步加强了经济发展的大众化。

第二,根据有限责任的经济理论,股东有限责任制度能够降低公司控制权与所有权相分离而产生的交易成本。④ 具言之,该制度发挥以下一些重要的功能。首先,鼓励大众投资。它将股东责任限制在出资额之内,让投资者能够进行风险控制,从而鼓励投资。在投资者不愿或没有能力参与公司管理时,尤为如此;而且由于每项投资都是有限法律责任,因此投资者可以进行有效的分散投资,从而减少商业风险。其次,减少监督成本。在有限责任制度下,投资者以出资额为限对公司债务承担责任,从而无需担心其他投资者的财务状况。相反,在无限连带责任下,投资者对于公司债务承担连带责任,如果公司中的某些投资者无力按比例承担其责任,那么,这些责任最终就落到其他投资者头上。简言之,有限责任制度使得投资风险更加确定,不受其他投资者偿债能力的影响,从而在很大程度上免除了投资者相互监督的必要。另外,在有限责任制度下,投资者的投资损失风险有限,从而对于代理人即公司董事的监督需求也相应降低。

---

① Stephen B. Presser, "Thwarting the Killing of the Corporation: Limited Liability, Democracy and Economics"(1992) 87 *Nw. U. L. Rev.* 148.

② 数据显示,在 20 世纪 90 年代,美国大约 5100 万普通家庭持有美国公司股权价值的比例为 53%。Joseph Grundfest, "The Limited Future of Unlimited Liability" (1992) 102 *Yale L. J.* 387, 420.

③ Stephen B. Presser, *Piercing the Corporate Veil* § 1.03 (1991) (looseleaf).

④ See e. g., Frank H Easterbrook & Daniel R Fischel, *The Economic Structure of Corporate Law* (1991), Ch 2; Brian R Cheffins, *Company Law: Theory, Structure and Operation* (1997) 496-508.

第三,促进股份流转。由于投资风险不受其他投资者偿债能力的影响,投资者就无需过分在意公司中其他投资者的情况。这样投资者范围大为扩展,市场流动性提高,降低了公司筹资成本。同时,股份的自由转让增强了公司控制权市场的力量,公司收购的威胁促使公司管理层勤勉工作。

第四,增强市场功能。在有限责任制度下,股份的投资风险独立于持有人的财务状况,从而其价值与持有人的身份脱钩,因此,公司股份可以具有一个统一的市场价格,让市场能够通过价格有效地反映相关信息,为市场价格发现机制(price discovery)等市场功能提供了前提基础。

第五,鼓励公司开拓。由于有限责任制度的保护,公司投资损失以投资额为限,因此公司经理可以从事任何现值为正的商业项目,包括高风险项目。比如,公司可以通过设立子公司的方式开展高风险的商业行为,将风险隔离开来,控制在子公司的资产范围之内。

对于有限责任制度的上述功能,需要指出两点。第一,这些功能主要适用于公众公司,特别是上市公司,而在小型的私人公司中,上述功能的重要性相对减少。比如,在私人公司中,股东之间相互熟悉,而且与管理层关系密切,甚至股东自己就是管理者,因此有限责任制度降低监督成本的效果不明显;另外,私人公司通常限制股份流转,故有限责任在市场功能方面的优势也不大。第二,即使在公众公司中,有限责任制度的上述功能也受制于一些相关因素,比如,公司的所有权结构,内部风险控制机制,以及集团架构等。

除了功能上的局限之外,股东有限责任制度还存在重大弊端。理论上讲,处于有限责任保护之下的公司更有可能在清偿债务方面资产不足,因此,股东有限责任制度实质上是将商业风险从股东转移到债权人等其他利益相关人。虽然有些债权人能够通过某些途径有效地控制风险,但不是所有的债权人都具备这种风险承受能力。比如,契约之债的债权人(contractual creditors)可以通过相关的契约条款获得风险价格补偿,从而保护自己的利益;而侵权之债的债权人(tortious claimants)相对而言就非常被动,容易成为股东有限责任的牺牲品。换言之,有限责任导致了道德风险问题(moral hazard),因为股东能够获得高风险商业行为的全部收益,却不承担相应的成本,即股东将公司行为的社会成本外部化(externalize),转嫁给其他的公司利益相关人,比如公司雇员、供应商以及当地社区等。

因此,对于公司侵权案件,有些学者主张减少甚至完全废除有限责任制度。[1] 当

---

① See e. g. , Henry Hansmann & Reinier Kraakman, "Toward Unlimited Shareholder Liability for Corporate Torts" (1991) 100 *Yale L. J.* 1879.

然,这个观点遭到了很多人的反对。这些支持有限责任的学者认为,虽然有限责任造成了公司成本的外部化问题,但可以通过各种途径减少该问题,比如施加个人的经济责任甚至刑事责任,以及提升经理人的职业道德等;另外,对于侵权案件中债权人的保护,可以运用相关机制,包括严格的公司资本规则,强制性的责任保险要求,产品质量标准,以及公司破产程序中侵权受害人的有限受偿权等。相反,简单地废除有限责任制度既无必要,亦不可行。① 此外,即使在公司侵权案件中有限责任制度被废除,公司契约之债的债权人保护还是存在问题。为了解决这些问题,目前的一个方法就是在具体个案中适用"刺穿公司面纱"规则,对于股东施加无限责任,而以上对于有限责任制度利弊的各种分析为该规则的具体适用提供了政策和法理基础。

三、适用情形：英美法系各国比较

（一）美国

美国公司法属于州法范畴,各州都是通过判例法发展公司法人格否认规则,当然,成文法也有一些相关规定,特别是联邦层面的法律,比如关于劳工解雇方面的法律等。② 由于公司判例法是主体,故重点讨论。通常而言,公司法人格否认是对于公司法人格被"滥用"(abuse)的司法救济,但对于究竟何为"滥用",各州并无一致意见。需要指出,在有些情况下,即使没有公司法人格滥用的问题,也可以"刺穿公司面纱"。概言之,美国各州法律可以总结如下:

第一,欺诈理论(fraud)。诸如得克萨斯等州明确表示,在审理契约案件时,只有存在欺诈情形才能"刺穿公司面纱"。③ 欺诈理论是"刺破公司面纱"规则的传统理论,以至于有些学者认为,基于欺诈理论的公司法人格否认才是标准的"刺破公司面纱"规则,而基于其他理论的公司法人格否认制度都不属于该规则。换言之,严格地讲,传统意义上的"刺破公司面纱"与公司法人格否认在范围上并不完全对等,前者只是基于欺诈理论的公司法人格否认。当然,通常情况下,上述两个术语基本上可以互换使用。

第二,不合法(illegality)或不正义(injustice)理论。在一些州中,比如新泽西州,欺诈并不是"刺穿公司面纱"的必要条件,而是采取更为宽泛的不合法(illegality)或不

---

① See e. g. , Michael P. Coffey, "In Defense of Limited Liability—A Reply to Hansmann and Kraakman"(1994) 1 *Geo. Mason L. Rev.* 387; Janet C. Alexander, Unlimited Shareholder Liability Through a Procedural Lens (1992) 106 *Harv. L. Rev.* 387; but cf. Hansmann & Kraakman, A Procedural Focus on Unlimited Shareholder Liability (1992) 106 *Harv. L. Rev.* 446.

② The Worker Adjustment and Retraining Notification Act of 1988, 29 U. S. C. §§ 2101-2109 (2000). 该法规定,公司解雇人数达到一定标准时触发提前通知等义务,但各关联公司需要合并计算。

③ See e. g. , Nev. Rev. Stat. Ann. § 78. 747(2) (West 2004); Tex. Bus. Corp. Act Ann. art. 2. 21 (Vernon 2003).

正义(injustice)标准。① 此理论在保护侵权案件中的受害人时经常适用。

第三,"第二自我"(alter ego)或"代理"(agency)理论。有些州认为,只要公司是个人股东或母公司的"第二自我"——即公司与股东或母公司实质上就是同一个人的两个方面——就可以"刺穿公司面纱"。这个"第二自我"的标准通常不是基于任何的欺诈或不正义问题,而仅仅是要求个人股东或母公司对于公司行使的"控制"(control)或"支配"(domination)。②

关于"第二自我"理论,需要注意几点。(1)有些州在适用"第二自我"规则时,还是要求存在公司形式滥用的情形,即股东利用公司形式进行欺诈或从事不当行为;③(2)很多法院经常将"第二自我"与"工具论"(instrumentality)相提并论,二者含义几乎等同;(3)"第二自我"一词与"代理"一词也经常互换使用,但严格而言,前者要求的控制和支配程度更高,以至于公司与股东或母公司合二为一,难以区分,比如母子公司在设施、财务和人员等方面根本就没有隔离开来;而在适用代理规则的案件中,虽然形式上公司与其股东或母公司分离开来,但公司受到其股东或母公司的支配或控制,使得前者沦为后者的代理人。因此,有些案件在难以适用"第二自我"理论时,法院就会考虑选择适用代理理论。④

最后,近年来,以路易斯安那州⑤和得克萨斯州⑥为代表的一些州发展了所谓的"单一商业体"(single business enterprise)理论。这个"单一商业体"用语可以追溯到著名的哥伦比亚大学法学教授伯利,半个世纪前他就撰文指出,如果人为地将一个商业体分拆为不同的公司,导致商业过度分散,那么就应该将这些公司视为一个单一的商业体,而不适用每个公司各自的有限责任保护。⑦ 根据该理论,公司形式的滥用或欺诈不是"刺穿公司面纱"的必要条件,而只要关联公司之间的关系足够紧密,无论是姐妹公司还是母子公司,就可以将它们视为一个商业体,让它们为相互的债务承担责任。在当今社会,公司行为对于社会影响巨大,产品责任问题和环境污染问题日益严重,于是很多公司集团化,利用子公司形式控制法律责任,虽然这种策略并无不当,但

---

① See e. g. , Jack LaLanne Fitness Ctrs. , Inc. v. Jimlar, Inc. , 884 F. Supp. 162, 164-166 (E. D. N. J 1995).

② See e. g. , Carte Blanche (Singapore) Pte. , Ltd. v. Diners Club Int'l, Inc. , 2 F. 3d 24, 26 (2d Cir. 1993).

③ See e. g. , XL Vision, LLC. v. Hollowway, 856 So. 2d 1063, 1066 (Fla. Dist. Ct. App. 2003).

④ See e. g. , Pearson v. Component Tech. Corp. , 247 F. 3d 471, 487 (3d Cir. 2001).

⑤ See e. g. , Green v. Champion Insurance Co. , 577 So. 2d 249 (La. Ct. App.), cert. denied, 580 So. 2d 668 (La. 1991).

⑥ See e. g. , S. Union Co. v. Edinburg, 129 S. W. 3d 74, 86-87 (Tex. 2003).

⑦ Adolf A. Berle, "The Theory of Enterprise Entity" (1947) 47 *Colum L. Rev.* 343.

其造成的巨大社会损失最终需要有人埋单。"单一商业体"理论绕开公司形式的滥用要件，是解决上述问题的一个有效方式。但由于该理论比较激进，迥异于传统的"刺穿公司面纱"规则，因此有些学者将该理论视为独立于"刺穿公司面纱"，而非其一部分。

在司法实践中，表明公司法人格被滥用或存在不公平情形的最常见证据就是，公司资本不足（undercapitalization）或公司的运行方式使得公司资产明显不足以偿付债务。这里需要注意几点。第一，很多法院表示，不太可能仅仅以公司融资不足为由"刺穿公司面纱"；第二，目前没有一个判断究竟多少资本才算足够的普遍适用标准；第三，通常而言，资本不足是指公司成立时的初始资本不足，但有些法院将此要求扩展到公司的持续资本，即公司必须在运营过程中保持或增加资本，以保证其资本足以偿还预期的债务。[①] 不过，这种做法遭到了很多人的激烈反对，认为这种做法会迫使小型的闭锁公司不堪重负，并最终退出市场。

虽然上文提到的一些州对于"刺穿公司面纱"问题还没有发展出明确的具体规则，从而导致了案件结果的不确定性，但它们毕竟还有"欺诈""不正义""第二自我"等基本理论可供参照。与此相比，另外一些州的做法就更加过分，令人懊恼。这些州拒绝给出"刺穿公司面纱"问题的任何统一原则，而是简单地罗列一长串可能导致"刺穿公司面纱"的各种相关因素。这种清单长短不一，列出的考虑因素也五花八门，有四个的[②]、五个的[③]、六个的[④]、八个的[⑤]、十个的[⑥]、十一个的[⑦]、十二个的[⑧]，加利福尼亚州开出的清单更是超过了二十四个！[⑨]综观各州清单，以下因素似乎是共同之选：（1）资本不足；（2）没有遵守公司的各种形式要件；（3）公司被完全控制或支配，以至于没有自己的独立身份；（4）一个商业体被过度地分拆为很多公司；（5）公司与股东的资产混同（commingling）；（6）公司与股东的银行账户和会计记录没有分开；（7）没有定期地举行股东或董事会议；（8）利用公司形式从事欺诈和其他不合法、不正义的行为。

关于上述的清单做法，需要指出几点。第一，清单的适用不是机械地按图索骥，

---

① See e.g., Laya v. Erin Homes, Inc., 352 S.E. 2d 93, 101 (W. Va. 1986).

② See e.g., Glenn v. Wagner, 329 S.E. 2d 326, 330-31 (N.C. 1985).

③ See e.g., Riggins v. Dixie Shorting Co., 590 So. 2d 1164, 1168 (La. 1991).

④ See e.g., Baatz v. Arrow Baw, 452 N.W. 2d 138, 141 (S.D. 1990).

⑤ See e.g., United States v. Golden Acres, Inc., 702 F. Supp. 1097, 1104 (D. Del 1988).

⑥ See e.g., Great Neck Plaza, L.P. v. Le Peep Rests., LLC, 37 P. 3d 485, 490 (Colo. Ct. App. 2001).

⑦ See e.g., S. Elec. Supply Co. v. Raleigh County Nat'l Bank, 320 S.E. 2d 515, 523 (W. Va. 1984).

⑧ See e.g., United States v. Jon-T Chems., Inc., 768 F. 2d 686, 691-92 (5th Cir. 1985).

⑨ Associated Vendors, Inc. v. Oakland Meat Co., 26 Cal. Rptr. 806, 837-41 (Dist. Ct. App. 1962).

而是仍然需要法官的自由裁量。对于清单上的各种因素,法院没有给出具体的考虑权重,他们明确指出清单上的相关因素必须整体考虑,没有一个因素是决定性的,其适用取决于每个案件的具体情况。第二,清单只是示范性的,并没有穷尽所有相关因素,法院在实际判案时可以不限于清单而考虑其他的任何相关因素。第三,清单上的有些因素受到批评和质疑。比如,有些学者和法官认为,"没有遵守公司的形式要件"也许只对于交易债权人有意义,而与侵权债权人没有太大关系。在契约案件中,由于公司没有遵守形式要件,交易第三人可能误以为自己是与股东而非公司进行交易,因此应当"刺穿公司面纱";但在侵权案件中,受害人没有交易关系,可能连公司名字都不知道,更遑论其形式要件的遵守与否!

(二) 澳大利亚

在澳大利亚的判例法中,公司法人格否认规则的适用情形大致分为以下几类,即(1)欺诈(fraud)或不正当行为(improper conduct);(2)代理(agency);(3)不公平或不正义(unfairness/injustice);(4)公司集团。公司法在一定程度上将整个集团视为一个独立实体,从而刺穿各成员公司的面纱,后文将对该类案件进行详细论述,故此处不赘。①

除了判例法之外,成文的公司法也规定了一些"刺穿公司面纱"的情形。比如,根据公司法第588G条,如果公司在举债时已经处于破产状态,或该项借款将导致公司破产,那么,公司的董事就需要对于该项债务承担个人责任。② 另外,根据第588V条,在公司集团场合,如果子公司进行上述的破产交易,母公司就可能需要承担其债务责任。公司法之外的其他法律也有一些效果类似的规定。比如,澳大利亚联邦所得税法规定了股东在某些情况下需要对于公司的所得税承担责任。③

1. 欺诈或不当行为

欺诈或不当行为理论的核心在于,股东利用公司形式逃避法律义务,通常这种法律义务是已经存在的。另外,在主观方面,股东必须具有利用公司形式逃避法律义务的故意。④

在1933年的 *Gilford Motor Co. Ltd. v. Horne* 一案中,⑤原告公司生产、销售和维修 Gilford 品牌汽车的零部件。1928年,该公司任命 Horne 为管理董事。根据劳务

---

① 参见第四编第二章第一节。

② 该规则亦称为董事防止公司破产交易的义务,详细讨论参见第三编第三章第三节。

③ Income Tax Assessment Act 1936 (Cth), Pt IVA.

④ J Payne, "Lifting the Corporate Veil: A Reassessment of the Fraud Exception" (1997) 56 *Cambridge Law Journal* 284, 290.

⑤ 1 Ch 935 Court of Appeal, England and Wales.

契约,Horne 不得在雇用期间及其之后抢走公司的客户。Horne 的雇用期于 1931 年底结束,然后,他以其妻子的名义开了一家公司,名为 J M Horne & Co. Ltd. ,销售和维护 Gilford 汽车的零部件。原告公司向法院起诉,要求法院禁止 Horne 利用上述方式抢夺客户。Horne 承认自己的公司抢夺了原告公司的客户,但他的辩护理由是,第一,劳务契约关于禁止与原告公司争夺客户的条款不合理,应当自始无效;第二,自己的公司是一个独立的法律实体,与原告公司没有任何关系,因此,不受原告公司劳务契约的限制。

上诉法院首先认为,劳务契约的禁止性条款是双方自愿订立,并没有不合理之处,从而有效。然后,法院重点讨论了 Horne 的第二个抗辩理由。法院发现,Horne 的公司的注册地就是 Horne 的家庭地址,公司的董事包括 Horne 的妻子 J M Horne 和朋友 Howard,但是,Horne 的妻子从未参与公司的管理,Howard 只不过是公司的雇员,公司的管理权实际上完全掌握在 Horne 的手中。因此,法院认为,被告公司仅仅是一个虚假的幌子(sham/facade)而已,纯粹是 Horne 用来规避对于原告公司承担的契约义务而耍弄的一个伎俩,存在欺诈情形。最终,法院刺穿了被告公司的面纱,将其与 Horne 视为一体,从而判定 Horne 败诉。

在 1962 年的 *Jones v. Lipman* 一案中,①被告 Lipman 订立契约向原告 Jones 出售土地。但是,在执行该契约之前,被告将土地出售给了一家他刚刚购买的公司,在这家公司中,被告及其律师是股东兼董事。原告向法院起诉,要求被告和其公司撤销交易,并具体履行他与自己之间订立的土地购买契约。法院认为,被告设立公司的目的完全是为了规避自己对于原告的契约义务,公司不过是被告的一个障眼法而已,因此,法院最终否认了被告公司的法人格,要求被告向原告具体履行出售土地的契约义务。

需要指出,如上面案件所示,欺诈理论通常都需要证明公司形式是一个幌子或障眼法。如果公司形式是真实的,则不存在欺诈问题。换言之,公司形式纯属幌子或障眼法的问题是适用欺诈理论的前提条件。因此,很多学者和法官都将幌子或障眼法作为欺诈理论的组成部分。不过,有些学者将幌子或障眼法单独列为"刺穿公司面纱"的一个情形,但他们也承认这个种类非常模糊,难以把握。② 诚然,由于幌子或障眼法问题很容易泛化,如果以其为"刺穿公司面纱"的唯一理由,将可能导致"刺穿公司面纱"的过度适用;即使是作为欺诈理论的前提条件,对于公司是否属于幌子或障

---

① (1962) 1 WLR 832 Chancery Division.

② See e. g. , J Farrar, "Legal Issues Involving Corporate Groups" (1998) 16 *Company and Securities Law Journal* 184, 185.

眼法的判断也应当谨慎。①

2. 代理

根据代理理论,公司股东对于公司具有高度控制,以至于公司被视为股东的代理,因此公司的行为被归属为股东的行为。在司法审判中,"代理"一词经常与"第二自我"(alter ego)互换使用。显然,代理理论的难点在于对于控制程度的界定,通常而言,在绝对控股的小型私人公司场合,法院更倾向于适用代理理论。

在 1939 年的 *Smith Stone and Knight Ltd. v. Birmingham Corporation* 一案中,②原告公司是一家造纸企业。它在伯明翰拥有一家工厂,后来将这家工厂租赁给了其新设立的子公司 Birmingham Waste Co. Ltd.,经营废纸品回收业务。此后不久,伯明翰市政当局想要征用工厂的土地,以设立一所技校。原告公司要求补偿工厂的搬迁费用和干扰营业而带来的损失等。开始,原告公司代表其子公司提出上述请求,但后来修改了请求书,以自己名义提出请求。原告公司认为,虽然工厂名义上租赁给了子公司,但是,子公司是代表自己开展营业,自己拥有子公司的全部股份,对于子公司的经营管理拥有绝对控制权,因此,子公司实际上就是自己的一个分支部门,子公司因工厂征用而导致的全部经济损失直接由自己承担,从而自己有权直接要求补偿。

对于原告公司的补偿请求,市政当局援引 *Salomon v. Salomon & Co. Ltd.* 一案,主张子公司的独立法人格。市政当局认为,子公司是独立的法律实体,对于土地征用对其营业的影响问题,理应由子公司作为诉讼主体。这个请求主体之争的原因在于,根据当时的有关法律,在政府征用土地时,如果土地的使用者只是拥有不到一年的租赁权,政府就无需补偿征用对其营业造成的损失。因此,如果子公司是请求主体,就无法得到土地征用干扰其营业而导致损失的补偿。

法院仔细审查了原告公司与子公司之间的各种关系。第一,在资本结构方面,子公司的股份一共为 502 份,其中 497 份由原告公司持有,剩下的 5 份分别由原告公司的五位董事持有,这五位董事同时也是子公司的董事,并且,这五位董事是作为原告公司的信托人持有子公司的股份。第二,在子公司的管理方面,如上所述,其董事同时也是原告公司的董事,而且,这些董事从未在子公司中获得薪水。另外,子公司没有自己的行政管理人员,子公司的财务报表等文件都是由原告公司制作和保存。第三,原告公司并没有将自己的废纸品回收业务资产注入子公司,子公司不过是经营这些业务而已。虽然名义上原告公司将工厂租赁给子公司,但实际上二者之间并未签

---

① S Ottolenghi, "From Peeping Behind the Veil to Ignoring it Completely" (1990) 53 *The Modern Law Review* 338, 351.

② (1939) 161 LT 371 King's Bench Division.

订任何的租赁契约,子公司从未交过租金。除了表面上的名称之外,子公司完全就是原告公司的一个分支部门而已。在子公司成立后的六个月,原告公司在股东报告中声明,子公司的营业完全处于自己的控制之下,子公司的盈亏也是直接计入自己的财务报表,就像处理分支部门的财务一样。既然子公司如此运营,类似分支部门,原告公司当初为何还要设立子公司呢? 原告公司辩称,自己之所以设立子公司,是觉得废纸品回收业务不同于造纸业务,最好是设立不同的公司分别运营。

基于以上的事实认定,法院认为子公司实际上就是原告公司的代理而已,从而否认了子公司的法人格,让原告公司直接向市政当局请求补偿。法院指出,基于代理的理由而"刺穿公司面纱"的做法非常难以把握,一家公司是否属于代理,完全是一个事实问题,需要根据不同案件的具体情况进行具体分析。其最终标准是,到底是谁在真正地进行经营? 为了方便判断,法院给出了一个大概的六点测试法,即六个相关的判断因素,包括:(1)子公司的利润是否直接处理为母公司的利润;(2)子公司的管理人员是否完全由母公司决定;(3)母公司是不是子公司的最终决策人;(4)母公司是否完全控制着子公司,包括其经营管理和资本结构等;(5)母公司是否通过上述的对于子公司的控制和管理获得利润;(6)母公司是否对于子公司拥有有效和持续的控制等。只有在上述六点都满足时,子公司才可能被视为母公司的代理。

对于上述的六点测试法,需要指出以下两点。第一,六点测试法本身也非常模糊,充满了"控制"之类的关键词,因此如何把握"控制"的实际程度非常重要,也非常困难。比如,即使一家公司被全资控股,也不必然说明该公司就是控制人的代理,从而否认该公司的法人格;换言之,不能仅仅以全资控股或绝对控股为由认定子公司属于代理,而需要证明公司与其控制人之间还存在更深层次上的财务和管理混同。[①] 第二,它既适用于一家公司的控制人为公司的场合,即母子公司的情形,也适用于控制人为自然人的场合。不过,通常而言,在后者场合中,"刺穿公司面纱"的概率要小得多。[②]

3. 不公平或不正义

不公平或不正义是最近发展起来的"刺穿公司面纱"的一个范畴,是以不公平或不正义作为公司法人格否认的理由。该类案件具有两个主要特点。第一,数量很少,法院审查很严。由于不公平或不正义非常模糊笼统,又是新生事物,因此,与传统的欺诈规则或代理规则相比,法院在适用时谨慎得多。第二,适用范围非常广泛。除了传统的为保护债权人而"刺穿公司面纱"的情形外,不公平或不正义理论还可适用于

---

① See e. g. , Kodak Ltd.　v. Clark (1903) 1 KB 505.

② See e. g. , Gorton v. FCT (1965) 113 CLR 604.

任何有违公平正义原则的案件,这些案件可能与债权人保护毫无关系,反而是保护股东,也不涉及公司形式的滥用问题。

比如,在 *Harrison v. Repatriation Commission* 一案中,①申请人要求特别行政法庭审查澳大利亚退伍军人委员会作出的关于他们退伍福利的决定。这些申请人是两家公司的共同股东,申请人从这两家公司借款,这些债权是这两家公司的唯一财产。申请人要求刺穿他们自己公司的面纱,以避免退伍军人委员会在计算他们的财产时重复计算,即计算公司债权的同时又计算他们的股权。特别行政法庭认为,鉴于申请人与公司之间的关系,重复计算将不公平地减少申请人的退伍福利,有违法律正义,因此同意了申请人的请求。退伍军人委员会上诉到联邦法院,Tamberlin 法官认为,特别行政法庭将申请人与他们的公司混为一谈是错误的,不符合传统的"刺穿公司面纱"原则,最终推翻了特别行政法庭的判决。

应当说,从经济效果看,上案中的申请人与公司就是一体,重复计算对于申请人确属不公,但法院恪守成规,不敢突破传统,令人遗憾。不过,该案以不公平为由要求"刺穿公司面纱",并获得了特别行政法庭的同意,这本身就是一个重大突破。随着社会的进步和发展,这类案件应当会越来越多,其用途也越来越广,比如,可以通过"刺穿公司面纱",将相关商业行为视为股东个人而非公司行为,从而减少惩罚的严厉程度;②另外,公司的小股东可以申请"刺穿公司面纱",将某些公司的不当行为直接归属为大股东,避免与大股东一起为公司的不当行为埋单,起到威慑大股东滥用控制权和保护小股东的作用。

(三) 英国

总体而言,英国的"刺穿公司面纱"规则在适用上也可分为判例法和成文法。在成文法的情形中,法院判案的基础是相关成文法条文及其立法政策,使得案件结果根据成文法的不同而不同。由于这些成文法条文几乎都是公司法之外的其他法律,因此这些案件不同于严格意义上的刺破公司面纱规则,没有太大的指导意义,而且现实中这类案件也很少。

本文的讨论重点放在判例法上,英国的著名判例是 1990 年的 *Adams v. Cape Industries Plc* 一案。③该案涉及一个公司集团,要求母公司为子公司的侵权之债承

---

① Harrison v. Repatriation Commission (Unreported, Administrative Appeals Tribunal, Barbour SM, 19 October 1996).

② See e. g. , Workcover Authority of NSW v. Baker-Duff Pty Ltd. (Unreported, Industrial Relations Court of New South Wales, Fischer CJ, 2 April 1993).

③ Adams v. Cape Industries Plc. (1990) Ch. 433, Scott J. and CA (pet. dis. (1990) 2 W. L. R 786, HL).

担责任。该案的意义在于，它讨论了"刺穿公司面纱"规则的两个重要问题，一个是母子公司的关系；另一个是侵权案件中非自愿的债权人的保护问题。根据判例法，英国法院"刺穿公司面纱"的规则可以大致分为以下几类。

第一，代理理论。如果公司被视为股东或母公司的代理人，那么公司的行为就直接归属为后者，让后者承担相关义务。英国法院在适用该规则时通常非常保守，比如，在上述的 *Adams v. Cape Industries Plc* 一案中，法院就拒绝将一个全资子公司视为其母公司的代理。

第二，幌子或障眼法理论。根据该理论，如果公司是一个用于掩盖真实情况的幌子或障眼法，那么该公司的面纱就可能被刺穿。这里的难点是，到底在何种情况下公司被视为幌子或障眼法？对于此问题，英国法院拒绝给出一个明确的答案，而是强调这取决于案件的具体情况，以保障法院的自由裁量权。

第三，"单一经济体"理论（single economic unit）。通常而言，公司集团中的成员公司都具有相互独立的法人格，但在某些特殊情况下，法院会"刺穿公司面纱"，将它们视为一个单一经济体。需要注意，虽然英国有一些这方面的案例，[①]但这些案例的判决根据几乎都是特殊的成文法或明确的契约条款，而不是严格意义上的普通法规则。因此现实中的做法是，除非存在明确的成文法或契约，法院一般不会适用"单一经济体"理论。

第四，不正当行为（impropriety）理论。当公司形式被用以从事违法行为或规避法院的命令，法院就可能"刺穿公司面纱"。在这方面，英国与澳大利亚的不正当行为理论同出一源，在相关案件中，股东设立公司的目的都是在于规避法院下达的限制令，比如，董事的同业竞争限制，[②]土地转让契约的具体履行义务等。[③]另外，如果利用公司形式转移不当取得的财产，公司面纱也有可能被刺穿。比如，董事将自己从公司不当取得的财产转移到另一家自己控制的公司。最后，值得指出，在一些适用该理论的案例中，不是让股东承担公司的义务，而是让公司为股东的义务负责。比如，在 *Re H* 一案中，[④]公司由几个自然人股东完全拥有和控制，这些股东被发现犯有逃税罪，但公司自己没有逃税，只是作为股东逃税的工具而已。公司有自己的营业，因此

---

①　See e.g., The Roberta (1937) 58 L. L. R. 159；Holdsworth & Co. v. Caddies (1955) 1 W. L. R 352，HL；Scottish Co-operative Wholesale Society Ltd. v. Meyer (1959) A. C. 324，HL (Sc.)；DHN Food Distributors Ltd. v. Tower Hamlets LBC (1976) 1 W. L. R. 852，CA；Revlon Inc v. Cripp & Lee Ltd. (1980) F. S. R. 85.

②　Gilford Motor Co. Ltd. v. Horn (1933) Ch. 935，CA.

③　Jones v. Lipman (1962) 1 W. L. R. 832.

④　(1996) 2 All E. R. 291，CA.

法院没有适用上述的幌子或障眼法规则,而是根据不正当行为理论,冻结了公司的资产。

第五,实现法律正义(interests of justice)。在某些情况下,法院可能会以实现法律正义之名"刺穿公司面纱"。不过,由于"法律正义"的概念非常模糊,政策指导性太差,法院通常不愿仅仅以此为由"刺穿公司面纱",因此现实中此类案件非常罕见。

四、实证分析

2001年,Ramsay和Noakes两位学者对于澳大利亚的104宗"刺穿公司面纱"案件进行了实证研究,揭示了现实中法院在适用"刺穿公司面纱"规则时的一些很有意思的规律。[1] 第一,在上述的104起案件中,成功的案件为40件,胜诉率为38.5%,而美国和英国的这一数字分别为40%和47%。第二,在涉案公司中,私人公司的面纱刺穿比例占42%,而公众公司的比例只有22%;一人公司的面纱刺穿比例是50%,而股东人数为两至三人的公司的这一比例降至37%。第三,在公司控制人方面,控制人为自然人的公司的面纱刺穿比例为43%,而控制人为公司时的这一比例为33%。这一发现似乎与预期相反:理论上讲,一方面,澳大利亚公司法对于公司集团中成员公司的独立法人格进行了限制,这应当使得成员公司的面纱更易被刺穿;[2]另一方面,如前所述,诸如代理的适用情形通常主要适用于母子公司。美国的实证研究也有类似的发现。当然,解释理由可以找出很多,比如,公司集团的管理相对完善,比较注意"刺穿公司面纱"的法律风险,尽量减少滥用法人格的潜在问题等,而自然人的约束比较少,投机性比较强,滥用法人格的情况就会更多等。

另外,案件类型对于"刺穿公司面纱"具有很大影响。比如,在契约案件中,胜诉率最高,大概为45%;根据成文法规定而起诉的案件胜诉率次之,大概为43%,但是,该类案件的数量最多,占了上述研究样本总数104件中的56件;在侵权案件中,胜诉率为36%,该类案件数量很少,只有14起。这一发现令人诧异,按照通常观点,侵权案件的"刺穿公司面纱"概率应当高于契约案件,因为侵权案件中的债权人是非自愿的,通常也无法预见侵权问题,而契约案件中的债权人是自愿的,能够预见到违约风险,并且可以通过相关机制保护自己,比如要求担保和提高交易价格等。不过,一个可能的解释理由是,由于大家事先知道契约案件比侵权案件更难"刺穿公司面纱",因

---

① Ramsay and Noakes, "Piercing the Corporate Veil in Australia" (2001) 19 *Company and Securities Law Journal* 250.

② 关于公司集团中成员公司法人格的详细讨论,参见第四编第二章第一节。

此大家在提起契约案件时都比较小心,只选择那些情节严重从而把握比较大的案件起诉,而侵权案件的起诉就比较随意,这样就导致了实务中契约案件的胜诉率反而高于侵权案件的现象。

最后,"刺穿公司面纱"的诉讼理由非常重要。比如,有些案件的理由就是基于公平正义,胜诉率最高,大概为 60%,但这类案件的绝对数量很少,只有 10 件;以欺诈为诉由的案件胜诉率名列第二,大概为 42%,但这类案件同样数量不多,只有 12 件;以代理为诉由的案件数量多达 63 件,胜诉率也不低,大概为 40%;在以公司集团结构为诉由的 33 起案件中,胜诉率最低,只有 24%。

英国和美国也有类似的研究和发现。[1]比如,在美国,Thompson 教授对于截至 1985 年的 2 000 宗"刺穿公司面纱"案件进行了实证分析。[2]该研究发现,第一,总体而言,案件胜诉率为 40%;第二,在公司面纱被成功刺穿的案件中,没有一件发生在公众公司中,即全部成功案件都是涉及闭锁公司;第三,一人公司的面纱刺穿比例为 50%,而在股东为两人和三人的公司中,这一比例分别为 46% 和 35%。换言之,公司的股东人数越少,"刺穿公司面纱"的概率越大;第四,契约案件的面纱刺穿比例为 42%,高于侵权案件的 31%,不过,契约案件的数目为 779 件,而侵权案件只有 226 件。与澳大利亚的相关研究一样,从表面上看,这个发现与传统的契约案件更难"刺穿公司面纱"的观点相左。

Thompson 教授的实证研究发现,在成功"刺穿公司面纱"的案件中,美国法院的判决理由各种各样,令人眼花缭乱。比如,97% 的案件提到了"工具论"(instrumentality),即公司纯粹是股东用以逃避责任的工具;96% 的案件提到了"第二自我"(alter ego),即公司实质上就是股东;94% 的案件提到了"虚假陈述"(misrepresentation),即股东对于公司资产或实际负债人等问题进行了虚假陈述;92% 的案件提到了"代理"(agency),即公司实际上是股东的代理而已;90% 的案件提到了"傀儡"(dummy),即公司完全是股东操纵的傀儡;73% 的案件提到了"公司资本不足"(undercapitalization);67% 的案件提到了"违反公司形式要件"(corporate formalities),即公司成立的形式要件存在问题;57% 的案件提到了"股东控制"(shareholder domination)。简言之,法院在判案时经常依据多个理由,存在交叉情形,而且,引述的理由越多,"刺穿公司面纱"的可能性就越大。

---

[1]　关于英国"刺穿公司面纱"案件的实证研究,see e. g. , C Mitchell, "Lifting the Veil in the English Courts: An Empirical Study" (1999) 3 *Company*, *Financial and Insolvency Law Review* 15.

[2]　R B Thompson, "Piercing the Corporate Veil: An Empirical Study" (1991) 76 *Cornell Law Review* 1036.

五、小结：最新发展与理论争辩

（一）比较分析与最新发展

从前文的讨论中可以看出,在长期的司法实践中,英美法系各国法院发展了很多关于适用"刺穿公司面纱"的理论和规则。总体而言,鉴于公司独立法人格和有限责任制度的重要性,各国法院对于该规则都相当谨慎,只有在非常特殊的情况下才适用。相比之下,在适用"刺穿公司面纱"规则时,英国比较保守,美国比较激进,而澳大利亚似乎介于二者之间。在英国,大多数的"刺穿公司面纱"案件都是基于明确的成文法或契约条款,严格的普通法意义上的案件并不多。比如,在母子公司的情形,虽然表面上看英国和美国都有"单一经济体"或"单一商业体"的理论,但英国通常只有存在相关的成文法或契约条款时才适用,而美国可以单在普通法的基础上适用;在澳大利亚,公司法中对于母子公司关系进行了特别规定,既没有美国法那么开放,又没有英国法那么拘谨。因此,在三国之中,美国的"刺穿公司面纱"规则的相关案例最多,在其公司法中的角色和地位也最为重要。

近年来,国外的"刺穿公司面纱"规则有以下几个新发展。第一,适用标准放宽。传统上,"刺穿公司面纱"规则的适用前提是"滥用"公司法人格,而现在即使没有滥用情形,也可能"刺穿公司面纱",以实现公平正义。前文讨论的美国"单一商业体"理论和澳大利亚的"公平正义"理论都体现了这一趋势。第二,适用范围扩大。传统上,"刺穿公司面纱"规则主要适用于契约之债的情形,现在该规则已经明显超出这一范围,可以适用于侵权之债,消费者保护,劳工保护,环境保护,反垄断问题以及其他的公共政策问题。第三,出现了一些新型的"刺穿公司面纱"情形,其中一种就是所谓的"反向的刺穿公司面纱"(reverse piercing of the corporate veil)。在这种情形下,"刺穿公司面纱"的目标不是让股东为公司的债务负责,而是反过来让公司为股东的债务负责。这种情形主要出现在母子公司的场合,让子公司为母公司的债务负责。

（二）理论争辩

"刺穿公司面纱"规则目前在公司法上还是一个仍处于发展之中的领域,因此前文总结的各种适用情形分类只是个大概而已。的确,有些学者和法官干脆指出,目前还不可能确切地归纳出"刺穿公司面纱"的适用原则并据此预测案件结果。① 笔者认为,不同学者对于"刺穿公司面纱"适用理论的分类各有不同,主要原因在于,第一,法院在"刺穿公司面纱"案件中的法律推理通常很模糊,有时就是简单地根据案件事实

---

① See e. g. , H A J Ford, R P Austin and I M Ramsay, *Ford's Principles of Corporations Law* (9th ed, 1999) [4. 400]; Briggs v. James Hardie & Co. Pty Ltd. (1989) 16 NSWLR 549, 578.

直接得出结论,而没有对于判断标准本身进行深入阐述和清晰界定;第二,法院在判案时经常同时援引很多理由,导致有些判例可以归于几个类别之中,从而也导致类别之间的交叉性;第三,由于很多术语没有严格的法律定义,现实中使用比较随意,导致一定程度上的概念混乱;第四,判例法本身具有相当的主观性,与案件的具体事实情节高度相关,导致不同人对于同一案件有不同的理解和总结。

由于"刺穿公司面纱"在适用理论和规则上的模糊和混乱,法院在司法中的尺度把握也互有差异,在很大程度上取决于案件的具体情况,因此案件的结果通常高度不确定。很多著名的公司法学者对于"刺穿公司面纱"规则进行了辛辣的讽刺和抨击。比如,Frank Easterbrook 和 Daniel Fischel 教授形象地将"刺穿公司面纱"案件比喻为闪电,实际发生的概率不高,但后果极其严重,纯属随机事件,毫无原则性可言。① 另外有些学者将"刺穿公司面纱"规则描述为"公司法的沼泽地"或"司法的乐透抽奖",无章可循,难以预测,充满了变数,一切听天由命。

因此,在英美法系,特别是美国,关于"刺穿公司面纱"规则的辩论一直非常激烈,时至今日尚无结果。第一个争论是关于该规则的成文化问题。有些学者认为普通法上的"刺穿公司面纱"规则过于混乱,应当进行成文化,以促进法院司法的一致性;② 但另外一些学者,包括著名的 Thompson 教授认为,鉴于"刺穿公司面纱"规则的复杂性和动态发展性,该规则更适合于在普通法下发展,而不宜采用成文法方式。③

围绕"刺穿公司面纱"规则的另一个争论是关于该规则的存废问题。一些比较激进的"革命派"学者主张完全废除"刺穿公司面纱"规则,认为该规则的不确定性过高,缺乏一致性和连贯性,增加了公司的交易成本,甚至变成了创业者的一个致命陷阱,得利者主要是那些从事这方面诉讼业务的律师们,从而完全背离了通过该规则解决公司行为成本外部化问题的法律初衷。④ 当然,另一些比较温和的"改良派"学者认为,虽然"刺穿公司面纱"规则存在重大问题,但该规则还是利大于弊,可以逐步完善,甚至其饱受诟病的不确定性问题还具有迫使公司购买责任保险和保证充分注资的作用。⑤

---

① Frank H. Easterbrook & Daniel R. Fischel, "Limited Liability and the Corporation", 52 *U. Chi. L. Rev.* 89, 89 (1985); see also John Farrar, "Fraud, Fairness and Piercing the Corporate Veil" (1990) 16 *Canadian Business Law Journal* 474, 478.

② Rebecca Huss, "Revamping Veil Piercing for All Limited Liability Entities: Forcing the Common Law Doctrine into the Statutory Age" (2001) 70 *U. Cin. L. Rev.* 95.

③ Robert Thompson, "Piercing the Veil: Is the Common Law the Problem?" (2005) 37 *Conn. L. Rev.* 619, 623.

④ Stephen M. Bainbridge, "Abolishing Veil Piercing" 26 *J. Corp. L.* 479, 535 (2001).

⑤ Robert W. Hamilton & Jonathan R. Macey, *Cases and Materials on Corporations Including Partnerships and Limited Liability Companies* (8th ed., 2003) 355.

(三) 对于我国的启示

我国 2005 年修订《公司法》时正式引入了"刺破公司面纱"制度,包括作为一般规则的第 20(3)条和专门适用于一人公司的第 64 条。此举措在国内外引起了广泛的关注。这是我国公司法的一个大胆而有益的尝试,将一个普通法中的以复杂和模糊著称的规则进行成文化。

我在 2012 年对于该制度的适用进行了一个实证研究,[①]相关重要发现包括:第一,虽然我国引入公司法人格否认制度的时间不长,但该制度已经在现实中得到了积极的应用,甚至出现了一些新型的诸如"反向的刺破公司面纱"的案件;第二,我国的公司面纱刺破率为 63.04%,高于美国、英国和澳大利亚等国;第三,我国公司法人格否认案件已经有 99 件,而且呈现逐年增加的态势,更为重要的是,刺破率也逐年上升;第四,基层法院比上级法院更倾向于刺破公司面纱;第五,很多案件发生在经济欠发达地区,而且这些地区的刺破率整体上高于经济发达地区。

另外,我国法院在决定是否刺破公司面纱时明显受到一些环境因素的影响。比如,它们更倾向于在法定的公司清算情形中刺破公司面纱;另外,目前所有发现的案件都是针对小型的有限责任公司,通常股东人数不超过六人,而且人数越少,刺破率越高,涉及一人公司的刺破率高达 100%;不过,与国外不同,我国涉及合同之债和侵权之债的案件在刺破率上没有明显不同。再次,与传统的理论预测不同,我国在公司集团场合中的刺破率不高反低。最后,混同是最为常见的刺破理由,其中财产混同又适用最多,导致的刺破率也最高。

基于以上发现,并借鉴国际经验,我提出以下几点建议:第一,我国在适用公司法人格否认制度时一定要坚持慎重、渐进的原则,毕竟我国的公司法制度建立时间不长,根基尚不稳固,如果刺破公司面纱规则的适用过于宽泛,将可能破坏有限责任制度的重要功能,甚至动摇公司法制度的根本。第二,考虑将公司法人格否认案件的初审权限制在中级法院。法官的素质和水平是公司法人格否认制度的核心要素。实证数据表明,中级法院在审理公司法人格否认案件时更为慎重。第三,最高法院应当充分利用指导性案例的形式提供指导和积累经验,这实际上就是通过判例法的路径发展公司法人格否认制度。第四,最高法院制定司法解释,将目前实践中已经比较成熟的规则确定下来。

在司法解释中,可以包括:(1)公司法第 20(3)条与第 64 条的关系应当是一般规则与特殊规则的关系;(2)请求刺破公司面纱的主体范围暂时只限定在债权人,公司自己和股东等不得提起诉讼;(3)"债权人"的概念应当既包括合同之债,也包括侵权

---

① 黄辉:《中国公司法人格否认制度实证研究》,载《法学研究》2012 年第 1 期。

之债,但暂时不扩展到诸如税务等其他特殊债务类型;(4)虽然国际上已经突破了滥用法人格要件的限制,我国还是应当坚持该要件,以避免公司法人格否认制度的过度适用;(5)可以制定一个清单,列出法院在审理公司法人格否认案件时应当考虑的各种因素,但是,必须明确指出,清单只是示范性的,而且必须整体考量;(6)借鉴引入一些诸如破产交易规则的法定刺破公司面纱情形,以方便公司面纱刺破制度的适用。

第四章　公司责任

本章将讨论公司承担法律责任的能力和方式,包括刑事责任和契约责任。公司责任问题是公司人格的自然引申——公司具有独立的法人资格,从而能够以自己的名义从事行为并承担相应法律责任——但问题是,公司应当在何种情况下承担责任。作为抽象的实体,公司是法律拟制的产物,因此,公司行为需要通过自然人来代理实施。但是,只有在一定条件下,法律才将公司代理人的行为视为公司行为,并让公司承担相应责任,否则,代理人的行为与公司无关。下文将对公司的刑事责任和契约责任分别论述。

第一节　公司的刑事责任

一、概述

上文述及,一旦合法成立,公司便是一个独立的法人,可以像自然人一样享受权利和承担义务。不过,公司应当或能够承担刑事责任吗? 这个问题在理论上尚存在一些争议。反对者认为,公司只是法律的拟制,既无精神思想,亦无血肉之躯,而刑事责任重在道义谴责和肉体惩罚,因此,对于公司施加刑事制裁能否有效地实现法律目的,不无疑问。公司的刑事责任通常是罚金,而不是其他的更为严厉的适用于自然人的刑罚,诸如鞭笞、入狱和死刑等。这种罚金实际上最终惩罚的是无辜的公司股东,这些人可能根本不知道公司的犯罪行为,或者无法有效控制公司的行为。研究表明,在公司受到刑事惩罚时,相关责任人员并不必然会一并被追究刑事责任;而且,公司也不一定会对于相关责任人员进行内部的纪律处分。[1] 另外,有观点认为,由于现实中起诉公司比起诉个人容易,公诉机关通常选择起诉公司,这样最终削弱了个人责任的威慑力,从而难以从源头上解决问题。[2]

不过,很多学者提出了支持公司刑事责任的强大理由。他们认为,公司已经成为

---

[1]　See e. g. , B Fisse & J Braithwaite, *Corporations*, *Crime and Accountability* (1993), pp. 1-16.

[2]　有些学者对于 96 家监管机构进行了实证研究,发现其中高达 76 家机构倾向于起诉公司。See e. g. , B Fisse & J Braithwaite, *Corporations*, *Crime and Accountability* (1993), pp. 5-6.

现代商业社会的主流组织形式,扮演着非常重要的角色。在澳大利亚,随着私有化的浪潮,近年来公司逐渐承担了一些非常敏感的社会功能,传统上认为,这些功能是国家的核心责任,比如,运营监狱和基础设施建设等。另外,在经济全球化的过程中,公司的触角延伸到地球的各个角落,超越了国界,使得公司监管日益困难,削弱了法律对于公司不当行为的约束力。因此,现实中公司的不当行为对于社会造成的危害也相应增加,有必要通过刑事责任提升法律的威慑力。

　　刑事责任具有两个重要的功能,一是表明社会对于不当行为的高度反感,对于不当行为人的社会名誉影响重大;二是刑事惩罚本身的强大威慑力。现代社会中,大型公司在资本市场和产品市场上进行全方位的激烈竞争,一旦公司承担刑事责任,其对于公司商誉和品牌价值的影响可能远超过罚金本身带来的直接经济损失。另外,公司决策通常是集体作出,因此,有时很难将公司的不当行为责任归结到具体个人,从而只能追究公司的责任。最后,虽然公司和自然人的刑事责任之间存在一些差异,但是,这些差异不多,也不是本质上的。一方面,有些罪行显然不适用于公司。比如,公司不可能犯重婚罪和伪证罪。另一方面,有些刑罚类型不适用于公司,比如,有期徒刑等,不过,在澳大利亚,这些刑罚有时可以折算为相应数额的罚金。适用于公司的刑罚类型主要为罚金,没收财产和吊销执照等。

　　因此,尽管理论上存在一些争议,公司的刑事责任还是早已确立。总体而言,公司的刑事责任可以分为三大类。第一类是基于所谓的"替代性责任原则"(vicarious liability doctrine)。第二类是公司的原生性或直接责任(primary or direct liability)。需要指出,这两类公司刑事责任规则都是来源于普通法中的公司民事侵权责任的相应规则,因此,本文也将论述公司的民事侵权责任。第三类公司刑事责任是法定刑事责任,基于成文法上的特别规定。从本质上看,这些成文法规定既有替代性的刑事责任,也有直接的刑事责任。图1简要地表明了上述各个责任类别之间的关系。

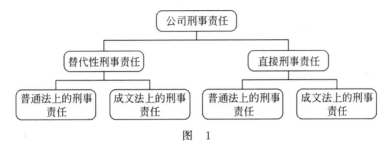

图　　1

二、替代性刑事责任

公司只是一个法律拟制的实体,它需要通过自然人的代理作出意思表示和从事行为。根据英美契约法和侵权法,被代理人可能需要对于其代理人的不当行为承担替代性的责任。因此,在涉及公司的侵权案件中,如果公司雇员在其工作过程中或职权范围内出现侵权行为,则公司需要间接地替其雇员承担责任,这正是替代性责任(vicarious liability)的名称由来。后来,这个公司民事责任的原则扩展适用于刑事责任,但是,适用范围非常狭窄,只限于以下三个情形中:第一,普通法上的妨害公众利益行为(public nuisance);第二,普通法上的书面诽谤(libel);第三,某些成文法条款规定的公司必须为雇员行为承担刑事责任的场合。^① 当然,妨害公众利益行为和书面诽谤通常构成民事侵权,只有在情节严重时才导致刑事责任,这也恰恰反映了替代性责任原则从民事责任延伸到刑事责任的过程。现实中,上述第三类情形是案件数量最多也是最重要的类型。

在1917年的 *Mousell Bros Ltd. v. London & Northwestern Rly Co* 一案中,^②当时英国的铁道法规定,运输货物的所有人应当向铁道收费站报告货物的数量,以便计算通行费;如果法院发现货物所有人出于逃避通行费的目的而拒绝报告或虚假报告,则可能要求货物所有人向铁路公司支付罚金。在初审中,London & Northwesten 的职员被发现为了逃避通行费虚报了货物数量,从而被判决了罚金。该公司不服并上诉,认为自己无需为雇员的行为承担刑事责任。上诉法院承认,在普通法上,被代理人通常无需为代理人的行为承担刑事责任,但是,有些成文法规定了无过错责任或严格责任,行为人的主观状态并非所问,在此情况下,被代理人就需要为代理人的行为承担刑事责任。本案中的铁道法就是这样的法律,要求货物所有人向铁路公司报告货物数量,当然,报告人具有一个抗辩理由,就是出于逃避通行费之外的目的拒绝报告。如果这个抗辩理由不成立,拒绝报告或虚假报告的行为人就需要承担严格责任,不管其是否具有过失等主观因素,比如忘了报告等。本案中,公司的雇员就是为了逃避通行费而虚假陈述,从而触犯了铁道法。由于公司是雇员的被代理人,雇员违反了铁道法中严格的刑事责任,因此,公司需要为雇员的行为承担替代性的刑事责任。

由上可见,法院将公司替代性刑事责任的适用基本限制在成文法中严格责任的情形,对于此判定,需要指出几点。第一,此规则只适用于公司低级职员(subordinate staff)的犯罪行为,而不是董事等高级管理人员,后者的犯罪行为将导致下文将要论

---

① See e.g., Corporations Act 2001, s 769B(1).

② (1917) 2 KB 836 Court of Appeal, England and Wales.

述的公司直接刑事责任。当然,有时两者很难区分,法院在判决公司的刑事责任时也不明确指出是属于哪一类。[1] 第二,某项成文法规定是否属于严格责任是一个法律解释的问题,有时很复杂。比如,本案中,法院对于铁道法规定属于严格责任的论断就存在争议,后来的判例对此也提出了挑战。[2] 现在,法院通常都不愿将成文法中的刑事责任解释为严格责任,从而架空了上述判例的适用性,因此,现实中公司替代性刑事责任的案件日益减少,其重要性已经远逊于公司的直接刑事责任。

三、直接刑事责任:归责理论

如上所述,在犯罪行为要求行为人的主观过错时,公司替代性刑事责任规则就不适用,在此情况下,公司承担的刑事责任就只能是原生性的或直接的刑事责任(primary or direct criminal liability)。当然,并不是所有公司雇员的过错刑事责任都归结于公司;只有当犯罪行为人是公司的"管理中枢"(directing mind and will)时,犯罪行为人的主观状态和客观行为才被视为公司自己的主观状态和客观行为,从而公司承担直接刑事责任。公司的直接刑事责任规则也是起源于公司的民事侵权规则。在公司的民事侵权案件中,公司职员的侵权行为可能被视为公司的侵权行为,即公司成为侵权人,从而直接承担赔偿责任。而在替代性责任中,严格地讲,公司并不是侵权行为人,但需要替代其雇员承担雇员行为引发的侵权责任。这个法理逻辑后来扩展适用于刑事责任。

1. "管理中枢"理论

在1915年的 *Lennard's Carrying Co. Ltd. v. Asiatic Petroleum Co. Ltd.* 一案中,[3]Lennard 是一家海上运输公司 Lennard Carrying 的管理董事,这家运输公司为其客户公司 Asiatic Petroleum 运输一批货物,不幸途中锅炉起火,货物尽毁。经鉴定,火灾的主要原因是运输公司的船只状况不佳,Lennard 作为公司董事,知道或应当知道上述问题,但没有采取任何措施修理船只。因此,Asiatic Petroleum 要求运输公司赔偿损失。运输公司认为,根据当时英国的商业海运法,如果船只的所有人没有主观过错,则无需赔偿海运过程中造成的货物损失。由于船只的所有人是公司,因此,虽然 Lennard 存在个人的过错,但公司不应为雇员的个人过错承担责任。

案件一直上诉到英国上议院。上议院首先认为,商业海运法适用于任何人,包括法人公司。然后,上议院重点讨论了公司是否可能具有主观过错的问题,指出公司是法律

---

[1]　See e. g. , Morgan v. Babcock and Wilcox Ltd. (1929) 43 CLR 163 at 173-174.

[2]　See e. g. , Woolmington v. DPP (1935) AC 462.

[3]　(1915) AC 705 House of Lords.

的拟制实体,它的思想和行为需要通过自然人作出,这些自然人就是公司的"管理中枢"(directing mind and will)。通常而言,公司的管理中枢包括公司的股东大会,董事会和授权管理公司的高管人员等。此观点后来被称为"管理中枢"理论。本案中,Lennard 是公司的管理董事,负责管理公司的日常运营,包括运输船只的状况等,因此,Lennard 就是公司的管理中枢人员,他的过错就直接视为公司的过错。最终,运输公司败诉。

1972 年,在 *Tesco Supermarkets Ltd. v. Nattrass* 一案中,①英国上议院进一步阐述了上述的"管理中枢"理论,分析了到底谁是公司的管理中枢人员。本案中,Tesco 公司是一家大型的超市公司,拥有很多家连锁店。该公司采用特价的方式进行洗衣粉促销,在各店堂内挂满了特价广告。不久,其中一家分店的特价洗衣粉已经售完,但货物上架员没有及时通知分店经理。分店经理负责货物的销售,包括特价货物,他没有真正核查特价洗衣粉的销售情况,便在销售日志上记载了"特价货物销售正常"。一个购物者看到特价广告后就去购买特价洗衣粉,但收银员告知特价品已经告罄,他不得不买了正常标价的洗衣粉。后来,该购物者向市场监管者申诉。根据当时英国的相关法律,如果商家发出特价销售广告但实际上没有进行特价销售,则构成犯罪,除非存在以下的抗辩事由:(1)上述违法行为的发生是由于其他人的原因,或行为人不可控制的原因;(2)行为人已经采取了所有的合理措施防止上述行为的发生。市场监管者向法院起诉,认为该超市公司违反了上述条款,案件一直上诉到上议院。

上议院认为,公司是一个法律拟制的实体,需要通过自然人进行意思表示和从事活动,但是,公司中不同的自然人扮演不同的角色。上议院援引了丹宁勋爵(Lord Denning)在 *H L Bolton (Engineering) Co. Ltd. v. T J Graham & Sons Ltd.* 一案中将公司类比为自然人的著名论述:公司的董事和高层管理人员是公司的大脑,对于公司经营作出决策,他们的主观心理状态就是公司的主观心理状态;公司的其他人员只是公司的四肢,执行公司的决策,他们不代表公司的意志。② 当然,公司的最高决策层可以将部分权力下放给下级人员,使得这些下级人员在授权范围内代表公司的意志。上议院发现,在本案中,分店经理并不是公司的高层管理人员,而是在一家分店中执行公司高层决策的人,公司高层也没有将决策权力下放给他,而且,公司总部明确要求,各分店必须勤勉谨慎地执行总部的特价销售策略,因此,上议院最终判决分店经理不代表公司的意志,从而公司不需要承担相应的刑事责任。

2. "同一性"理论

1995 年,加拿大最高法院判决了 *Canadian Dredge and Dock Co. Ltd. v. The*

---

① (1972) AC 153 House of Lords.

② (1957) 1 QB 159.

Queen 一案，①提出了所谓的"同一性"理论（identification theory），对于"管理中枢理论"的适用提出了几项限制条件。本案中，公司的高管人员在一项工程的投标中舞弊，舞弊人自己从中秘密获利，当然，公司也最终中标。后来东窗事发，公司被追究刑事责任，案件一直打到加拿大最高法院。最高法院认为，公司的管理中枢人员的思想和行为直接归结于公司，并将此规则称为"同一性理论"，即认为公司的管理中枢人员等同于公司。但是，该理论的适用必须满足以下三个条件。第一，管理中枢人员的犯罪行为必须是在其工作过程中和职责范围内；第二，公司知道上述人员的犯罪行为；第三，从犯罪行为的目的或结果上看，公司部分地受益。

对于上述条件，需要指出几点：第一，现实中，公司董事会通常拥有公司的经营管理权，但董事会可以将部分权力授予某些董事，经理和其他人员，这些人都在各自的职权范围内构成管理中枢人员，因此，取决于公司管理权分配的情况，公司的管理中枢人员可能有多个，而且，可能并不局限于公司的最高层管理人员。但是，这个权力下放的推理也不能走向极端，否则，公司中的每个人都可视为拥有某种管理权，从而每个人的犯罪行为都将导致公司承担刑事责任。第二，如果管理中枢人员对于公司隐瞒了自己的犯罪行为，比如，私下里滥用公司职权等，那么，就该行为而言，那些人员就不再视为公司的管理中枢人员，相反，他们的行为构成对于公司的欺诈，实际上变成了公司的头号敌人。第三，如果管理中枢人员的犯罪行为完全是为了自己的个人利益，并让公司遭受损失，那么，上述的"同一性理论"就不适用。最终，由于本案中的涉案人员都是高层管理人员，他们的犯罪行为也让公司部分受益，因此，公司被判决承担刑事责任。

3. "归属"理论

需要注意，在 1995 年的 *Meridian Global Funds Management Asia Ltd. v. Securities Commission* 一案中，②英国枢密院又发展了一个新的理论，称为"归属理论"（attribution theory）。本案发生在新西兰，上诉公司 Meridian 是一家投资管理公司，Koo 是该公司的首席投资经理，向公司董事会负责并报告工作。Koo 滥用职权，利用公司资金购买了一家新西兰上市公司的股票，该交易是以公司名义进行的，但实际上是为了 Koo 的个人利益。此次交易购买的上市公司股权触发了新西兰公司法规定的重大持股信息披露义务，但是，由于 Koo 没有向公司报告此项交易，公司也就没有依法进行信息披露。后来新西兰证监会发现了该问题，要求公司承担不披露信息导致的刑事责任。新西兰上诉法院认为，作为首席投资经理，Koo 是公司的管理中枢

---

① (1985) 19 DLR (4th) 314 Supreme Court of Canada.

② (1995) 2 AC 500 Privy Council on appeal from New Zealand.

人员,因此,公司应当承担责任。公司随后上诉到英国枢密院。

枢密院认为,公司乃拟制实体,本无自己的意志和行为,但法律将某些自然人的意志和行为归属为公司,此法理可称为"归属理论"。在归属理论下,存在几种不同的归属规则。第一,基本归属规则(primary rules of attribution)。这些规则通常包括在公司章程和一些公司法条款中,比如,很多公司章程规定,股东大会的决议就是公司的决议;董事会的经营决策就是公司的经营决策等。第二,普遍归属规则(general rules of attribution)。这些规则基于普通法上的代理规则,将代理人或下级人员的意志和行为归属于被代理人或上级人员。比如,公司的"表见代理"契约责任和替代性侵权责任就体现了这些规则。① 但是,公司刑事责任需要适用特殊的规则。刑事责任通常都要求责任人自己的犯罪意志和行为,而不是其代理人或下属的意志和行为。换言之,公司的刑事责任通常都是直接责任,而不是替代性责任。只有将公司职员的意志和行为直接归属于公司,才能让公司承担刑事责任,但问题是,究竟哪些公司职员的意志和行为才能直接归属于公司。显然,解决这个问题的归属规则是一个只适用于刑事责任的特殊规则,与上述的适用于民事责任的规则有所不同。这个规则取决于具体的刑事责任条款和犯罪行为,本质上是一个司法解释的问题,需要综合考虑相关法律条款的基本语义和立法目的等。

本案中,信息披露规则要求公司及时准确地披露持股信息,以保证市场的公平性和有效性。根据文义解释,公司是信息披露的责任人。如果公司能够以自己不知情为由逃避责任,信息披露规则的立法目的就无法实现,从而将成为一纸空文。而且,这也会鼓励公司对于其职员的违法行为视而不见,充耳不闻。因此,虽然本案中的投资经理没有向公司报告交易情况,他的意志和行为也应当直接归属于公司;至于他是否属于"管理中枢人员",无需探究。枢密院特别指出,上述归属规则不是要将公司所有职员的意志和行为都归属于公司,而是需要具体案件具体分析。比如,如果一家公司的货车司机在驾驶时存在主观过错,导致路人被撞死,他的意志和行为通常就不会直接归属于公司,因为交通行为的直接责任人是驾驶人,让公司直接承担刑事责任未免过苛,毕竟这种事故很难防范。②

四、法定刑事责任

公司的法定刑事责任是基于成文法的特别规定,补充了普通法上的公司刑事责

---

① 前文已经详细谈到了公司的替代性侵权责任,公司的契约责任将在下节论述。

② 需要指出,在上述情况下,公司通常需要承担侵权责任,进行事故赔偿等。这也正反映了公司侵权责任规则与刑事责任规则的区别。

任。在澳大利亚,有些成文法条款明确规定,公司职员的意志和行为将直接归属于公司,从而让公司承担相应的刑事责任。[①] 另外,澳大利亚的联邦刑法典第 2.5 部分专门规定了公司的刑事责任问题。[②] 该归责规则的适用范围很广,适用于联邦法中的所有犯罪行为,包括公司法中的犯罪行为;而且,它比前文所述的普通法上的归责理论要严厉的多。它分别规定了犯罪客观行为和主观过错的归属问题。

首先,该法第 12.2 条规定了犯罪行为的归属。如果公司职员从事了公司法规定的犯罪行为,而且该行为发生在他们的职权范围内,或者公司代理人在代理权限内从事了犯罪行为,那么,上述的犯罪行为归属于公司。其次,该法第 12.3 条规定了故意和间接故意等主观过错的归责规则。如果公司明示或暗示地允许犯罪行为的发生,犯罪行为人的意志就直接视为公司意志。这种明示或暗示允许的证据包括,董事会或高层管理人员自己从事了犯罪行为,或授权其他人从事了犯罪行为。但是,如果公司证明自己采取了合理措施防止上述行为或授权的发生,就无需承担责任。因此,如果公司文化或内部制度导致或纵容了上述行为的发生,或公司怠于建立一个有效防止上述行为发生的内控机制,犯罪行为人的主观过错就直接归于公司。显然,该规定能够促使公司积极建立和健全有效的内控机制,从源头上降低犯罪行为的发生率。最后,该法第 12.4 条规定了主观过错为过失时的归责规则。如果构成犯罪的主观过错只是过失,那么,即使公司职员个人没有存在过失,公司作为一个整体也有可能存在过失,比如,犯罪行为的发生是由于公司对于职员的内部管理和控制机制不健全,或者公司内部的信息渠道存在问题等。总言之,上述法定刑事责任的归属规则比普通法规则严格,以适应现代社会中公司角色日益重要,其犯罪行为数量也日益上升、社会影响相对严重的实际需要。应当指出,澳大利亚的上述法定规则只适用于联邦法,而不适用于州法。

五、行为人的个人刑事责任

上述的公司刑事责任理论都是让公司为职员的犯罪行为承担责任,这种公司责任并不能完全替代行为人的个人责任。在某些情况下,为了更加有效地防止公司犯罪行为的发生,公司董事或实际的犯罪行为人需要承担个人责任。比如,根据新南威尔士州的职业健康和安全法,公司负有保证雇员工作场所安全和健康的责任,违反该规定将导致公司的刑事责任,同时公司董事也需要承担个人责任,除非董事能够证明

---

① See e. g. , Corporations Act 2001 (Cth), s769B(3); Life Insurance Act 1995 (Cth), s 84(1); Trade Practices Act 1974 (Cth), s84.

② Criminal Code Act 1995 (Cth), Pt 2.5.

自己已经勤勉尽责地防止上述情况的发生。[①] 类似的成文法规定还有税收方面的法律和环境保护方面的法律。[②] 另外，根据公司法第 79 条，如果某个自然人从事、协助、怂恿或以其他方式参与了犯罪行为，那么，他就需要承担个人责任，这种责任称为附属的刑事责任（ancillary liability），类似于刑法中的同犯或从犯责任。

与公司的刑事责任一样，公司职员的附属刑事责任也很难判断，进一步反映了公司行为与个人行为之间分野的模糊性，以及公司人格的法律拟制性质。在 1988 年的 *Hamilton v. Whitehead* 一案中，[③]Whitehead 是一家私人公司的管理董事，违反公司法的规定公开发行了股票，后来事发，除了公司被追究刑事责任之外，Whitehead 也同时被追究个人的刑事责任，几经周折，案件最终上诉到澳大利亚联邦最高法院。最高法院首先认为，股票发行方面的法律是以公司为规制对象，Whitehead 是公司的管理董事，根据前文所述的"管理中枢"理论，公司需要承担直接的刑事责任。其次，根据第二节中谈到的 *Salomon* 一案的判决，一个人可以具有不同的身份，因此，Whitehead 的行为一方面可以代表公司，让公司承担责任；但另一方面也代表自己，引发个人责任。再次，从违反的相关法律条款的措辞看，行为人需要承担附属的个人责任。最后，股票发行法律的目的在于保护投资大众，如果犯罪行为的具体行为人逍遥法外，不承担个人责任，法律的威慑力必将重挫，就很难从源头上防止犯罪行为的发生。最终，法院判决，公司作为主犯承担刑事责任，而 Whitehead 作为从犯承担刑事责任。

六、小结：英美法系的内部比较

总言之，公司直接刑事责任的相关理论尚处于发展之中，有些问题还没有完全解决。起初，法院发展了"管理中枢"理论，认为只有公司高层人员的意志和行为才能直接等同于公司自己的意志和行为，后来，法院又发展了"同一性"理论，对于"管理中枢"理论进行了补充，比如，如果公司高层将权力授予下级人员，下级人员在授权范围内的意志和行为也直接归属公司；另外，当管理中枢人员的犯罪行为完全是为了自我利益或构成对于公司的欺诈等，他们的意志和行为就不等同于公司的意志和行为。但是，"归属"理论似乎背离了上述的两个理论：根据"归属"理论，涉案的公司职员是否属于管理中枢人员并不重要，重要的问题是案件中具体刑事责任的基本语义和立法目的等，因此，有时涉案职员根本不是公司管理中枢人员，但他们的意志和行为也可能直接归属公司。相比而言，"管理中枢"理论似乎更加确定，有章可循，但有时过

---

① Occupational Health and Safety Act 1983（NSW）.

② See e. g. , Income Tax Assessment Act 1936（Cth），s 252（1）（j）；Enviornmental Offences and Penalties Act 1989（NSW）.

③ （1988）65 ALJR 80 High Court of Australia.

于僵硬;而"归属"理论更加灵活,具体情况具体分析,但有时可能存在不确定之虞。

当然,不管是"管理中枢"理论,还是"归属"理论,基本原则还是一致的,即并不是所有公司职员的意志和行为都直接归属于公司。但是,究竟哪些公司职员在何种情况下他们的意志和行为才归于公司,是一个非常难以界定的问题。即使是确定性相对较高的"管理中枢"理论也存有模糊之处,比如,公司中几乎每个职员都有一定的职权,到底哪些职员的职权属于高层授权从而使他们也成为管理中枢人员呢?在上文讨论的 *Tesco Supermarkets Ltd. v. Nattrass* 一案中,分店经理执掌一家分店的经营,法院认为分店经理不过是执行总部决策而已;但是,实际上这家分店的规模可能远大于一家小型商店,经营管理事务也远多于后者,但是,如果小型商店的经理触犯了同样的法律,他很可能会被视为商店的管理中枢,从而让商店承担刑事责任,因此,虽然这两种情形非常类似,但结局可能截然不同,这恐怕难谓公平,规则适用缺乏一致性。

最后,需要指出,在公司刑事责任的问题上,英国、加拿大和澳大利亚等英联邦国家的立场比较一致,都采用了上述的各种归责理论,但是,美国的做法大相径庭。美国联邦最高法院在 1909 年的 *New York Central and Hudson R v. US* 一案中,[①] 认为公司应当为所有雇员的犯罪行为承担刑事责任,而不限于高层管理人员。当然,这个公司刑事责任的性质并不完全清楚,有些学者将其归为直接责任,其他学者则归为替代性责任。不论如何定性,这个刑事责任的范围显然都是极其宽泛的,从而遭到猛烈抨击,认为这种归责理论对于公司和股东有过苛之嫌。对于美国联邦法院的上述立场,一个可能的解释是,美国的联邦法(比如,1933 年证券法和 1934 年证券交易法等)总体上都是监管性的,严刑峻罚有助于提升法律的威慑力,促使公司更加注意内控机制,积极防止职员从事违法行为。相比而言,英联邦国家近来发展的"归属"理论在一定程度上类似于美国做法,要求考虑具体法律的性质和立法目的,将引发公司刑事责任的公司职员范围扩展到传统的"管理中枢人员"之外,反映了各国在公司刑事责任问题上的一个融合趋势。

第二节　公司的契约责任

一、概述

作为一个法律拟制的实体,公司必须通过自然人订立契约。公司的订约行为分为直接和间接两种。当公司机关在自己的职权范围内以公司名义订立契约时,该订

---

① 212 US 481 (1909).

约行为直接归属于公司,公司机关与公司视为一体,这种机关包括股东大会和董事会等。当公司通过代理人订立契约时,该订约行为就是代理人间接地代表公司作出,而不是公司自己的订约行为。图 2 大致表明了公司订约行为的种类及相关规则。

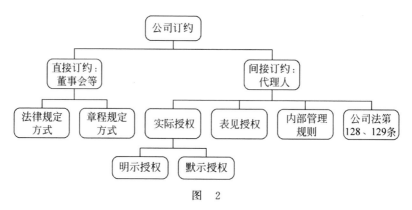

图　2

在公司直接订约中,公司机关等同于公司,通常不存在订约实体权限的问题,从而比较简单,也不太容易出现法律纠纷问题。公司法第 127 条规定了公司直接订约行为的形式规则。公司在直接订约时既可以使用公司印章也可以不使用。当使用公司印章时,在契约上盖章必须有见证人,比如公司的两位董事;一个董事和公司秘书;在只有一个董事的私人公司中,该董事作为见证人。当不使用公司印章时,契约文件就必须由下列人签名:公司的两位董事;一个董事和公司秘书;在只有一个董事的私人公司中,该董事作为签字人。另外,根据第 127(4)条,公司章程可以规定其他的签约方式。

相对而言,在公司的间接订约中,代理人是否具有订约权限的问题比较常见。对于交易相对人(contractor)而言,他们不是直接与公司订约,而是间接地与代理人接触,代理人都宣称自己有订约权限,但交易相对人很难判断其真实性,从而影响交易便捷和安全。针对此问题,澳大利亚公司法提供了以下四个主要的解决途径:(1)实际授权规则(the doctrine of actual authority);(2)表见授权规则(the doctrine of ostensible authority);(3)内部管理规则(the indoor management rule);(4)具体的成文法规定,即公司法第 128、129 条。需要指出,上述四个解决途径相互独立,可以选择适用。另外,虽然现实中这些规则主要适用于公司间接订约的情形中,它们也适用于公司直接订约中的相关问题,比如,董事会的订约权限问题,董事会决议的瑕疵问题,公司印章的使用问题等。下文就分别探讨这四个规则。

二、实际授权

现实中,代理人的订约权力主要来源于实际授权(actual authority),即公司实际上同意让代理人代表自己订立契约。这种实际授权是公司与代理人之间的一个协议,既可以是明示的,也可以是默示的。明示的实际授权方式主要包括:(1)公司法中的相关授权条款;(2)公司章程的有关条款;(3)公司董事会通过决议对于其他人的具体授权。

默示的实际授权形式主要有两个:(1)从代理人的职位和头衔推定授权。需要注意,管理董事或首席执行官的职位通常能够推定默示的实际授权,他们订立的契约对公司具有约束力,因为这些职位一般都拥有公司的经营管理权。其他的职位则通常不足以推定默示授权,比如,董事长的角色一般限于主持董事会会议而已;普通的董事不一定享有经营管理权,对于非执行董事,尤其如此;公司秘书的权力也比较有限,主要是代表公司处理一些行政事务等。(2)从公司的行为模式推定授权,即如果董事会默许了代理人行使某些权力的行为,该代理人就拥有默示的实际授权。

显然,与明示授权相比,默示授权的判断相对困难很多。在 *Hely-Hetchinson v. Brayhead Ltd.* 一案中,[1]Richards 是一家名为 Brayhead 公司的董事长,他代表公司签署了一份融资契约,但是,公司董事会并没有通过相关决议授权该行为,从而拒绝承认该契约对于公司具有约束力。著名的丹宁勋爵认为,公司的实际授权分为明示和默示,默示的授权取决于案件的具体情况,可以从代理人的职位和各方的客观行为等方面推定出来。比如,公司任命某人为管理董事(managing director),此人便默示地拥有管理董事一职的通常权力。本案中,Richards 是公司的董事长,董事长一职的权力通常只限于主持董事会会议,而不能代表公司订立契约,除非获得董事会的授权。但是,从各方的行为模式和其他相关案件情况看,Richards 仍然拥有默示的实际授权。长期以来,Richards 一直管理公司的融资事务,并行使最终的决策权,然后向董事会报告。因此,虽然 Richards 名义上只是董事长,但他也是一个事实上的管理董事(de facto managing director),董事会一直默认了该事实。就公司的契约责任而言,事实上的管理董事与正式任命的管理董事一样拥有默示的实际授权。最终,丹宁勋爵判决融资契约对公司有效。

三、表见授权

在某些情况下,虽然公司实际上没有授权给代理人,但是,公司向善意相对人传

---

[1]　(1968) 1 QB 549 Court of Appeal,England and Wales.

递了相关信息,使得后者相信代理人拥有代理权并与其签约,该契约对公司有效。这种情况中的代理权称为表见授权(ostensible authority or apparent authority),目的在于保障交易安全,促进商业效率。在一个讲究快节奏、高效率的商业社会中,交易相对人在与公司代理人订约时通常都是依赖代理人的表见授权,而不管其是否拥有实际授权。如前所述,实际授权是公司与代理人之间的协议关系,作为外人的交易相对人很难知悉和证实。当然,在绝大多数情况下,代理人都是有实际授权的,无授权或超越授权的情况毕竟还是少数,因此,现实中实际授权与表见授权经常共存。

另外,由于默示的实际授权与表见授权都是基于外在的表象推定授权,二者存在重合之处,有时很难区分,法院也经常混淆。比如,在上述的 *Hely-Hetchinson v. Brayhead Ltd.* 一案中,丹宁勋爵认为 Richards 拥有默示的实际授权,而下级法院认为 Richards 拥有表见授权。当然,从实际效果上看,二者殊途同归,都是支持契约的有效性。但是,二者的法律逻辑存在重大区别:在下级法院眼里,公司确实没有授权 Richards 订立契约,从严格意义上讲 Richards 属于无权代理,但基于表见授权,公司还是必须承担契约责任;在丹宁勋爵看来,公司已经默示地授权 Richards,从而契约对公司有约束力。[1] 这就是法律推理的力量,虽然稍有机巧和雕饰之嫌,但折射出了法律逻辑的缜密和严谨。

1964 年的 *Freeman and Lockyer v. Buckhurst Park Properties(Mangal)Ltd.* 一案是表见授权方面的经典判例。[2] 本案中,Kapoor 是一家房地产公司的董事,虽然他没有被正式任命为管理董事,但他实际上行使了公司的日常经营管理权。在没有董事会明确授权的情况下,他找到一家建筑师事务所为公司进行项目设计,并以公司名义与之签订了契约。后来发生纠纷,争议点在于,该份契约是否对公司有约束力。法院首先认为,没有足够证据表明公司对于 Kapoor 进行了实际授权,因此,本案的核心问题就是 Kapoor 是否拥有表见授权。

法院认为,表见授权是被代理人与善意相对人之间的一种法律关系,前者向后者作出了某种表述(representation),使得后者有正当理由相信代理人有代理权并与之签约,该契约对于被代理人有效。这个表见授权法律关系发生在被代理人和善意相对人之间,当善意相对人合理信赖被代理人的表述而与代理人签约时,根据"禁反言原则"(estoppel),被代理人不能随后否认契约的效力,至于代理人是否拥有实际的授权,在非所问。现实中,被代理人的表述可以有很多形式,但最常见的形式是行为,即

---

[1] 从判决的语言表述上看,丹宁勋爵似乎并没有断然反对下级法院的表见授权观点,只是认为 Richards 也有默示的实际授权,从而最终以此为由判决契约有效。这正反映了默示的实际授权与表见授权之间的重合性。

[2] (1964) 2 QB 480 Court of Appeal,England and Wales.

被代理人在客观上允许代理人行使了某种经营管理权,从而让善意相对人相信代理人有权代表被代理人订立契约。

法院总结了公司表见授权的四个判断标准:(1)被代理人向善意相对人作出了代理人有代理权的相关表述;(2)这个表述是由具有实际授权管理公司事务的人作出;(3)善意相对人合理信赖被代理人的表述,并基于此信赖与代理人签约;(4)签约事项符合公司章程中的公司营业范围。对于此标准,需要指出几点。第一,上述第四项标准是基于以前的公司"越权规则"(ultra vires),由于现代公司法大多都已废除了该规则,[①]因此,该项标准不适用。第二,上述第二项标准是实践中最容易出现问题的地方,特别是在公司中。公司是法律拟制的实体,需要通过自然人开展行为,通常公司的管理权赋予董事会,而董事会又将全部或部分权力授予其他人,这无疑拉长了授权链条。根据此标准,作出相关表述的人必须拥有实际的授权(明示抑或默示的实际授权),而不是表见授权,即表见授权规则不能连续适用。如图 3 所示,基于表见授权获得代理权的人不能再作出相关表述导致其他人的表见授权。

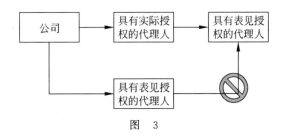

图 3

本案中,公司董事会拥有公司的经营管理权,知道并默许了 Kapoor 寻找建筑师事务所并与之签约的行为,这种默许的行为向其他人作出了 Kapoor 拥有代理权的表述,建筑师事务所合理信赖了这种表述而与 Kapoor 签约,签约事项也符合公司的经营范围,因此,根据表见授权规则,法院判决契约对公司有效。

在 1975 年澳大利亚联邦最高法院判决的 *Crabtree-Vickers Pty Ltd. v. Australian Direct Mail Advertising and Addressing Co. Pty Ltd.* 一案中,[②]上述的第二项标准就是关键点。本案中,原告公司是一家打印机生产商,被告公司向原告公司发了一个价值 20 万澳元的打印机订购单,该订购单上有被告公司的名称,以及公司管理董事 Bruce McWilliam 的自动打印签名,但是,该订购单是由另一位董事 Peter McWilliam(他是 Bruce McWilliam 的兄弟)填写并手动签名的。另外,虽然 Bruce

---

① 比如,澳大利亚公司法第 125 条明确地废除了"公司越权规则"。

② (1975) 133 CLR 72 High Court of Australia.

McWilliam 是公司的管理董事,但他并没有公司的管理权,公司的管理权是由公司董事会集体行使,该董事会包括 Bruce McWilliam、Peter McWilliam 以及他们的父亲等。

法院发现,Peter McWilliam 的订购行为没有公司的实际授权,因此,争议点就在于,他是否拥有表见授权。他的表见授权的可能权力来源有两个:Bruce 或公司董事会。对于 Bruce 而言,如上所述,他虽是管理董事,但实际上并没有公司管理权。不过,由于公司任命他为管理董事,Bruce 拥有表见授权。法院发现,Bruce 并没有实际授权 Peter 代表公司订购打印机,因此,Bruce 没有通过 Peter 行使自己的表见授权。换言之,Bruce 没有将自己的表见授权直接授予 Peter,那么,Bruce 能否通过表述的方式间接地让 Peter 拥有表见授权呢? 本案中,订购单上有 Bruce McWilliam 的自动打印签名,这是 Bruce 向善意相对人作出的表述,但是,根据 *Freeman and Lockyer v. Buckhurst Park Properties(Mangal)Ltd.* 一案中提出的第二项标准,Bruce 自己只拥有表见授权,从而不能再导致其他人的表见授权。

另外,虽然公司董事会拥有公司管理权,但董事会并没有作出让善意第三人相信 Peter 有代理权的相关表述。法院认为,如果 Peter 一直代表被告公司与原告公司交易,被告公司董事会就向原告公司作出了相关表述,从而让 Peter 拥有表见授权。但是,本案中,原告公司以前从未与被告公司进行交易,面对金额这么大的订单,又是一个普通的董事发出的,原告公司理应进行调查和核实。另外,作为被告公司董事会的成员,McWilliam 兄弟的父亲并没有向任何人传达 Peter 有代理权的信息。最终,法院判决订购契约对公司无效。

需要指出,该案判决后引起了很大争议,有些人批评该案没有处理好公司利益和善意相对人利益之间的平衡,也没有充分考虑到商业现实。这些人认为,本案中,订购单上既有被告公司名称,又有管理董事的自动签名,还有另外一个普通董事的手动签名,这通常就足以表明订单的有效性,现实中很多交易也都是这样进行的。另外,法院在认定默示的实际授权和表见授权时也存在模糊之处,这个问题在前文讨论 *Hely-Hetchinson v. Brayhead Ltd.* 一案中已经有所反映,上述的 *Freeman and Lockyer v. Buckhurst Park Properties(Mangal)Ltd.* 和 *Crabtree-Vickers Pty Ltd. v. Australian Direct Mail Advertising and Addressing Co. Pty Ltd.* 两案再次表明了此问题,比如,为什么 *Freeman* 一案中的 Kapoor 不能视为事实上的管理董事从而拥有默示的实际授权呢? 这些问题需要留待以后的司法判例进一步解决,同时也凸显了公司契约责任的复杂性。

四、内部管理规则

公司契约责任的第三个规则就是所谓的内部管理规则(indoor management

rule)，该规则最早可以追溯到 1856 年的 *Royal British Bank v. Turquand* 一案，[①]因此，有些学者也将该规则称为 Turquand 规则。在本案中，一家银行向一家公司提供抵押贷款，这家公司的董事向银行出具了一份有两位董事签名并盖有公司印章的抵押权证书，但是，后来公司认为上述交易无效，根据章程规定，抵押贷款需要公司股东大会的决议，而上述交易没有股东大会的授权。法院认为，银行是善意相对人，可以从抵押权证书上合理地推定公司已经根据章程规定履行了内部程序，即股东大会已经通过决议进行了授权。

由上可见，内部管理规则保护与公司代理人交易的善意相对人，让其免受公司内部管理中的各种不规范问题的影响。根据该规则，如果相对人出于善意与公司代理人进行交易，相对人可以从各种表面证据上合理信赖代理人拥有公司的授权，而不需要"尽职调查"公司是否遵守了各种内部程序进行了相关授权等。在一定程度上，该规则与前文所述的表见授权规则具有类似之处，二者也经常混用。不过，内部管理规则除了推定实体上的授权之外，更主要的是适用于救济公司内部管理程序瑕疵对于代理权的影响等。现实中，该规则的适用情形包括：（1）有些董事的任命程序存在问题；（2）公司董事会的会议召集和召开程序存在问题，比如，会议的最低出席人数要求没有满足，以及会议决议的表决程序不合规定等；（3）没有根据法律或章程规定获得股东大会或董事会的批准等。这些问题都是公司的内部事务，作为外人的交易相对人很难知晓，信息获取成本很高，因此，内部管理规则的目的在于保护善意第三人，减少交易成本，促进交易安全和效率。

需要指出，在保护交易相对人利益的同时，法律也需要保护公司及其股东的利益，为了实现二者利益之间的平衡，该规则的适用存在一些限制。通常而言，在判例法上，限制情形包括以下几种：第一，交易相对人不是出于善意。第二，交易相对人实际上知道或应当知道代理人没有公司的实际授权。第三，欺诈。比如，公司印章、签名或其他相关证明文件纯属伪造（forgery），与公司毫无关系。第四，交易存在可疑之处，交易相对人应当进行合理的调查（put on inquiry），以确定代理人是否拥有公司授权。当然，上述几种情形可能存在交叉之处，现实中，第四种情形的判定最为困难，发案率也最高。

在 1990 年的 *Northside Developments Pty Ltd. v. Registrar-General* 一案中，[②]澳大利亚联邦最高法院对于内部管理规则的适用进行了详细探讨。本案中，一家公司 Northside 的董事 Robert Sturgess 擅自将公司的土地作抵押，为该董事自己拥有的

[①]　(1856) 6 E & B 327；119 ER 886 Court of the Exchequer Chamber.

[②]　(1990) 170 CLR 146 High Court of Australia.

其他公司向银行借款。该抵押借款协议上有 Northside 公司的印章,并且有 Robert Sturgess 的儿子 Gerard Sturgess 的签名,Gerard 自称是 Northside 公司的公司秘书。Robert 将该抵押借款协议拿到抵押登记机关登记,从而抵押生效。后来,借款无法偿还,银行就行使了抵押权,将土地拍卖。Northside 公司认为,自己并没有授权 Robert 抵押公司土地,公司也没有通过正常程序任命 Gerard 为公司秘书,从而要求抵押登记机关赔偿损失。

法院发现,第一,Robert 只是公司的一名普通董事,并没有公司管理权,董事会也没有通过决议授权他使用公司印章和抵押公司土地。公司的印章是 Robert 的律师从公司的前任秘书处获得,公司土地的所有权证书是 Robert 从公司的前任律师处获得。第二,Gerard 不是公司的秘书。在公司的前任秘书辞职后,Gerard 自己签署了一封声明书表示愿意担任公司秘书,他的父亲 Robert 随后向当时的公司登记机关备案,将 Gerard 记录为公司秘书。法院认为,本案中,银行不应当盲目信赖表面证据,而需要进行调查,因为抵押贷款具有非常令人怀疑的地方,比如,抵押贷款的受益人与 Northside 公司没有任何关系;Northside 公司没有从抵押贷款中获得任何利益;抵押协议涉及土地等重要资产,但却只由公司的一个普通董事执行,而且该董事与抵押受益人具有关联关系等。在此情形中,内部管理规则不适用,即银行有义务进行调查,以确定 Northside 公司是否已经通过决议授权 Robert 抵押公司土地,以及 Gerard 是否属于正式任命的公司秘书等事项。最终,法院判决 Northside 公司胜诉。

在上案中,法院明确指出,对于究竟哪些情形下的交易将导致相对人的积极调查义务,不可能找到一个普遍适用的判定标准,这需要具体案件具体分析,取决于各种因素的综合考虑,比如,公司的类型和规模,公司的营业性质,交易与公司营业之间的关系,公司代理人的身份,交易相对人的商业经验等。另外,交易相对人的合理调查义务范围也没有统一标准。比如,在上案中,公司登记机关的记载上 Gerard 就是公司秘书,假设银行当时查阅了该公共记录但没有进行实地考察,从而相信 Gerard 的公司秘书职务,这样的调查是否达到合理性标准,是否将改变案件的最终结果呢?这些问题导致了内部管理规则的很多不确定性,因此,如下文所述,澳大利亚公司法对于该规则进行了部分的成文化。

五、成文法规定

1998 年,澳大利亚公司法引入第 128、129 条,对于上述的三个普通法上的公司契约责任规则进行了部分的成文化。需要注意,成文法规定与普通法规则之间存在很多重合之处,但并不完全一样,因此,成文法规定不能完全替代普通法规则,二者属于相辅相成的关系。

根据《公司法》第128(1)条,交易相对人有权在第129条规定的几种情形中作出相关推定,公司不得否认其正确性。第129条规定了7种情形。第一,交易相对人可以推定,公司在其内部运行中遵守了所有相关的法律规定和章程规定。显然,该条是基于内部管理规则,但是,它只将此规则进行了部分的成文化:该条只适用于程序性问题,而普通法上的内部管理规则既适用于程序性问题,也适用于实体性的授权问题。

第二,交易相对人可以推定,在公司登记机关的公开记录中记载为公司董事和公司秘书的人都是经过了正当的任命程序,并且拥有在类似公司中相应职务通常赋予的权力和责任。需要指出,即使相对人在当初交易时实际上没有查阅并信赖登记机关的公开记录,该条款依然适用。[①] 现实中,由于上述的推定性效果,该条促使公司及时地向登记机关报告,更新自己的关于董事和秘书的相关记录,否则,前任董事或秘书的交易行为将依然对公司具有约束力。[②]第三条与第二条非常类似,不同之处仅在于推定对象不是董事和秘书,而是一般的公司职员或代理人。根据该条,交易相对人可以推定,公司向外界宣称的公司职员或代理人是经过了正当的任命程序,并且拥有在类似公司中相应职务通常赋予的权力和责任。另外,公司的表述或宣称通常都是直接向相对人作出;有学者认为,这并不是必要条件,因此,即使公司的表述或宣称是向其他人作出,从而导致代理人的表见授权,该条款依然适用。[③]

第四,交易相对人可以推定,公司的雇员和代理人正当地履行了他们向公司承担的义务。该条款是基于普通法上董事及其他雇员正常履行职责的推定。[④] 第五和第六是关于文件的效力。根据第五,如果文件上没有公司印章,但有两位公司董事或一位董事加公司秘书的签名,那么,交易相对人可以推定,该文件对公司生效;根据第六,如果文件上盖有公司印章,并有两位公司董事或一位董事加公司秘书的见证,那么,交易相对人可以推定,该文件对公司生效。显然,这两个条款对应着前文所述的关于公司直接订约方式的第127条。

第七,交易相对人可以推定,公司雇员和代理人在其职权范围内代表公司出具的文件都正确属实。因此,即使公司雇员和代理人出具了一份虚假的文件,公司也难逃责任。另外,第130条规定,不能仅仅因为公司的相关信息可以在登记机关处查阅,

---

① See e. g. , Lyford v. Media Portfolio Ltd. (1989) 7 ACLC 271.

② 当然,公司法也规定了公司必须更新相关记载。比如,根据第205A和205B条,当公司的董事或秘书发生人员变更后,公司必须向公司登记机关报告,报告期限为人员变更后的28天之内。

③ H A J Ford, R P Austin and I M Ramsay, *Ford's Principles of Corporations Law* (12th ed, 2005), para (13.400).

④ See e. g. , Richard Brady Franks Ltd. v. Price (1937) CLR 112, 142.

就推定相对人知道那些信息,但关于公司财产抵押的登记信息除外。这一条款实际上废除了普通法中关于公司信息的"推定通知规则"(doctrine of constructive notice)。①

第 128 条进一步规定了上述推定条款的适用。根据该条第三款,即使公司雇员和代理人在交易中存在欺诈行为和伪造文件,第 129 条中的各项推定依然成立。② 这有别于普通法中的表见授权和内部管理规则,如前文所述,在普通法上,在欺诈和伪造行为的场合,表见授权和内部管理规则等不适用。当然,公司法也规定了第 129 条的适用限制。第 128(4)条规定,如果交易相对人在交易时实际上知道或怀疑(suspect)第 129 条中的推定有误,那么,第 129 条就不适用。需要指出,这里的"知道或怀疑"是一个主观标准,即相对人当时实际上存在这么一个主观状态。相反,如前所述,普通法上内部管理规则的适用例外是合理调查,该例外采用了客观标准,即根据当时的客观交易情形,相对人是否应当进行合理调查。另外,需要指出,在 1998 年立法修改之前,第 128(4)条的原有条款规定的适用例外是"知道或应当知道","应当知道"也是一个客观标准,即一个理性的人在当时的交易情形下应当知道代理人的授权存在问题。③ 显然,与"合理调查"或"应当知道"的客观标准相比,"怀疑"的主观标准更为狭窄,有利于交易相对人。有些学者认为,"怀疑"的主观标准过于倾向保护交易相对人,比如,只要交易相对人自己当时不怀疑,第 129 条的各种推定就适用,这无异于鼓励交易相对人装聋作哑,故意不进行审慎的商业调查和判断。

总言之,与普通法的规则相比,成文法规定更加注重保护交易第三人的利益。成文法规定消除了普通法规则中的很多不确定之处,适用限制也大大减少,涵盖了很多在普通法规则下公司无需承担契约责任的情形。比如,在上文讨论的 *Crabtree-Vickers Pty Ltd. v. Australian Direct Mail Advertising and Addressing Co. Pty Ltd.* 一案中,根据普通法上的表见授权规则,相对人应当进行调查,从而交易对公司无效。如果该案发生在第 128 和 129 条引入公司法之后,案件的最终结果可能会完全相反(假设在公司登记机关的公共记录中 Bruce 就是管理董事)。同样,如果 *Northside Developments Pty Ltd. v. Registrar-General* 一案发生在 1998 年之后,其

---

① 这是英美法系在公司契约责任问题上的一个总体发展趋势,比如,英国在 1989 年的公司法改革中也废除了判例法上的"推定通知规则",明确规定不能仅仅因为公司文件在登记机关备案公开就推定交易第三人已经知晓那些文件记载的事实。英国 2006 年新《公司法》的第 40 条再次确认了这一立场。

② See e.g., Story v. Advance Bank Australia Ltd. (1993) 31 NSWLR 722 Court of Appeal of the Supreme Court of New South Wales.

③ See e.g., Bank of New Zealand v. Fiberi Pty Ltd. (1994) 12 ACLC 48 Court of Appeal of the Supreme Court of New South Wales.

最终结果也可能改变。当然,这并不意味着成文法的适用范围完全涵括普通法,二者是交叉的关系,在有些情况下,成文法不适用,但普通法适用。

六、对于我国的借鉴意义

如上所述,澳大利亚在处理公司的契约责任问题时,采取了保护善意交易第三人和促进交易效率的总体原则,在很大程度上免除了交易第三人进行调查的义务,而将保证程序正当和实体授权等要件的负担交给了公司。从法经济学的角度看,这是一个很合理的制度安排,因为与交易第三人相比,公司承受这些负担的经济成本显然低很多,毕竟公司更了解自己的情况,更清楚哪些程序需要履行(无论是法律规定的程序还是章程规定的程序),并有足够动力采取相应措施去有效避免由于职员越权代理等问题而导致的公司契约责任。

我国对于公司契约责任的处理与英美法系有所不同,但在相应制度的实质功能上存在共通之处。在我国,公司对外签约之人可以分为两类,一类是法定代表人;另一类是其他公司职员。对于后者导致的公司契约责任问题,可以通过民法中的代理制度进行处理,包括表见代理等规则。公司法定代表人制度是我国公司法的一个特色,主要是借鉴了大陆法系的相关做法,根据该制度,公司需要在章程中明确记载谁是公司的法定代表人,法定代表人具有法定的代表公司从事对外行为的权力。而在英美法系的公司法中,包括订约行为在内的管理权属于董事会,没有法定代表人的概念,即没有指定某个人具有代表公司从事对外行为的固有权力。当然,根据表见授权规则,管理董事作为公司的主要管理者,通常具有代表公司的表见授权,在效果上与法定代表人有类似之处。但是,在我国,公司有时通过章程限制法定代表人的签约权,因此,对于这种公司内部行为能否对抗第三人,学者有不同意见。有人认为,登记在册、可以公开查询的公司章程等文件具有公示效力,第三人被推定为知晓这些文件,因此章程的相关条款可以对抗第三人。如前所述,这种观点实际上反映了英美法系公司法中曾经一度奉行的"推定通知规则",但现在英美法系的很多国家,包括英国和澳大利亚等,都已经通过成文法的方式明确废除了该规则,以节约交易成本和提高交易效率,这种做法值得我国参考借鉴。

近年来,我国对于公司法定代表人越权担保行为的效力问题争议很大。公司法第 16 条第一款规定,"公司向其他企业投资或者为他人提供担保,依照公司章程的规定,由董事会或者股东会、股东大会决议;公司章程对投资或者担保的总额及单项投资或者担保的数额有限额规定的,不得超过规定的限额。"第二款规定,"公司为公司股东或者实际控制人提供担保的,必须经股东会或者股东大会决议。"然而,如果违反上述规定,担保效力如何呢? 学者观点和法院判决都不统一。很多人认为,应当按照内外有别的原则界定效力,即,第 16 条是公司对法定代表人越权行为追究内部责任的法律依据,而非判断越权担保合同对外效力的依据。内外有别原则没有太大争议,关键问题是如何判断合同效力。有人认为,可以适用民法的相关规则,比如,《合同法》第 50 条早已规定了相对人"知道或者应当知道"越权问题的合同效力排除规则;2017 年《民法通则》第 61 条第 3 款规定,"法人章程或者法人权力机构对法定代表人代表权的限制,不得对抗善意相对人"。

坦率地讲,这种观点有道理,但还是没有解决合同效力的实际问题,甚至不少人主要是纠缠民合合一和民商分立的"主义"之争。《民法通则》只是对于合同法已有原则的一个确认和重复,并未提供更多具体指导,比如,"善意相对人"的标准是什么?如何判断"知道或者应当知道"?相对人审查合同义务的法理基础是什么?边界在哪里?参照国际经验,结合我国国情,笔者建议:第一,对于形式上违反公司法第 16 条的担保合同,比如,为他人担保但没有提供任何公司决议,或为股东担保但没有提供股东会决议,应当属于无效,因为相对人应当知道法律规定,不能以不知法而抗辩;第二,对于形式上符合公司法第 16 条但实际上有瑕疵的担保合同,比如,由于出席人数或投票程序等公司内部问题导致相关的公司决议无效或被撤销,应当属于有效,与前文所述的英美法系的"内部管理规则"一致;第三,对于章程规定的超过公司法第 16 条的要求,比如,股东大会决议需要全体一致同意而不是通常的多数同意,相对人没有义务去了解,不属于"知道或应当知道",与前文所述的英美法系废除推定通知规则的趋势一致;第四,对于提供了相关决议但事实上属于伪造的合同,在海外通常是属于无效,但我国可以考虑分情况处理,根据相对人是否知道或应当知道伪造而定,与海外相比,现实中我国这种问题较多,也更复杂,一刀切不利于保护相对人。

2019 年 11 月 14 日,最高人民法院正式发布《全国法院民商事审判工作会议纪要》(这是最高院出台的第九个会议纪要,而且聚焦民商事审判工作,故被称为《九民纪要》),涉及了公司法第 16 条的公司越权担保问题。由于此时本书修订稿已经提交并出了清样,故只能进行简略评述。第 18 条将"善意"界定为"债权人不知道或者不应当知道法定代表人超越权限订立担保合同",并规定"债权人对公司机关决议内容的审查一般限于形式审查,只要求尽到必要的注意义务即可,标准不宜太过严苛。"这与笔者以上的第一项和第二项建议是一致的。然而,该条规定,公司以机关决议系法定代表人伪造或者变造、签章(名)不实等事由抗辩债权人非善意的,人民法院一般不予支持,但是,公司有证据证明债权人明知决议系伪造或者变造的除外。此条与笔者上述的第四项建议有所不同,笔者认为,此条认可伪造的决议,且仅以"明知"作为债权人的非善意标准,对于债权人的保护似有过度之嫌。

第三,第 20 条规定:"担保合同无效,债权人请求公司承担担保责任的,人民法院不予支持,但可以按照担保法及有关司法解释关于担保无效的规定处理。公司举证证明债权人明知法定代表人超越权限或者机关决议系伪造或者变造,债权人请求公司承担合同无效后的民事责任的,人民法院不予支持。"此处所指的担保法即有关司法解释主要包括:(1)《担保法》第 5 条第 2 款:"担保合同被确认无效后,债务人、担保人、债权人有过错的,应当根据其过错各自承担相应的民事责任。"(2)《担保法司法解释》第 7 条:"主合同有效而担保合同无效,债权人无过错的,担保人与债务人对主合同债权人的经济损失,承担连带赔偿责任;债权人、担保人有过错的,担保人承担民事责任的部分,不应超过债务人不能清偿部分的二分之一。"笔者认为,第 20 条存在严重问题,第一,如何认定公司作为担保人的过错?如果仅以公司的用人不当或公章管理等问题算作公司的过错,那么,公司过错认定恐有扩大化之虞,换言之,在所有的公司越权担保案件中,公司都将自动被视为有过错而承担赔偿责任。第二,只有在债权人"明知"法定代表人越权的情况下公司才可免责,而在债权人"应当知道"的情形,公司是不能免责的,这与第 18 条保护善意债权人的原则有内在矛盾。根据第 18 条,善意是"不知道或不应当知道",因此,债权人"应当知道"属于非善意,故不应当被保护。第三,从根本上说,不应将民法领域的担保法规定适用于商法领域的公司担保,其原因不是简单的民法和商法的所谓"主义"或"理念"之争,而是出于二者真正的差别。民法中的担保主要是个人担保,执行担保事务的"行为人"与承担担保责任的"担保人"是合一的,因此,对于担保人进行追责可以促使其在执行担保事务时更加谨慎,以降低担保合同无效但仍需承担过错责任的风险;然而,在公司担保时,"行为人"与"担保人"是分离的,前者是法定代表人,后者是公司,二者之间存在代理成本,这也正是公司的特殊性和公司法的存在价值。最后提一点,在法经济学上,公司越权担保的责任分配实际上是在债权人和公司作为担保人之间的风险分配,其原则是将风险由避险成本最低的一方承担,从而实现社会福利最大化。如果运用法经济学方法进行深入分析,可以对笔者以上观点有更清晰的认识,限于篇幅,此处不展开。

第三编 公司治理

第一章 公司治理理论

第一节 概　　述

公司治理(corporate governance)是公司法的核心问题,自 20 世纪 80 年代起,对于此问题的讨论便已成为公司法研究的前沿热点,百家争鸣,方兴未艾。然而,有趣的是,虽然关于公司治理问题的讨论热火朝天,但是,大家对于何为公司治理的概念本身却不甚清楚,尚无共识。在不同的背景下,人们对于公司治理的内涵和外延具有不同的理解。当然,顾名思义,公司治理可以简单地描述为如何对于公司进行有效管理和经营的问题,但是,这不过是一个循环的定义,并无太大实益;而且,这种描述相当宽泛,几乎等同于公司法本身。

笔者认为,公司治理问题可以大体分为两个方面,一方面是指公司治理的体系结构,即公司的各种机关,包括董事会和股东大会等的角色、功能和权力。为了实现有效的公司治理,公司需要建立一套内部决策和运营机制,设立相关的机构,并进行公司权力的分配和制约,以避免公司管理层权力滥用和责任缺失的问题。需要指出,公司治理结构的选择取决于多种因素,与公司类型和公司所在国的法律体系和社会传统密切相关。比如,公司起源于合伙,因此,与合伙一样,小型的私人公司通常要求公司重大决策必须获得所有董事的一致同意,但是,这种治理结构就不适合大型的公众公司。另外,不同法系的国家具有不同的公司治理结构。在英美法系,比如美国、英国和澳大利亚,采用一元的(或称为单层的)公司管理机关,即只有董事会;而在以德国为代表的一些大陆法系国家,[①]采用双元的(或称为双层的)公司管理机关,在董事会之外还有一个监事会,专门用于监督董事会。当然,即使在同一个法系内部,也存在一定的差异。比如,德国的二元公司结构与日本的二元公司结构并不完全一样:德国的监事会在级别上高于董事会,监事会有权决定董事会的人选;而日本的监事会在级别上平行于董事会,主要行使监督职权。此外,各国公司治理体系中管理层的风格

---

① 在德国,股份公司(AG)必须采用这种二元制公司结构,而对于有限责任公司(GmbH)而言,只有当公司雇员超过 500 人才必须设立监事会。

也不同。美国通过实践、法国通过法律分别确立了管理层集中的权力,在美国是首席执行官(chief executive officer),而在法国是董事局主席(presidente directeur generale)。[1]

另一方面,公司治理问题是指公司治理的目标实现,即公司利益究竟代表谁的利益,从而决定如何实现公司利益最大化。这个问题大致可以分为三个层次:在第一个层次,传统观点认为公司利益就是股东利益,因此,需要处理董事与股东之间的关系,主要通过董事义务和股东救济等机制减少代理成本,保证董事服务于股东利益最大化;第二个层次是股东之间的内部矛盾,即大股东对小股东的利益侵害和压迫问题;第三个层次是公司法的现代发展趋势,处理公司各种参与人之间的关系,主要是对于非股东的公司参与人的利益保护,比如债权人和雇员等,即所谓的公司社会责任问题。[2]

公司治理的上述两个方面紧密联系,相互影响。公司治理的目标是选择和设计公司治理结构的指导原则,而后者又反作用于前者,决定前者的合理性。比如,如果公司利益包括雇员利益,那么董事义务就应当要求董事保护雇员利益;如果董事实际上无法兼顾多方利益,就需要仔细考量公司社会责任的内涵,即该责任是强制性的法律责任,还是期盼性的道义责任。

第二节　公司治理机制

一、公司治理的核心机制:董事义务制度

在最基本的层面上,公司治理的问题是如何保证公司管理层能够使得公司利益最大化,其核心任务就是在以下两个价值目标之间寻求一个平衡:(1)支持董事和经理的主观能动性和发挥空间,让其能够高效工作;(2)使他们对于经营管理工作负责,而不损害公司利益。一方面,公司法意识到,由于各种原因,比如,信息的有限性和高成本、决策时间的紧迫性等,商业决策总是不可避免地具有风险。无风险,无收益。因此,公司治理规则需要鼓励董事和经理积极主动地勇于承担正当的商业风险,为公司利益服务。另一方面,公司治理规则需要保证董事和经理正当地行使权力,对公司负责。如下文所述,为了达到这个负责制的目标,公司法利用了一系列的治理措施,包括董事义务。

---

[1]　CCH Int'l, *French Law on Commercial Companies*, pp. 5-6 (2d. ed. 1988).

[2]　关于公司治理和公司社会责任的进一步讨论,参见第三编第一章。

实践中,平衡以上的董事独立性和负责性两个价值目标是一个非常微妙和复杂的工作。就像一个钟摆一样,指针确定在哪个位置与很多因素有关。对于一个具体的国家而言,这个钟摆的适当平衡位置取决于这个国家的资本市场发展阶段,监管结构和资源,以及其商业、法律和社会文化等方面的传统。这些基本因素都一直处于不断地变化之中,因此,以上的目标衡平也会因地而异,因时而异。

由于公司中董事利益与股东利益存在偏离,因此,公司结构中存在着固有的代理成本问题,即董事可能隐秘地从事符合自身利益而损害公司利益的行为。代理成本突出地表现在董事和经理的自我交易行为(self-dealing)和懈怠渎职行为(shirking)。这些行为很难事先预防和事后发现,在公司股权高度分散的情况下,这个问题尤为严重,因为股东持股分散,从而没有能力也没有动机去有效监督公司管理层。董事义务就是很多的旨在降低公司代理成本的许多治理措施中的一种。具体而言,董事的注意和勤勉义务就是专门针对懈怠渎职行为,忠实义务则是通过要求董事不得与公司有利益冲突而解决自我交易问题。许多实证数据表明了董事义务的重要性。比如,自1986年7月1日起,美国特拉华州公司法允许公司通过修改公司章程而选择消除董事违反注意义务的法律责任。一项实证研究考察了那些选择了消除董事注意义务责任的公司在此前后的股价变化,发现它们的股价都下跌了。①

需要指出,尽管董事义务可能是最为重要的公司治理机制,但它并不是唯一的,而且存在自身的缺陷。第一,董事义务制度的有效性依赖于能够实施其的主体范围。现实中,很少有公司以违反义务为名起诉其前任或现任的董事,因为提起这种诉讼的权力通常掌握在董事自己的手中。换言之,董事义务制度的一个固有缺陷就是将执行的权力交给了潜在的被告或他们的继任者。后文述及,股东派生诉讼是弥补这个不足的一个措施。第二即使董事被起诉,法院也难以在事后对于董事的经营决策进行审查,因而传统上法院不愿进行这种审查。除了法官可能不具有足够的商业背景之外,事后司法审查的主要困难之处在于,公司决策通常都是董事会集体作出,并且,决策时由于时间紧迫或者信息成本高昂而需要董事会冒一定风险快速作出决策。事后诸葛亮的做法显然有违公平,不利于鼓励董事发挥主观能动性。因此,法院通常都会尊重董事当时的商业判断。但是,问题在于,法院难以辨别董事商业判断中的正当风险和合理错误与不可接受的懈怠渎职和自我交易行为。为了更深入地理解董事义务的公司治理功能,有必要对于其他的公司治理措施进行简要论述,并进行比较,指出它们的优势与不足。

---

① Michael Bradley and Cindy A. Schipani, "The Relevance of the Duty of Care Standard in Corporate Governance",(1990) 75 *Iowa Law Review* 1, 7.

二、公司治理的三大机制：一个都不能少

总体而言,公司治理措施可以大致分为三类,即法律规则、市场约束和社会道德。首先,法律措施主要包括董事义务、董事会结构(比如独立董事的引入)、股东投票权、股东诉讼、公司信息披露和公司监管机构等。其次,市场约束主要包括决定资本成本的资本市场、公司控制权市场、公司经理人市场和产品市场。最后,社会道德是指董事个人的道德感和影响个人道德的社会整体行为规范。这三类治理措施相辅相成,各有短长,很难具体评述每种措施对于公司治理的相对贡献量和重要性大小,因此,需要综合使用,不可偏废。当然,在不同的国家和时期,它们的作用和侧重点会相应地有所不同。

(一) 法律措施

国内在讨论公司治理时,一个比较常见的问题是过于注重公司治理的法律措施,甚至对其寄予了提升公司治理水平的全部希望。实际上,虽然法律措施非常重要,但并不万能。以当前国内非常热门的独立董事制度为例,理论上他们具有独立性,从而适合监督执行董事,但是,由于时间和精力等因素限制,他们对于公司的事务往往缺乏了解,反而增加公司的运行费用,而且现实中能否真正独立不无疑问。[①]

股东投票权是股东对于董事进行控制的一个有效措施,其重要性在学理上被认为与董事义务制度等同。如果董事表现不佳,股东就可以将其罢免。但是,在现代大型的股权分散的公司中,这一措施难以奏效。其原因在于所谓的集体行动问题(collective action problem),具体而言,就是由于每个股东所持的股份都很少,他们没有能力也没有动机去有效行使投票权。首先,由于持股太少,难以有所作为。其次,除了投票意义不大之外,积极投票还需要付出重大成本去收集信息和作出判断。成本问题和投票作用问题加在一起就会产生股东的理性冷漠(rational apathy),即股东不愿去积极投票或者干脆选择随大流。最后,积极投票的成本和最终收益不对称,进一步减少了股东积极投票的动机。具言之,投票股东需要承担全部成本和失败风险,但成功后只获得与自己所持股份比例相对应的收益,而其他消极的股东也同时收益。这就是搭便车问题(free-rider problem)。这些问题加在一起严重地影响了股东投票机制的公司治理作用。

近年来,大型机构投资者的出现给解决上述问题带来了希望,因为机构投资者持有大量股份,从而他们积极进行投票的能力和动机都应该大大增加。但是,现实中机

---

① 关于独立董事的进一步论述,参见第三编第二章。

构投资者并非如此。① 原因主要在于,第一,机构投资基金的经理处于短期业绩考评的巨大压力之下,如果基金表现不佳,基金购买人就会立即撤资。积极投票带来的通常只是长期业绩,而且会产生短期成本,因此,基金经理并无积极投票的动机,而是在一家投资公司出现问题时赶快调整投资组合。第二,现代商业社会联系紧密,盘根错节,基金购买者与基金投资的公司之间常常具有很多金融上的关系,这使得基金经理在考虑是否通过投票直接介入投资公司内部管理事务时顾虑重重,投鼠忌器。这种情况在金融市场不是很大的国家尤为明显。第三,近二三十年来,指数基金发展迅速,但积极投票对于指数基金意义不大。由于指数基金的投资组合与证券市场的指数股一致,因此,其业绩表现不是取决于某只股票,而是整个市场的大势。在机构投资最为发达的美国,机构投资的公司治理作用主要体现在整体的公司治理,而不是某家公司的治理。

公司监管机构包括政府监管机关和自律监管组织,通过执行法律和证券交易所有关规则,他们在监察董事从而降低公司代理成本方面发挥了重要作用。但是,我们不能完全依赖这种公共执行机制,而必须同时利用私人执行机制,比如股东诉讼。其原因在于,第一,由于资金和人员等方面的限制,监管机构不可能处理所有的违法问题。第二,由于监管人员与监管结果之间并无直接的切身利益关系,所以,监管人员并无强大的动机去执行法律。第三,监管机构在处理问题时会有一个日程上的优先权考虑,而监管机构的这种优先次序并不总是正确。特别是当监管机构受到政府的过多干预时,这个问题尤其严重,使得法律执行缺乏连贯性,不能前后一致,从而导致不公平,影响法律的权威。因此,通过股东诉讼引入私人执行机制,既可以弥补公共执行机制的资源不足问题,又可以增加法律执行的积极性和稳定性。

确实,股东诉讼除了救济受害人的一般功能之外,还有公司治理方面的特殊意义。股东诉讼包括股东直接诉讼和股东派生诉讼,其中,股东派生诉讼的公司治理效果更为突出。② 股东派生诉讼能够通过以下两种主要方式降低公司代理成本。第一,它能够威慑董事的不当行为,促使董事努力服务于公司最佳利益。第二,它能够降低股东的监督成本。由于提起派生诉讼并不需要全体股东的参与,而且,诉讼时有经验丰富的专业律师的协助,所以,集体行动问题就大为减少。但是,股东派生诉讼也有

---

① Bernard S. Black, "Shareholder Activism and Corporate Governance in the United States", *The New Palgrave Dictionary of Economics and the Law* (1998) vol. 3, pp. 459-465. 笔者已将此文翻译并发表,参见[美]伯纳德 S. 布莱克:《美国股东激进主义与公司治理》,黄辉译,载郭锋教授主编:《证券法律评论》第4卷,法律出版社2005年版,第573页。

② 参见拙文《股东派生诉讼制度研究》,载王保树教授主编:《商事法论集》第7卷,法律出版社2003年版,第332页。

不足。比如,并不是所有的派生诉讼都符合公司利益,而会出现各种出于不正当目的而提起的诉讼。① 而且,过多的股东诉讼有碍于董事主观能动性的发挥,会阻止董事承担正当的商业风险。

(二) 市场机制

在市场经济高度发达的英美法系国家,特别是美国,市场约束机制的公司治理作用举足轻重,甚至有学者认为比法律规则都重要和有效,主张法律规则的制定应当根据市场力量而定。理论上,如果公司经理表现不佳甚至违法侵害公司利益,那么,各种市场机制就会惩罚该经理,包括资本市场、公司产品市场、公司控制权市场和经理人劳务市场。比如,由于经营管理存在问题,这家公司在资本市场上筹资的成本将会上升,同时在产品市场上也会遭受不利影响。这些问题反过来进一步恶化了公司的业绩表现。此时,公司控制权市场就会促使第三方去收购这家公司,然后更换更好的经理,提升公司的价值而获得收益。公司被收购后,原来的经理不但会失去其职位,而且,其名誉资本将大减,以后难以在竞争激烈的经理人市场上立足。因此,这些市场机制将促使经理努力服务于公司利益。

但是,在现实中,除了市场经济本身的发达程度不够之外,这些市场机制的作用还受到其他很多因素的制约。比如,如果公司在融资渠道上主要依赖于内部产生的资金而不是外部资金的话,那么资本市场的约束作用自然就会降低。对于公司控制权市场而言,它对于私人公司几乎没有什么作用,因为私人公司没有流动的股票市场,从而无法发起敌意要约收购。首先,现实中各国私人公司都占全部公司数量中的绝大部分。其次,对于股权高度集中的公司,敌意要约收购也难以进行。公司收购中的防御措施,比如毒丸等,也进一步限制了公司收购市场的作用。除此之外,公司收购市场的适用对象还存在其固有的局限性。如果公司的问题不是太严重,那么公司收购后的价值上升空间就不大,从而就难以引发公司收购行为;如果公司的问题太过严重,那么公司收购后是否能够妥善解决这些问题就存在疑问,这种收购未免风险太大。所以,公司收购的对象通常就介于这两者之间,即那些问题比较严重但又不是太严重的公司。最后,公司控制权市场无法有效地解决公司经理的孤立的不当行为。现实中,收购行为通常是针对某家公司的长期的管理问题,而不太可能由于某家公司经理的一次性的不当行为而发起。

(三) 道德约束

道德约束机制是指董事个人品格和社会道德的公司治理机制。这种机制听起来

---

① 参见拙文《股东派生诉讼制度研究》,载王保树教授主编:《商事法论集》第 7 卷,法律出版社 2003年版,第 424 页。

有点"以德治国"的味道,但本质区别是,这里不是将道德作为公司治理的唯一机制,而是众多机制之一。该机制的实际效果很难准确描述。这一方面是因为其作用与具体个人有关,比如,有些人道德标准高,比如"富贵不能淫,贫贱不能移,威武不能屈"的大丈夫,这些人的道德价值很难用金钱衡量,违反道德准则会让他们负罪一生,无法排解;而有些人可以拿原则做交易,违法与否只不过是个成本收益分析的问题,只要划得来,道德良心可以出卖而无任何情感负债。当然,更多的人则是在不同程度上介于这两者之间,从而也就为道德机制的治理作用提供了一个空间。另一方面的原因则是道德规范与其他治理机制,特别是法律机制之间关系紧密,存在一个相辅相成的关系,从而很难严格地判断二者对于公司治理的贡献。比如,法律责任的实施除了直接的惩罚作用之外,还有重要的社会评价作用,这种社会评价会影响道德标准,而道德标准和道德价值反过来又会促使人们遵守法律。在美国,有些学者认为,在 20 世纪 90 年代,公众公司中董事的注意义务有所提高,主要是归功于董事道德标准的提高,而不是法律责任的加重。① 简言之,道德规范对于公司治理具有一定作用,而且,其通过个人自愿实施,几乎没有执行成本,当然,建立道德标准本身需要成本。这种机制的弱点也正是在于它的自愿性,没有法律强制力,而且个人的道德标准不一致。

第三节　公司治理的影响因素

如上所述,公司治理是一个非常复杂的问题,现实中各国在治理结构上存在重大差异,对于治理机制的使用也偏重不同。导致这些差异的原因当然很多,涉及政治、经济和法律传统等方方面面,无法一一尽述,下文就简要地讨论影响公司治理的两个重要因素,即股权结构和机构投资者。

一、股权结构与公司治理

公司的股权结构对于公司治理具有重大影响。在以美国为代表的英美法系国家中,公司股权非常分散。比如,在澳大利亚,根据 2004 年的一项调查,大约 44% 的成年人直接持有上市公司的股票,加上间接(通过购买基金)持有股票的人数,这一比例上升到 55%。② 当然,这个数字的背后有很多方面的原因,其中一个重要原因就是

---

① Melvin A. Eisenberg, "Corporate Law and Social Norms—Symposium: The Living Legacy of William Cary"(1999) 99 *Columbia Law Review* 1253, 1255.

② Australian Stock Exchange, *2004 Australian Share Ownership Study*, p. 4.

20 世纪 90 年代以来澳大利亚的私有化浪潮。同一时期,美国的这一比例为 50%,加拿大为 46%。[①] 另外,澳大利亚的机构投资者非常强大,这些机构投资者主要包括保险公司、养老金和单位基金等。根据 1997 年的一项研究,澳大利亚机构投资者在上市公司中的总体持股比例为 34.6%,如果加上海外机构投资者,这一比例将高达45%。[②] 美国和英国机构投资的同期比例分别为 52% 和 60%。需要指出,近年来,澳大利亚机构投资发展迅猛,因此,现在的数据应当更高。机构投资者通常是上市公司的大股东,在澳大利亚,持股超过 5% 的股东就是大股东,需要进行信息披露。数据表明,在大约 34% 的上市公司中,机构投资者都是最大股东或唯一持股超过 5% 的大股东。在其他公司中,大股东则是公司创立人或母公司,但是,他们的持股比例也都不高,股权比较分散。在大约一半的公司中,大股东的持股比例都不超过 30%。

如果股权分散,股票的流动性强,公司收购就相对容易,收购案的数量也多。在股权分散的英美法系国家,特别是美国,股票市场的各种机制,特别是公司收购制度,在监督公司管理层方面发挥了关键性的作用。因此,在很大程度上,英美法系的公司治理是建立在以股票市场为中心的资本市场基础之上,可以称作"股票市场主导的公司治理"。与此相对,在大陆法系国家,公司股权结构相对集中,通常拥有一个高比例持股的大股东。这些国家的公司治理体系是以大型关联公司集团为特征,像日本的克瑞特苏财团(keiretsu)、韩国的切波尔财团(chaebol),或者欧洲的控股公司的治理结构。在这些国家中,股票市场的重要性相对较小,公司更多地向银行、其他公司或私人资本进行融资。比如,在日本,大财团通常都是围绕一家大银行而成立,著名的例子包括三菱财团、三井财团和住友财团等。银行向本财团的成员公司提供融资,并持有它们的大量股权,从而银行控制着财团公司,监督它们的经营表现,同时,外部人很难撼动银行的控制权,对于财团公司进行敌意收购的概率很小。因此,在很大程度上,这些国家的公司治理体系依赖于以银行为中心的资本市场,可以称作"银行等机构主导的公司治理"。

公司股权结构除了影响公司治理的体系之外,还决定了公司治理的对象。在英美法系国家,公司股权分散导致股东的集体行动问题(collective action problem)和消极性(passivity)。由于每个股东的持股都不多,个人的分散投票没有太大影响,只有

---

① 《中国证券报》的数据显示,截至 2008 年 4 月,中国沪深股市的股票账户总数超过 1.1 亿户,但是,其中大约 2 000 万户属于所谓的"休眠"账户,其中既无股票亦无资金;在大约 9 000 万户的有效账户中,存在一人同时持有多个账户或账户交易不活跃等情况。根据笔者与上海证交所相关人员的访谈,活跃的散户投资者在 3 000 万左右,这一数字占中国总人口的比例不到 3%,占城市成年人数量的比例不足 8%。

② G P Stapledon, "Australian Sharemarket Ownership" in G R Walker, B Fisse and I M Ramsay (eds), *Securities Regulation in Australia and New Zealand* (2nd ed, 1998).

股东集体行动才能决定投票结果。协调股东集体行动需要金钱、精力和时间方面的很大付出,但是,即使投票成功,实际参与股东也只是按照其很小的持股比例获取收益,其他股东则会选择"搭便车"(free-rider),即让别的股东去投票或监督公司管理层而自己坐享其成。这些问题导致股东没有足够动力去参与公司的管理,不愿行使投票权和监督公司管理层,从而使得公司管理层掌握了公司的实际控制权,产生了所谓的"内部人控制"(insider control)现象,经理人利益与股东利益可能存在偏离。因此,早在 20 世纪 30 年代,伯利和米恩斯就指出,英美法系公司治理的主要课题就是减少公司代理成本问题,保证公司经理忠实、勤勉地服务于股东最佳利益。[①]

但是,在股权相对集中的大陆法系国家,公司都有大股东,这些大股东既有动力也有能力去监督管理层,因此,公司经理的内部控制和代理成本不是其主要问题。相反,这些国家公司治理的主要问题是大股东过于强大,过度干预公司事务和压迫小股东。中国就是这方面的一个典型例子。由于我国的上市公司多数是国有企业改制的产物,因此,国有股权在上市公司中的比例很高,国家是上市公司中的大股东甚至超大股东。2002 年的一份研究表明,国有股权的总体比例高达三分之二,而且,上市公司的股权集中度很高,大约 15% 的上市公司具有一个持股超过 66% 的大股东;42% 的公司具有一个持股超过 50% 的大股东;74% 的公司具有一个持股超过 30% 的大股东。现实中,国有股权"一股独大",侵犯小股东利益的问题非常严重。因此,在股权集中的国家中,公司治理的主要课题是合理限制大股东,保证大股东不滥用权力而压迫小股东。

二、机构投资者与公司治理

如上所述,在股权分散的市场中,股东缺乏动力去行使投票权和监督公司管理层。解决此问题的一个方案是大力发展机构投资者(institutional investor),即证券投资基金和其他诸如保险公司与养老金的投资机构。当然,除了公司治理方面的功能之外,机构投资者还有其他方面的重要功能。比如,机构投资者为个人提供了专家理财的服务,从而扩大了金融市场的资金渠道和个人的投资选择;与个人投资者相比,机构投资者的投资风格和技术更为成熟和理性,能够减少市场的投机度和波动性,使得市场更加健康和有效。因此,无论是英美法系,还是大陆法系,各国都努力提高机构投资的比例。

在股票市场上,对于持股很少的投资者而言,如果不满公司的经营表现,他们通

---

① Adolph A. Berle & Gardiner C. Means, *The Modern Corporation and Private Property* (Macmillan 1933).

常就会选择卖出股票,而不是采取积极行动促使公司改进管理等。这就是所谓的"用脚投票"规则(vote with feet)。上文述及,由于存在集体行动问题和"搭便车"心理,个人股东都不愿积极地行使投票权和参与公司管理。当公司出现问题时,个人股东的第一选择就是离开,而流动的股票市场正好为股东提供了这样一个通道;只有在私人公司或公司股票市场不流动等情况下,股东才会被迫进行积极的抗争和寻求法律救济。因此,从个人股东的角度看,"用脚投票"可能是最为理性的选择,然而,从整个市场的健康发展而言,这种方式并不最佳。虽然股东的含恨离去可以在一定程度上对于公司管理者造成压力,但是,这种方式过于消极,甚至无异于屈服,不利于一个市场中整体公司治理水平的提高。

从理论上讲,机构投资者似乎可以克服个人投资者的上述问题。一方面,机构投资者集聚了社会闲散资金进行统一投资,因此,机构投资者的持股比例相对较高,甚至成为公司的大股东,与公司存在紧密的利害关系,从而就有动力参与公司的管理。而且,由于股权较高,集体行动问题相应减少;作为专业的组织,机构投资者在人力和资金等资源方面更有能力参与公司管理。另一方面,与个人投资者不同,机构投机者难以使用"用脚投票"的策略。由于机构投资者的持股比例较大,因此,机构投资者的股票抛售会打压股票的价格,最终使得自己损失惨重。而且,如果机构投资者频繁进行买卖,交易成本将非常高昂。总之,在上述情况下,出于自我利益的考虑,机构投资者可能会被迫选择介入公司管理,从而间接地提高整个市场的公司治理水平。

但是,现实中,机构投资者并没有非常积极地参与公司管理。美国的实证研究发现,[①]机构投资者的持股比例与公司的业绩之间没有明显的相关性;机构投资者在参与公司治理方面并不积极,相关投入微不足道,他们很少进行委托投票代理权争夺,也不试图通过委托投票代理权争夺或者通过私下干预,选出自己的代表进入董事会。澳大利亚的情形也很相似,机构投资者选举自己的代表进入董事会的例子极其罕见,凤毛麟角。相对而言,英国的机构投资者更为强大和积极,但是,其总体效果仍然非常有限。需要指出,有些学者认为,机构投资者对于公司治理的效果不是局限在某家具体的公司中,而是潜移默化地体现在整个的公司文化和治理中。由于这种整体的效果很难通过实证研究进行估测,因此,其他学者对此表示怀疑。

通常而言,机构投资者不愿积极介入公司治理主要是基于以下几个原因。首先,从本质上而言,机构投资者只是进行股票投资,而不是想要介入公司管理。换言之,

---

① Bernard S. Black,"Shareholder Activism and Corporate Governance in the United States" in Peter Newman (ed.),*The New Palgrave Dictionary of Economics and the Law* (1998);笔者已将此文翻译并发表,参见[美]伯纳德 S. 布莱克:《美国股东激进主义与公司治理》,黄辉译,载郭锋教授主编:《证券法律评论》第 4 卷,法律出版社 2005 年版,第 573 页。

他们的职能是发现有前途的公司和有能力的经理,并对其进行投资,而不是越俎代庖。当然,作为投资人士,机构投资者也欠缺实际管理技能。其次,机构投资者通常都处于业绩考核和相互竞争的巨大压力之下,这种压力促使基金经理从事短期行为,放弃通过改进公司治理而提高长期投资收益的策略。再次,金融界人士之间相互熟悉,存在千丝万缕的联系。这种联系使得基金经理通常不愿也不能对于公司进行直接的干预和检查,否则,可能破坏相互之间的关系,使得自己以后在公司信息等方面处于不利地位。最后,与个人投资者一样,机构投资者也同样面临集体行动和"搭便车"等问题,只不过程度有所不同而已。

第四节 公司治理目标:董事到底为谁服务

传统意义上的公司治理目标是如何保证公司管理层服务于股东最佳利益,因此,公司治理的对象是公司董事与股东之间的法律关系。在公司治理的现代发展过程中,提出了一个更高层次的问题,即公司利益就是股东利益吗? 董事到底应当为谁服务? 这里涉及的公司利益主体不仅仅限于董事和股东,而且包括其他公司参与人的利益,比如公司雇员、债权人、客户、供应商以及整个社区等。这个问题也称为公司的社会责任。这个问题的讨论必然涉及我们前面谈到的公司理论,比如,公司的契约理论等。确实,关于公司社会责任的学术争论非常激烈,文献很多,众说纷纭,但是,总体而言,可以大致归纳为三个主要观点。第一个是前面章节所述的公司契约论或法经济学理论(contractarian theory),主张董事必须只服务于股东的利益;第二个是所谓的社区理论(communitarian theory),主张董事必须考虑所有公司参与人的利益,而不仅仅是股东的利益;第三个是新近出现的公司团体生产理论(team production theory),主张董事可以通过行使自由裁量而兼顾各方利益。下文将逐一简要评述这些理论。

一、公司契约论(法经济学理论)

前文已经对该理论的主要内容进行了论述,此处不赘,①而重点关注其对于公司治理目标的观点。根据该理论,股东是公司的所有者,因此董事的义务就是使得股东利益最大化。这种认为股东是公司所有者的观点的主要理由在于,股东是公司中的剩余财产请求权人和最终风险承受人,而这正是所有权的基本特征。具言之,只有在所有其他公司参与人的权利主张得到满足之后,股东才能够获得他们的投资收益,而

---

① 参见第一编第一章第三节。

且，在公司清算程序中，股东的优先权次序排在最后，通常是得不到任何剩余的清算财产的。因此，董事应当使得公司利润最大化，而公司利润最大化就是股东利益最大化。但是，如何保证董事努力工作而使得股东利益最大化呢？由于现实情况千变万化，股东只能在契约中泛泛地要求董事服务于自己的最佳利益，而不可能详细地规定在每一种具体的情况下董事应当如何进行决策。为了将这个契约条款落到实处，公司法就规定了股东的投票权和董事的信义义务。通过投票权，股东可以任命和罢免董事；通过要求董事服务于股东最佳利益的信义义务，以法律责任威慑董事的不当行为。这种要求董事为股东利益服务的观点通常称作股东至上原则（shareholder primacy）。

由于公司契约论传统上秉承股东利益至上原则，反对公司社会责任理念，从而近年来颇受抨击。根据该理论，公司被视为一个以股东为中心的私人契约网，契约当事人有权追求自身利益的最大化，因而公司应当奉行股东利益至上原则。但是，现实中公司行为不但影响到公司内部人的利益，也影响到公司外部人的利益，比如公司生产的环境污染问题。当然，公司契约论也并非完全忽视公司社会责任问题，它将公司对于外部人利益的影响视为一种外在性（externality）或者第三方效应（third-party effects），认为在出现这种情况时，契约自由原则就要受到限制。就像一般的契约订立中当事人不能订立损害第三方的契约一样，公司参与人在订立契约时必须考虑外部人的利益，在必要时国家可以制订强制性的法律规范以达到此目的。不过，公司契约论主张，国家不应当直接强制性地规定公司社会责任，比如要求董事考虑非股东利益等，毕竟"一仆难侍二主"，这样可能会导致董事在经营决策时无所适从。更好的做法是，间接地通过对于具体公司行为（比如环境污染行为）进行法律制裁，使得公司行为的社会成本"内部化"，增加公司的经营成本，让公司自己根据利润最大化的原则作出相应的行为决策。

另外，公司契约论认为，外在性问题也可以通过契约机制解决。比如，如果雇员担心没有补偿的解雇，那么，他们可以与公司谈判，在其雇用契约中明确规定相应条款，比如，保证工作职位的长期性，解雇时的补偿费，下岗再就业的培训费和其他形式的保护等。如果雇员没有要求订立这样的条款，就说明他们同意公司在追求股东利益最大化时可以随时解雇他们，而且，更为重要的是，雇员可能是以放弃这种利益为代价而获得了其他方面的利益。比如，因为雇员没有要求工作的长期性，他们通常能够获得更高的报酬率。因此，如果法院事后介入，认为雇用契约没有提供工作保护而不公平，从而要求公司补偿，那么，这实际上是将股东财富不公平地转移到了雇员处，雇员基于同一个损失获得了双份补偿。

简言之，股东拥有公司的股份，应当有权追求这些股份价值的最大化。法律不应对于这种权利进行限制，除非股东事先同意。换言之，如果第三方利益在公司追求股东利益最大化时可能会受到损害,那么,第三方应当积极地通过契约机制寻求自我保护。

二、社区理论(communitarian theory)

顾名思义,社区理论就是将公司视为一个社区,从而解决董事在服务于股东利益的过程中对于非股东的公司利益相关人的负面影响问题。[①] 此理论的兴起是因为20世纪80年代美国的敌意收购浪潮,在收购后,为了获得收购效益,收购方通常对于被收购方进行重组,将一些工厂关闭或搬迁,从而造成大量工人失业,当地社区损失原本为吸引公司而进行的投资等。如上所述,公司契约论认为,这些非股东的公司利益相关人能够通过契约机制有效地保护自己。但是,社区理论认为这种观点不成立。

第一个理由是,非股东的公司参与人利用契约机制进行自我保护在现实中不可行。社区理论认为,公司契约论只关注公司行为的经济成本,但实际上公司行为包括更为广泛的非经济的社会成本。比如,工人下岗后的损失不仅仅是工资的损失,而且包括心理上的痛苦和自尊上的伤害;即使该工人找到了新工作,他也会由于上一次的解雇经历而存在心理障碍,成为惊弓之鸟,难以适应新的工作环境。这些负面影响都是真实存在的,但都难以用金钱衡量和弥补。另外,非股东的公司利益相关人不可能预见到所有的可能对自己造成伤害的公司行为,从而不可能在契约中进行规定。这首先是由于信息不对称的原因。在缔约过程中,公司管理层通常享有信息上的优势,知道公司以后的经营方针和计划等。其次,有些事情连管理层也无法预见。市场形势瞬息万变,存在很多不确定因素,任何人都难以把握。最后,即使有些公司行为可以预见,但是,由于尚未发生,难以准确估计它们的影响及后果。

第二个理由是,即使通过契约进行自我保护在技术上是可行的,但是,由于谈判力量的不对等,非股东的公司参与人难以获得充分的契约保护。这实际上是一个实质公平与形式公平的问题。契约理论主张的是形式公平,认为契约是双方平等协商的结果,人人都有讨价还价的自由。因此,契约当事人的权利和义务完全按照契约规定,外界因素不得介入。相反,社区理论主张的是实质公平,认为由于当事人之间的谈判力量不同,绝对的契约自由不能保证契约公平。与股东相比,非股东的谈判力量较弱,因此,非股东的公司参与人的权利不能只限于他们在契约谈判中所争取到的权利,而需要法律的特殊保护。这个问题实质上反映了社区理论与公司契约论对于市场机制的不同态度,具言之,社区理论认为不能完全依赖市场机制。

---

① See e. g. , David Millon, "Communitarians, Contractarians, and the Crisis in Corporate Law" (1993) 50 *Washington and Lee Law Review* 1373.

那么,法律的特殊保护是什么呢？社区理论进一步提出,各种公司参与人之间负有相互尊重和相互支持的义务,而这种义务来源于公司参与人之间的相互信任和依赖的关系。比如,雇员基于在公司长期工作的预期而进行了大量的与公司相关的人力投资,进行职业培训,放弃其他的工作机会等,因此,如果公司让雇员下岗,就是损害了相互之间的信任和依赖关系,违反了相互尊重和支持的义务。具体到董事义务问题,主张社区理论的学者之间分歧较大。温和派认为,董事在决策中可以考虑非股东的公司参与人的利益,有义务(但不是信义义务)去避免损害他们；激进派认为,董事应当对于所有的公司参与人都负有信义义务,在决策中必须考虑所有人的利益,此观点在学界称为"多重信义义务"。

虽然社区理论听起来非常令人振奋,也很有实际意义,但存在一些重大问题,从而受到不少批评。首先,此理论不是基于法经济学分析方法,而是基于传统的公平和正义理念,与法经济学分析方法相比,公平与正义等理念显得过于抽象和空洞,它们的具体内容因人而变,因时而变,这也是为什么社区理论在董事义务等具体问题上发生内部分歧的原因。其次,社区理论不能给董事行为提供一个清楚的指导。比如,社区理论认为董事有义务保护非股东的公司参与人的利益,甚至对所有人负有信义义务,但是,这种要求在现实中难以实现,如上所述,现实中"一仆难侍二主",股东与非股东之间的利益冲突有时无法调和,董事没有万全之策,顾此必然失彼。因此,社区理论的皆大欢喜的目标有时并不现实,反而搞得董事无所适从。不过,近年来由于在经济全球化背景下跨国大公司出现以发展中国家利益为代价而追求利润最大化的趋势,公司社会责任问题日益突出,而社区理论为这一问题提供了强大的理论支持,所以其影响也在不断增强。

三、团体生产理论(team production theory)

这个理论发轫于 20 世纪 90 年代末期,以美国的布莱尔(Blair)和斯托特(Stout)两位教授为首。[①] 它与社区理论一样,挑战契约理论的股东利益至上原则,但是,它建立在法经济学的基础之上,而不同于纯粹基于公平理念的社区理论,因此该学说在法理上更为充实和具体,也更易为信奉法经济学分析的英美法系公司法学者接受。尽管该理论出现时间晚于社区理论,但甫一问世就反响很大,其影响力已经迅速赶超后者。

---

① Margaret M. Blair and Lynn A. Stout, "A Team Production Theory of Corporate Law" (1999) 85 *Virginia Law Review* ,p. 247-328；笔者已将此文翻译并发表,参见[美]玛格丽特·M. 布莱尔、林恩·A. 斯托特:《公司法的团体生产理论》,黄辉译,载王保树教授主编:《商事法论集》第 9 卷,法律出版社 2005 年版,第 267～343 页。

团体生产理论认为,公司是由不同的参与人为了共同的利益而组成的一个生产团体,各种参与人贡献不同但是地位一样,比如股东出金钱,董事出管理,雇员出劳力等。因此,该理论反对将公司视为股东财产从而股东利益至上的观点。在这个生产团体中,每个公司参与人都进行了与具体公司相关的投资(firm-specific investment),这种投资一旦作出,就与公司紧密联系在一起,不能自由撤出,否则就会减少价值或完全丧失价值。比如,雇员在一家公司工作,花费了大量时间和精力获得了工作经验,但是,这个工作经验在一家业务不同的公司中可能就没什么价值。由于这种投资存在很大风险,那么应当如何鼓励公司参与人积极地进行这种投资呢?团体生产理论认为,各种公司参与人之间实际上是一个相互信任和依赖的关系,因为任何一方的不当行为都会影响公司生产,从而损害其他人的利益。简言之,一荣俱荣,一损俱损,因此,大家负有相互保护和支持的义务,否则,尔虞我诈,争权夺利,公司就难以为继。

但这里关键的问题是,如何保证大家相互保护和支持从而维持公司这个经济共同体呢?如何防止有些人的懈怠和寻租行为呢?通过契约机制难以做到这点,因为现实中情况复杂,不可能事先进行详细的规定。因此,各种公司参与人建立一个公司内部的利益协调机制,同意将公司中的所有利益分配问题交由这个机制进行解决,而这个机制就是公司的管理层。这样,公司就变成了一个协调性的层级组织(mediating hierarchy)。董事的任务就是平衡和协调不同公司参与人的利益分配,使得每个人都安心工作从而保证公司的正常运行。如果董事过度偏重于一方利益,比如股东利益,就会引起其他人的不满,以至于离开公司,造成公司作为一个团体生产组织的解体。简言之,董事必须公平考虑所有公司参与人的利益。

因此,团体生产理论认为,董事是公司的受托人,服务于公司各方参与人的利益,而不仅仅是股东。在这方面,该理论与社区理论一致,提倡公司的社会责任。为了保证董事能够公平处事,董事需要相对独立于所有的公司参与人,特别是股东。在这方面,团体生产理论从某种程度上支持公司的内部人控制现象。当然,为了防止董事本身的不当行为,团体生产理论要求对于董事进行必要的监督。比如,董事义务和股东的投票权等。不过,赋予股东投票权并不是因为股东是公司的所有者或董事是股东的代理人,而是因为股东更适合监督董事,比如,作为剩余财产请求权人,他们具有投票的动机,而且最能代表全体公司参与人的利益。

需要指出,尽管团体生产理论非常有说服力,但也存在一些局限性。首先,它主要适用于大型的公众公司。其次,团体生产理论不能保证各种公司参与人得到完全公平的利益保护。由于存在交易成本,只要不公平的问题不是太大,公司参与人不会轻易离开公司。董事工作的目标就是保证各种公司参与人留在公司,所以,不是太严重的利益损害问题不会引起董事的注意。最后,团体生产理论难以处理董事独立性的问题,这是该理论的最大缺陷。该理论要求董事有效地独立,赋予董事自由裁量权,但是,现实中董事难以真正独立,其自由裁量权的行使取决于各方公司参与人的力量对比。换言之,各方公司参与人需要相互竞争提升自己的地位,显示自己的重要性,从而迫使董事作出有利于自己的决策。这就涉及各方公司参与人的谈判力量问题,从而回到了公司契约论的老路上。在此方面,团体生产理论的现实效果可能比公司契约论还糟糕,因为契约理论明确要求股东利益至上,其他公司参与人也就没有非分之想,而团体生产理论鼓动所有人竞争,最后可能实质结果仍是一样,而且劳民伤财,还伤害公司各方参与人之间的关系。所以,团体生产理论下的公司社会责任被批评为空洞的承诺。

不过,团体生产理论在促进公司社会责任方面的积极意义还是相当重大的。如上所述,公司契约论基本上反对公司社会责任理念,认为董事必须只服务于股东利益,而社区理论基本上主张将公司社会责任严格地法律化,要求董事必须考虑非股东的利益,这两种观点似乎都比较极端,因此都颇受批评。相比之下,团体生产理论采取了一个折中的态度,让董事可以而不是必须考虑股东之外的其他公司参与人的利益。其实质效果是赋予了董事选择承担公司社会责任的自由,比如向灾区捐款等,当然这种行为通常是完全符合股东的长期利益或道德价值而应当会获得股东的支持,但即使在某些情况下有些股东不满,他们也不能像公司契约论所主张的那样将董事告上法庭,控诉董事违反信义义务,以损害股东利益为代价而承担公司社会责任等。这样,在社会舆论面前,公司董事就不能以违反信义义务为名推卸公司社会责任,从而有助于提升公司社会责任理念。当然,董事在履行公司社会责任时也不能完全自作主张,否则股东还是可以通过投票等途径惩罚董事的过度的"慷股东之慨"行为,因此这是一个平衡的问题。英国2006年新修订的《公司法》以"公司成功"代替了"公司最佳利益",规定董事"可以"考虑非股东的利益,这个版本的公司社会责任与团体生产理论是基本一致的,也是目前而言最为现实可行的。

第二章 组织机构

第一节 概 述

在公司设立之后,接下来的问题便是公司的内部架构和日常运行。在英美法系中,公司的内部机关主要包括董事会和股东大会。本章主要讨论股东大会和董事会的相关问题,包括它们的历史发展和地位、机构组成、权力分配、运行机制以及相互之间的关系等。由于公司的内部架构属于公司治理的范畴,因此,第二节将简要分析公司治理的概念,并考察公司股权结构对于公司治理的影响等。第三节和第四节将分别讨论董事会和股东大会。

在澳大利亚,公司在内部机关设置及其权力分配问题上非常灵活,可以通过公司章程自由决定。公司法对于这些问题没有硬性规定,但是,公司法提供了所谓的"可替代性条款"(replaceable rule),这些条款在公司章程没有相关规定的情况下作为默认条款而适用。由此可见,公司章程(constitution)非常重要,体现了公司自治的精神。鉴于公司章程的重要性,有必要在此评述一下其历史发展和功能。

早在1856年,英国公司法定义了章程的两份组成文件,一份称为联合备忘录(memorandum of association),另一份是联合条款(articles of association),通常这两份文件订在一起,总称为章程。联合备忘录是公司设立时的必备文件,规定公司的重要事务,比如公司资本结构等。公司法没有强制性地规定联合条款的内容,但是,公司法附件中有一个范本,称为"A表条款"(Table A articles),现实中很多公司都直接采用了这个范本,或稍作修改后采用。联合条款主要是对于公司内部机关的设置及其运作进行规定,比如,股东大会和董事会之间的权力分配;股东大会和董事会的运作程序;董事的任命和薪酬问题;股份的转让;股利的宣布和分配;以及公司解散等问题。长期以来,公司在登记设立时都必须提交上述两份文件,以供社会公众查阅。因此,公司章程、联合备忘录和联合条款等几个概念需要区别开来,同时也要注意各自的英文表述,不要相互混淆。

但是,20世纪90年代初,澳大利亚公司法进行改革,将此规定限制适用于公众公司的情形。1998年,根据公司自治原则,澳大利亚公司法干脆完全废除了公司必须制定章程的规定,从而公司可以自由决定是否制定章程和章程内容。但是,为了减少公司制定章程的成本和避免章程缺失导致的无法可依问题,公司法提供了一套缺省适用的条款,即上文述及的"可替代性条款"。这些条款对应着公司章程通常规定的事项,比如公司的内部机关和运行规则等。这些条款可以被公司章程替代,但是,如果公司章程没有规定,它们就自动适用。需要注意,"可替代性条款"分为两种:一种是私人公司和公众公司都可缺省适用的条款;另一种是私人公司可以缺省适用,但公众公司必须强制适用的条款。可替代性条款的标题都清楚地注明了条款的具体类型,因此,虽然可替代性条款散布在公司法的各处,也不会出现混乱。另外,为方便适用,《公司法》第141条还提供了一个可替代性条款的索引表。最后,可替代性条款不适用于一人公司的情形。显然,一人公司不需要关于公司内部机制的规定,因此,公司法对于这类公司提供了一套专门适用的规则。

这样,在规范公司内部的管理机制时,澳大利亚公司通常有以下三个选择:第一,不制定公司章程或废除自己原来制定的章程,而完全依赖公司法提供的可替代性条款;第二,制定公司章程,根据自身情况完全或部分地修改可替代性条款;第三,很多公司都是成立于1998年公司法改革之前,这些公司可以选择保留自己以前制定的章程,但是,对于公众公司而言,上述的第二种强制适用于公众公司的可替代性条款必须适用。由上可见,澳大利亚公司法中可替代性条款的机制很有特色,非常便利,给公司提供了自治空间,减少了交易成本,可资借鉴。

根据《公司法》第136条,公司需要通过股东大会的特别决议制定或修改章程,特别决议需要实际参与投票的75%票数支持。[①] 需要指出,以上条件只是最低标准,公司章程还可以对于章程修改规定其他的条件,比如,高于75%票数支持的决议;某个人的同意;以及某项条件的满足等。这些附加条件在小型的私人公司中比较重要,运用也比较多,以避免某些股东轻易地改变公司的控制权结构或通过修改章程欺压其他股东等。另外,如果公众公司制订或修改了章程,就必须向澳大利亚证券和投资委员会提交章程及相关股东决议的备份,以供公众查阅;但是,如果私人公司制订或修改章程,则无需提交备份,不过,公司股东有权向公司要求获得备份。

公司章程和可替代性条款具有契约性的法律效力。具言之,它们构成以下各方之间的契约条款:(1)公司与股东之间;(2)公司与董事之间;(3)股东与股东之间。这里需要指出两点。第一,虽然可替代性条款规定在公司法中,但是,对于可替代性条款的违反只是契约性违反,而不是违反公司法本身。换言之,公司章程与可替代性条款在法律效力和执行方面完全一样。第二,公司章程可以对于公司权力的行使进行限制,比如,章程可以限制公司的借贷行为;限制公司股权的转让等。但是,需要指

---

① 关于股东大会的投票机制和决议类型,参见本章第三节。

出,这些限制属于公司的内部事务,对于善意第三人并没有效力。因此,如果公司的董事等机构违反章程规定行使权力,比如,越权代表公司订立契约等,那么,对于善意第三人而言,这种权力行使仍然有效。同样,公司章程还可以规定公司经营的目标和范围,但是,即使公司超越这些限制进行经营,善意第三人仍可主张其效力。简言之,传统的"越权代理"规则(ultra vires)已经废弃,前面章节中对此问题已有详细论述,此处不赘。[①]

第二节 董 事 会

一、概述

公司的内部机关主要包括股东大会和董事会。最初,公司都是通过股东大会从事公司行为,股东集聚在一起讨论公司事务,并根据少数服从多数原则进行投票作出决定。[②] 但是,随着公司规模的扩大和数目的增多,人们发现,虽然股东大会的决策机制很民主,但非常低效,难以满足现实的商业需要,不适合作为负责公司日常管理的机关。因此,公司开始尝试建立一些常设的机关处理日常事务,而股东大会只对重大事务作出决定。这些常设机关名称繁多,形式各异,最终演变为今天的董事会。

1844 年,英国股份公司法以法律形式确认了由股东大会和董事会组成的公司内部架构。该法规定,公司必须任命董事负责公司的日常管理,而不能通过股东大会等其他形式。但是,1856 年的英国公司法摒弃了这种强制性的做法,而采用了一个非常灵活的授权性方式。根据该法,公司可以设立股东大会和董事会,但是,二者之间的权力分配完全由公司通过章程自主规定。时至今日,澳大利亚仍然忠实地坚持了这一模式。在澳大利亚,虽然公司法规定了必须由股东大会行使的一些特定权力,但是,除此之外,公司法基本上没有强制性地规定公司的内部机构设置及其权力分配问题,从而公司可以通过章程自由选择。另外,如前所述,为了减少订立章程的成本,公司法提供了一套可替代性条款,在公司章程缺失时自动适用。因此,原则上讲,公司可以将所有的权力授予股东大会,然后让股东大会授权董事会管理公司日常事务,或者将公司管理权同时授予股东大会和董事会。但是,现实中,这种情况非常少见,公司通常都是直接赋予董事会管理公司日常事务的权力。需要指出,在很多的西欧国家以及美国和加拿大,公司法都强制性地将日常管理权授予董事会,从而公司不能通

[①] 参见第二编第四章第二节。

[②] W S Holdsworth, *A History of English Law* (1925), vol. 8, p. 202.

过章程进行其他选择。① 这些做法都反映了董事会中心主义的公司治理模式。

二、董事会的角色和权力

如上所述,除了极少数例外,澳大利亚公司法没有硬性规定董事会的权力,而是主要由公司章程和可替代性条款决定。《公司法》第198A条是可替代性条款,该条规定,(1)董事会负责公司的经营管理;(2)除了公司法和公司章程规定的必须由股东大会行使的特定权力之外,董事会可以行使其他所有的公司权力。虽然理论上公司可以通过章程自由决定董事会的权力,但是,现实中,公司通常都采用了上述可替代性条款,从而董事会拥有公司的经营管理权。另外,由于股东大会的特定权力通常都很有限,②因此,董事会的权力相当广泛,除了一般性的管理权外,还包括发行股票,股利发放等重大问题的决策权。但是,需要注意,对于上市公司而言,证券交易所的上市规则通常会对董事的某些权力进行限制,要求其获得股东大会的授权,比如,澳大利亚证券交易所的上市规则规定,如果上市公司增发的新股超过其资本的15％而且增发不是向原有股东按照持股比例进行配售,那么,该增发需要股东大会的同意。③

由于董事会仍是一个集体性的决策机关,为了进一步适应公司日常管理的需要和提高管理效率,董事会可能选择将其全部或部分权力授予其他人行使。根据《公司法》第198A到198D,董事会可以将其权力授予以下人:(1)常务董事(managing director);(2)其他董事;(3)董事会下属的各种委员会,比如,审计委员会(audit committee),董事提名委员会(nomination committee)和薪酬委员会(remuneration committee)等;(4)公司雇员,比如公司经理和公司秘书等;(5)其他人。上述条款都是可替代性条款,因此,公司可以通过章程另行规定。当然,如果董事会将其权力交由其他代理人行使,就需要为那些人的权力行使承担责任。根据第190条,如果董事会合理地相信,代理人是按照公司法和公司章程而行使权力,而且,代理人具备行使权力的民事能力,那么,董事会就可对于代理人的权力行使免责。另外,董事在工作中可以信赖其他人提供的建议,比如,公司雇员、专业人士或其他董事等。如果这种信赖是善意的,而且,董事对于建议进行了独立判断,那么,即使采用的建议有误,董事也不承担责任。

三、董事的任免

凡事成败,皆在用人。毋庸置疑,董事的任免及其法律规则至关重要,属于公司

---

① See e. g. , Model Business Corporation Act (US), s 35; Canada Business Corporations Act 1974, s 97.

② 关于股东大会的权力,参见本章第三节。

③ Australian Securities Exchange, *Listing Rules*, s 7.1.

· 165 ·

治理的核心问题。一方面,公司法需要让董事享有一定的独立性,鼓励董事大胆决策和积极进取;另一方面,公司法必须保证董事人选得当,通过任免规则的压力,促使他们勤勉诚实地服务于公司利益。根据《公司法》第 201A 条,私人公司需要至少一名常住在澳大利亚的董事;公众公司董事的人数下限是 3 人,其中两人必须常住在澳大利亚。公司法对于董事的任职资格规定很简单:(1)必须是自然人;(2)年龄超过 18 周岁;(3)没有被剥夺董事任职资格。① 除此之外,公司法没有规定诸如学历背景和从业经验等其他方面的资格条件,这些因素留给股东在选举董事时自由裁量。当然,公司自己可以通过章程进一步规定董事的任职条件,比如,董事需要持有公司股份等。

(一) 董事的任命

根据《公司法》第 201H 条,董事的任命有两种方式。一种是股东大会直接任命,任命只需普通决议;另一种是董事会任命,但需要在一定时间内获得股东大会的同意。在私人公司中,股东需要在董事任命后的两个月内同意;在公众公司中,可以由下一个年度股东大会进行批准。显然,后一种任命方式非常灵活,可以适应快速多变的商业需要,在现实中非常普遍。当然,在一人公司中,股东以书面形式直接任命董事即可。

总体而言,在私人公司中,公司可以自由决定股东会任命董事的程序安排,公司法没有太多限制。但是,在公众公司中,根据《公司法》第 201E 条,一项股东决议通常只能任命一个董事;只有股东全体同意,一项决议才可任命多个董事。这项规定的目的在于,保证股东能够自由地对于每个董事人选进行审查,从而防止一个资质不够的人选与一个资质良好的人选捆绑在一起蒙混过关。需要注意,根据《公司法》第 201M 条,即使某个董事的任命程序不符合法律或公司章程规定,导致其任命无效,但是,该董事的行为在公司内部仍然有效,从而保证公司运营的确定性。至于这种董事行为对于外部第三人效力的问题,已在前面章节阐述,此处不赘。②

在澳大利亚,公司法没有强制性地规定董事选举的累积投票制(cumulative vote),现实中的公司章程通常也不规定此选举制度。因此,一个拥有多数投票权的股东可以选择所有的董事。为了加强小股东在董事选举中的力量,美国有些州规定了强制性的累积投票制。根据累积投票制,每个股东的投票权总数是自己的股票数乘以董事的人选数,股东可以将自己的全部投票权集中使用在一名董事的选举上,从而能够增加小股东选举出自己中意的董事的概率。但是,现实中,美国很多的州,特别是大公司设立最多的特拉华州,都没有适用累积投票制。

---

① 后文将讨论剥夺董事任职资格的各种情形。

② 参见第二编第四章第二节。另外,根据第 1322 条,法院对于违反程序性规则的行为具有自由裁量权,可以最终决定相应行为的效力。

通常而言,选举出的董事组成董事会,董事会再任命执行董事、经理和其他公司高级职员,授权他们管理公司事务。比如,根据《公司法》第204A条,公众公司必须任命一名常住在澳大利亚的公司秘书;私人公司则可以自由决定是否任命公司秘书。与经理一样,公司秘书也是由董事会任命,通常公司秘书只有一名。因此,从表面上看,股东大会选举董事,组成董事会,董事会再任命经理,负责管理公司,经理似乎处于权力链的最低端。但是,在公众公司中,实际情况正好相反。现实中,总经理或首席执行官通常也是执行董事,甚至是董事长,他们首先向董事会推荐董事的人选(董事会下属的董事提名委员会专门负责该事务,虽然该委员会主要是由独立董事组成,但是,由于各种原因,独立董事通常都会尊重执行董事的意见),董事会同意后,这个推荐最终提交股东大会进行表决。由于持股分散的股东没有动力去积极地参与公司管理,而且,股东也很少能够提出其他的替代人选,因此,经理的推荐人选通常都会被任命。这样,经理实际上主导了董事的任命,并最终控制了公司。

(二)董事的任职资格和离职

如前所述,公司法对于董事的任职资格规定很简单,但是,公司法详细规定了剥夺董事任职资格的问题。在澳大利亚,剥夺董事任职资格的规则最初起源于个人破产的情形。在1926年,一个法律改革委员会发现当时有些申请破产保护的人利用公司形式从事商业,从而建议剥夺这些人担任公司董事的资格。随着时间推移,剥夺董事任职资格的情形越来越多。另外,这些规则的适用也日益严格,不但剥夺那些人的董事任职资格,而且扩展到禁止他们以其他形式参与公司的重大决策和管理。因此,在澳大利亚,这些规则更广义地称为"剥夺公司管理资格"规则(disqualification from managing corporations)。

现行公司法第2D.6部分详细规定了剥夺公司管理资格的情形和机制。一方面,根据第206B条,有以下情形之一的,无资格管理公司:(1)处于个人破产状态;(2)在公司管理中触犯刑事法律并定罪;(3)违反公司法并导致超过12个月监禁的刑事责任,但是,如果由于欺诈行为而违反公司法,则只需超过3个月监禁的刑事责任;(4)违反其他国家的法律并导致超过12个月监禁的刑事责任。如果出现上述情形,相关人就自动在五年内失去管理公司的资格。但是,法院可以在此期间恢复相关人的资格,也可以在澳大利亚证券和投资委员会的申请下将资格剥夺期限最多延长到15年。另一方面,除了上述的自动剥夺资格的情形之外,还有其他一些可能导致资格剥夺的情形,法院对此具有广泛的自由裁量权。这些情形包括:(1)在公司管理中至少两次违反了公司法;或其任职的公司违反公司法,但其没有采取合理措施防止违法行为发生;(2)7年之内在至少两家经营失败的公司中任职,并对公司经营失败承担全部或部分责任。另外,澳大利亚证券和投资委员会也对此问题具有广泛的自由裁量权,相关情形包括,7 年之内在至少两家经营失败并导致破产的公司中任职,并对破产负有责任。该委员会剥夺管理公司资格的期间通常最长为 5 年。

董事离职的形式主要包括辞职、退休和免职。根据《公司法》第 203A 条,董事随时都可以向公司提交一份书面辞呈而辞职。当然,如果董事由于上文所述的情形而被剥夺公司管理资格,其董事任期就相应终止。在普通法上,公司可以在董事任期内罢免董事,但需要合理理由。[1] 此规则起源于早期的市政和宗教社团,"当家三日狗也嫌",行使管理权必然会引起各种抱怨,因此,"无正当理由不得罢免"的规则可以保证管理权的独立行使,随后此规则扩展适用到商业公司的场合。但是,商业公司与一般的社团法人毕竟不同,董事管理股东的财产,股东理应有权及时罢免自己不满意的董事。英国 1948 年的公司法率先以成文法的形式规定,股东可以随时通过普通决议罢免董事,而无需任何理由。十年后,澳大利亚也采用了此规则,但是,不同之处在于,英国法适用于所有公司,而澳大利亚规则只适用于公众公司。

根据《澳大利亚公司法》第 203D 和第 203E 条,公众公司的股东可以随时通过普通决议罢免董事,但是,董事会无权罢免董事。在程序上,如果股东召开会议讨论董事罢免提案,则必须在至少两个月之前发出会议通知,而且,相关董事有权要求公司在会议通知中包括自己的书面陈述,并在股东大会上进行自我辩护。需要指出,股东罢免董事的权力是法定权力,因此,公司不能通过章程和其他私下协议进行限制,但是,公司章程可以改变程序性规定。在 1971 年的 *Holmes v. Life Funds of Australia Ltd.* 一案中,[2] 股东大会根据公司章程通过普通决议罢免董事,但是,当时的公司法规定董事罢免需要特别决议。法院认为,股东既可以根据公司法的程序,也可以根据公司章程中的程序行使罢免董事的权力,二者择一即可。换言之,虽然公司章程不能改变董事罢免权本身,但可以改变权力行使的程序。由于该案中股东大会在罢免董事时遵守了公司章程的程序性规定,因此,法院认为股东大会的决议有效。

在私人公司中,公司的自由空间很大,可以通过章程决定董事罢免权的实体与程序等各方面。不过,《公司法》第 203C 条提供了一个可替代性条款,该条规定私人公司的股东可以罢免董事,但它没有包含上述第 203D 条中的会议通知等特殊程序要求。现实中,私人公司的章程通常都采纳了这一条款。

四、董事的类型

(一)概述

现实中,董事有很多类型和对应术语,极易混淆。第一,执行董事(executive

---

[1] See e. g. , Lord Bruce's Case (1728) 2 Strange 819;93 ER 870.

[2] (1971) 1 NSWLR 860.

director)。这些董事参与公司的日常管理,既是公司董事又是公司职员,与公司之间存在劳务契约关系。比如,有的执行董事同时又是公司的总经理(general manager)或首席执行官(chief executive officer,CEO),该执行董事则称为管理董事或常务董事(managing director)。第二,非执行董事(non-executive director)。这些董事不参与公司的日常管理,不是公司的雇员,与公司之间也不存在劳务契约。第三,独立董事(independent director)。如果非执行董事符合相关的独立性要求,就是独立董事。因此,严格而言,非执行董事并不必然就是独立董事,不过,现实中,二者经常互换使用。

上述董事种类划分和相关术语使用主要是基于商业习惯,并没有非常严格的法律定义。由于各国的习惯有所不同,因此,它们在用法上存在一定的灵活性,同时也带来一些困惑之处。比如,有时执行董事(executive director)与管理董事(managing director)几乎同义;执行董事亦可称为内部董事(insider director),而非执行董事称为外部董事(outsider director)。现实中,内部董事和外部董事的称谓似乎在美国更常用,而在英国和澳大利亚,更常用执行与非执行董事的术语。

需要指出,无论如何称谓,上述董事都是股东大会正式任命的董事,但是,还有一些人虽然没有经过股东大会的正常任命程序,但也是董事。第一,代理董事(alternate director)。根据《公司法》第201K条,正式任命的董事可以在获得其他董事的同意下任命自己的代理董事,让代理董事在一定时间内行使自己的全部或部分权力。任命代理董事的场合主要有两个:一个是为了避免某些董事不能参加会议而不能满足法定出席人数要求的问题;另一个是为了保证董事会中权力的平衡,比如,在国际联营公司中,海外一方的董事经常不能参加董事会议,从而有必要任命一个常驻当地的代理董事,否则,海外股东的利益经常无人代表。第二,事实董事(defacto director)。虽然有些人名义上不是董事,但实际上行使了董事权力,履行了董事职责,因此,这些人称为"事实董事"。第三,影子董事(shadow director)。这些人名义上不是董事,事实上也没有亲自行使董事权力,但是,董事都是按照他们的指示和意愿行使权力。换言之,这些人是藏在董事身后的影子,故称为"影子董事"。需要注意,虽然上述三种人没有经过正式的董事任命程序,但是,他们仍然是董事,公司法中关于董事的各种规则,比如董事义务等,都同样适用于他们。①

第三,需要提及董事长的职位和角色。现实中,董事会通常都任命一名董事长。

---

① 澳大利亚公司法还承认一类非常特殊的董事类型,称为提名董事(nominee directors)。与普通董事不同,提名董事可以只服务于提名股东的利益,而不是服务于全体股东的利益和公司利益。提名董事主要出现在公司集团的场合,因此,关于该类董事的详细讨论,参见第四编第二章第二节。

董事长主要负责领导董事会的工作,使其正常运行,为非执行董事的参与决策提供便利,并协调董事会与公司管理层的关系等。在英国的大多数上市公司中,董事长在任命时都是非执行董事,而且,董事长和总经理不能由同一人担任。与此类似,在澳大利亚,证券交易所的公司治理规则建议董事长由独立董事担任,现实中绝大多数的上市公司都采纳了这一建议。但是,在大约85%的美国上市公司中,同一人既是董事长,又是首席执行官。显然,这种一人兼两职的模式加强了权力的集中度,极大地提升了首席执行官在公司中的地位。

(二) 独立董事

独立董事是近年来公司治理的一个重大课题。通说认为,由于独立董事在经济和个人关系等方面的独立性,独立董事非常适合担当监督公司管理层的职责,从而降低公司代理成本。[①] 相对而言,独立董事能够比较客观公正地行使监督权力,处理公司管理层的利益冲突问题。在董事义务和股东诉讼的相关规则中,独立董事的角色非常重要,法院通常尊重独立董事作出的意见,从而直接影响到案件的结果。[②]

英美法系国家都非常重视独立董事的公司治理功能。实证数据表明,在澳大利亚的大型上市公司中,董事会成员的平均数目为9人,其中,非执行董事的比例平均为75%。在95%以上的公司的董事会中,非执行董事都占多数。在英国,上市公司董事会的平均规模为7人,但在排名前100位的大型公司中,董事数目平均为12人,其中,一半为非执行董事。在美国,上市公司董事会通常由11名董事组成,其中只有两名执行董事,其余皆为非执行董事。由上可见,美国公司中的独立董事比例非常高,接近80%;而英国公司中的独立董事比例较低,只有50%左右;澳大利亚公司的独立董事比例介于美国和英国之间,但似乎更偏向美国标准。

对于上述数据,需要指出几点。第一,各国在判断独立董事的独立性标准方面存在一些差异,从而可能在一定程度上影响上述数据的可比性。虽然各国的独立性标准在理念上大体一致,具有很多共同要素,但是,这些要素都比较模糊笼统,在实际操作上弹性很大,使得最终认定结果不尽相同。这些独立性标准的共同要素包括:独立董事在公司中没有重大持股比例;独立董事与公司之间没有雇佣关系,也没有从公司中获得高额薪酬;独立董事与公司之间没有商业交易关系;独立董事与公司之间没有家庭方面的关系;独立董事与公司之间没有任何其他的可能重大影响其独立性的关系。另外,独立董事的任期长短对于独立性也有重大影响。比如,在美国安然公司案件中,该公司的几个非执行董事的任期长达20年之久,这么长的任期显然会影响

---

① O E Williamson, *The Economic Institutions of Capitalism* (1985), p.298.

② 关于董事义务和股东诉讼的详细讨论,分别参见第三编第三章和第四章。

他们的独立性。由于独立性标准方面的模糊性和动态性,各国都要求上市公司在每年的年度报告中更新和披露独立董事的认定情况和认定理由。

第二,上述数据反映了英美法系各国在独立董事功能方面的分歧。虽然各国都很重视独立董事,但对于独立董事的具体角色存在不同看法,各有侧重。总体而言,独立董事具有两个主要功能:一个是监督执行董事,并在执行董事出现利益冲突的情形中进行决策;另一个是协助执行董事,为执行董事提供信息和建议。这两个功能在一定程度上存在抵牾之处,要求独立董事与执行董事既斗争又合作,有时这种平衡很难把握。美国更加偏重独立董事的监督功能,要求独立董事在人数上决定性地压倒执行董事。比如,纽约证券交易所的上市规则就强制要求上市公司的董事会中必须独立董事占多数。[1] 英国则有所不同,对于独立董事的两个功能都很重视。显然,过分强调独立董事的监督作用可能导致独立董事与执行董事之间关系紧张,从而二者难以有效合作。因此,英国寻求独立董事与执行董事之间的力量均衡,从而保证任何一方都不能主导董事会的决策。这样,独立董事与执行董事之间的关系相互平等,而不是监督与被监督的关系。换言之,英国模式希望在独立董事与执行董事之间建立起一种相互尊重和紧密合作的关系,让二者共同努力提高公司的经营绩效。为实现此目的,英国根据上市公司的规模大小进行区别对待:在大型上市公司的董事会中,独立董事必须至少占半数;而在小型上市公司中,董事会至少应当有两名独立董事。[2] 澳大利亚的公司法在独立董事功能方面的态度不是很清楚,但是,总体上似乎更加倾向于美国模式,强调独立董事的监督功能。比如,澳大利亚证券交易所的相关规则建议,上市公司董事会的多数成员应当是独立董事。[3]

虽然各国对于独立董事寄予了厚望,要求公司董事会中必须具有一定数目和比例的独立董事,但是,现实中独立董事的作用存在争议。很多学者对于独立董事的比例与公司经营业绩之间的关系进行了实证研究,但其结果相互冲突,没有定论。有些研究发现,独立董事的比例与公司经营业绩之间存在正相关,[4]但是,另外一些研究发现,上述二者之间并无紧密联系,独立董事占多数的公司与内部董事占多数的公司在

---

[1] NYSE, *Listed Company Manual*, s303A. 01.

[2] UK Combined Code, s A. 3.

[3] ASX, *Principles*, Recommendation 2.

[4] See e. g., Barry D Baysinger & Henry N Butler, "Revolution Versus Evolution in Corporate Law: The ALI's Project and the Independent Director" (1984) 52 *Geo. Wash L Rev.* 557, 572; Stuart Rosenstein & Jeffery G Wyatt, "Outside Directors, Board Independence, and Shareholder Wealth" (1990) 26(2) *J. Fin. Econ* 175.

经营绩效上并无重大的统计学差异。[①] 当然,对于这种情况,理论上的解释很多。首先,如上所述,独立董事的认定标准很模糊,这导致实证研究在计算独立董事的比例时存在误差。其次,上文述及,独立董事具有两个主要功能,而且,这两个功能之间存在此消彼长的微妙关系,因此,独立董事的比例并不是越高越好。

第三,独立董事制度自身存在一些问题,影响了其效用。比如,独立董事的信息不灵,他们通常都是依赖内部董事提供信息,从而难以发现问题;独立董事通常都是兼职,没有足够的时间和精力去了解公司情况和分析内部董事提供的信息,或者不愿投入时间和精力;独立董事通常都是通过董事会会议参与公司事务,但是,董事会召开会议的次数有限,最多一个月一次,使得独立董事的参与度不高,功能难以发挥;由于独立董事的人选是由执行董事推荐,因此,独立董事可能难以真正独立,而且,即使任命时独立,但随着任期内与执行董事日渐熟悉,其独立性也可能会相应削弱。由于以上这些问题,很多学者质疑独立董事的效用,认为其不过是一个装饰性的花瓶而已。

为了加强独立董事的功能发挥,英美法系各国公司法采取了一系列措施,提升独立董事的地位,赋予独立董事更多的资源。其中一个重要措施是,上市公司的董事会必须设立行使专门职能的各种下属委员会。第一个是提名委员会(nomination committee),负责推荐董事人选,然后由股东大会决定。独立董事应当在该委员会中占多数,而且担任主席一职。这样可以减少执行董事在独立董事任免方面的影响,从而保证独立董事的独立性。第二个是审计委员会(audit committee),负责监督公司的财务运行情况和财务报告制作。显然,这是独立董事监督职能的核心部分,也是独立董事与执行董事最易发生冲突的场合。因此,该委员会应当完全由非执行董事组成,其中多数成员和主席必须是独立董事。与独立董事个人相比,这种委员会结构极大地加强了独立董事的力量,避免了执行董事的干扰。第三个是薪酬委员会(remuneration committee),负责审查执行董事和其他管理人员的薪酬问题。[②] 英国要求该委员会的成员都是独立董事,但澳大利亚只要求大多数成员是独立董事。

[①] See e. g. , Sanjai Bhagat & Bernald Black, "Uncertain Relationship between Board Composition and Firm Performance" (1999) 54 *Bus Law* 921, 922; John A Wagner & Edward I Fubara, "Board Composition and Organizational Performance: Two Studies of Insider/Outsider Effects" (1998) 35(5) *J Mgmt Stud* 655.

[②] 通常而言,股东在股东大会上通过普通决议决定董事的薪酬,而董事会的薪酬委员会决定执行董事和经理等管理人员的薪酬。非执行董事的薪酬通常是固定的数额,而执行董事的薪酬通常包括两部分,一部分是固定数额;另一部分是基于经营业绩的浮动薪酬,比如,股票期权和奖金等。由于董事和经理薪酬机制直接影响到公司和股东的利益,并涉及董事义务问题,因此,它已经成为现代公司治理的一个重要课题。关于该问题的进一步讨论,参见第三编第三章第五节。

第四,各国还采取了或正在考虑其他一些加强独立董事制度的措施。比如,为了解决独立董事的信息不对称问题,独立董事可以寻求外部专业人士的意见,并让公司承担相应费用;而且,上述各个专门委员会应当在董事会全体会议之外定期举行自己的会议,并在成员之间保持通畅的联系渠道。另外,有些学者建议应当限制一个人能够担任的上市公司董事职位的数目,从而保证董事拥有足够的时间和精力行使其董事职责。英国已经采纳了此提议,强制规定一个人只能在伦敦证券交易所排名前100位的上市公司中担任一家公司的董事会主席,并建议这些上市公司不要允许其执行董事在两家或以上的其他上市公司中担任非执行董事。美国和澳大利亚都没有进行类似的强制性限制,而是要求上市公司披露本公司董事在其他公司中的董事兼职信息。

五、董事会的运行

如上所述,董事会通常拥有公司的经营管理权。董事会由董事组成,董事作为一个集体行使董事会的权力。换言之,董事会的权力在本质上是集体性的,必须由董事集体行使,而董事个人没有权力管理公司。当然,董事会可以明示或默示地将自己的全部或部分权力授予某些董事,比如执行董事等,但是,董事会需要对于这种权力的行使负责,也可以在适当时候收回权力。

作为一个集体性的决策机关,董事会的运行方式通常是董事召开会议。在判例法中,召开会议是董事会的唯一合法运行方式,其理由是,董事坐在一起相互协商和交换意见对于董事会的最终决策至关重要,不可或缺。[①] 但是,召开会议费时费钱,有时难以适应瞬息万变的商业社会,因此,公司章程通常规定,如果全体有资格投票的董事在决议草案上签名表示同意,那么,就可以不召开会议而通过决议。《公司法》第248A条将这一常见的章程条款提炼出来,规定为可替代性条款。当然,对于同一人既是董事又是唯一股东的一人公司而言,自己直接记录决议并签名即可。

如果董事通过会议讨论决议,那么,就必须遵守会议召集和举行方面的各种形式要件,公司法规定了这方面的一套可替代性条款,公司可以通过章程进行修改。首先,在会议召集方面,根据《公司法》第248C条,董事个人可以召集董事会议。在召集董事会议时,召集人必须提前一段合理的时间进行通知,时间的长短需要根据具体情况具体决定。其次,召集人必须通知所有有权参加会议的董事。即使有的董事曾经口头上表示不愿参加会议,召集人也需要通知他们,因为他们可能改变主意而想要参加会议。不过,如果董事处于通讯范围之外,或由于严重疾病等客观原因而无法参加

---

① 　Brick and Pipe Industries Ltd. v. Occidental Life Nominees Pty Ltd. (1990) 3 ACSR 649, 672.

会议,则不需要通知他们。另外,通知既可采用书面方式,也可是口头方式。最后,需要指出,通知的内容可以仅仅限于会议的召开时间和地点等基本信息,而不需要写明会议的目的和讨论事项。① 在此方面,董事会的通知与股东大会的通知存在重大差异,股东大会的通知内容要求严格很多。②

在会议的举行方面,会议必须要有一个主持人,董事们可以任意选举一名董事主持,不一定是董事长或常务董事。根据《公司法》第 248F 条,董事会议的最低法定出席人数是两人,而且,这两人必须从始至终一直参加会议,除非董事们另行规定。通常而言,董事会的决议需要获得董事投票的多数才能通过;如果一项决议的赞成票和反对票相等,那么,会议主持人可以投最后的决定票(casting vote)。由于通信科技的不断发展,会议的举行方式也越来越多。《公司法》第 248D 规定,除了传统的实地会议之外,董事可以决定采用任何通讯方式召开会议,比如电话、视频等。但是,不管何种方式,董事都需要亲自参与,而不能让其他人全权代理,这一点不同于股东可以任命代理人进行投票的规定。另外,董事会议必须记录,并由会议主持人签名。与股东大会的记录不同,董事会议记录通常无需向股东公开,遑论社会公众,因此,公司董事的决策过程通常很隐秘,外人难以知晓。③

如果董事会议没有满足上述形式要件,比如,会议通知不明或未到法定人数等,作出的决议就可能无效。这里需要注意两点。第一,违反形式要件并不必然导致决议无效。根据《公司法》第 1322 条,只有当法院认为形式要件的违反可能导致实质的不正义并且无法补救时,董事的决议才无效。换言之,在此方面,法院拥有很大的自由裁量权。第二,这里董事决议的效力问题只是对于公司内部而言的,并不影响善意第三人的权利保护。④ 另外,在实体方面,比如,存在利益冲突的董事的投票问题,公司法根据公司类型进行了不同规定。在私人公司中,如果某董事存在利益冲突,他在向董事会进行信息披露后就可以参加投票。在公众公司中,该董事通常不能参加会

---

① Compagnie de Mayville v. Whitley (1896) 1 Ch 788. 但是,通知必须写明会议的性质是董事会会议,否则,董事的出席不能算入出席人数。这种问题通常发生在召集人为了满足法定出席人数的要求而故意诱骗某些可能抵制会议的董事参加会议。

② 关于股东大会的通知内容,参见本章第三节。

③ 在普通法上,股东无权查阅公司的文件记录,但是,自从 19 世纪中期开始,成文的公司法逐渐给予股东获取某些信息的法定权利,比如公司的股东名册等。另外,根据《公司法》第 247 条,股东可以向法院申请获取公司的任何信息,如果法院认为股东是善意的,出于正当目的,那么,法院就可要求公司提供相关信息。与此相对,董事在普通法和成文法上都有获取公司信息的权力。根据《公司法》第 198F 和 290 条,现任董事和离职 7 年之内的前任董事都可要求获取公司信息;只有当董事的信息要求违反其信义义务时,公司才可拒绝提供信息,但公司必须承担相应的举证责任。See e. g., Molomby v. Whitehead (1985) 63 ALR 282 Federal Court of Australia; Re Tai-Ao Aluminium (Aust) Pty Ltd. (2004) 51 ACSR 465.

④ 关于善意第三人的保护问题,参见第二编第四章第二节。

议,更不能投票;①但是,如果其他无利益关系的董事或澳大利亚证券和投资委员会同意,他就有权参加会议和投票。

第三节　股东大会

如上节所述,在公司发展的早期,股东大会拥有广泛的权力。判例法认为,当公司法或公司章程对于某一项公司权力的行使主体没有规定或规定不清时,此项权力就由股东大会行使。② 但是,随着公司的发展,董事会的角色日益强大,促使越来越多的公司章程作出相反的规定:除了公司法和章程明确规定的由股东大会行使的特定权力之外,董事会可以行使其他所有的公司权力。《澳大利亚公司法》第198A条顺应时势,将这种现实中普遍采用的章程条款提炼出来,成为一条可替代规则,在公司章程没有明确规定时缺省适用。由于公司法和章程通常只规定了数量非常有限的必须由股东大会行使的特定权力,因此,作为一项兜底条款,第198A条对于董事会与股东大会之间的权力分配问题具有举足轻重的作用。

一、股东大会的权力

在澳大利亚,公司法明确规定的股东大会权力主要涉及以下几方面:(1)公司的基本构架;(2)资本结构;(3)董事会组成;(4)其他一些重大的公司事务。具言之,第一,在基本构架方面,股东大会可以更改公司名称,制定和修改公司章程,以及改变公司类型等。第二,在公司资本方面,股东大会有权减少公司资本,审批股份回购计划等。③ 另外,股东大会可以决定股份的转换问题,比如将优先股转为普通股。第三,在董事会组成方面,股东大会有权任免董事,并决定董事的薪酬。因此,虽然股东大会没有直接的公司经营权,但是,股东能够通过董事会组成方面的权力间接影响公司的经营。第四,在某些特殊场合,比如,涉及重大公司事务,或董事会存在利益冲突问题而不能决策,或出于股东利益保护的需要等,公司法规定股东大会具有审批权。这些场合包括,任免公司的审计人员;公司解散和关联交易等。

对于上述股东大会的特定权力,需要指出两点。第一,在很多情况下,这些权力的行使都需要特别决议,即超过75％以上的投票通过的决议。第二,上述权力只是公司法明确规定的权力,公司章程可以赋予股东大会更多的权力。另外,在某些情况

---

① 如果此问题导致董事会议无法满足最低出席人数的要求,那么,董事就可以召集股东大会。

② See e. g., Clifton v. Mount Ltd. (1940) 40 SR (NSW) 31 at 44.

③ 需要指出,董事会通常有权决定股份发行问题。

下,股东大会可以代行董事会的权力,比如,当董事会出现僵局或无法满足法定人数要求而不能进行决策时。学者们通常将公司法和公司章程赋予股东大会的权力称为原设权力(original powers),而将代行的本属于董事会的权力称为剩余权力(residual powers)。下文将首先从判例法角度讨论股东大会原设权力被日益侵蚀的发展历程,然后考量股东大会的剩余权力范围,即股东大会在何种情况下可以代行董事会的权力。

(一)股东大会的原设权利

在公司发展早期,公司意志通过股东大会的决议得以表达,股东大会的决议对于公司具有约束力,即公司管理人员必须执行决议。19世纪的通说认为,股东大会就是公司,而董事和其他管理人员就是公司的代理人;根据普通法上的代理法律关系,事无巨细,代理人都必须听从被代理人的指令。[①] 在此时期,股东频繁地通过股东大会向董事会发号施令,干预和控制董事会的经营行为。随着时代变迁,公司规模越来越大,商业行为也越来越复杂,从而公司管理的专业性和效率性日臻重要,董事会的地位相应崛起。在这种情况下,以股东大会为中心的公司治理模式难以适应,逐渐被以董事会为中心的治理模式取而代之。其结果是,股东大会拥有的权力日益缩减,除了一些重大的特定权力之外,公司的主要经营权都转移到董事会手中,股东大会不得随意干预,从而最终实现了公司所有权与经营权的分离,成为公司发展的现代化标志。

判例法见证了上述的公司法历史转变。在1906年的 *Automatic Self-Cleansing Filter Syndicate Co. Ltd. v. Cuninghame* 一案中,[②]原告是一家公司的股东,他联合其他股东在股东大会上通过一项普通决议,让公司向另外一家公司出售资产,然后要求董事会予以执行。公司董事会认为该项交易不符合公司的最佳利益,从而拒绝执行该股东决议。因此,原告向法院起诉,要求董事会执行股东决议。该公司的章程规定,董事会具有公司经营权,包括出售或以其他方式处置公司资产的权力,但是,股东可以通过特别决议干预这些权力,并可以在董事任期届满之前罢免董事。

法院首先明确地驳斥了将股东与董事的关系简单地类比为代理关系的观点,认为董事能否拥有独立的权力,应当取决于公司章程的规定。公司章程是股东之间的契约,股东必须遵守章程条款。由于公司章程已经将经营权赋予了董事会,股东就不能随意干预公司的经营管理。如果股东不满董事的表现,比如董事具有不当行为等,股东可以通过特别决议进行罢免。反之,倘若股东可以通过普通决议参与公司管理,

---

① See e. g. , Isle of Wight Railway Co. v. Tahourdin(1884)25 Ch D 320,at 329;Exeter and Crediton Railway Co. v. Buller(1847)16 LJ Ch 449.

② (1906)2 Ch 34 Court of Appeal,England and Wales.

那么,章程赋予董事会的经营权岂不成为一纸空文,通过特别决议罢免董事的规定又意义何在?法院进而认为,如果大股东可以无视章程规定而通过普通决议干预公司管理,就可能侵犯小股东的利益,因此,最终判决原告败诉。

三年后,在 *Marshall's Valve Gear Co. Ltd. v. Manning Wardle & Co. Ltd.* 一案中,①法院进一步阐明了上述立场。与上案不同,本案中的公司章程规定股东可以通过决议(而不是特别决议)指导董事会的经营行为。本案中的公司具有四个股东,同时也都是董事,其中一个股东 Marshall 以专利入股,并占有大多数股份,但不是特别多数,从而不足以通过特别决议。其他三个股东后来成立了一家新的公司,生产与本公司类似的产品,并申请了新的专利。Marshall 认为这侵犯了本公司的专利权,要求公司提起诉讼,但是,其他三个股东在董事会上反对,拒绝让公司起诉。由于公司是专利权的拥有者,Marshall 只好独自以公司名义起诉。其他三个股东向法院申请驳回起诉,认为诉讼权属于公司董事会,股东不能干涉董事会的权力。

法院认为,由于 Marshall 拥有大多数股份,他能够独自在股东大会上通过普通决议,因此,公司没有必要召开股东大会,Marshall 的行为可以推定获得了普通决议的支持。根据公司章程,股东可以通过普通决议干预公司的管理,从而 Marshall 就有权要求公司董事会以公司名义起诉。法院的基本观点是,除非公司章程等另有规定,公司股东对于公司事务具有最终的决定权,可以通过股东大会控制公司的经营。比如,在上述的 *Cunninghame* 一案中,公司章程规定股东只能通过特别决议参与公司管理,那么,股东就不能通过普通决议向董事会发号施令。

这个判决引起了很大争议。有些学者认为,本案让 Marshall 起诉的结果是正确的,但其法律推理存在问题,理由在于,法院认为股东对于公司事务具有最终决定权的基本观点实际上否认了董事会的独立性。这些学者提出,董事会应当具有独立性,不能让股东随意干预董事会的决策;本案中的问题完全可以通过其他机制予以解决,比如,关联董事的投票回避义务,这样,公司中的其他三个董事就不能在董事会上投票,Marshall 就可以让董事会作出起诉的决定,从而达到同样的效果。当然,另外一些学者支持法院的推理,认为法院正确地诠释了股东与董事的关系和公司章程的效力。从历史的角度看,这场争论反映了当时公司法从股东大会中心主义到董事会中心主义发展过程中痛苦的思想嬗变和路线抉择,具有明显的时代特征。现代公司法已经确立了董事会中心主义,股东大会的角色非常有限,公司章程也通常将公司经营权赋予董事会,很少出现类似本案中允许股东通过普通决议干预董事会决策的情况,因此,上述争论已经没有太大的现实意义,但是,它对于理解公司法的历史演变轨迹

---

① （1909）1 Ch 267 Chancery Division.

仍然非常重要。

1935 年的 *John Shaw & Sons（Salford）Ltd. v. Shaw* 一案[①]最终确立了董事会权力的独立性，表明了公司法已经基本上进入了董事会中心主义的时代。本案中，公司章程明确地将公司经营权赋予董事会，而且没有规定股东可以通过普通决议或特殊决议干预董事会的决策。董事会向法院提起诉讼，要求两名股东偿还他们的公司欠款。这两名股东在股东大会上通过决议要求董事会撤回起诉，遭到董事会的拒绝，从而以股东大会的决议为由向法院申请驳回起诉。法院认为，如果公司章程已经将经营权赋予了董事会，那么，董事会就可以独立地行使该权力，股东大会不得随意干预。股东大会可以影响董事会权力行使的唯一途径就是修改公司章程，或者罢免董事。总言之，股东自己不能越俎代庖，直接干预公司章程赋予董事会的权力。

（二）股东大会的剩余权力

如上所述，公司法和公司章程授予股东大会的原设权力日益缩小，权力中心向董事会转移，董事会的权力行使具有独立性，股东大会不得随意进行干预。但是，在某些情况下，股东大会可以代行或者影响董事会的权力行使，这些权力统称为股东大会的剩余权力。

第一，在某些情况下，股东大会可以代行董事会的权力。这些情形主要包括：(1)董事之间发生争执导致董事会出现僵局；(2)由于种种原因，比如，董事生病、休假或存在利益冲突而需要回避等，董事会的召开达不到法定人数要求。[②] 但是，2003 年澳大利亚的一个判例认为，即使在上述情况下，股东大会也不能直接行使公司经营权，而应当通过任命或罢免董事的方式解决董事会无法正常运行的问题。[③] 换言之，股东大会的权力应当限于董事会的重组，而不能直接管理公司事务，公司的经营权必须由董事会独立行使。显然，上述两种做法都可以解决董事会无法正常运行的问题，但是，比较而言，后者体现了更为强烈的董事会中心主义色彩，几乎将董事会的权力绝对化，视为董事会的禁脔，而股东大会不得染指。

第二，对于董事超越权限或滥用权力而作出的经营行为，股东大会有权进行事后的审查，从而间接地参与公司管理。需要指出，股东大会并不能事后批准所有的董事不当行使权力的行为或违反信义义务的行为。比如，普通法上的勤勉义务的违反通常可以事后批准，但是，忠实义务的违反就需要视情况而定。[④] 当然，如果董事的越权

---

① (1935) 2 KB 113 Court of Appeal，England and Wales.

② See e. g. , Barron v. Potter (1914) 1 Ch 895；Foster v. Foster (1916) 1 Ch 532.

③ Massy v. Wales (2003) NSWCA 212.

④ 关于股东大会事后批准董事义务违反行为的详细讨论，参见第三编第四章第二节。

行为没有违反信义义务,那么,股东大会可以通过普通决议进行事后批准。①

第三,在某些情况下,股东大会有权以公司名义提起诉讼。通常而言,以公司名义提起诉讼的权力属于董事会,但是,倘若公司具有诉由而董事拒绝起诉,如之奈何? 后面章节将要述及,在某些情况中,股东个人能够以公司名义提起派生诉讼。② 然而,对于股东大会是否有权以公司名义起诉的问题,判例法上存在争论。早期的判例法持赞同观点,比如,在上面讨论的 1909 年的 *Marshall's Valve Gear Co. Ltd. v. Manning Wardle & Co. Ltd.* 一案中,法院认为股东大会可以代表公司提起诉讼;③ 1975 年的 *Alexander Ward & Co. Ltd. v. Samyang Navigation Co. Ltd.* 一案再次肯定了上述立场,认为当董事会怠于提起诉讼时,股东大会就可以行使诉权。④ 但是,近来的判例似乎意见相左,比如,在 2003 年的 *Massey v. Wales* 一案中,新南威尔士州上诉法院认为,股东大会不能直接行使公司的经营权,包括以公司名义提起诉讼的权力。⑤ 这使得股东大会的诉讼提起权笼罩上了一片乌云,变得不甚明朗。

股东大会剩余权力的最后一个来源是所谓的"非正式公司行为规则"(informal corporate acts doctrine)。⑥ 根据该规则,如果一项公司事务属于董事会的权限,而董事会没有对该事务的处理作出决策,或决策无效,但是,公司的所有股东都一致同意该事务的处理,那么,该事务的处理最终有效。换言之,股东的全体一致意见(unanimity)对于公司具有约束力。这个规则对于小型的私人公司非常重要,原因在于,第一,这些公司的内部治理通常比较松散,容易出现不按程序办事的问题,导致董事会或股东大会的决策过程存在瑕疵;第二,股东大会的召开程序非常烦琐,成本高昂,对于股东人数相对较少的小型私人公司而言尤为如此。

在 *Re Express Engineering Works Ltd.* 一案中,⑦一家私人公司拥有 5 个股东,他们也全部都是董事。作为董事,这 5 个人举行了董事会会议,一致决定让公司从他们那儿购买一些资产,而公司向他们发行债券作为支付方式。根据公司章程,董事不能对于自己具有利益冲突的事项进行投票。后来公司破产,清算人认为上述债券的发行无效,因为参加会议的董事具有利益冲突;清算人同时承认,那些董事不存在故意欺诈后来的股东或债权人的问题。法院认为,本案中的 5 个董事也是公司的全部股

---

① Irvine v. Union Bank of Australia (1887) 2 App Cas 366;Grant v. United Kingdom Switchback Railway Co. (1888) 40 Ch D 135.

② 参见第三编第四章第三节。

③ (1909) 1 Ch 267 Chancery Division.

④ (1975) 1 WLR 673.

⑤ (2003) NSWCA 212.

⑥ See Salomon v. Salomon & Co. Ltd. (1897) AC 22 House of Lords at 57 per Lord Davey.

⑦ (1920) 1 Ch 466 Court of Appeal,England and Wales.

东,因此,那个会议既是董事会会议,又可视为股东会议。虽然董事会的决议无效,但是,由于全体股东一致同意了上述交易,故而其最终有效。

在 *Parker and Cooper Ltd. v. Reading* 一案中,[①]法院进一步阐述了股东达成全体一致同意的灵活性。本案中,由于公司无法从银行获得贷款,董事 Reading 先生通过董事会决议让公司向自己借款。后来公司破产,清算人认为该项交易无效,因为该董事的任命程序存在瑕疵。被告 Reading 先生不承认自己的任命程序有问题,但其主要抗辩理由是,上述交易是公司的内部事务,获得了公司全体股东的一致同意。法院发现,虽然该公司的股东没有召开任何正式的会议讨论上述交易,但是,他们每个人都先后表示同意该交易。该交易属于公司内部事务,信息披露充分,不存在欺诈情形,而且,该交易实际上有利于公司。因此,法院最终判决交易有效。

Re Duomatic Ltd. 一案讨论了全体股东一致同意的规则是否适用于诸如优先股股东等无投票权股东的问题。[②] 在本案中,公司的具有表决权的普通股东都分别私下同意了董事的薪酬问题,但是,该事项没有征询优先股股东的意见,优先股股东随后以公司没有召开股东大会为由提起诉讼。法院认为,虽然公司没有召开正式的股东大会,但是,普通股股东都一致同意了董事薪酬问题,这种全体一致的同意可以视为股东大会的决议,对于公司具有约束力。由于优先股股东没有参加股东大会对于该事项进行讨论和投票的权利,因此,股东大会的举行与否对于优先股股东的权益没有影响。

需要注意,上案中的关键之处在于,优先股股东对于争议事项没有出席股东大会的权利。如果某些股东有权参加股东大会并参与讨论,那么,即使他们没有投票权,公司也需要召开股东大会并征询他们的意见。*Re Compaction Systems Pty Ltd.* 就是这方面的一个典型判例。[③] 在此案中,Omino 与 McDonald 都是公司的股东,后者没有投票权,但享有出席股东大会并发言的权利。Omino 独自召开股东大会,决定解散公司,而没有通知 McDonald 出席会议。McDonald 向法院起诉,法院认为,虽然McDonald 没有最终的投票权,但是,他享有的出席会议并发言的权利非常重要。会议的出席权和发言权能够影响会议的讨论进程,有时甚至对于最终结果具有决定性作用。法院因而判决 McDonald 胜诉。

另外,在"非正式公司行为规则"下,股东的同意既可以是明示的,也可以是默示的。在 *Ho Tung v. Man On Insurance Co. Ltd.* 一案中,[④]一家香港公司制定了章程,

---

① (1926) Ch 975 Chancery Division.

② (1969) 2 Ch 365 Chancery Division.

③ (1976) 2 ACLR 135 Supreme Court of New South Wales.

④ (1902) AC 232 Privy Council.

并在随后的经营中使用和遵守该章程,但是,19 年后发现,公司股东实际上并没有按照法律规定在章程上签字。根据章程,董事会有权拒绝登记股权转让。一名股东的股权转让遭到董事会拒绝,该股东以章程没有股东签字从而无效的理由起诉。香港最高法院认为章程有效,该股东上诉到英国枢密院。戴维勋爵认为,虽然公司章程没有严格地按照法律规定让股东签名,但公司在长达 19 年的时间内一直在使用和遵循该章程。在这种情况下,该章程可以被推认为已经获得所有股东的同意,从而是有效的。

在 *Herrman v. Simon* 一案中,①法院进一步阐述了上述判例中关于全体股东一致同意等同于股东大会决议的法理基础和限制条件。本案涉及的争议事项是对于公司章程的修改,此修改的最终效果不甚明朗,有可能影响某些股东的权利。按照公司法规定,如果公司章程修改会影响某些类别的股东的权利,就需要让这些受影响的股东单独召开会议,并获得他们的同意。由于公司没有遵循这一规则,受影响的股东就提起诉讼。被告辩称,既然所有股东都同意了公司章程修改,那么,无论公司章程修改是否影响某些股东的权利,无论公司法上的程序规定是否被遵守,根据股东全体同意的规则,该章程修改都应当有效。法院认为,股东全体同意的规则实际上只是一个免除召开股东大会程序条件的规则,而不能用来影响实体的权利。该规则的意义在于,由于股东大会的召开程序复杂,费钱耗时,因此,公司可以通过非正式的股东全体同意处理公司事务,此规则不会影响最终的实体结果,即股东全体同意的结果与公司正式召开股东大会的结果应当是一致的。换言之,根据该规则,股东全体同意的做法与召开股东大会应当"殊途同归",但前者省却了繁琐的程序条件,从而为公司事务的处理提供了一个更为经济和高效的替代方案。为了实现此目的,股东全体同意的获得必须建立在信息充分披露和股东自由决策的基础上。本案中,公司章程修改的实际效果不清,信息披露不足,股东在表示同意时存在误解,因此,股东全体同意的规则不适用,法院最终判定公司章程修改无效。

除了上述的信息披露问题之外,股东全体同意规则还有一个非常重要的限制。此规则的适用前提是公司股东是主要的利益相关人,从而有权处理公司事务,但是,在某些情况下,比如公司处于破产状况中,董事会有义务考虑债权人的利益,股东无权免除董事的上述义务违反行为。在 *Kinsela v. Russel Kinsela Pty Ltd.*（*In Liq*）一案中,②涉案公司濒临破产边缘,股东同意公司将资产出租给董事,三个月后,公司宣告破产,清算人要求法院判定上述的租约无效。被告辩称,股东在信息披露充分的基

---

① 　(1990) 4 ACSR 81 Court of Appeal of the Supreme Court of New South Wales.

② 　(1986) 4 NSWLR 722 Court of Appeal of the Supreme Court of New South Wales.

础上全体同意了这一交易,因此交易应当有效。但是,新南威尔士州最高法院认为,股东全体同意的规则不适用于上述情况,原因在于,此时债权人的利益成为主要保护对象,从而股东不能全权处理公司事务。

应当指出,由于上述的"非正式公司行为规则"主要是通过判例法发展的,而且,仍然处于发展之中,因此,该规则存在一些尚待明确之处。第一,该规则的适用范围问题仍有争议。如上所述,该规则允许股东通过非正式的全体同意替代正式的股东大会程序,从而提供一个更为便捷和经济的公司决策机制,同时也可以弥补董事会和股东大会的某些程序性瑕疵问题。因此,有些学者认为,该规则既适用于股东大会剩余权力的场合,又适用于股东大会原设权力的场合。换言之,股东全体同意的事项既可以是董事会的权限,也可以是股东大会的权限。

第二,根据该规则,股东必须全体一致同意,因此,现实中此规则主要适用于股东人数较少的小型私人公司。但是,该规则能否适用于人数较多的公众公司甚至上市公司呢?通常情况下似乎不太现实,不过,上文提到的 *Ho Tung v. Man On Insurance Co. Ltd.* 一案关于股东默认同意的判定提供了一种可能。如果股东默认同意,股东人数就不是重大问题。

第三,股东全体同意的做法能否规避公司法的某些法定程序,比如,股东权利改变或公司减资等方面的规定。在上述的 *Herrman v. Simon* 一案中,如果公司章程修改的信息披露充分,所有股东都真正同意,是否就不必再考虑公司法的相关规定呢?当然,从现实角度看,如果股东都真正同意,就说明所有人的利益都得到了充分考虑,通常也不会有人在后来提起诉讼,因此,再考虑公司法的其他相关规定似乎没有必要。不过,如果有的股东当初同意,但后来反悔,又以公司没有遵循法定程序诉诸法院,如何处理?多数学者认为,这种情况应当适用衡平法上"禁反言"的规则(equitable estoppel),不允许当初同意的股东后来反悔。

第四,对于股东全体同意规则的限制条件,尚有不明之处。比如,在上述的 *Kinsela v. Russel Kinsela Pty Ltd.*(*In Liq*)一案中,涉案公司的破产问题很明显,因此,法院没有进一步阐述公司董事究竟在何种情况下应当考虑债权人利益。由于法院没有对此限制条件给出明确的标准,从而增加了现实中适用的不确定性。此限制条件使得法院不得不事后判断公司的经营行为,包括财务状况和风险水平等,这些商业事务通常是法官不愿意也无能力进行判定的问题。

二、股东大会的运行

(一) 概述

通常而言,股东大会的运行方式就是召集和举行会议,并在会议上投票通过决议,决议包括普通决议(ordinary resolution)和特殊决议(special resolution)。此过程必须遵守相关的程序性规定,以保证股东大会决议的公正性。这些程序性规则数量很大,相当繁杂,涉及股东大会运行的各个方面,比如,会议的召集、举行、会议通知和信息披露以及投票机制等。需要指出,这些程序性规则的重要性不尽相同,从而其违反的法律效果也不一样。有些规则的违反会导致股东决议的无效,但是,在某些情况下,程序方面的瑕疵可以通过法院的命令进行事后补救,而不必然导致决议的无效。根据《公司法》第1322条,如果程序性瑕疵没有导致实质性的不公正(substantial injustice),法院就可以发布命令,宣告决议自始有效或附带条件地有效。①

如前所述,从历史的角度看,公司法经历了一个从股东大会中心主义到董事会中心主义的演变。这个演变与股东大会的运行机制在某种程度上类似于"鸡生蛋和蛋生鸡"互为因果的关系。一方面,股东大会运行的低效率和高成本问题是导致股东大会角色日益衰落的缘由;另一方面,股东大会的角色转变又反过来影响了其运行机制的设计。在现代大型公司中,股东人数众多,股权非常分散,使得股东大会的运行非常困难,股东参与的积极性也不高。针对这些问题,公司法创设了投票权代理机制(proxy voting mechanism),并且,随着现代通信科技的发展,允许股东大会通过电话、视频和互联网等方式进行。这些法律和科技创新极大地提高了股东大会的运行效率,使得现代公司法需要重新审视股东大会的角色定位问题。

在澳大利亚,股东大会包括年度股东大会(annual general meeting),特别股东大会(extraordinary general meeting)和某些类别的股东大会(class meeting)。对于公众公司而言(只有一个股东的公众公司除外),年度股东大会必须每年至少举行一次,而且,举行时间应当在财政年度结束之后的五个月内。私人公司则没有这方面的强制性规定。在年度股东大会上,会议事项通常包括:(1)审议公司的各种报告,比如年度财务报告、董事报告和审计报告等;(2)选举董事;(3)任命公司的审计人员;(4)确定公司审计人员的薪酬。在年度股东大会之外,公司可以根据情况需要举行特别股东大会,比如,讨论公司减资和关联交易等问题。现实中,为了减少召开股东大会的费用,公司通常会尽量把这些事项安排在年度股东大会上进行讨论。

根据公司法第2G.2部分第1节,除了召开会议之外,股东还可以利用非正式的途径通过决议。这种非正式途径只适用于一人公司和私人公司。显然,在一人公司中,股东大会没有实际意义,因此,唯一的股东自己将决议记录下来并签名即可。在股东人数超过一人的私人公司中,如果全体具有投票权的股东都在决议上签名表示

---

①　Corporations Act 2001, s 1322. 需要指出,法院的这个权力适用于公司法中所有的程序性瑕疵,而不仅限于股东大会的运行。

同意,那么,公司就可以通过决议,而不用举行正式的股东大会。这个股东全体一致同意的方式既适用于普通决议,又适用于特殊决议,但是,存在一个例外,即不适用于罢免公司审计人员的决议。① 需要指出,股东全体一致同意必须建立在信息披露充分的基础上。这个股东利用非正式途径通过决议的法定规则与前文所述的判例法上的"非正式公司行为规则"完全一致,体现了"非正式公司行为规则"适用范围的扩张性。

(二)股东大会的召集

在澳大利亚,股东大会的召集方式主要有四种。第一,公司章程通常规定,单个的董事可以召集股东大会。这个章程规定反映在《公司法》第 249 条中,该条是一个可替代性条款,在公司章程没有明确规定时缺省适用。但是,对于上市公司而言,该条是强制性条款。

第二,公司董事会可以召集股东大会,这是现实中股东大会召集的最主要方式。董事会通常先作出决议,然后让公司秘书发出股东大会通知。

第三,股东有权召集股东大会,其途径可细分为两种。第一种途径是,持有 5% 以上投票权的股东可以自行召集股东大会,会议的费用由该股东承担。这种召集方式通常适用于以下两种情况:一个是董事拒绝召集股东大会;另一个是股东希望自己能够选择会议召开的时间和地点。第二种途径是,持有 5% 以上投票权的股东或 100 个以上的具有投票权的股东可以强制要求(requisition)董事会召集股东大会,会议举行的相关费用由公司承担。在接到股东的请求后,董事必须在 21 天内发出召开股东大会的通知,股东大会的召开日期不得迟于股东请求之日的两个月后。如果董事拒绝股东的请求,发出请求的股东就可以自行召集股东大会,要求公司提供股东名册并承担相关的会议费用。董事会全体成员对于会议费用承担连带责任,公司可以向董事追偿这些费用,除非董事个人能够证明自己已经竭尽所能督促董事会遵守其召集股东大会的义务。

关于股东强制要求召集股东大会的权力,需要指出两点。首先,其召集权力的适用标准存在争议。第 249D 条只是授权 100 个以上的表决权股东发出请求,而没有规定这些股东的最低持股比例,因此,很多学者认为,这可能会导致该模式被滥用,在股东人数众多、股权高度分散的上市公司尤其如此。现实中,很多大型公司都要求进行立法改革,激进派主张废除上述的 100 个股东的标准,只保留 5% 表决权的标准;温和派认为人数标准可以保留,但应当提高,或者增加规定股东的最低持股比例。②

---

① Corporations Act 2001, s 249A(1).

② 很多其他英美法系国家,比如美国和英国等,只规定了股东表决权标准,具体比例从 5% 到 20% 不等。

2000 年,澳大利亚联邦上议院拒绝了废除股东人数标准的做法,但是,大公司游说国会进行立法改革的努力一直没有停止,促使联邦政府在 2005 年再次提出了废除股东人数标准的讨论稿,后来由于政府更迭,至今尚无下文。

其次,股东在行使股东大会召集权时必须是出于善意和正当目的,股东大会的召开时间和地点应当合理。根据判例法,正当目的是指股东希望召集股东大会通过相关决议,而不是利用股东大会骚扰董事和公司。① 在股东行使股东大会召集权时,股东被视为公司的"准管理人员"(quasi-official),从而负有类似于董事义务的信义义务。当然,现实中,股东在行使上述权力时的善意与否有时很难判断,或者股东兼有通过决议和骚扰董事的双重目的。在 *NRMA Limited v. Scandrett* 一案中,法院认为,只要股东召集股东大会的目的是通过决议,那么,其权力行使就属正当,至于股东是出于自我利益抑或不当意图,在所不问。②

根据上述正当目的的原则,股东通常不能强制要求召集股东大会讨论一个处于股东大会权力之外的事项,因为股东这样做的目的显然不是通过决议,而是骚扰董事。但是,需要注意,在其他一些英美法系国家,比如英国,股东可以对于股东大会权力之外的事项进行讨论并通过决议。这种决议只是建议性的,对于公司和董事会没有约束力,但是,这种决议表达了股东的民意,对于董事会的决策具有一定的影响力。总体而言,澳大利亚公司法没有采用这个做法,担心它会导致股东大会和董事会之间权限不明,股东滥用股东大会机制去过度干预董事会事务,削弱董事会的独立性等问题。③ 但是,澳大利亚公司法在 2004 年作出了一个例外,规定在上市公司的年度会议上,董事会必须制作公司的薪酬报告,披露公司中薪酬最高的五位高管人员的有关情况,然后让股东对此报告进行评议并投票通过决议。此决议只是建议性的,对于公司和董事会没有约束力。学者对此例外规定的反应不一,有人批评它模糊了股东大会和董事会的角色分工,不利于董事会在设定高管人员薪酬方面的权力行使和责任追究;其他人则肯定其积极意义,认为它具有事前防范和体现股东监督的重要作用。

股东大会召集的最后一种方式就是法院发布命令。任何具有表决权的股东和董事都可以向法院申请发布召集股东大会的命令。在 *Re EI Sombrero Ltd.* 一案中,④公司一共有三个股东,一个股东持股 90%,另两个股东同时也是董事,分别持股 5%。

---

① See e. g. , Adams v. Adhesives Ltd. (1932) 32 SR (NSW) 398, at 401; Humes Ltd. v. Unity APA Ltd. (1987) 11 ACLR 641, at 646; Australian Innovation Ltd. v. Petrovsky (1996) 21 ACSR 218.

② (2002) NSWSC 1123.

③ Companies and Securities Advisory Committee, *Shareholder Participation in the Modern Listed Public Company*, *Discussion Paper* (1999), paras 3.3.1.

④ (1958) 3 All ER 1.

公司章程规定股东大会必须至少有两个股东出席,否则无效。那两个身兼董事的股东拒绝以董事名义召集股东大会;在第三个股东按照上文所述规则自行召集股东大会后,他们又故意不参加会议,导致会议无法满足公司章程规定的最低人数要求。因此,第三个股东请求法院发布命令。法院认为,本案中的申请人股东有权行使自己的股东权利,由于其他两个股东兼董事不当地阻止这种权利的行使,法院应当介入,从而发布命令要求公司召开股东大会。

在决定召集股东大会之后,公司需要向股东发出会议通知。根据《公司法》第249H条,股东大会的通知必须至少提前21天作出,公司章程可以规定更长的提前通知日期。该规则存在两个例外情形。第一,对于上市公司而言,股东大会的提前通知日期至少为28天。第二,对于年度股东大会,如果全体股东一致同意,会议的提前通知日期可以缩短;对于特别股东大会,如果持有投票权95%以上的股东同意,会议的提前通知日期可以缩短。在上述情况下,股东在股东大会正式开始前表示同意即可。需要注意,这个缩短会议通知日期的例外规定不适用于公众公司股东大会讨论任命或罢免董事的场合,也不适用于任何公司股东大会讨论任命或罢免审计人员的情形。这个排除性规则的意义在于,防止公司股东搞突然袭击,让董事或审计人员有充分时间应对股东大会的任命或罢免提案。

公司法还详细规定了会议通知的送达方式和内容要求。会议通知必须分别送达每个有表决权的股东,公司章程可以规定会议通知送达其他人员,比如无表决权股东。根据公司法,会议通知还必须送达公司董事和审计人员。会议通知的送达方式很灵活,可以采用各种通信方式,比如专人传信、邮局、传真和电子邮件等。在内容方面,会议通知必须明确给出会议的召开时间和地点、股东大会的议事日程、将要讨论的特殊决议的内容,以及告知股东可以委托他人进行投票等事项。总体而言,会议通知的信息内容必须充分完整,简明清晰,不能具有误导性和欺诈性,否则,可能导致会议的召开无效。[1]

(三) 股东大会的召开

在股东大会上,股东投票通过的决议分为两种,普通决议和特殊决议。普通决议的通过只需要半数以上的投票同意,而特殊决议需要75%以上的投票同意。持有投票权5%以上的股东或100名以上的有投票权股东可以要求公司在股东大会的议事日程中加入自己的提案,而且,有权要求公司向全体股东送发关于提案的相关资料。如果上述股东及时向公司提交自己的议案和相关资料,公司就可以将它们连同会议

---

[1] See e.g., Fraser v. NRMA Holdings Ltd. (1995) 127 ALR 543 Federal Court of Australia (Full Court).

通知一并送发给全体股东,相应费用都由公司承担,否则,提出要求的股东需要自负费用。在澳大利亚,现实中股东自己提出议案的情况很少,通常都是董事会提出议案。相对而言,美国公司中股东议案较为多见,股东经常利用该机制公开质询和商讨公司的运营和管理问题。

股东大会的举行方式很灵活。根据情况需要,公司既可以举行传统的会议,也可以借助现代通信技术在异地进行股东大会,比如,通过电话、视频和互联网等方式在多个地点同时进行远程会议。通常而言,股东大会的最低出席人数为两人,除非公司章程另有规定。如果会议达不到最低人数标准,会议就需要延期(adjourn),董事决定新的会议时间和地点;如果在新的会议时间仍然不满足最低人数标准,则会议解散(dissolve)。现实中,董事会通常提前选举一人作为股东大会的主席,否则,股东可以自己选举。

股东通过投票进行决策,因此,投票机制非常重要。从法经济学的角度看,股东投票机制主要有两个功能:一方面,股东对于公司管理层进行监督,从而减少代理成本;另一方面,根据公司契约论,公司本质上就是一些契约关系的结合。由于种种原因,这些契约关系的条款不可能完备,股东的投票机制可以在事后填补公司契约中的空白。① 通常而言,股东大会的表决方式有两种,一种是一人一票的举手表决(a show of hands);另一种是一股一票的投票表决(poll)。股东大会的主席除了自己作为普通股东享有的投票权之外,还可以在赞成票与反对票相同时投决定票(casting vote)。当然,公司章程可以另行规定,但是,对于上市公司而言,必须采用一股一票的投票表决方式。②

根据《可替代性条款》第250J条,股东决议的默认表决方式为举手表决。5个以上的表决权股东、持有表决权5%以上的股东或会议主席有权要求以投票方式进行表决,除非公司章程另有规定。根据第250K条,除了两个例外,任何的股东决议都可以要求采用投票方式。这两个例外是会议主席的选举和会议的延期。股东可以在任何时候要求以投票方式表决,包括在一项决议的举手表决结果出来之后。如果一项决议先以举手方式表决,后来又以投票方式表决,那么,最终表决结果以投票方式为准。

最后,需要讨论一下代理投票规则。对于人数众多、股权分散的现代大型公司而言,代理投票机制非常重要。一方面,由于股东的集体行动问题和"搭便车"心理,股东的投票积极性不高,导致投票机制难以有效发挥作用。另一方面,如果股东都参加

---

① See e. g., Frank H. Easterbrook and Daniel R. Fischel, *The Economic Structure of Corporate Law* (1991), p. 68.

② ASX, *Listing Rules*, rr6. 8, 6. 9.

会议,公司可能很难找到能够容纳所有股东的会议场所,而且,即使能够找到,也不经济。根据第 249 条,股东可以自由任命投票代理人,如果股东享有两个或两个以上的投票权,他还可以将其投票权分配给多个投票代理人。至于投票代理人是否为股东,并非所问。需要注意,该条款对于公众公司是强制性规定,但是,私人公司可以通过章程进行修改。一旦投票代理人被任命,该代理人就可以像股东一样参加会议,进行辩论和参与投票,但是,公司章程可以限制代理人在举手表决中的表决权,在这种情况下,代理人可以要求会议采用投票表决方式。

现实中,股东自己主动任命投票代理人的情况比较少,更常见的情况是其他人(比如,其他股东或董事)向股东请求授予投票代理权(proxy solicitation),有时甚至可能演变成激烈的投票代理权争夺战。总体而言,澳大利亚公司中代理投票机制的使用率低于美国和英国,[①]与此相应,澳大利亚对于表决权代理请求问题的法律规定比较简单和宽松。董事有权向股东请求授予投票代理权,相关请求费用由公司承担,而董事行使该权力的唯一约束就是董事义务规则,比如,董事在行使该权力时不能让公司承担过高的费用等。另外,公司不能选择性地请求股东的投票代理权。如果公司向一个股东发出请求,就必须向所有股东发出请求。请求书可以写明代理人将如何行使投票代理权,但是,在上市公司中,请求书必须让股东自己对于每项决议的表决进行选择,比如,赞成还是反对,而不是让代理人全权决定如何表决。

投票代理权请求机制存在一些争议。根据第 250A 条,如果股东将投票代理权授予会议主席之外的人,那么,代理人没有义务必须行使这些投票权,但是,如果他们选择行使,就必须遵照股东的指令。换言之,代理人有权利而不是义务行使请求获得的投票权,毕竟这些投票权是代理人请求获得的,从而拥有一定的自由裁量空间。因此,代理人可以对于请求获得的投票权根据情况进行相关处理:代理人可能根本不行使请求获得的投票权;或者有选择性地行使投票权,只行使那些股东让他们全权决定或股东指令符合自己利益的投票权。比如,上文所述,上市公司股东在请求书中需要对于相关事项进行表决,代理人就可能会只记入那些符合自己利益的表决结果,并在股东大会上予以行使,而将进行相反表决的请求书束之高阁。另外,投票代理权请求书的信息披露问题也饱受诟病。现实中,很多股东对于投票代理权机制理解不清,误认为代理人有义务按照他们的指令行使投票权,而不知道代理人实际上对于投票权的行使具有自由裁量权。

---

① G Stapledon, S Easterbrook, P Bennett & I Ramsay, *Proxy Voting in Australia's Largest Companies* (Research Report, Center for Corporate Law and Securities Regulation, University of Melbourne, 2000), pp. vii-viii.

第三章 董事义务

第一节 概 述

一、董事义务的性质

在公司法上,董事被视为公司的受信人(fiduciary),其义务也相应地定性为信义义务。19 世纪中叶,英美法系的衡平法院已经赋予董事公司受信人的法律地位,并决定其义务范围。但是,问题在于,虽然董事义务已经被确定为信义义务,但衡平法上的信义义务又细分为多种,比如信托法上的信义义务和代理法上的信义义务等,董事义务到底属于哪一种呢?抑或不属于原有任何一种而自成一派?最初,法院以信托法上的信义义务为基础构建董事义务。董事被视为受托人(trustee),承担与受托人类似的信义义务。这个做法的妥当之处在于:第一,与信托法律关系中的受托人一样,公司董事基于各方信任拥有对于公司日常事务的最终决策权,他们对外代表公司,对内掌控公司财产;第二,与受托人一样,公司董事能够代表具有利益冲突的多个受益人,包括股东、雇员、债权人和整个社区等。① 但是,这个类比也存在其不足之处。比如,董事并不像受托人那样持有公司财产的所有权,而且,董事对于公司财产的经营管理和决策在审慎度和风险性方面都与受托人存在重大不同。受托人的角色重在保守地管理财产,而董事的角色重在积极地使财产增值。

另一种做法是将董事类比为代理人(agent)。早在 1872 年,英国就有判例谈道,"董事不过是公司的受托人或代理人而已——在公司钱物管理方面是受托人,而在公司对外进行交易方面则是代理人。"② 这种类比的妥当之处在于,董事在代表公司对外进行交易时通常不承担个人责任,除非他们越权违禁。但是,其弱点在于,董事的权力在范围上远远超过传统上代理人的权力,并且,董事行使权力的独立性远大于代理人的权力行使。

---

① 正是由于此原因,这个将公司董事类比为受托人的做法近年来被公司法的"团体生产理论(team production theory)"所大力主张。后文对于此理论有进一步的讨论。

② Great Eastern Railway Co. v. Turner (1872) LR 8 Ch App 149 at 152 per Lord Selborne.

除了将董事类比为受托人或代理人两种主要做法之外,19 世纪的英国法院还试图将董事类比为其他传统的法律关系,从而方便确定董事的角色和权利义务。这些类比各种各样,难以尽数,比如,董事有时被描述为"受托管理人(mandatory)"、[①]"管理合伙人(managing partner)"[②]或"信义代理人(fiduciary agent)"。[③] 总体而言,这些类比关系的影响力都比较小。

但是,到 20 世纪之后,大家发现上述种种类比都存在缺陷,没有一种能够用以完全解决董事的权利义务问题。在 1925 年,英国判例认为,将董事义务定性为信义义务是对的,但是,几乎不可能通过类比的方法将董事义务归属为传统的信义义务类型。[④] 换言之,董事义务是一种新型的独具一格的信义义务类型,它类似于传统的信义义务,但又不同于它们之中的任何一种。因此,董事义务就是董事义务,而无需勉强地给其贴上信托义务或代理义务的标签。当然,由于董事义务与其他传统信义义务存在很多相似之处,我们还是可以将传统义务类型作为参照来理解董事义务,这实际上也正是董事义务的发展模式。如下文所述,董事义务就是以信托义务和代理义务为主要模型,参考其他信义义务的特征,再结合董事义务的特殊环境逐渐发展而成的。时至今日,董事义务已经不仅仅只适用于董事,而是已扩展到公司的高管人员。需要注意,现今的董事义务已经细分,有些义务在性质上已经不是信义义务,比如,注意和勤勉义务。[⑤]

最后,值得指出,在董事信义义务的发展过程中,秉承了两个主要指导思想。第一个就是信义义务自身的传统核心理念,即要求受信人在履行职责时绝对不得存在任何利益冲突情形。但是,这个严格标准在适用于公司董事时作了一定的放松,因为现实中公司董事通常也持有公司股票而成为公司股东。换言之,董事经常既是受信人,也是受益人。这个情况促使法院在公司董事义务中弱化了信义义务的核心理念。

---

① Overend and Gurney Co. v. Gibb (1872) LR 5 HL 480 at 486.

② Automatic Self-Cleaning Filter Syndicate Co. Ltd. v. Cuninghame (1906) 2 Ch 34 at 45.

③ Parker v. Mckenna (1874) LR 10 Ch App 96 at 124.

④ Re City Equitable Fire Insurance Co. Ltd. (1925) Ch 407 at 426.

⑤ 参见本章第二节。需要指出,这个问题实际上取决于信义义务本身的概念理解。在英美法系,信义义务是一个相当模糊的概念,内涵与外延均不清楚,而且,各个国家对此术语的使用也差异很大。比如,英国的信义义务概念比较传统,范围比较狭窄,因此,勤勉义务就不属于严格意义上的信义义务,但是,在美国,信义义务的概念已经相当宽泛,甚至包括夫妻关系、酒店中客户与服务员的关系,以及出租车司机与乘客的关系,在英国人眼里,将这些关系定性为信义关系是绝对不可接受的,因此,美国公司法通常将董事义务笼统地定性为信义义务,并包括勤勉义务和忠实义务,这样,勤勉义务自然就是信义义务。

换言之,英国与美国对于信义义务的理解不同,对于勤勉义务是否属于信义义务的问题,处理自然相应不同,当然,这一差异还体现在其他方面,比如大股东的信义义务问题。参见第七章。总体而言,澳大利亚对于信义义务问题的处理介于英国和美国之间。

第二是当事人意思自治原则,即认为可通过私下契约变更普通法和衡平法上的董事义务,比如,公司股东大会决议和章程条款。这个做法的理由在于,公司董事和股东都是理性人,能够选择最有效处理本公司代理成本问题的治理结构。需要指出,这种变更并不是适用于所有的董事义务,比如,法定的董事义务和一些忠实义务就不能私下变更。但是,到底哪些义务可以变更而哪些又不可以变更,以及变更应当遵循什么程序等,都是非常复杂的理论难点,尚无定论,在实践中经常引起混乱。后文对于董事义务的具体讨论中会涉及这个问题。

二、董事的定义

在澳大利亚公司法中,“董事”一词的范围很广,并不是仅仅限于那些被正式任命为董事的人。根据第9条,董事主要有三类,这三类董事都承担董事义务。第一类是正式被任命为董事或候补董事的人,或正式被任命为一个类似于董事职位的人。现实中,由于文化等差异,有的公司可能没有使用“董事”的称谓,而是使用诸如“总裁”(governor)、“主席”(president)或“维齐尔”(vizier,主要使用在穆斯林社区中)等称谓,虽然这些职位名称存在差异,但是,其实际职责都是一样的,因此,那些被正式任命为这些职位的人都视为董事。概言之,无论称谓如何,第一类董事都经过正式任命的程序,在现实中是常态,判断起来也比较容易。但是,另外两类董事就困难得多。

第二类董事是所谓的“事实上的董事”(de facto directors)。这些人没有经过正式任命,但是,事实上行使董事的职权。总体而言,一个人是不是事实上的董事,完全是一个事实问题,取决于该人在公司中实际扮演的角色。有时,该问题可能相对简单一点,比如,一个人的董事任期已经结束,但是,大家都忘记了此事,该人也继续作为董事而参与公司管理,该人便是事实上的董事。但是,有时该问题可能相当复杂,比如,一个人没有被任命为董事,但却行使了类似于董事的某些职权,因此,在判断此人是否为事实董事时,需要综合考虑各种相关的因素。在 *DCT v. Austin* 一案中,[①]法院认为,一个人是否为事实董事的问题并不总是黑白分明,而是一个程度的问题,需要具体情况具体分析。相关的考虑因素包括,第一,该人实际行使的职权的性质和范围。比如,这种职权是董事的核心权力,还只是附属性权力;以及该人在多大程度上行使了董事职权等。第二,公司的规模。在大型公司中,很多管理权都需要下放到董事之下的公司雇员手中,因此,在这些公司雇员行使这些带有董事性质的职权时,他们被视为事实董事的概率就小于在小型公司的情形中。第三,公司的内部架

---

① （1998）28 ACSR.

构和惯例做法。第四，与公司交易的外部人对于该人在公司中角色的感觉。如果该人的行为让外部人感觉到他就是董事，那么，这将增加他在法律上被认定为事实董事的概率。

第三类董事是所谓的"影子董事"（shadow directors）。顾名思义，这类人是躲在正式任命的董事身影后的幕后决策者，他们是公司的真正控制者，正式任命的董事按照他们的意愿和指令而管理公司。因此，与第二类董事一样，这些人没有被正式任命，但是，与第二类董事不同，他们并不直接行使董事职权和参与公司管理，而是通过正式任命的董事间接地控制公司，从此意义上讲，正式任命的董事不过是他们的傀儡而已，公司的管理决策都是他们的意志的体现和实施。[①] 由于影子董事的存在取决于这种微妙的控制关系，现实中这类董事的判断尤其困难。

通常而言，影子董事可能是公司的控股股东、母公司或母公司的董事。需要注意，虽然在澳大利亚公司不能任命为董事，但是，仍可能被认定为影子董事而承担董事义务。在 *Standard Chartered Bank of Australian Ltd. v. Antico* 一案中，[②]新南威尔士州最高法院认为，母公司不应仅仅因为其对于子公司董事会组成的控制关系而被认定为子公司的影子董事，否则，现实中大多数的母公司都会自动地被认定为子公司的影子董事。换言之，母公司对于子公司董事选举的仅仅的控制关系不足以作为认定母公司是子公司影子董事的理由，而需要更多的控制关系。在本案中，法院审查了其他相关的因素，比如，母公司在子公司中高达 42％ 的持股比例，母公司对于子公司财务报表方面的控制，母公司对于子公司的经营管理和重大决策方面的控制等，最终，法院认定该案中的母公司是子公司的影子董事。

三、董事义务体系：美国与澳大利亚之比较

在澳大利亚，为了简化法律便于适用，一般法（general law）中的董事义务已经部分地法典化。[③] 现行公司法的第 2D 章规定了一些董事义务，以补充一般法上的董事义务。这些法定义务主要包括第 180 条的注意和勤勉义务，第 181 条的善意行使权力义务，以及第 182 条和 183 条的忠实义务。根据第 184 条，除注意和勤勉义务之外，如果这些法定义务的违反是基于间接故意或直接故意，就需要追究相关人的刑事责任。总体而言，法定义务与一般法义务在内容上并无太大区别，但是，如表 1 所示，在主体范围、执行和救济等方面存在一些重大差别。

---

① Harris v. S (1976) 2 ACLR 51.

② (1995) 38 NSWLR 290 Supreme Court of New South Wales.

③ 在英美法系，一般法（general law）这个概念包括普通法（common law）和衡平法（equity）。

表 1

	一般法义务	法定义务
谁负有义务？	1. 董事 2. 其他衡平法上的受托人	1. 董事 2. 高级经理 3. 其他公司雇员
向谁负有义务？	1. 公司 2. 股东个人（在极其特殊的情况下）	公司
谁能够执行董事义务规则？	1. 公司 2. 股东直接诉讼 3. 股东派生诉讼（此诉权在 2000 年引入法定派生诉讼后被废除）	1. 公司 2. 股东派生诉讼（第 2F.1A 部分） 3. 证监会
救济方式	1. 普通法救济：违约赔偿金和侵权赔偿金（damages） 2. 衡平法救济：补偿（compensation）、撤销交易（rescission）和推定信托（constructive trust）等	1. 赔偿 2. 民事惩罚 3. 刑事责任 4. 强制解散 5. 压迫行为救济

关于表 1，需要指出两点。第一，与美国公司法上的董事义务相比，澳大利亚的董事义务在体系上更为细致。在美国，董事义务主要分为两种，一种是勤勉义务，适用于董事没有个人利益冲突的所有情形；另一种是忠实义务，适用于董事存在个人利益冲突的所有情形。但是，澳大利亚并没有采用这种简单的二分法，除了勤勉义务和忠实义务之外，还有其他义务。比如，在董事没有个人利益冲突的情形，除了勤勉义务之外，还可能需要设立董事善意行使权力的义务，一个典型情况就是，有时在股东与股东之间的利益争夺中，虽然董事没有重大的个人利益问题，谁胜谁负与董事都没有直接关系，但是，董事在处理此类问题时必须从公司最佳利益出发，善意行使权力，不得偏袒任何一方。因此，虽然都是英美法系，美国与包括澳大利亚在内的英联邦法域在董事信义义务方面存在重大不同。主要原因在于，自从美国 1776 年宣布脱离英国独立后，其公司法便开始在继承当时英国法的基础上独立发展，并渐行渐远。如前所述，董事义务本质上是信义义务，来源于普通法体系之外的衡平法，但后来英联邦法域的衡平法与普通法逐渐融合发展，衡平法院也逐渐消亡而让法院体系统合起来（比如，1875 年英国高等衡平法院正式取消），因此，英联邦法域在处理董事义务时能够统筹运用普通法和衡平法的资源，让衡平法上的信义义务保持了传统特色，并通过普通法的新设制度补充衡平法，从而在衡平法对于董事义务的传统二分法基础上逐渐衍生出其他的义务类型。相反，美国独立后的很多州一直保留了当时的衡平法和衡平法院，并坚持传统的董事义务二分法，譬如，特拉华州公司法之所以成为美国公司法

的代名词,该州著名的衡平法院(delaware court of chancery)厥功至伟,产生了很多具有里程碑意义的公司法判例。该法院成立于1792年,几百年来历久弥坚,其判决的主要依据仍是古老的信托责任中的信托概念,但是,由于缺乏普通法的襄助,其对于信托概念不得不进行创新性的扩大解释,以涵盖社会经济发展中的新情况。其结果是,美国的信义义务概念比英联邦要宽泛的多,譬如,美国对于控股股东也施加信义义务,但这个信义义务不同于英联邦中更为正宗和严格的信义义务;而对于董事的信义义务而言,美国二分法下的勤勉义务和忠实义务也与英联邦的对应概念存在重大差异。

事实上,特拉华州也一直在试图突破董事二分法,但目前尚未实现。1985年,特拉华州最高法院判决著名的 *Smith v Van Gorkom* 一案,[①]促使特拉华州议会立即修改了《特拉华普通公司法》(Delaware General Corporation Law),增加第102(b)(7)条,规定公司章程可以取消或限定董事由于违反信义义务而导致的金钱责任,但不能适用于利益冲突情形和"非善意的"行为。此后,特拉华州最高法院多次认为,根据第102(b)(7)条,董事在传统的勤勉义务和忠实义务之外,还有一个单独的"善意义务"(duty of good faith)。[②]然而,善意义务的内容到底是什么并不清楚,有人将其称为"令人困惑的、虚无缥缈的概念问题",有人认为该义务不是独立的义务,而是可以涵摄于忠实义务之中。总言之,理论上讲,善意义务的标准应当高于勤勉义务的过失或重大过失标准,但低于忠实义务的故意或自我获利标准,但在具体操作上非常困难。

相对而言,美国董事义务二分法的优点是在概念上非常清楚,易于理解,但缺点是在现实中可能执行困难。比如,如何准确把握"个人利益冲突"这一关键性标准?这个标准既包括直接的利益冲突,又包括间接的利益冲突,这使得判断董事是否存在利益冲突非常困难。由于勤勉义务与忠实义务在责任标准和责任形式上存在重大区别,因此,对于董事利益冲突存在与否的判断,将直接决定董事是否违反义务,违反何种义务,以及相应的法律责任。澳大利亚董事义务的优点则在于,对于上述模糊之处进行特别规定,设定独立的义务类型,从而消除不确定性。当然,这样做的缺点在于,从义务体系上看,可能显得比较繁琐,而且,由于这些特别义务与主要的勤勉义务和忠实义务之间的关系难以清楚界定,它们的具体适用范围并不十分明确,因此,澳大利亚的董事义务体系也难以完全消除不确定性。无论孰优孰劣,需要注意,虽然英美法系各国都有勤勉义务和忠实义务的义务类型,但是,它们的适用范围和具体含义并

---

① 488 A. 2d 858 (Del. 1985).

② E. g. , Emerald Partners, 787 A. 2d at 90;Malone v. Brincat, 722 A. 2d 5, 10 (Del. 1998);Cede & Co. v. Technicolor, Inc. , 634 A. 2d 345, 361 (Del. 1993).

不完全相同。

第二,如表 1 所示,董事通常是对于公司负有信义义务,而不是对于股东个人,债权人或其他公司参与人。但是,在非常特殊的情形中,在判例法上董事对于个人股东可能负有义务。这些特殊情形主要是涉及董事与股东之间进行股票交易,比如董事的股票内幕交易。在这方面,主要的判例是 1977 年新西兰上诉法院的 *Coleman v. Myers* 一案,[①] 后来,此判例于 1999 年被澳大利亚法院在 *Brunninghausen v. Glavanics* 一案中采纳。[②]

在 *Coleman v. Myers* 一案中,涉案公司 Campbell and Ehrenfried Co. Ltd. (简称 C & E)是一家新西兰的家族公司,公司股票被 Myers 家族的好几代人持有。Kenneth Myers 是该公司的董事长,其儿子 Douglas 是公司的执行董事,公司董事会中没有其他董事。Douglas 在其父亲的协助下,策划并实施了一个由其以现金方式收购公司其他所有股份的计划。这个现金收购的价格为每股 4.80 元,按照 Douglas 的计算,一旦收购顺利完成,公司的流动资产加上其一些固定资产的售款将足以让他偿还为收购而进行的借款,之后他就可以获得一个仍然价值数百万元的公司。为实施此计划,Douglas 成立了一个由其完全持股的一人公司,然后通过此公司向 C & E 公司发出收购要约。作为 C & E 公司的董事,Douglas 及其父亲推荐股东接受此要约,认为要约价格反映了股票的真实价值。另外,Douglas 没有披露自己拥有要约公司,以及公司具有可进行股利分配的流动资产等重大信息。因此,很多股东接受了这个要约。根据强制性收购规则,要约公司在获得一定股份后可以强制收购其余的股份。但是,那些剩余股份的持有者不愿出售股份,在知悉相关信息后,发现收购的实际结果是 Douglas 没有付出任何成本而净赚了一个公司,他们就直接起诉 Myers 父子,认为他们在收购中存在欺诈,而且违反了他们对股东个人所负有的信义义务。

法院首先重申,董事通常只向公司负有义务,然后指出,在特殊情况下也对于股东个人负有义务。但是,至于到底什么情况构成这种特殊情况,法院认为难以进行概括描述,换言之,在与股东进行股票交易时,董事对于股东个人是否负有义务的问题完全取决于具体案件的具体情况。不过,法院还是指出了一些重要的影响因素,比如,在信息方面股东对于董事的依赖程度、股东对于董事的信任、交易对于股东的重大性,以及董事对于交易的具体实施等。具体到本案,法院指出,C & E 公司完全由 Douglas 及其父亲控制,其他股东完全依赖他们提供相关信息和意见,同时由于家族公司的缘故信任他们,最后,Douglas 存在欺诈行为,没有披露重大信息。因此,法院

---

① Coleman v. Myers (1977) NZLR 225 New Zealand Court of Appeal.

② Brunninghausen v. Glavanics (1999) 32 ACSR 294.

最终判决 Myers 父子对于其他股东负有信义义务。

应当指出,这个案件比较特殊,因为它涉及了几乎所有的可能导致董事对于股东个人负有义务的因素,比如股票交易、家族公司,Myers 父子完全控制公司,其他股东完全依赖他们,而他们的行为又极其过分,令人发指。但是,问题是,这些因素的相对重要性到底如何,如果一个案件中只有其中的某些因素,该如何判决?这确实是一个尚未解决的问题,需要具体情况具体分析,有待在司法实践中进一步发展。比如,在1999 年澳大利亚的 *Brunninghausen v. Glavanics* 一案中,法院认为,尽管原告股东并不是很信任被告董事,但是,前者完全依赖于后者提供相关信息和建议,因此,最终判决董事对于股东负有个人义务。

第二节　勤勉义务

一、概述

针对董事懈怠渎职的问题,澳大利亚公司法设立了注意和勤勉义务(duties of care, diligence and skill,以下简称勤勉义务),并且,还专门设立了一个要求董事防止在公司破产时继续交易的义务,即防止破产交易义务(duty to prevent insolvent trading)。本节主要讨论勤勉义务,下一节讨论防止破产交易义务。

总体而言,勤勉义务要求董事和其他公司高管在执行职务时谨慎小心,勤勉努力。澳大利亚公司法上的勤勉义务既存在于一般法中,又存在于成文法中。这里需要注意几点。第一,一般法包括普通法和衡平法,那么,一般法上的勤勉义务是普通法义务还是衡平法义务?从历史上看,勤勉义务发源于衡平法,但是,在 1873 年之后,法院开始将勤勉义务描述为普通法上的侵权过失义务。因此,目前主流的观点是,勤勉义务既存在于普通法中,又存在于衡平法中,而且,衡平法上的勤勉义务在性质上不是信义义务(fiduciary duty)。但是,有几位著名的澳大利亚公司法学者和法官认为,勤勉义务只存在于普通法中。需要指出,普通法上的勤勉义务与衡平法上的勤勉义务在内容上没有重大区别,但是,如上节所述,它们的救济方式有所不同,衡平法的救济通常比普通法的救济更有效。第二,对于公司的执行董事和其他高管而言,他们与公司签订的工作契约中通常会指明他们所必须具备的任职资格和工作职责等。如果他们违反这些要求,那么,公司就可以通过合同法起诉他们,而无需诉诸一般法上的勤勉义务。第三,成文法中的勤勉义务包括在现行公司法的第 180(1)条中,这个法定义务是一般法上勤勉义务的补充。第 180(1)条是一个民事惩罚条款,这意味着,违反该条不仅会引起一般法上和成文法上的普通责任,而且,还会引起第 9.4B 部分中特别规定的民事惩罚责任,比如董事赔偿、罚款和取消任职资格等。① 另外,第 180(2)条规定了商业判断准则(business judgment rule),即只要符合一定条件,董事的商业判断行为就不会引起勤勉义务的法律责任。另外,第 189 条规定了在某些情况下董事可以信赖其他人所提供的信息和建议,从而即使最终的决策行为有损公司利益,董事也无需承担责任。这些条款不仅适用于法定的勤勉义务,而且适用于一般法上的勤勉义务。

无论是一般法上的勤勉义务,还是法定的勤勉义务,它们的违反所导致的救济通常都是要求董事向公司赔偿相关损失。需要注意三点。第一,董事是个人向公司负有义务,而不是作为一个集体,因此,即使一项决策是董事会集体作出的,董事的责任也是个人责任。第二,由于勤勉义务不是严格意义上的信义义务,对于董事违反勤勉义务而作出的决策,法院通常不会发布命令予以撤销,或者进行限制等。如后面各节所述,这种撤销命令通常适用于董事其他义务的违反,比如,善意行使权力义务、忠实义务等,因为这些义务是信义义务。第三,公司要求董事赔偿的请求权基础包括一般法上的勤勉义务违反、法定勤勉义务的违反和董事与公司签订的工作合同的违反。当然,如果董事行为违反了第 180(1)条下的法定勤勉义务,还可能导致民事惩罚责任,但是,与其他的法定董事义务不同,法定勤勉义务的违反不会导致刑事责任。

二、勤勉义务的标准

(一)勤勉义务的古典标准

在一般法上,法院最初对于勤勉义务的标准非常宽容。在 19 世纪末期,法院认为,董事勤勉标准是人们对于董事勤勉的合理期待,需要考虑董事个人的具体背景,比如,专业技能和工作经历等,而不是法院从自己角度出发认为的合理水平。② 由于勤勉标准取决于董事的个人背景,因此,勤勉标准非常低,导致一些很有意思的情形。比如,在 1892 年著名的 *Re Cardiff Savings Bank* 一案中,③被告在其刚出生六个月时就被任命为一家银行的董事会主席,并一直担任此职长达四十年之久,在此期间,他只参加了一次董事会会议。法院认为,被告有权信赖银行的其他董事和经理去管理公司,而且,不需要为这些人的过失行为承担责任。

另外,在 1925 年的 *Re City Equitable Fire Insurance Co* 一案中,罗默法官(Romer)阐述了被后世视为勤勉义务的古典标准的三个重要观点。第一,他认为不可

---

① 关于民事惩罚制度(civil penalty)的详细论述,参见第一编第二章第四节。
② Re Brazilian Rubber Plantations and Estates Ltd. (1911) 1 Ch 425, 437-438.
③ (1892) 2 Ch 100.

能对于勤勉义务标准进行概括的界定,勤勉标准取决于很多因素,比如,公司的类型、公司营业的性质、公司内部的权力分配以及董事个人背景等。因此,勤勉标准取决于董事实际上的知识,而不是董事应当具有的知识。换言之,董事可以由于无知而免责。第二,董事无需参加所有的董事会,当然,他们应当尽量参加。第三,董事可以将所有事务委托给公司其他人处理,而且,只要没有可疑之处,就可以合理地信赖他们。

勤勉义务古典标准的主要理由在于,法院认为股东应当最终为自己的董事人选负责。在 1869 年的 *Turquand v. Marshall* 一案中,[①]法院明确指出,不管董事的行为多么荒唐和愚蠢,公司也只能自叹倒霉,因为是股东自己不明智地选择了那样的董事。这反映了当时股东能够有效控制董事,从而法院不愿介入公司事务,当然,法院的这一传统一直保持到现在。确实,在 19 世纪末期,对于董事善意作出的商业判断,法院一般不愿进行事后审查,以免对于商业人士的行为产生不当的影响。因此,长期以来,英国、美国和澳大利亚的董事违反勤勉义务的案件还是寥若晨星,更遑论胜诉案件。[②] 当然,其原因除了勤勉义务标准本身的问题,比如很难判断董事是否存在过失等,还有一个诉讼资格方面的问题。在澳大利亚,传统上只有公司能够对于董事的勤勉义务违反提起诉讼,而股东不能提起派生诉讼。因此,在董事违反勤勉义务的案件中,绝大多数都是公司经营失败而破产后由清算人提起的。这一情况在 2000 年澳大利亚引入法定的股东派生诉讼制度后才有所改观。[③]

(二) 勤勉义务的现代标准

自 20 世纪 90 年代以来,英美法系各国都加强了董事勤勉义务,对于董事过失进行民事救济的案件日增。1995 年,澳大利亚新南威尔士州最高法院判决的 *Daniels v. Anderson* 一案标志着澳大利亚公司法中董事勤勉义务标准的一个重大转变,建立了勤勉义务的现代标准。与古典标准相比,现代标准严格得多。根据此标准,董事的勤勉义务是一个理性人在类似的情况下会尽到的注意和勤勉。因此,现代标准是一个以理性人为参照的客观标准,与董事的个人背景无关。

---

① (1969) LR 4 Ch App 376.

② John Armour, Bernard Black, Brian Cheffins, and Richard Nolan, "Private Enforcement of Corporate Law: An Empirical Comparison of the UK and US" in Robin Hui Huang and Nicholas Calcina Howson (eds) *Enforcement of Corporate and Securities Law: China and the World* (Cambridge University Press, 2017), chapter 13; Jenifer Varzaly, "The Enforcement of Directors' Duties in Australia: An Empirical Analysis" (2015) 16 (2) *European Business Organization Law Review* 281. Joseph W. Bishop, "Sitting Ducks and Decoy Ducks: New Trends in the Indemnification of Corporate Directors and Officers" (1968) 77 *Yale Law Journal* 1078, 1099.

③ 参见第三编第四章第三节。

　　在本案中,AWA 公司是一家生产电子产品的公司,很多部件从日本进口,为了避免国际汇率变动对公司的影响,公司任命了 Koval 进行外汇交易。当时,Koval 年仅 24 岁,且无外汇交易经验。一开始,他的表现还不错,获利颇多,但是,这些利润都是他进行风险很高的投机交易而取得的。后来,他投资失败,给公司造成巨大损失。负责监督 Koval 的外汇交易的两位公司高管根本不懂外汇交易。尽管这两位高管被认为存在过失,但是,他们并没有被起诉。法院认为,问题的关键在于公司的董事长和首席执行官 Hooke,此人完全信赖上述两位高管的监督能力和 Koval 的外汇交易能力。当然,这种信赖最后被证明是错误的,而且,Hooke 知道 Koval 违反公司规定进行投机交易的情况,但他没有将此情况告诉公司董事会。AWA 公司在亏损后进行重组,然后起诉其雇用的审计所,认为审计所由于过失而没有发现 Koval 的违规交易行为和通知公司,从而导致损失。审计所辩称 AWA 公司自己对于损失也负有责任,并根据特别法反诉公司的四位前任董事,包括董事长 Hooke 和其他三位非执行董事,认为他们违反了侵权法性质的勤勉义务。一审法院认为,Hooke 作为执行董事,确实存在过失,违反了勤勉义务,但是,三位非执行董事可以合理信赖公司经理,因此,没有违反勤勉义务。

　　新南威尔士州最高法院在审理上诉时对于董事勤勉义务进行了详细的阐述,旁征博引,洋洋洒洒数千言。法院追溯了勤勉义务的历史起源和古典标准,认为古典标准已经不适合现代社会。法院承认,要求每个董事都必须对于公司的每个方面具有同等的了解和经验是不现实的,所以,古典标准考虑董事的个人背景具有一定道理,但是,法院进一步指出,现代的公司董事已经成为专业人士,因此,像其他专业人士一样,董事必须符合专业要求,达到一个客观的专业标准,从而不能以没有专门技能和行业经验而逃避责任。换言之,现代董事已经不是傀儡和装饰物,不能因为无知而免责。如果一个人感觉自己没有充分的知识和经验去担任公司董事,那么,他就应当努力地学习去获取知识,或者干脆拒绝任职或辞职。另外,董事必须经常性地参加董事会,以充分了解公司的经营状况。最后,非执行董事的勤勉标准不应低于执行董事。

　　在另外一个重要的案件 *Permanent Building Society v. Wheeler* 中,①法院也认为董事的勤勉标准是一个客观标准,但是,与上案不同,该案认为,非执行董事的勤勉标准应当低于执行董事。另外,本案清楚区分了董事的忠实义务和勤勉义务。在本案中,Hamilton 同时担任 PBS 公司和 JCLD 公司的执行董事,而这两家公司在一桩交易中存在利益关系。因此,在 PBS 公司讨论是否进行此项交易的董事会上,Hamilton

---

① 　(1994) 11 WAR 187 Supreme Court of Western Australia.

披露了自己的利益冲突,从而没有参加决策过程。后来,PBS 公司完成交易后出现损失,起诉 Hamilton 当时没有警告其他董事关于交易的可能不利后果,从而违反了勤勉义务。法院认为,Hamilton 披露利益冲突并没有投票是符合忠实义务的,但是,Hamilton 违反了勤勉义务,因为他应当参加董事会,尽管不能披露 PBS 公司的秘密信息,但是,他应当保证其他董事全面考虑了那项交易的利弊,比如,公司是否需要和能够进行那项交易等。因此,在存在利益冲突的情形,董事不能由于忠实义务而不参与公司事务的决策,否则可能违反勤勉义务。最后,法院认为勤勉义务既存在于普通法上,又存在于衡平法上,而且,勤勉义务不是信义义务。

概言之,勤勉义务的现代标准是一个客观标准,但是,它也考虑董事当时的行为环境,比如,公司的大小、类型和营业性质等。因此,不存在一个普遍适用的固定的勤勉标准。对于所有的公司董事而言,他们的最低勤勉标准包括以下几点。第一,所有董事都必须拥有必要的专业知识、技能和经验,从而能够正当地履行自己的职责;第二,除了在特殊情况下,比如健康原因等,董事必须出席所有的董事会会议,保证自己充分了解公司的经营状况;第三,董事自己必须采取一切必要的措施,使得自己能够有效地履行职责。在某些情况下,一些董事的勤勉标准高于上述的最低标准。(1)董事的类型。比如,与非执行董事相比,执行董事应当对公司事务投入更多的时间和精力;与一般董事相比,董事长具有额外的职责,包括主持董事会会议等程序性工作和一些非程序性工作。在澳大利亚,对于董事长的实体性职责,公司法和公司章程都没有规定,但是,上市公司的普遍做法是,与同僚相比,董事长负有更大的责任去保证董事会熟悉公司的运营情况,保证董事会正常履行职责等。(2)董事个人的背景。如果一个董事具有特殊的专业技能,那么,他就可能需要服从更高的勤勉标准。比如,一个具有专业财务知识的董事在考虑公司财务决策时就需要比其他董事承担更多的勤勉义务。[①]

(三) 法定勤勉义务的标准

早在 1962 年,澳大利亚的公司立法就规定了董事的勤勉义务。现行《公司法》第 180(1)条规定,董事和公司管理人员必须恪守一个理性人在类似的公司中拥有类似的职位而会达到的勤勉标准。此条款是在 2000 年的公司法修改中采用以上表述的,根据此条款,勤勉标准是客观标准,以理性人为参照,而且,取决于公司的具体情况和董事或其他管理人员在公司中的地位和职责。因此,法定勤勉义务的标准与一般法上的现代标准基本上是相同的。在 1997 年,澳大利亚曾经提议,公司法中的勤勉标

---

① ASIC v. Rich (2003) NSWSC 85;(2003) 44 ACSR 341 Supreme Court of New South Wales.

准应当考虑董事的个人背景,从而降低那些没有专业经验的董事的勤勉标准。① 但是,这个提议最终被否决,没有写入第180(1)条。

前文述及,第180(1)条是一个民事惩罚条款,但是,与其他法定董事义务不同,勤勉义务的违反不会导致刑事责任,因为勤勉义务在本质上是一种过失责任,而只有故意违反义务才会导致刑事责任。另外,第300(10)条加强了第180(1)条中法定勤勉义务的执行。根据第300(10)条,公众公司必须在年度报告中详细写明一年内董事会会议的数目和每个董事的出席情况。

如上所述,澳大利亚公司法对于董事勤勉义务的标准是基于"理性人"(a reasonable person),这早在2001年就立法确定,是引领当时国际发展潮流的。传统上,英美法系的公司法是采用"审慎人"(prudent person)的标准界定董事勤勉义务的。譬如,美国法学研究所(American Law Institute)制定的《公司治理原则》(Principles of Corporate Governance)第4.01(a)条就是明确采用"审慎人"的表述,美国律师协会(American Bar Association)制定的《模范商业公司法》(Model Business Corporation Act)也长期如此,但在2002年,《模范商业公司法》进行修订,将"审慎人"改为"理性人"。

从"审慎人"到"理性人"只是一词之改,但意义重大。一方面,与"审慎人"相比,"理性人"标准更符合商业现实,让董事有更大空间去面对商业风险。"审慎人"的标准是要求董事尽力去避免风险,而在"理性人"标准下,董事可以积极去冒险,但要有风险控制,符合一个理性人对于风险的成本收益分析。就像大家熟知的"股市有风险,入市要谨慎"一样,商业活动都带有一定风险,而且风险与收益是成正比的,因此,需要允许甚至鼓励董事去进行合理的商业冒险,商业竞争如逆水行舟、不进则退,公司面对的最大风险实际上是故步自封,贻误商机。另一方面,从法律体系看,"审慎人"实际上是侵权法的概念,关注一个人在日常生活中的行为过失标准,将其运用于规范商业行为的公司法中,可能产生不相容问题,譬如上文对于商业冒险问题的不同处理,因此,国外很多学者认为,公司法中董事勤勉义务的过失标准具有特殊性,应当与侵权法中的一般过失标准脱钩,通过独立发展而自成体系。在这一点上,虽然英美法系并不像大陆法系那样人为地区分民法和商法等法律部门,但面对的问题实际上有共通之处,其经验颇值我国借鉴。

---

① Corporate Law Economic Reform Program,Directors' *Duties and Corporate Governance* (paper No 3,1997).

三、勤勉义务的保护机制

如上所述,董事勤勉义务的现代标准比古典标准严格很多。尽管这样加强了董事的问责制,但是,也可能过度地阻吓董事,妨碍董事的主观能动性的发挥。因此,在2000年修订第180(1)条法定勤勉义务的同时,澳大利亚公司法提供了一些法定的保护机制,主要包括董事在一定条件下可以授权和信赖他人提供的信息和建议,以及商业判断准则等。

(一) 董事授权与信赖他人信息

首先,根据第189条,董事可以信赖公司雇员、其他管理人员、专业顾问和专家等所提供的信息和建议,只要董事合理地相信这些人值得信赖并且能力适格。但是,这种信赖必须是善意的,并且基于董事对于相关信息或建议的独立判断的基础之上。此条不但适用于董事的法定勤勉义务,而且适用于一般法上的勤勉义务。其次,第190条规定了董事授权的责任问题。根据第198D条,董事可以将自己的任何权力授予其他人,但是,根据第190(1)条,董事需要为被授权人的行为承担责任。但是,第190(2)条规定了在某些情况下董事授权的责任免除。具言之,董事可以将自己的权力授予其他人,并且无需为那些人的行为承担责任,只要董事合理地认为:(1)那些人将会按照公司章程和董事义务的要求行使授予的权力;(2)那些人值得信赖而且能力适格。因此,只要董事符合第189条和第190(2)条的条件,即使被授权的人在行使权力时存在欺诈、过失或者超出授权范围,董事也可以避免相关的责任。这些措施非常重要,因为在现代社会中,公司事务纷繁复杂,分工细致,董事不可能事必躬亲,也不可能拥有全部必要的专业知识。通过授权和信赖他人,董事可以提高工作效率和质量,从而能够管理大型的现代公司。

(二) 商业判断准则

澳大利亚公司法借鉴了美国法院长期以来创立的商业判断准则(business judgment rule)。这个准则的核心思想就是,对于董事没有个人利益冲突的商业决策行为,法院不应在事后以自己的判断去替代董事当时的判断。其主要原因是,法官不是董事,而且,法院在事后进行审查,难免有"事后诸葛亮"之嫌,这样不利于鼓励董事积极进取,承担正当的商业风险。确实,法官通常不善于事后判断那些结果糟糕的商业决策和判定那些决策是否在制定当时就属不当。商业判断经常需要迅速作出,即使是基于相当不完整的信息。实际上,为收集更多信息而导致的时间延误可能会像在没有那些信息时作出决策而犯下的错误一样代价高昂。另外,如果没有商业判断准则的保护,董事就会倾向于保守,而不愿去进行必要的商业冒险。总之,商业判断准则有助于保护董事的自由裁量,鼓励董事的积极进取,从而提升公司利益。①

在美国,从实际效果上看,商业判断准则变成了一个举证责任的问题。如果股东想要起诉董事违反勤勉义务,那么,它就必须首先证明董事不适用商业判断准则的保护,而这意味着公司必须证明商业判断准则适用的条件不成立,比如,董事在决策中存在个人利益冲突,董事决策时的信息严重不足等。只有在证明商业判断准则不适用之后,股东才能开始主张董事违反勤勉义务,然后法院根据勤勉义务的标准进行判决。但是,要想证明商业判断准则不适用,通常极其困难,因此,商业判断准则就成为了董事勤勉义务的一个重大保护机制,几乎无法攻破,使得在现实中勤勉义务已经基本上失去了法律威慑力,而变成了一种期待性的标准。在极少的一些案件中,董事由于重大过失被追究了勤勉义务责任,但通常都涉及特殊的案件情节,使得责任基础并不仅仅是过失,而是还有董事的恶意或利益冲突,法院认为虽然很难确切证明后者,但应当隐含在其中。譬如,在 *Smith v Van Gorkom* 一案,②特拉华州最高法院认为,董事会在出售公司的决策程序上存在过失,同时暗示,公司的 CEO 即将退休,这使其在出售公司的决策上具有一些个人利益考量,因此,最终判决了勤勉义务责任。

在澳大利亚,自 20 世纪 90 年代以来,要求引入法定的商业判断准则的呼声日益高涨,最终在 2000 年的公司法改革中得以实现。③ 第 180(2)条规定了商业判断准则,但是,需要指出,该条款只适用于法定的勤勉义务和一般法上的勤勉义务,而不能适用于公司法中的其他董事义务和其他法律中的董事义务,比如董事的忠实义务,环境法中的董事义务和劳资关系法中的董事义务等。第 180(2)条规定,董事和公司其他管理人员在作出商业判断时,如果满足以下四项条件,那么,就视为达到了勤勉义务标准。第一,董事在作出商业决策时是出于善意和为了正当的目的。

第二,董事对于商业决策的事项没有重大的个人利益。如果董事在公司的商业决策中存在重大的个人利益,那么,这种个人利益就会影响董事的决策,因此,商业判断准则就不能适用。需要指出,这种个人利益的问题是针对董事个人而言的,即只有那些存在个人利益的董事不能适用商业判断准则。

第三,董事合理地认为,自己已经充分地了解和掌握关于商业决策的适当信息。

---

① See, e. g. , Donald C. Langevoort, "The Human Nature of Corporate Boards: Law, Norms, and the Unintended Consequences of Independence and Accountability", 89 *GEO. L. J.* 797, 818 (2001).

② 488 A. 2d 858 (Del. 1985).

③ See e. g. , Paul Redmond, "Safe Harbors or Sleepy Hollows: Does Australia Need a Statutory Business Judgment Rule?" in Ian M. Ramsay (ed), *Corporate Governance and the Duties of Company Directors* (1997), p. 185.

这个条件的措辞借鉴了美国法学所（American Law Institute）的有关观点，既包括主观属性，又包括客观属性，因为此条件要求信息适当，而适当与否是董事自己合理认为的。此条件强调的是董事在商业判断时的信息准备程度，而非最终决策本身的质量。美国法学所承认，很难准确地测算一项具体决策所需的信息量。它列举了以下一些在董事判断信息量是否适当时有关的考虑因素：（1）商业决策本身的重要性；（2）可用以获取信息的时间；（3）获取信息的相关成本；（4）董事对于作出商业决策的信心；（5）公司当时的经营状况和其他需要董事处理的事务。① 另外，在判断某个董事是否合理地认为信息量适当时，还需要考虑其他一些相关的因素，比如，该董事的个人背景和他在公司中的角色，以及保持董事会内部团结的需要等。② 因此，法院在考虑此项条件时，需要从整体上进行判断。③

第四，董事理性地认为其作出的商业决策符合公司的最佳利益。与第三个条件一样，此条件也同时具有主观属性和客观属性。在主观方面，董事自己必须具有理性的判断；在客观方面，这种判断必须是理性的（rational），需要指出，这个理性标准低于合理标准（reasonable）。前文述及，勤勉义务的标准是合理标准，因此，这个条件使得商业判断准则的标准低于勤勉标准，从而商业判断准则成为勤勉义务的保护机制。④ 确实，与其他三个条件相比，此条件是商业判断准则能够作为勤勉义务保护机制的核心原因。比如，第一个条件和第二个条件实际上是勤勉义务的应有之义，如果这两个条件不满足，董事违反的义务就是其他义务诸如善意行使权力义务和忠实义务等，而不是勤勉义务，从而也无需保护勤勉义务。第三个条件与勤勉义务本身的条件相差并不大，如前文所述，勤勉义务也要求董事采取必要措施收集信息和了解公司情况，因此，就此条件而言，证明商业判断准则与证明勤勉义务的难度几乎一样，从而也无法有效地保护勤勉义务。

最后需要指出，商业判断准则的一个默示的适用前提是董事必须事实上作出了商业决策。根据第180(3)条，商业决策是董事对于公司商业运营问题积极作出的一个采取行动或不采取行动的决定。商业决策是董事有意识的判断，其结果可能是采

---

① American Law Institute, *Principles of Corporate Governance*: *Analysis and Recommendations* (1994), pp. 230-232.

② 同上。

③ 在 20 世纪 80 年代，美国发生了两起著名的由于违反此项条件而导致商业判断准则不适用的案例。一个是特拉华州最高法院的 *Smith v. Van Gorkom* 488 A 2d 858（Del. 1985）；另一个是第二巡回法院的 *Hanson Trust PLC v. ML SCM Acquisition Inc* 781 F 2d 264（2d Cir 1986）。不过，总体而言，此类案件相当少，所以，很多学者将上述两案视为例外。

④ 在很多情况下，一旦股东能够证明董事没有理性的判断，从而使得商业判断准则不适用，那么，也就不会太难去进一步证明董事没有合理的判断，从而证明董事违反勤勉义务。

取行动,也可能是不采取任何行动。但是,如果董事不采取行动的原因是他根本就没有进行有关决策,那么,就不存在商业判断,当然也就不能适用商业判断准则。因此,商业判断准则不保护董事的怠于履行职责的行为。当然,在现实中,有时很难辨别董事不采取行动的原因到底是积极决策的结果还是怠于履行职责。

需要指出,商业判断准则有合理性,但其成文化一直很有争议。澳大利亚是英联邦国家和地区中对于商业判断准则进行成文化的开拓者,迄今英国和香港都还没有在公司法中明确规定商业判断准则。究其原因,一方面,普通法中已经存在商业判断准则或这种理念,如果董事"诚实而符合情理地"进行决策,那么,即使有过失也可以免予处罚。而且,普通法具有开放性和灵活性,有学者认为应当继续以普通法方式发展商业判断准则;另一方面,商业判断准则很难进行真正的成文化,实际上,即使在已经成文化的美国某些州和澳大利亚,在适用相关法条时还是需要援引判例,尚有很多技术问题存在模糊,比如,到底什么是判断?什么是商业判断?现实中,董事作出各种行为,有些是判断,有些不是,有些是商业判断,有些可能不是。[①]当然,成文化可以使得商业判断准则更为清楚,有利于适用,因此,英国和香港也一直有要求进行成文化的呼声。

第三节　防止破产交易义务

一、概述

现行公司法第 5.7B 部分第 3 节规定了董事的防止破产交易义务(duty to prevent insolvent trading),要求董事保证公司在处于破产状态时不得进行交易。这个义务与第 5.3A 部分规定的破产公司的自愿托管程序相辅相成,并行适用。[②] 根据第 5.3A 部分,如果董事认为公司已经破产或者可能将要破产,他们就可以通过决议任命一位外部托管人。这个外部托管人接手公司事务,力图通过整顿程序挽救公司。因此,董事不必等到公司已经实际上破产之后才任命外部托管人。如果董事不这样做,那么,他们就可能由于公司的破产交易而承担相关的个人法律责任。在此意义上,防止破产交易义务能够促使董事在公司出现破产可能性时及早任命外部托管人,从而增加公司得以挽救的机会。

---

① Andrew Keay and Joan Loughrey, "The concept of business judgment" (2019) 39 *Legal Studies* 36-55.

② 前面的第二编第二章第三节详细讨论了公司破产问题,以及公司法第 5.3A 部分中规定的破产公司的各种外部托管机制。

第 588G 条详细规定了董事防止破产交易义务的五个要素。[①] 第一,与勤勉义务不同,防止破产交易义务只适用于董事,而不适用于其他公司管理人员。另外,董事是在公司进行破产交易之时的董事,这里的董事是指第九条中规定的广义上的董事,不仅包括一般董事,还包括事实董事和影子董事等。[②] 第二,在交易发生时,公司必须是已经处于破产状态,或者由于该交易而陷于破产。第三,由于董事破产交易义务是在 1993 年 6 月 23 日规定的,因此,根据法不溯及既往原则,破产交易必须是发生在此日之后。第四,在交易发生时,存在合理基础可以怀疑公司已经破产或者由于该交易而将会破产。第五,在交易发生时,董事事实上知道第四个要素中的合理基础,或者一个合理之人在类似的情况下将会知道那些合理基础。如果董事没有防止公司进行交易,而以上五个要素全部符合,那么,董事就违反了防止破产交易义务。但是,第588H 条规定了一些抗辩理由,因此,如果董事能够主张这些抗辩理由,则可免予责任。下文将逐一详细论述董事防止破产交易义务的各个要素及抗辩理由。

第 588G 条是一个民事惩罚条款,而且,如果在董事事实上知道第四个要素中的合理怀疑基础后,董事不采取措施防止破产交易的发生是出于欺诈,那么,董事就需要承担刑事责任。在民事惩罚机制下,法院可以命令违反义务的董事赔偿公司,然后,公司偿还无担保债权人由于公司破产交易而遭受的损失。除此之外,第 5.7B 部分第 4 节还规定了一些其他特殊的救济。比如,公司清算人和债权人个人在某些情况下可以直接从违反义务的董事处获得赔偿。需要指出,在第 5.7B 部分第 4 节下,赔偿救济的前提是,相关的公司债务是全部或者部分无担保的。因此,如果公司债务是完全担保的,那么,董事仍然可能违反防止破产交易义务,但不会引起赔偿救济。[③]

二、破产交易的类型

通常而言,破产交易中的债务必须是可以用金钱进行衡量和偿还的,而且,金钱的数额是可以确定的。[④] 破产交易的类型除了普通的商业交易之外,还包括一些资本管理方面的交易,比如股利的支付,公司减少资本,以及股份回购交易等。

---

① 在澳大利亚公司法中,除了董事的防止破产交易义务外,母公司也负有防止其子公司进行破产交易的义务。前者规定在第 588G 条,后者规定在第 588V 条。在后面专门讨论公司集团的第四编第二章中,将详细讨论第 588V 条中的母公司防止破产交易义务。

② 关于第九条中规定的广义董事范围,参见第三编第二章第二节。

③ 但是,在第 9.4B 部分的民事惩罚机制下,即使公司债务是完全担保的,也可以适用赔偿救济。

④ Hawkins v. Bank of China (1992) 7 ACSR 349 at 356-357.

三、公司破产的定义

董事防止破产交易义务的第二个要素是,在交易时公司已经破产或者由于交易而将要破产。因此,如何界定公司破产就是关键。第95A条规定,如果公司能够在其债务到期时偿还所有债务,公司就是具有偿付能力,否则,就视为破产。这个公司破产的定义适用于整个公司法,因此,在后面第九章讨论公司终止问题时,还要继续涉及这个定义。

由上可知,公司破产的定义是现金流标准,而不是所谓"资不抵债"的资产负债比标准。具言之,公司偿还债务的能力不是由公司的资产负债表决定的,因此,即使公司账面上的负债数额超过资产,也不必然地说明公司破产;只要公司能够筹集到足够的现金流偿还到期债务,公司就不属于破产之列。因此,在决定公司是否破产时,需要考虑公司能够筹集资金的所有途径,比如出售资产和按揭贷款等。[1] 除此之外,其他需要考虑的因素还有公司债务的实际偿还期限。在商业现实中,有时合同上的债务到期日并不必然就是债务的实际偿还日,因为债权人通常都会稍微延长一点债务的偿还期限,有时这种期限延长是明示的,有时是默示的,比如是行业的商业惯例。因此,法院认为,公司是否破产是一个事实问题,需要考虑公司的整体财务状况和资金周转能力。[2]

最后,需要指出,公司不能通过不保持正当的财务记录而逃避破产问题。第588E条规定,如果公司没有保持七年之内的有效的财务记录,那么,公司就推定为在此期间都属于破产状态。第295(4)条进一步规定,除了小型的私人公司,董事都必须在公司的年度财务报告中申明,是否存在合理基础去认为公司能够偿还所有的到期债务。

四、存在怀疑公司破产的合理基础

这是董事防止破产交易义务的第四个要素。需要指出,这里的措辞是"怀疑"(suspect)公司破产,代替了先前的"预计"(expect)公司破产,法院认为,"怀疑"低于"预计"的确定性,因此,"怀疑"要求董事对于公司的财务状况具有一个更高的了解程度。[3] 换言之,"怀疑破产"一词所意味的理解程度介于公司仅仅存在破产可能性和确实预计公司破产之间。因此,有法院认为,"怀疑破产"不仅仅是一种胡乱的猜想,而

---

① Sandell v. Porter (1996) 115 CLR 666, 670.

② Southern Cross Interiors Pty Ltd. (in liq) v. DCT (2001) 53 NSWLR 213, 224-225.

③ 3M Australian Pty Ltd. v. Kemish (1986) 10 ACLR 371, 378.

是一种切实的感觉和见解,但又没有充分的证据。① 另外,是否存在怀疑公司破产的合理基础的问题是一个客观标准,即对于公司破产的怀疑是基于合理的基础,而合理基础是否存在是一个事实问题,与董事的主观心理状态无关。

五、董事知道或应当知道公司破产的情况

董事防止破产交易义务的第五个要素是,董事实际上知道或者一个合理之人在类似情况下会知道第四个要素中的怀疑公司破产的合理基础。如上所述,第四个要素是客观上存在怀疑公司破产的合理基础,而第五个要素则是进一步要求董事事实知道或应当知道那些合理基础。第五个要素包括两个标准,一个是主观标准,一个是客观标准,符合其中一个即可。对于主观标准,董事实际上知道那些能够引起公司破产怀疑的合理基础便可,即使董事没有意识到那些合理基础的重要性。换言之,如果董事知道了那些合理基础,但没有仔细研究从而没有意识到公司的破产问题,第五个要素也成立。对于客观标准,法院需要将一个合理之人放在类似的情况中考虑,比如公司的规模和类型、公司营业的性质、董事会的组成以及特定董事在公司中的角色等,因此,这个标准与勤勉义务的现代标准非常类似。

六、抗辩理由

第588条规定了董事防止破产交易义务的一些抗辩理由。第一个抗辩理由是,董事具有合理的理由去预计在交易时公司是具有偿还能力的。需要注意,这里的措辞是"预计"(expect),而非"怀疑"(suspect)。这个措辞是与上述的第四个义务要素的措辞相协调的。由于"预计"的确定性高于"怀疑",因此,该抗辩理由的标准高于义务本身的标准。第二,如果董事合理地信赖其他人提供的认为公司具有偿付能力的信息,董事就可免责。这里的信赖问题与勤勉义务中第189条的信赖非常类似,比如董事必须合理地认为提供信息之人值得信赖而且能力适格。第三,如果在交易发生之时董事由于生病或者其他正当原因而没有参加公司的管理决策,那么,该董事就可免责。最后一个抗辩理由是,如果董事已经采取了所有的合理措施去阻止公司进行破产交易,但最终没有成功,那么,该董事可以免责。当然,这个抗辩理由的关键之处就在于措施的"合理性",在处理此问题时,法院通常会全面考虑当时的各种因素,比如公司的规模和性质、债务的规模,以及怀疑公司破产的合理基础等。

---

① Queensland Bacon Pty Ltd. v. Rees (1966) 115 CLR 266,303.

第四节　善意行使权力之义务

一、概述

为了防止董事滥用权力和自我交易,公司法设立了董事的信义义务,主要包括善意行使权力之义务(duties to act bona fide for the benefit of the company as a whole and exercise power for a proper purpose)和忠实义务(duty of loyalty),有时这些义务统称为善意和忠实义务(duties of good faith and loyalty),与非信义义务性质的勤勉义务相对。[①]　本节和下节将分别重点讨论善意行使权力义务和忠实义务。

善意行使权力之义务要求董事善意地服务于公司的整体利益。此语言表述与传统上对于控股股东投票权的衡平法限制完全一样,但是,它们的具体内容迥然有异,因为董事的善意行使权力义务是信义义务,而控股股东的投票权限制低于信义义务标准。[②]　从内容上看,善意行使权力义务大致包括三个相互独立而又相互联系的要素,违反其中任何一个都可导致义务的违反。第一,董事在行使权力时主观上是善意的;第二,董事是为了正当目的而行使权力;第三,董事是为了公司整体利益而行使权力。虽然这三个要素互不相同,但它们存在很多交叉部分,特别是后两个要素。下文将对这三个要素分别进行论述。总体而言,该义务要求董事善意地考虑公司整体利益,因此,如果董事行使权力去获取自我利益,[③]或为第三人谋取利益,为某个特定股东或某个股东团体谋取利益,[④]或以其他方式损害公司利益,那么,董事就违反了善意行使权力的义务。需要指出,此义务不仅适用于董事,而且适用于其他公司高级管理人员。

善意行使权力义务具有两个区别于其他义务的重要特征。第一,该义务适用于董事行使权力的场合,规定董事在执行职务时的行为准则,主要处理董事滥用权力的问题。董事的忠实义务则是主要针对董事的自我交易问题,在自我交易中,作为交易方,有时董事的地位更像是一个独立于公司的个人,不涉及董事的权力行使。第二是关于义务违反的救济方式。除了董事的个人责任之外,在某些情况下,善意行使权力义务的违反还可能导致董事的决策被撤销。这种撤销救济取决于董

---

①　尽管通说认为善意行使权力义务是衡平法义务,但是,有些学者认为将此义务定性为普通法义务更为适当。

②　关于控股股东投票权限制的详细讨论,参见第三编第四章第二节。

③　See e. g. , Alexander v. Automatic Telephone Co. (1900) 2 Ch 56.

④　See e. g. , Kerry v. Maori Dream Gold Mines Ltd. (1898) 14 TLR 402.

事决策的利益相关方是否知道董事违反了善意行使权力义务。^① 如果交易第三方是善意的,并不知道董事违反义务,那么,董事的决策就不能撤销。^② 前文述及,勤勉义务的违反通常不会导致董事决策的撤销。对于忠实义务而言,虽然这种撤销救济可以适用,但是,其主要的救济方式还是补偿性的,即董事的个人责任,包括董事对于公司进行赔偿和通过推定信托机制将董事自我交易的相关利益直接归属于公司等。

二、董事的主观善意

此要素要求董事主观上真诚地认为自己的权力行使是符合公司最佳利益的。显然,此要素是一个主观标准,法院会审查董事在行使权力时的心理状态和动机。因此,如果董事在行使权力时没有符合这个主观善意的条件,那么,即使事实上董事的权力行使是符合公司利益的,董事也违反了善意行使权力义务。换言之,义务违反与否不是完全取决于行为的最终结果。另一方面,即使董事符合主观善意条件,但客观上其权力的行使不符合公司利益,那么,董事也违反了善意行使权力义务,因为他没有满足以下将要讨论的其他两个要素,即"好心办坏事"也违反该义务。

在 *Re Smith and Fawcett Ltd.* 一案中,^③法院认为,董事的主观善意是指董事在行使权力时真诚地认为自己的行为是符合公司最佳利益的,这里的公司最佳利益是董事自己真诚认为的公司最佳利益,而不是法院事后审查时所认为的公司最佳利益。在 *Harlowe's Nominees Pty Ltd. v. Woodside(Lakes Entrance)Oil Company NL* 一案中,^④Woodside 公司是一家石油和天然气公司,在勘探事业中与包括 Burmah 公司在内的很多公司合作过。该公司总计发行了两千万股股票,每股 50 澳分。该公司董事发现,有一个很神秘的买家正在证券交易所中大量收购公司的股票,从而非常担心公司的前途。因此,Woodside 公司决定向其长期的合作伙伴 Burmah 公司定向发行九百万股股票。根据定向发行协议,Burmah 公司可以在 Woodside 公司董事会指定一名董事,最终这次定向发行成功地阻止了那个神秘买家的收购企图。因此,那个神秘买家起诉 Woodside 公司董事,认为他们向 Burmah 公司定向发行股票的决策违反了善意行使权力的义务,滥用了董事发行股票的权力,是为了防止神秘买家收购公

---

① Harlowe's Nominees Pty Ltd. v. Woodside(Lakes Entrance)Oil Co. NL(1968)121 CLR 483 High Court of Australia.

② 这个问题实际上是公司的民事责任问题,即公司是否需要为代理人的行为承担责任,比如,董事代表公司签订的合同是否对公司有效。关于公司的民事责任问题,参见第二编第四章第二节。

③ (1942)Ch 304 Court of Appeal,England and Wales.

④ (1968)121 CLR 483 High Court of Australia.

司的不正当目的,没有考虑公司的最佳利益。原告认为,Woodside 公司当时并没有急切的筹资需求,向 Burmah 公司定向发行股票纯粹是为了防御收购,因此,Woodside 公司董事没有善意地行使发行股票的权力。法院认为,争论的最终问题是被告董事是否善意地为公司最佳利益而行使了发行股票的权力,而且,何谓公司最佳利益是董事自己的善意判断。Woodside 公司定向发行的主要目的确实不是为了筹资,而是为了防御原告的收购,但是,被告董事真诚地认为这个防御行为是符合公司最佳利益的,因为原告当时身份不明,而 Burmah 公司是长期的合作伙伴,两家公司一直合作良好,保持这种合作关系的长期稳定性符合 Woodside 公司的最佳利益。因此,法院认为被告董事没有违反善意行使权力的义务。

三、为正当目的而行使权力

根据此要素,董事必须为了正当目的而行使权力,但是,问题的关键在于,什么是行使某项特定权力的正当目的? 当然,有些董事权力可能具有比较明确的正当行使目的,但是,有些权力的行使目的非常宽泛,很难进行明确界定,只能笼统地说权力的行使目的是为了公司最佳利益。与第一个要素不同,这个要素是客观标准,即是否一个合理之人在类似情况下会认为权力的行使是为了正当目的。因此,即使董事自己主观上认为权力的行使出于正当目的,他们也可能违反善意行使权力义务。

在判断董事是否为了正当目的而行使权力时,可以依照以下的分析步骤。首先,识别董事行使了何种具体权力。据统计,在关于董事善意行使权力义务的案件中,大多数的案件都是涉及董事发行股票的权力。其次,确定上述董事权力的合法行使目的。比如,对于董事发行股票的权力而言,其通常的合法行使目的是用于筹资。再次,辨别案件中董事权力行使的真实目的或实质目的。比如,董事发行股票的真实目的可能是为了防御敌意收购从而保持自己的职位,或者故意稀释某些股东的持股比例等。最后,判定一个合理之人在类似情况下是否会认为上述权力的行使目的属于正当。

在现实公司中,特别是私人公司中,由于董事通常也大量持有公司的股票,从而也扮演股东的角色,因此,董事权力的行使经常很难归结为单一目的,而是混合目的(mixed purposes)。在这方面,很多案件都涉及公司控制权的争夺和公司收购。[①] 在20 世纪 80 年代的澳大利亚,法院诉讼变成了一种经常使用的防御敌意收购的措施,

---

① See e. g. , Hogg v. Cramphorn Ltd. (1967) Ch 254 Chancery Division; Teck Corp Ltd. v. Millar (1973) 33 DLR (3d) 288 Supreme Court of British Columbia; Howard Smith Ltd. v. Ampol Petroleum Ltd. (1974) AC 821 Privy Council; Whitehouse v. Carlton Hotel Pty Ltd. (1987) 162 CLR 285 High Court of Australia.

比如,被收购公司董事向法院起诉,认为收购方违反诸如反垄断法之类的法律,由于法院程序纷繁复杂,旷日持久,而公司收购行为需要速战速决,因此,这种诉讼实际上是一种拖垮收购方的策略。为了解决此问题,澳大利亚在 2000 年的公司法修改中使得法院诉讼不能再用以防御收购的目的。其中,一个重要机制就是建立了一个独立的由专业人士组成的公司收购委员会(Takeovers Panel),几乎所有的公司收购争议都必须提交该小组决定,由于该小组具有高度的专业性,而且其运行程序比法院程序简单,判决的实体标准也与法院不同,因此,该机制能够迅速解决争议,从而使得被收购方不太可能以挑起法律争端的方式拖延时间以挫败收购行为。[①] 需要指出,在处理争议时,公司收购委员会并不审查目标公司董事行使权力的目的问题,而是考虑其权力行使对于收购要约的影响,这也正是专门小组判决迅速的重要原因。当然,在公司收购行为结束后,相关人可以提起民事或刑事诉讼,处理目标公司董事的权力行使问题。

对于混合目的的董事权力行使,处理的基本原则是从客观上考量董事权力行使的主要目的或实质目的。如果其主要目的是不正当的,那么董事就违反了善意行使权力义务。当然,判断董事权力行使的主要目的或实质目的并非易事。一个经常使用的标准是,如果一个目的是促使董事行使权力的直接原因,那么这个目的就是主要目的。换言之,如果不是出于该目的,董事就不会行使权力。

需要指出,尽管董事善意行使权力义务的对象通常是董事作为一个整体而共同行使的权力,比如投票通过决议,但是,该义务是对于董事个人而言的。因此,判定该义务是否被违反,需要分别审查每个董事的情况,看他们是否符合全部的三个要素,然后对于每个董事的义务违反问题和个人责任问题分别作出决定。前文述及,善意行使权力义务的救济除了董事的个人责任外,还有董事决策的撤销救济。由于董事决策通常是集体作出的,因此,董事会决策的撤销救济就取决于董事会中大多数董事的义务违反情况。现实中,一项权力的行使有时不会得到全体董事的一致同意,而且,在支持行使权力的多数董事之中,他们也不会是全部出于相同的动机和目的。在此情况下,如果这支持行使权力的多数董事中的多数违反义务,比如出于不正当的目的,那么,即使这个最终的多数董事在整个董事会中是少数,董事会决策也可以被撤销。换言之,对于整个董事会而言,由于董事内部存在不同的权力行使目的,因此,可以视为一个混合目的的权力行使问题,而董事会的实质目的就是支持权力行使的多数董事中的多数人的目的。如果此实质目的不当,则可适用撤销救济。当然,如果某

---

① 关于澳大利亚公司收购委员会的详细讨论, see Hui Huang, "China's Takeover Law: A Comparative Analysis and Proposals for Reform"(2005) 30 *Delaware Journal of Corporate Law* 145, 180.

项权力是某个董事单独行使的,比如董事会的授权或章程规定,那么,实质目的问题就是该董事的个人问题。

为了更好地理解善意行使权力义务的正当目的要素,下文以该类案件中最常见的股票发行问题为例进行讨论。一般而言,董事发行股票的合法目的主要包括筹资、实施员工持股计划和进行公司联营等。现实中,发行股票的不正当目的主要包括:(1)稀释现有股东持有的股份价值;(2)稀释现有股东的投票权;(3)加强某些股东的投票权;(4)保持现有董事的职位。其中,第四个不正当目的是公司收购案件中的最常见情形,相关案件汗牛充栋,不胜枚举。由于其涉及董事的个人利益冲突,因此,董事通常都会被判决违反义务。相比而言,其他三个不正当目的的问题较为复杂。这些情形中不存在董事的个人利益冲突,但是,不存在利益冲突并不必然保证董事遵守了义务。① 在这些情形中,董事是否违反义务的问题需要全面考虑,比如股东之间的公平对待和公司的整体利益等。② 以下是这些情形的相关判例。

Howard Smith Ltd. v. Ampol Petroleum Ltd. 一案是以上第二种不当目的的代表案件。③ 在本案中,Ampol 公司向 Miller 公司发出收购要约,获得 55% 的股份,但是,Miller 公司董事认为,本公司不应当落入 Ampol 公司手中,于是便邀请 Howard Smith 公司发出竞争要约,并决定向其发行大量新股,使得 Ampol 公司持有的股份比例下降到 50% 以下,从而挫败了 Ampol 公司的收购行动。法院认为,尽管 Miller 公司董事在发行股票中没有个人利益冲突,即他们发行新股的目的不是为了保持自己的职位,但是,他们没有公正地对待所有股东,没有考虑公司的整体利益,因为他们不正当地偏袒 Howard Smith 公司的利益。因此,法院最终判决 Miller 公司董事违反善意行使权力义务。但是,在另一个很类似的案件 *Teck Corp Ltd. v. Millar* 中,④法院的判决截然相反。在本案中,Teck 公司试图收购 Afton 公司,但后者向另一家公司 Placer 发行新股,从而挫败了 Teck 公司的收购。法院认为 Afton 公司董事没有违反善意行使权力义务,因为首先他们没有个人利益冲突;其次,他们具有充分证据证明,Teck 公司的行业声誉不佳,技术和管理都不强,从而不应该将 Afton 公司交由 Teck 公司控制,简言之,法院认为 Afton 公司董事的权力行使符合公司整体利益。

Whitehouse v. Carlton Hotel Pty Ltd. 一案说明了以上第三个不正当目的。⑤ 本

---

① 如前所述,这正是为什么澳大利亚法对于董事义务进行细分的原因,不像美国法那样只规定董事的勤勉义务和忠实义务。参见本章第一节。

② 在这方面,善意行使权力义务的正当目的要素与公司整体利益要素存在重大的交叉之处。

③ (1974) AC 821 Privy Council.

④ (1973) 33 DLR (3d) 288 Supreme Court of British Columbia.

⑤ (1974) AC 821 Privy Council.

案中,Whitehouse 先生是 Carlton Hotel 公司的执行董事,根据公司章程拥有发行股票的权力。该公司的股票分为三种,A 类股票附有投票权,全部由 Whitehouse 先生持有;B 类股票是在 Whitehouse 先生死亡后才具有投票权,全部由 Whitehouse 夫人持有;C 类股票没有投票权,由 Whitehouse 夫妇的儿子和女儿持有。后来,Whitehouse 夫妇关系破裂而最终离婚,儿子支持父亲,女儿支持母亲。Whitehouse 先生希望自己死后公司能够由儿子控制,因此,他就给儿子发行了 B 类股票。法院认为,在发行股票中,Whitehouse 先生考虑的是身后之事,没有个人的利益冲突,但是,他故意操纵股东的投票权结构,不公正地加强某些股东的投票权,有违公司的整体利益,因此,他违反了善意行使权力义务。

四、为公司整体利益而行使权力

此要素要求董事为了公司整体利益而行使权力,其关键在于,什么是公司的整体利益,由谁来决定公司的整体利益。这个标准是一个客观标准,即一个合理之人在类似情况下是否会真诚地认为权力行使符合公司整体利益。因此,即使董事自己真诚地认为权力行使符合公司整体利益,也可能违反善意行使权力义务。[①]

的确,公司整体利益的法律界定相当困难,因为在公司中存在很多的利益相关人,比如股东、雇员和债权人等。总体而言,公司利益通常是指公司现有股东的共同利益,因此,董事必须将现有股东的利益作为一个整体进行考虑。如果股东之间存在利益冲突,那么,董事必须公平对待所有的股东,不得有偏袒行为。需要指出,在行使权力时,董事需要考虑现有股东的现时利益和将来利益,但不能考虑未来股东的潜在利益。在某些情况下,比如公司收购案件,董事需要将公司视为一个独立于股东的商业实体,重点考虑公司的长期利益,亦即股东的长期利益,从而决定采取相关的措施防御敌意收购行为,使得公司继续成为一个独立的商业实体。

对于公司债权人而言,他们的利益与公司利益之间的关系取决于公司是否处于破产状况。如果公司具有偿付能力,那么,公司的利益就基本上是股东利益。但是,如果公司处于破产状况,董事在行使权力时就必须也考虑债权人的利益,不论债权人具有担保与否。需要注意,如果在此情况下董事没有考虑债权人利益而违反义务,债权人不能直接起诉董事。其原因是,虽然此时善意行使权力义务的保护对象实际上是债权人利益,但是,在理论上董事是向公司而不是债权人负有义务。如前所述,在董事违反防止破产交易义务时,有时债权人可以直接向董事求偿。另外,对于其他公司利益方,比如雇员和当地社区等,董事是否需要考虑他们的利益是前文述及的公司

---

① Hutton v. West Cork Railway Co. (1893) 23 Ch D 654, 671.

社会责任问题。① 在现行公司法中,董事对于他们不负有信义义务。

五、法定的善意行使权力之义务

第 181(1)条规定了善意行使权力之义务,以补充一般法上的义务。根据该条,董事或其他公司管理人员在行使权力时必须:(1)善意地服务于公司的最佳利益;(2)基于正当目的。此条款是一个民事惩罚条款,而且,如果董事或其他公司管理人员违反该条是出于故意,那么,还可导致刑事责任。

第五节　忠 实 义 务

一、概述

在讨论董事善意行使权力义务之后,本节讨论董事信义义务的另一个重要部分,即忠实义务(duty of loyalty),又称为避免利益冲突义务(duty to avoid conflicts)。概言之,此义务要求董事避免自我利益与公司利益发生冲突,除非获得公司的同意。② 忠实义务是最为重要的一种董事义务,直接来源于董事与公司之间的信义关系。利益冲突是否存在是一个客观标准,即一个合理之人在类似情况下是否会认为存在实际的利益冲突或存在利益冲突的实质可能性。③

一般而言,忠实义务大致可以分为以下三类。第一类是自我交易,即董事与公司之间的交易,主要包括一般的商业交易和董事的薪酬问题。④ 第二类是董事不得为了自己的利益或第三人的利益盗用公司财产、信息和机会。第三类是其他的避免利益冲突义务,包括董事必须保持自己的自由裁量权和董事任职于多家公司的有关规则等。下文将逐一讨论这三类忠实义务。

二、自我交易

(一)基本法律框架

对于董事与公司之间的交易,存在三个层次的法律规则。第一,衡平法上的规

---

① 关于公司社会责任问题的各种理论,参见本编第一章。

② Chan v. Zacharia (1984) 154 CLR 178 High Court of Australia.

③ Phipps v. Boardman (1967) 2 AC 46；Hospital Products Ltd. v. United States Surgical Corp (1984) 156 CLR 41.

④ 自我交易一词有广义和狭义的不同用法。在广义上,自我交易可以指所有的触发董事忠实义务的情形,而在狭义上,则是指董事与公司之间的契约交易,包括一般的商业交易和董事薪酬协议等。

则。这些规则绝对禁止董事与公司之间的利益冲突,因此,董事与公司之间的交易属于可撤销交易,而不论交易对于公司而言是否公平。① 换言之,利益冲突在本质上是不允许的,在自我交易中,交易的公平与否对于交易的效力没有关系,法院也拒绝审查自我交易的实质公平问题,比如,澳大利亚最高法院认为,"让法院去寻找自我交易的责任标准既不明智,也不现实。自我交易中的利益冲突的后果是不可知晓的。对于自我交易进行公平与否的审查不符合正义理念和公共政策。"②19 世纪的一位英国法官的话揭示了这种绝对禁止规则的深刻人文哲理。他认为,自我交易涉及利益冲突,而在利益冲突面前人类是脆弱的,根本经不起诱惑,因此,只能完全禁止,不能开任何口子,否则,人类的道德伦理体系就会处于危险之中。③ 按照这种观点,如果自我交易的效力取决于公平与否,那么,就会促使人们想方设法去制造借口和假象,使得交易在表面上对公司公平,但实际上追求自我利益,从而导致社会道德沦丧。

第二,公司章程可以改变和缓和传统衡平法上严格的绝对禁止规则。对于自我交易进行完全禁止,可以解决道德风险问题,是保障忠实义务的最简单和最彻底的方法。但是,这种一刀切的做法过于僵硬,不符合现代的商业需要。在现实中,有些自我交易是必要的,也是不可避免的。比如,自我交易在激励补偿董事和高管人员方面必不可少,而且,对于很多公司而言,特别是小型公司,商业伙伴有限,从而需要与董事进行交易。这些自我交易确实都是有利于公司的,因此不能完全禁止。为了解决这个问题,澳大利亚公司法允许公司章程作出例外规定。其逻辑是,公司是董事忠实义务的受益人,因此有权通过章程改变衡平法的相关规定。通过这些例外规定,公司可以与董事进行交易,董事也可以在多家公司中任职。现实中,这些例外规定多是程序性规定,比如,自我交易的审批程序等,公司通过这些程序性规定保障董事的忠实义务。

在美国,董事自我交易的审查标准是交易是否"完全公平"(entire fairness)。④ 从表面上看,这个标准是一个实体标准,即交易条款是否真正公平,但在实际操作中已经变成了一个程序问题。由于自我交易涉及利益冲突,所以,自我交易公平与否的最初举证责任在于董事。对于法官而言,判断一个交易价格是否完全公平非常困难,毕

---

①　Aberdeen Railway Co. v. Blaikie Bros (1854) 1 Macq 461 House of Lords.

②　Furs Ltd. v. Tomkies (1936) 54 CLR 583,592.

③　Parker v. McKenna (1874) LR 10 Ch App 96,124.

④　Bernard S. Black,"The Core Fiduciary Duties of Outside Directors"(2001) July *Asia Business Law Review* 3-16;笔者已将此文翻译并发表,参见[美]伯纳德 S. 布莱克:《外部董事的核心信义义务》,黄辉译,载王保树教授主编:《商事法论集》第 11 卷,法律出版社 2006 年版,第 222~224 页。

竟他们不是商业人士,也不熟悉具体的交易环境。而且,公平价格通常是一个价格区间,而不是一个具体单一的点。确实,这个"完全公平"的审查标准非常模糊,至今还没有任何一家法院详细阐述到底什么是完全公平,以及它和"一般公平"(ordinary fairness)有什么不同。因此,一旦股东起诉董事自我交易,董事很难证明交易的完全公平。为了避免这个证明问题,现实中自我交易都会事先由无利害关系的外部董事进行审查,在获得批准之后才开始实施。如果自我交易经过了此程序,那么,法院就会推定交易是公平的,除非反对此项交易的股东能够在法庭上证明此项交易对于公司不是完全公平。这样,自我交易公平与否的举证责任就转移到股东。

同样,由于完全公平标准的模糊性,股东也难以从实体上证明交易的不公平,他们的证明重心也是落在外部董事审查程序的问题上。比如,那些无利害关系的外部董事必须有机会去选择和利用他们自己的法律和财务顾问,而且必须有权力去完全拒绝批准其所审查的交易。如果股东证明公司没有完全遵照审查一项自我交易的相关程序,该项自我交易就将被视为无效,除非董事能够在法庭上证明那项交易对于公司事实上完全公平。这样,举证责任又重新回到董事头上。由于举证困难,因此,谁最终负有举证责任就几乎等于谁败诉。所以,尽管美国的完全公平标准在字面上是一个实体标准,但是,与澳大利亚的例外性章程条款一样,实质上是一个正当程序问题。①

第三,法定的信息披露义务和投票规则等。第191、192、194和195条规定了自我交易的信息披露问题和投票程序,这些法条与公司章程一起共同规范自我交易问题。

(二)董事与公司之间的一般商业交易

最常见的自我交易类型包括:(1)董事与公司直接签订契约进行交易;(2)董事与公司的交易方具有利益关系,从而与公司的交易具有间接的利益关系,比如,董事是公司的交易方的股东、董事或债权人等。在一般法上,对于这些自我交易,总体原则是董事必须保证公司充分和公正地考虑了交易的价值。根据此原则,董事必须向董事会披露自己在交易中的利益冲突,不得参与对于该项交易的投票。这些一般法上的规则已经部分地成文化,包括在现行公司法的第191、192、194和195条中。

英国的 *Imperial Mercantile Credit Association v. Coleman* 一案详细阐述了上述的信息披露规则。② 在本案中,Coleman 是 Imperial 公司的董事,同时也是 Knight 事务所的一个合伙股票经纪人。作为股票经纪人,Coleman 与另外一家证券公司 Peto

---

① 当然,法院意识到有时正当的程序也可能会掩盖一项肮脏的交易,所以它们对于实体的公平也非常关注。

② (1871) LR 6 Ch App 558 Court of Appeal in Chancery, England and Wales; (1873) LR 6 HL 189 House of Lords.

& Co共同为一家新公司发行债券,按照发行数量收取一定比例的佣金。在Imperial公司的董事会上,Coleman提议公司购买其承销的债券。他指出了自己在此交易中存在利益冲突,但是,他没有进一步详细地说明利益冲突到底是什么。由于利益冲突,Coleman没有参与投票,Imperial公司的董事会最终采纳了Coleman的提议。后来,Imperial公司进入清算程序,Coleman与Peto & Co之间的承销协议也被曝光。因此,Imperial公司的清算人起诉Coleman,认为他违反了忠实义务。Imperial公司章程第83条规定,如果董事与公司进行交易,或者与公司进行的任何交易存在利益关系,他就必须在审议上述交易的董事会上披露自己的利益冲突,并且不得参与投票,否则,该董事就必须辞职。

首先,法院认为,尽管传统的衡平法规则绝对禁止自我交易,但是,公司章程可以进行改变,使得某些自我交易有效。公司事务是私人事务,公司参与人有权订立适合自己的契约和进行相应的安排,而法院的角色就是坐在一边解释那些契约。因此,法院承认Imperial公司章程第83条规定的合法性,但是,问题的关键就在于对该条款的解释。该条要求进行自我交易的董事进行信息披露,但没有详细说明董事应当如何进行披露和应当披露哪些信息。在一审中,法院认为Coleman的信息披露是充分而有效的,从而没有违反忠实义务,因此,他与公司之间的交易有效。

在二审中,上议院认为Coleman的信息披露不充分。凯恩斯勋爵(Lord Cairns)认为,Imperial公司章程第83条要求董事披露自己的利益冲突,因此,Coleman不能仅仅披露自己存在利益冲突,而需要进一步披露自己的利益冲突是什么,因为利益冲突的具体内容和性质对于其他董事的投票决定会产生重大影响。然而,Coleman与一审法官认为,虽然Coleman仅仅披露了自己存在利益冲突,但是,如果其他董事想要进一步知道利益冲突的内容,那么,他们就应当主动地询问Coleman,了解他们想要知道的东西。凯恩斯勋爵不同意此观点,认为它只适用于以下场合:如果信义关系中的受信人向信托人或受益人披露自己存在利益冲突,那么,后者就应当主动地询问前者,了解利益冲突的具体内容。但是,在本案中,Coleman的信息披露对象不是公司本身,也不是股东大会,而是董事会,一群处于与Coleman本人一样的法律地位的人。因此,Coleman不能仅仅披露自己存在利益冲突,而必须进一步披露利益冲突的具体内容。上议院最终判决Coleman信息披露不充分,从而违反了忠实义务。

需要指出,除了充分信息披露和不参加投票之外,具有利益冲突的董事有时还需要采取其他的措施去保护公司的利益。比如,在勤勉义务一节谈到,在存在利益冲突的场合,董事不能简单地完全袖手旁观,而需要保证其他董事充分意识到有关交易的利弊。① 另外,有时董事必须将自我交易提交公司股东大会进行审查。②

《公司法》第191 和192 条规定了董事自我交易中的信息披露问题,第194 和195条规定了投票问题。需要注意,这些条款都不是民事惩罚条款。根据第191(1)条,除了豁免情形之外,在公司事务中具有重大个人利益的董事必须向董事会进行信息披露。第191(3)条进一步规定了信息披露的要求。根据该条,信息披露必须包括董事个人利益的性质和范围,以及其与公司事务的关系等。第191(2)条规定了信息披露的一些豁免情形,主要包括:(1)董事的个人利益是由于其持股而成为股东,而且这种持股利益的性质与其他股东一样;(2)自我交易需要经过股东大会的批准;(3)在私人公司情形,董事会已经知晓有关董事的个人利益的性质和范围。第192 条规定了在董事的个人利益与公司事务关系不大时的信息披露问题。③ 第191(4)条规定,董事违反第191 条中的信息披露规则不会影响交易本身的有效性。根据第193 条,上述法定的信息披露规则并没有取代传统的衡平法规则和限制董事出现利益冲突的公司章程条款。当然,它们也不影响那些改变传统衡平法规则的公司章程条款的执行。

需要注意,第191(1)条要求披露的董事利益必须是个人利益,而且符合重大性标准。个人利益不仅包括金钱利益,还包括其他方面的利益,比如个人关系等。④ 而且,这种利益可以是直接的,也可以是间接的。利益的重大性标准则采用了美国联邦最高法院1976 年在 *TSC Industries Inc v. Northway Inc*⑤ 一案中确定的著名的信息披露重大性标准,即如果存在一个实质的可能性一个理性之人会认为那个利益问题对于相关决策非常重要,那么,那个利益就是重大的。在 *Transvaal Lands Co. v. New Belgium（Transvaal）Lands and Development Co* 中,⑥一个公众公司的董事也是另一家公司的董事,这两家公司相互交易,法院认为该董事的双重身份属于具有重大性的个人利益,从而需要披露。另外,该案中的另一位董事所持有的公司股票不是自己的,而是作为受托人为他人持有的,但法院认为,不管股票是为自己持有还是为他人持有,该董事的持股都构成重大的利益冲突。

对于存在利益冲突的董事的投票问题,公司法根据公司的类型分别作了不同处

---

①　参见本章第二节中对于 *Permanent Building Society v. Wheeler*（1994）11 *WAR* 187 *Supreme Court of Western Australia* 一案的讨论。

②　Woolworths Ltd. v. Kelly（1991）4 ACSR 431.

③　第53 条是关于"公司事务"的定义,包括公司的成立,股东组成,商业运营和财务状况等。

④　R v. District Council of Victor Harbor; Ex parte Costain Australia Ltd.（1983）34 SASR 188,190.

⑤　426 US 438,449（1976）. 与很多其他英美法系国家一样,澳大利亚基本上采纳了这个判例,比如,Re Rossfield Group Operations Pty Ltd.（1981）Qd R 372,376.

⑥　（1914）2 Ch 488.

理。一方面,第 194 条规定了私人公司中的董事投票问题。对于私人公司而言,第 194 条是可替代条款,因此,公司可以通过章程予以改变。① 根据该条,在一项交易中具有利益冲突的私人公司的董事如果存在以下情形,则可以参与董事会对于该项交易的投票:(1)该董事已经根据第 191 条进行了充分的信息披露;(2)该董事符合第 191(2)条的豁免情形,从而无需进行披露。如果董事会投票同意该项交易,该交易就可进行,具有个人利益的董事可以保有自己的利益。另一方面,第 195 条规定了公众公司中的董事投票问题。根据该条,在一项交易中具有个人利益的公众公司的董事不能出席审批该项交易的董事会会议,更不得进行投票。因此,与私人公司的董事投票规则不同,根据第 191 条进行信息披露不能让公众公司的利益冲突董事出席会议和投票。但是,第 195 条的投票禁止规则也存在例外情形。在以下情形中,具有利益冲突的公众公司董事可以出席会议和投票:(1)其他没有利益冲突的董事通过决议同意该董事出席会议并进行投票;或(2)ASIC 允许该董事出席会议并进行投票;或(3)该董事的个人利益属于第 191(2)条中的豁免情形。

(三)董事的薪酬问题

在一般法上,由于董事被视为公司的受信人,因此,董事的薪酬问题就类推适用信托关系中关于受托人的规则。传统上,受托人的角色是纯粹荣誉性的,只能对于职责履行过程中的相关费用要求补偿(indemnification),而不能要求工作的报酬(remuneration)。因此,董事无权要求公司对于自己的工作支付报酬。当然,如果股东同意向董事支付报酬,董事就可以获得报酬,但是,这种报酬被视为股东的慷慨之举,因为原则上股东不需要这么做。② 简言之,从法律上讲,董事的薪酬权利只能基于股东的明示同意,股东可以通过公司章程或股东大会决议自由地决定董事的薪酬。现行《公司法》第 202A(1)条规定,公司可以通过普通决议确定董事的薪酬。对于公众公司董事而言,如果考虑到公司的情形和他们的具体职责,他们的薪酬属于合理之列,那么,他们的薪酬就不会被视为关联交易而需要单独的股东大会审批。③ 由于董事任命经理,因此,经理的薪酬由董事决定。

2003 年,澳大利亚发生了著名的 One. Tel 公司破产案,该公司在破产之前向其 CEO 支付了大额的奖金,因此,澳大利亚公司法随后作出修改,限制董事的薪酬数量,在公司破产程序中增加了一类清算人可以撤销和追讨的交易,即"不合理的与董事相

---

① 关于可替代条款的定义和执行,参见第二编第二章。

② Hutton v. West Cork Ry Co. (1883) 23 Ch D 654,672; Re George Newman & Co. (1895) 1 Ch 674,686.

③ 在澳大利亚,关联交易规则只适用于公众公司。

关的交易"。① 根据第 588FDA 和 588FE 条,清算人可以追讨支付给破产公司董事的不合理的款项,包括支付给董事的薪酬。另外,这些不合理的款项支付必须是发生在公司破产前的四年之内。

在公司治理中,经理薪酬问题近年来已经成为一个特别敏感的话题。当然,由于高级经理通常也是董事,因此,董事薪酬与经理薪酬是相互联系的,但是,经理薪酬的问题尤其突出。现实中,非执行董事的薪酬通常远远低于经理薪酬,而且,前者的数额都是由股东决定的。在美国、英国和澳大利亚,经理薪酬的问题日益突出。据估计,澳大利亚的 CEO 薪酬水平居全球第三,仅次于美国和英国。② 另外,澳大利亚 2003 年的一份调查报告发现:(1)在 1992 年到 2002 年的十年间,澳大利亚的 CEO 薪酬水平从国民人均薪酬的 22 倍飙升到 74 倍;(2)CEO 的股票期权占整体薪酬的比例从 1987 年的 6.3％上涨到 1998 年的 35.2％;(3)CEO 的高薪酬水平与公司的业绩表现并没有明显的正相关,甚至有些公司中出现了负相关;(4)对于澳洲的四大银行进行案例分析,发现它们的 CEO 薪酬是普通员工的 188 倍;(5)最优的 CEO 薪酬范围应当是普通员工的 17 倍到 24 倍;(6)经理薪酬的一些重要信息没有向股东披露。③

总体而言,导致以上情况的背后原因主要有两个,它们都是出现在 20 世纪 90 年代。第一个原因就是所谓的"薪酬与业绩挂钩"(pay for performance)的理念,认为经理的薪酬应当反映公司的业绩和经理的贡献。因此,经理的薪酬中采用了越来越多的弹性组成部分,比如奖金等。第二个原因是基于股票的经理薪酬机制日益发达,包括股票形式的奖金、股票购买计划和股票期权等。这些股权激励机能够将经理薪酬与公司业绩联系起来,符合"薪酬与业绩挂钩"的理念,因此得到了迅速发展。实证数据表明,在 2001 年,股权激励机制已经大约占美国大型公众公司经理薪酬的三分之二,而在 1990 年和 1984 年,该比例分别为 8％和 0。④ 在澳大利亚,根据 2004 年的统计数据,上市公司 200 强中的 62％都已采用了股票期权作为经理薪酬的重要组成部分。⑤

现实中,虽然与业绩挂钩的经理薪酬制度在激励董事和约束董事方面发挥了巨

---

① 关于公司破产程序中的可撤销交易类型,参见第二编第二章第三节。

② Jennifer Hill & Charles M. Yablon, "Corporate Governance and Executive Remuneration: Rediscovering Managerial Positional Conflict" (2002) 25 (2) *The University of New South Wales Law Journal* 294, 296 n 10.

③ J Shields, M O'Donnell & J O'Brien, *The Buck Stops Here: A Report Prepared for the Labor Council of New South Wales* (May 2003), piii.

④ John C. Coffee, Jr., "Gatekeeper Failure and Reform: The Challenge of Fashioning Relevant Reforms" (2004) 84 *Boston University Law Review* 301, 327.

⑤ A Hepworth, *Australian Financial Review*, *Salary Review 2004*, 9 November 2004, s 4.

大作用,但是,同时也产生了一些问题。这些制度的作用取决于很多的因素,包括业绩的评估标准,股票期权的定价、行使条件和期间等。有时,股票期权的价格需要在事后进行调整,以反映股票价格的变化,但是,这会影响股票期权的激励约束效果。如果经理参与决定他们自己的薪酬,那么,薪酬制度的作用就会更加削弱。因此,在公司治理中,经理薪酬是由一个专门的董事会下属委员会进行决定,该委员会通常称为薪酬委员会,完全由或主要由非执行董事组成。但是,即便如此,经理薪酬仍然存在很多问题。上文的实证数据表明,经理薪酬与公司业绩之间并没有很好地统一。而且,这些与业绩挂钩的薪酬制度促使经理关注公司的短期而不是长期效益。另外,广泛使用的股票期权导致经理通过各种非法途径操纵股票价格,比如,提前或滞后信息披露时间、虚假陈述和操纵市场等,从而获得有利的行权条件。这个问题在美国著名的安然公司破产案中就十分突出。

与前文述及的一般商业交易一样,董事和经理薪酬的规范也主要是集中在信息披露和投票决策机制上。一方面,如上所述,董事薪酬由股东决定,经理薪酬则由非执行董事组成的薪酬委员会决定,从而保证董事和经理不能参与决定他们自己的薪酬。另一方面,董事和经理的薪酬需要充分披露。在澳大利亚,董事和经理的薪酬必须在公司的年度财务报告中予以披露。第300(1)(d)条规定,董事的报告必须包括股票期权的详细情况,并且披露公司中薪酬居前五位的人员名单。上市公司的薪酬披露要求更为严格,包括:(1)董事会关于决定高级经理人员薪酬的政策讨论;(2)薪酬水平与公司业绩的联系;(3)在确定薪酬水平时,对于公司业绩的评估标准等;(4)薪酬的具体组成。而且,澳大利亚证券交易所的上市规则要求进一步的股东批准,因此,公司需要获得股东的批准才能增加董事的薪酬。另外,该交易所还发布了《优良公司治理的原则》(*Principles of Good Corporate Governance*),向上市公司推荐一些薪酬问题的处理方法,比如充分的信息披露、独立的薪酬委员会和执行董事与非执行董事的薪酬形式区别等。

对于股东在经理薪酬问题中的角色,《公司法》第250条规定,在上市公司的股东年会上,大会必须为薪酬报告的讨论安排一个合理的机会,而且,薪酬报告必须通过股东投票表决的方式才能批准。需要注意,这个股东投票在性质上只是顾问性的,对于董事会并没有约束力。如上所述,原则上经理的薪酬是由董事会决定的,因此,股东投票的目的不是要越俎代庖,减轻董事决定经理薪酬的责任,而是要让董事知道股东对于经理薪酬的集体意见,从而加强董事的负责性。①

---

① Corporate Law Economic Reform Program (Audit Reform and Corporate Disclosure) Bill 2003, *Explanatory Memorandum*, para 5.345.

三、不得盗用公司财产、信息和机会

（一）概述

由于董事被视为公司财产的受托人，因此，如果董事利用职务之便盗用公司财产，他们就类推适用关于受托人盗用信托财产的责任规则。[①] 同样，如果董事盗用公司的其他资源，比如信息和商业机会等，他们也会承受类似的责任。通常的救济形式是衡平法上的推定信托（constructive trust），将董事视为公司财产的推定受托人，从而他们通过盗用公司财产而获得的收益直接归属于推定信托的受益人，即公司。当然，与盗用有形的公司财产相比，盗用无形的公司信息和机会的问题更难处理，因此，本处的讨论主要集中在后者。

与前文讨论的自我交易一样，盗用公司财产也导致董事与公司之间发生利益冲突，因而是董事忠实义务的另一个重要规范对象。但是，二者也存在重大不同。在自我交易中，董事与公司存在实际的或重大可能性的利益冲突，而在盗用公司财产中，有时董事与公司之间并没有直接的利益冲突，比如，如果公司真实地放弃了一个商业机会，董事自己随后进行利用并不会损害公司的利益。盗用公司财产的突出特征是董事通过职务之便盗用公司财产，并从中获取利益。不管是自我交易还是盗用公司财产，只有在进行了充分信息披露并获得批准之后，董事或经理人员才可以保有相关的收益，否则，就违反了忠实义务，从而必须按照推定信托的救济方式将相关收益交给公司。但是，由于自我交易与盗用公司财产的性质和作用不同，它们各自的信息披露对象和批准机关也不同。如前所述，在自我交易中，董事信息披露的对象通常是董事会，并需要获得无利益关系的其他董事的批准。而在盗用公司财产中，如下文所述，信息披露的对象通常是股东大会。这表明，尽管有时盗用公司财产的利益冲突问题似乎没有自我交易严重，但是，盗用公司财产的法律要求更为严格。其中一个主要原因就在于两者对于公司利益的影响不同。之所以允许某些自我交易，就是因为它们是必要的，能够增加公司利益。而盗用公司财产基本上不可能有利于公司利益，之所以允许某些盗用公司财产的行为，只是因为这些行为不损害公司利益而又可以为董事产生利益。简言之，自我交易的允许是为了促进公司利益，而盗用公司财产的允许是为了不浪费商业资源，因此，从公司利益角度而言，允许自我交易的意义远大于允许盗用公司财产，从而前者的法律要求低于后者。

确实，与自我交易一样，传统衡平法上对于盗用公司财产也是绝对禁止的。在19世纪中期的 *Parker v. McKenna* 一案中，法院认为，"代理人在代理过程中绝对不能为

---

① O'Brien v. Walker (1982) 1 ACLC 59；Re Lands Allotment Co. (1894) 1 Ch 616，631.

自己谋取利益,除非获得被代理人的同意。这个规则必须严格执行,没有任何例外,法院不会考虑诸如被代理人没有由于代理人的行为而遭受损失的观点。"①当然,这个绝对禁止规则的背后理由也是基于利益冲突的考虑,维护人类道德体系的安全。在20世纪,此规则仍然被很多法院遵循,比如,美国纽约上诉法庭的著名的卡多佐(Cardozo)法官认为,信义义务的传统根深蒂固,不能改变。② 但是,在现代商业社会中,绝对禁止规则似嫌过苛,并不总是符合公平理念和效率理念。如果公司真实地放弃使用其资源,董事在一定条件下应当可以加以利用,否则将造成资源的浪费。以下一些判例揭示了盗用公司财产的衡平法规则,以及在何种情况下这些规则可以被改变。澳大利亚对于这些规则进行了部分的法典化,包括在现行《公司法》第 182 条和第 183 条中。

（二）一般法上的处理

如上所述,传统衡平法规则严格禁止董事盗用公司财产、信息和机会而谋取个人利益,此规则通常称为"禁止获利"规则(no profit rule)。根据该规则,董事不得利用职务之便谋取私人利益,否则,获得的利益必须按照推定信托的方式归属于公司。这个规则的例外情形非常有限。只有在所有的重大信息都向适当的公司机构进行了披露,而且获得了该机构的批准,董事或其他公司管理人员才能保有相关的利益。一般而言,这个适当的公司机构就是股东大会,在极其例外的情形下是董事会。

澳大利亚联邦最高法院的 *Furs Ltd. v. Tomkies* 一案详细阐述了传统衡平法规则,以及其法理、救济方式和例外情形。③ 在本案中,被告 Tomkies 是原告公司 Furs 的执行董事。另外一家公司想要收购 Furs 公司的部分产业,Tomkies 根据董事会授权代表公司进行谈判。在谈判中,收购公司告诉 Tomkies,只有他在收购后转投自己,收购行为才能完成。Tomkies 将此消息告诉了公司董事会,董事长的回答是,收购完成后公司可以让 Tomkies 离开,并祝愿他在新的公司里一切顺利。收购公司开始提出的收购价格是 14 000 英镑,但是,在 Tomkies 同意收购完成后转投收购公司后,最终的收购价格降到了 8 500 英镑,而 Tomkies 在新公司中的薪酬则增加了 5 000 英镑的额外利益。原告公司的董事会接受了最终的收购价格,但并不知道 Tomkies 的额外薪酬。在知道此事之后,Furs 公司起诉 Tomkies 利用职务之便秘密获取私人利益。一审法院认为,Tomkies 确实存在利益冲突,但是,只要他公平地对待了公司,那么,他就可以追求个人利益。由于法院没有发现不公平之处,因此,公司败诉,并

---

① (1874) LR 10 Ch App 96，124-125.

② Meinhard v. Salmon 249 NY 456，464；164 NE 545，546.

③ (1936)54 CLR 583 High Court of Australia.

立即上诉。

最高法院认为,Tomkies 的个人利益与其对于公司的义务之间存在冲突,他利用作为 Furs 公司执行董事的职务之便获取了私人利益,而且没有向公司披露自己在收购交易中的利益冲突。这种行为必须严格禁止,而不论交易是否公平。法院审查这种行为的公平性,既不符合正义理念也不符合公共政策,因为利益冲突的实际效果是无法确定的。至于救济方式,由于董事与公司之间并没有像自我交易一样具有直接的交易,因此,不适用撤销交易的救济,而应适用推定信托的救济,即 Tomkies 必须将 5 000 英镑的个人收益交给公司。最后,法院讨论了 Tomkies 向 Furs 公司董事会披露收购公司要求自己为其工作而且董事会同意此条件的法律效果问题。法院认为,董事会的批准不能改变衡平法上的禁止性规则,而只有股东大会才有此权力。因此,Tomkies 当初应当向股东大会进行信息披露并获得其批准。由于 Tomkies 没有进行完全的信息披露,也没有获得股东大会批准,因此最终败诉。

Cook v. Deeks 一案进一步阐明了股东大会的投票批准程序。[①] 在本案中,Toronto Construction 公司具有各持股 25% 的四位股东,而且全部是董事,包括原告 Cook,被告 Deeks 和另外两个人。Toronto Construction 公司是为了铺设 Canadian Pacific Railway 公司的一条铁路而组建的。此项目完成后,后者公司又与代表前者公司的 Deeks 协商下一个铁路项目。Deeks 和其他两个董事不想与 Cook 分享利益,因此,他们三个人成立了一个新的 Dominion Construction 公司,并通过此公司与 Canadian Pacific Railway 开展合作。在 Toronto 公司的股东大会上,Deeks 和其他两位董事投票通过决议将公司的重大资产卖给 Dominion 公司,并宣称 Cook 不能从 Dominion 公司中获得收益。Cook 随后起诉,认为 Dominion 与 Canadian 之间的合同利益应当归属于 Toronto 公司。一审 Cook 败诉,然后上诉到英国枢密院。

枢密院认为,Deeks 等人利用职务之便成立 Dominion 公司抢夺 Toronto 公司的业务机会,[②]他们的个人利益与 Toronto 公司利益之间存在冲突,因此,除非 Toronto 公司批准,他们的合同利益应当按照推定信托的救济归属于 Toronto 公司。但是,本案中 Deeks 和其他两位股东在股东大会上进行了投票批准,因此,进一步的问题是这

---

① (1916) 1 AC 554 Privy Council.

② 需要注意,假设 Dominion 公司得到的项目机会与 Toronto 公司的铁路建设业务在性质上不同,比如,一个建设桥梁而不是铁路的项目,那么,案件的最终结果会有所不同吗?当然,由于义务是不得盗用公司机会,所以,问题关键就在于该项目是否属于 Toronto 公司的机会。这种机会分为事实和潜在的机会。首先,如果 Toronto 公司已经明确地想要该项目,那么,该项目就在事实上是公司机会,而不管公司的传统业务范围是什么。如果公司没有相关的明确表示,那么,就需要判断该项目是否属于潜在的公司机会。其判断标准是一个客观标准,即一个合理之人在综合考虑项目的性质和公司的传统业务之后是否认为公司会对该项目感兴趣。

种投票的有效性。枢密院认为,Deeks 和其他两位股东具有利益冲突,因此不能在股东大会上投票,否则,由于他们持有多数表决权,他们肯定能够通过决议,从而构成对于小股东的压迫。因此,股东大会的批准无效,最终 Cook 胜诉。

如上所述,除非公司股东大会通过正当的投票机制进行批准,董事不得利用公司机会谋取私利。但是,如果公司确实主观上不想或客观上不能利用一个商业机会时,董事能否直接加以利用呢? *Regal(Hastings)Ltd. v. Gulliver* 一案回答了此问题。[①] 在本案中,被上诉人 Gulliver,Bobby,Griffiths 和 Bassett 都是上诉人 Regal 公司的董事,另一个被上诉人 Garton 是公司的律师。该公司共有 20 名股东,主要从事影院业务。Regal 公司计划成立一个子公司以购买两个影院,此子公司为 Amalgamated,董事会成员包括 Regal 公司的全部董事和 Garton。按照计划,子公司需要至少发行面值 1 英镑的股票 5 000 股,Regal 公司购买其中的 2 000 股,剩余股份则由 Regal 公司和其他一些人分摊购买。但是,后来由于财务上的种种原因,Regal 公司董事会决定,Regal 公司只能购买 2 000 股而无力再购买更多股份,因此,董事会决定,剩下的 3 000 股由 Regal 公司董事和其他人购买,具言之,Regal 公司的四位董事和律师 Garton 每人购买 500 股,200 股分配给一家名为 Seguliva 的公司,200 股给另一家名为 South Downs Land 的公司,最后的 100 股由 Geering 女士购买。Gulliver 是 Regal 公司的董事长,也是上述的 Seguliva 和 South Downs Land 公司的董事,并持有这两家公司的股份,他自己没有直接购买 Amalgamated 公司股票。另外,Geering 女士是 Gulliver 的朋友。因此,Amalgamated 公司股票的大多数由 Regal 公司的董事们持有,这些股票后来被出售获利甚巨。Regal 公司董事会改选换人,新的董事会起诉前任董事,认为他们购买 Amalgamated 公司股票获取私利,盗用了 Regal 公司机会,因此要求推定信托救济,即前任董事从购买股票中获取的利益归属于 Regal 公司。

英国上议院审理后认为,Regal 公司的董事购买 Amalgamated 公司的股票构成盗用公司的商业机会。被上诉董事辩称,自己是在 Regal 公司董事会决定公司不购买股票后购买股票的,即在公司自己放弃了股票购买机会之后董事个人才购买的,并没有损害公司利益。相反,由于 Amalgamated 公司的最低资本要求是 5 000 英镑,而 Regal 公司无力全部出资,因此,董事出资可以说是帮助 Regal 公司。但是,罗素勋爵(Lord Russell)认为,Regal 公司决定放弃机会并不意味着董事就可以利用机会。其原因是,虽然这种规则似乎对于董事不太公平,但是,这是一个必要的预防机制,因为如果董事可以利用公司放弃的机会,那么,董事就会存在不当动机去故意让公司放弃机会或使得公司无法利用机会。莱特勋爵(Lord Wright)也认为,董事盗用公司

---

① (1967) 2 AC 134n House of Lords.

机会本身就是违反衡平法规则的,与公司自己是否放弃机会无关。从正义理念上,法院无需判断公司自己是否放弃机会;从司法技术上,法院也无法判断公司是否真实地决定放弃,唯有董事自己才真正知道事情的真相。因此,上议院重申,除非获得股东大会同意,董事不得盗用公司机会,而不管公司自己是否愿意或有能力利用机会,不管董事行为是否对于公司造成了损失或带来了收益,不管董事是否主观善意或存在欺诈等。

虽然上案中英国上议院的判决很有说服力,但是,其理由主要是预防董事故意使得公司放弃机会,从而自己能够随后加以利用。因此,这种观点适用于董事能够不正当地决定或影响公司是否放弃机会的场合,但是,如果公司放弃机会不取决于董事,而是客观因素使然,或者董事决定公司放弃机会确实是善意和真诚地考虑了公司利益,那么,上述观点还成立吗?仍然要求董事不得利用机会从而浪费商业资源吗?这是一个非常困难的问题,英美法系各国对于此问题的态度存在很大差异。下文就简要总结董事可以利用公司机会的各种情形。

第一,公司股东大会经过正当的程序批准了董事利用公司机会。这是董事可以利用公司机会的主要场合,符合传统的衡平法规则。这正是澳大利亚联邦最高法院在 *Furs Ltd. v. Tomkies* 一案中和英国上议院在 *Regal* 一案中阐述的基本原则。但是,商场如战场,商机瞬息万变,经常需要迅速决断,而股东大会程序烦琐,旷日持久,费时费钱,因此,有时难以作为一种对于董事利用公司机会问题进行迅速有效处理的机制。另外,股东大会的表决程序必须正当,如前面的 *Cook v. Deeks* 一案中所述,具有利益冲突的董事不得参与投票。

第二,董事利用公司机会的行为并没有损害公司利益,从而对于公司是公平的。如前所述,英国和澳大利亚都不承认这个规则。

第三,公司已经真实地放弃了商业机会。从理论上而言,这个规则不无道理,但是,其困难之处在于如何判断公司放弃机会的真实性。在加拿大联邦最高法院的 *Peso Silver Mines Ltd. (NPL) v. Cropper* 一案中,[①]Peso 公司是一家采矿公司,Dickson 先生是一个探矿者,后者向前者出售一些采矿权,但是,前者董事会在考虑后拒绝了后者的提议。被告 Cropper 是 Peso 公司的董事,在公司拒绝 Dickson 后,Cropper 与他人一起组建公司获得了 Dickson 的采矿权,且没有向 Peso 公司披露此事。两年后,Peso 公司董事会内部不和,Cropper 获取 Dickson 采矿权之事也曝光,因此,Peso 公司起诉 Cropper,要求其按照推定信托的救济方式将获取的相关利益归属于公司。一审法院判决 Peso 公司败诉,因此,Peso 公司上诉至最高法院。最高法院

---

① (1966) 58 DLR (2d) 1 Supreme Court of Canada.

将董事利用公司机会分为"正当"和"不正当"的两种类型,并认为有充分证据表明,在当初 Peso 公司董事会决定拒绝 Dickson 之时,董事们是善意地考虑了公司的利益,而且具有充分的商业理由拒绝,因此,Cropper 可以随后利用公司放弃的商业机会,属于正当的利用公司机会。

但是,在一个与上案非常类似的英国判例 *Phipps v. Boardman* 中,①英国上议院的判决截然相反。在本案中,Boardman 先生是 C. W. Phipps 先生遗产信托的受托人的律师,Tom Phipps 是受益人之一,信托财产包括 Lester and Harris 公司的 8 000 股股票,该公司的股票总数是 30 000 股。受托人对于 Lester and Harris 公司的业绩表现很不满,因此,授权 Boardman 和 Tom Phipps 参加公司的 1956 年度股东年会。在会上,Boardman 获取了更多的相关信息,并且试图让 Tom Phipps 选举为董事,但未成功。因此,受托人一致认为,只有将公司收购才能解决问题。但是,根据信托遗嘱,受托人不能投资于 Lester and Harris 公司的股票,因此,除非得到法院的特别许可,受托人不能进行公司收购。在此情况下,Boardman 和 Tom Phipps 自己出资收购除遗产信托持有股票之外的股票,并获得成功。最后,Lester and Harris 公司的部分产业出售,获利甚巨,公司股票升值,作为股东的遗产信托和 Boardman 与 Tom Phipps 都相应受益。但是,遗产信托的一个受益人起诉 Boardman 和 Tom Phipps,认为他们盗用了信托机会,要求他们将所得利益按照推定信托的救济归于信托。

在审理过程中,英国上议院的五位勋爵意见不一致。福特逊勋爵(Lord Hodson)承认,本案中 Boardman 和 Tom Phipps 不存在欺诈的问题,而且,遗产信托确实不能自己购买股票,因为其受制于法律的限制,而不是取决于受托人的决策。但是,福特逊勋爵认为,这些因素都无关紧要,都不能改变传统的衡平法规则,即除非获得受益人的同意,受托人不得盗用信托机会。因此,福特逊勋爵认为,Boardman 和 Tom Phipps 违反忠实义务,这一观点得到了其他两位勋爵的赞成。但是,另两位勋爵表示反对,认为既然公司不能利用机会,董事就可以利用。

第四个董事可以利用公司机会的情形是,董事不是以董事身份而是以私人身份利用公司机会。上面谈到的加拿大联邦最高法院的 *Peso Silver Mines Ltd.*(*NPL*)*v. Cropper* 一案实际上也阐述了这一点。除了上面谈到的案件事实之外,还有一个重要之处是,Cropper 与他人协议组建新公司时,他不是利用自己作为 Peso 公司董事的身份,而是作为一个普通的个人。换言之,Cropper 没有利用职务之便谋取私利。由于盗用公司机会的重要特征就是利用职务之便,因此,Cropper 不违反忠实义务。但是,此规则的问题在于,现实中很难辨别董事到底是以什么身份利用公司机会。因

---

① (1967) 2 AC 46 House of Lords.

此,加拿大联邦最高法院自己在后来的一些案件中实际上已经使得该规则失去了实用性,而徒具理论意义。[1]

第五,在某些情况下,公司董事会的批准也可以让董事利用公司机会。在英国枢密院判决的一个澳大利亚发生的案件 *Queensland Mines Ltd. v. Hudson* 中,[2] Hudson 是从事采矿业的 Queensland 公司的执行董事,他利用公司资源和信誉获得了在澳大利亚一个地区的采矿权,但是,他将此事报告了公司董事会,并且让公司决定是否利用这个机会。Queensland 公司具有两位法人股东,他们都在公司董事会中拥有自己的代表。Queensland 公司董事会决定不利用该商业机会,因此,Hudson 利用了此商机获利甚巨。后来,Queensland 公司起诉,要求 Hudson 将所获利益归属于公司。澳大利亚新南威尔士州最高法院判决 Hudson 盗用公司机会,因为他没有获得公司股东大会的批准。案件上诉到枢密院,枢密院首先重申了衡平法规则,即除非公司股东大会同意,董事不得盗用公司机会。但是,由于本案中公司董事会包括全部两个股东的代表,因此,通知了董事会就等于通知了全部股东,董事会的决策就等于股东大会的决策。最终枢密院判决 Hudson 没有违反忠实义务。简言之,股东大会的批准还是基本原则,只是当董事会的决策可以视为股东大会的决策时,董事会的批准也可以免除董事利用公司机会的责任。

在考量董事可以利用公司机会的情形后,最后简要讨论一下董事辞职后是否可以利用公司机会的问题。在以下两种情况中,即使董事辞职,他们也不能利用公司机会:(1)董事辞职的动机就是为了利用公司机会;(2)董事辞职后还能够利用公司机会的原因是董事以前担任的职务,而不是董事辞职后自己的个人努力。[3] 在上述情况下,尽管董事已经辞职,但是,他们还继续负有与任职时一样的董事义务,因此,董事不能简单地通过辞职而达到盗用公司机会的目的。

(三)法定义务

《公司法》第 182、183 条规定了董事不得盗用公司财产、信息和机会,以补充一般法上的相关董事义务。第 182 条规定,董事、其他公司管理人员和公司雇员不得滥用职务之便为自己或他人谋取利益,或给公司造成损失。第 183 条规定,董事、其他公司管理人员和公司雇员不得滥用其在工作过程中获得的信息为自己或他人谋取利益,或给公司造成损失。这些条款都是民事惩罚条款,而且,如果违法人员具有主观

---

[1]　See e. g. , Canadian Aero Service Ltd. v. O'Malley (1973) 40 DLR (3d) 371 Supreme Court of Canada.

[2]　(1978) 52 ALJR 399 Privy Council.

[3]　Industrial Development Consultant Ltd. v. Cooley (1972) 1 WLR 443 Birmingham Assize Court; Canadian Aero Service Ltd. v. O'Malley (1973) 40 DLR (3d) 371 Supreme Court of Canada.

故意,还可能导致刑事责任。

需要注意,这些法定的董事义务与一般法上的义务具有以下两个重大不同。第一,第182和183条不但适用于董事和其他公司管理人员,而且还适用于公司雇员。一般法上的义务则通常适用于董事和其他公司管理人员。前文述及的第180条法定勤勉义务和第181条法定善意行使权力义务在字面上也是只适用于董事和其他公司管理人员。第二,第182和183条中的义务内容不仅包括滥用职权为自己谋利,也包括滥用职权为他人谋利。在前面讨论的 *Regal（Hastings）Ltd. v. Gulliver* 一案中,Regal 公司董事 Gulliver 自己没有购买股票,而帮助他人购买了股票。在一般法上,董事违反义务的情形通常限于滥用职权为自己谋利,因此,英国上议院最终判决 Gulliver 没有违反义务。但是,如果根据第182条判决此案,Gulliver 就可能会被判决违反义务,因为他滥用了职权为他人谋利。

另外,在 *Byrnes v. R* 一案中,澳大利亚联邦最高法院认为,董事不正当利用职权的标准是一个客观标准,即一个合理之人对于一个处在董事位置上的人所期待的行为标准。① 因此,即使董事自己主观上善意,他们也可能被判决不正当利用职权,从而违反第182或183条。在这一点上,法定义务与一般法上的义务是一致的,即董事是否善意并不影响对于董事是否违反义务的判断。

四、其他的避免利益冲突义务

除了前文讨论的两种主要的利益冲突情形,即自我交易和盗用公司财产之外,还有一些其他的利益冲突情形,包括董事不得束缚自己的自由裁量权和董事在多家公司同时任职的问题。

（一）董事不得束缚自己的自由裁量权

公司法的一条基本规则是董事必须在行使权力时为了公司最佳利益而进行独立判断。该规则禁止董事在没有公司章程授权的情况下将自己的自由裁量权授予其他人,或者以任何方式束缚自己的自由裁量权。当然,前文提到,第198A条规定,公司事务由董事或在董事的指导下进行管理;除非章程另有规定,董事可以行使公司的所有权力。而第198C规定,董事会可以将任何的权力授予其他人行使。因此,董事可以在一定范围内进行授权,但是,根据衡平法,董事必须保留自己的自由裁量权,即董事必须负责地独立地为了公司最佳利益而进行决策,而不能将决策的责任推诿给他人,或者通过协议等方式束缚自己的自由裁量权。正如著名的丹宁勋爵（Lord Denning）所言,"任何负有信义义务的人都不能通过协议让自己不履行信义义务……

---

① （1996）183 CLR 501, 514-515.

他们必须独立地作出负责的决策。如果一个议员接受他人的报酬而答应按照其指示进行投票,放弃自己的自由裁量权,那么,此协议显然无效,因为其违背公共政策。"①

现实中,董事束缚自己的自由裁量权的情形主要包括以下几个方面。第一,董事将自己的权力永久性地授予他人,从而以后董事自己也无法行使该权力。② 第二,董事通过普通的契约机制约束自己在将来以某种规定的方式行使权力,而不是从公司最佳利益出发行使权力。③ 第三,董事与公司大股东达成协议,承诺自己将放弃行使某些权力。④ 但是,有时董事可以通过契约规定自己将来的行为。在 *Thorby v. Goldberg* 一案中,⑤一家公司的几位股东同时也是董事,他们为了吸引原告出资,与原告订立契约,规定自己将召开董事会向原告发行股票,而且原来五名董事中的三名将辞职,从而原告可以任命两名自己的董事。后来,原股东认为这个契约束缚了董事会的自由裁量权而无效,从而拒绝履行契约。澳大利亚联邦最高法院认为,这个契约是有效的,因为在公司签订契约时,公司董事会已经善意地行使了自由裁量权,考虑了公司最佳利益。换言之,这个契约正是董事会行使自由裁量权的结果,而不是束缚自己的自由裁量权。

（二）联锁董事

"联锁董事"(interlocking directors)是指同一个人在两家或更多的公司中同时担任董事的现象。如果这些公司是相互竞争的公司,那么,联锁董事又被专门称为"竞业董事"(competing directors)。显然,竞业董事是联锁董事中的极端情形。在几乎一百年之前,美国著名的布兰代斯(Brandeis)大法官就向世人警告了联锁董事的问题,认为"联锁董事是很多弊端的根源,违背了人定之法和神定之法。在公司相互竞争时,联锁董事现象会抑制竞争……而在公司相互交易时,它会导致董事的不忠诚,违反'一仆难侍二主'的基本法理。无论哪种情形,它都会导致无效率,因为它使得董事没有工作动机,破坏董事决策的公正性。"⑥

概言之,联锁董事现象的主要问题可以分为三个方面。第一,联锁董事对于多家公司的信义义务之间存在固有的冲突;第二,联锁董事对于有关公司之间的商业竞争具有负面影响;第三,联锁董事现象会导致商业力量的过分集中。除此之外,联锁董

---

① Boulting v. Association of Cinematograph, Television and Allied Technicians (1963) 2 QB 606, 626.

② Horn v. Henry Faulder & Co. Ltd. (1908) LT 524.

③ Davidson v. Smith (1989) 15 ACLR 732.

④ Howard Smith Ltd. v. Ampol Petroleum Ltd. (1974) AC 821 Privy Council.

⑤ (1964) 112 CLR 597 High Court of Australia.

⑥ "Breaking the Money Trusts", *Harper's Weekly*, 6 December 1913.

事还有其他一些问题,比如,联锁董事可能没有足够的时间和精力去了解和服务于每家公司的最佳利益。尽管如此,现实中联锁董事的现象非常普遍。1995 年的一项实证研究发现,[①]在澳大利亚的前 100 名大公司中,(1)存在总计 889 个董事职位和 690 个董事,因此,平均每个董事占有 1.29 个董事职位;(2)存在总计 574 个联锁,平均每家公司具有 5.74 个联锁;[②](3)4.2%的董事在三家公司中任职,2.2%的董事在四家或更多的公司中任职。后者称为超级联锁董事,占据了 7%的全部的董事职位,导致了 39%的联锁。[③]

联锁董事现象的背后原因是多方面的。第一,联锁董事具有促进协调和加强合作等重要的经济功能。随着现代经济的发展,经济组织的力量日益扩大,公司集团日益增多,是联锁董事存在的一个重要背景。[④] 第二,对于董事人才的争夺日益激烈,联锁董事现象就是为了提高董事人才的使用效率。第三,虽然上文提到了联锁董事的三个主要问题,但是,在现实中,通过妥善的法律机制,这些问题似乎并不是很严重。比如,对于义务冲突问题,存在本章讨论的公司法董事义务规则;对于抑制竞争问题,存在市场交易法和反垄断法等;而导致经济力量集中的问题,到底利弊如何,尚无定论。另外,总体而言,对于现实中联锁董事的这些问题的实证研究还非常少,可能是因为研究本身的困难,比如相关数据难以获取,数学测算模型难以建立等。因此,联锁董事的问题到底有多大,并不是很清楚,不过,可以推测问题应当不是太大,否则,现实中联锁董事的现象不会生存至今,而且还越来越普遍。

最后,讨论一下关于联锁董事问题的董事义务规则。在澳大利亚公司法中,同一个人能否同时担任两家或更多公司董事的问题主要取决于两个因素,一个是董事的性质,即董事是执行董事还是非执行董事;另一个是公司之间的关系,即公司之间是否存在直接的竞争关系。一方面,如果某人已经担任了一家公司的执行董事,那么,他就不能再担任其他公司的执行董事,除非在公司集团的情况下。[⑤] 而且,他也不能在任何的与本公司存在竞争关系的公司中担任非执行董事。因此,该执行董事只能在其他的无竞争关系的公司中担任非执行董事,但是,他不能行使本公司的权力去为

---

① G P Stapledon & J Lawrence, "Board Composition, Structure and Independence in Australia's Largest Listed Companies" (1997) 21 *Melbourne University Law Review* 150,178-179.

② 这一数值稍高于英国的 4.72,但是远低于加拿大的 13.72、美国的 10.46 和欧洲大陆各国平均的 12.36。数值越高,说明公司联锁现象越普遍。

③ 这一数值高于美国,因此,虽然澳大利亚的董事联锁现象总体而言不如美国普遍,但是,超级联锁董事的比例却高于美国。这表明了澳大利亚公司联锁董事的高度集中性,而美国联锁董事分布比较广泛,当然,其中一个重要原因就是前者市场规模小于后者。

④ 对于公司集团问题的详细讨论,参见第四编。

⑤ 关于公司集团中的联锁董事问题,参见第四编第二章。

其他公司谋取利益,除非获得了本公司的同意。通常而言,这些限制都会被规定在执行董事与公司订立的雇用合同中,如果雇用合同没有这方面的明确规定,则适用上述规则。

另一方面,如果某人已经担任了一家公司的非执行董事,那么,他就可以再担任一家无竞争关系的公司的执行董事或非执行董事和担任一家有竞争关系的公司的非执行董事,除非公司章程和相关契约另有规定。与无竞争关系公司的联锁董事相比,有竞争关系公司的联锁董事可能难以理解,因为从法理上董事忠实义务规则要求董事避免利益冲突和义务冲突,从而似乎应当禁止同一个人在两家有竞争关系的公司中同时担任董事。确实,在澳大利亚,合伙法就严格禁止这种现象,除非获得其他合伙人的同意。但是,公司法却没有完全禁止。一个很重要的原因就是,随着公司法的发展,对于董事利益冲突问题的管制也一直在放松。最初,公司法上利益冲突情形包括任何可能出现利益冲突的情形,而不管可能性有多大,在这种理念下,联锁董事是不允许的,更不用说有竞争关系公司的联锁董事。但是,后来利益冲突情形被逐渐限制在利益冲突事实上已经存在或具有重大可能性的场合。此时,从理论上而言,联锁董事是可允许的,包括有竞争关系公司的联锁董事,因为利益冲突只是可能存在。当然,在利益冲突已经事实上发生时,联锁董事就需要遵守一些规则。比如,对于有竞争关系公司的联锁董事而言,他们不能将自己在一家公司获取的秘密信息披露给另一家公司,也不能为了另一家公司的利益而行使本公司的权力,除非获得了本公司的同意。[1]

*London and Mashonaland Exploration Co. Ltd. v. New Mashonaland Exploration Co.Ltd.*一案阐述了有竞争关系公司的联锁董事的问题。[2] 在本案中,原告公司要求法院禁止其董事同时担任另一家与自己有竞争关系的被告公司的董事。法院认为,原告公司的章程并没有规定董事不能同时担任其他公司的董事,而且,也没有任何的明示或暗示契约禁止联锁董事和竞业董事。另外,没有证据表明,涉案董事向被告公司已经披露了或将要披露他在原告公司由于董事职务而获悉的秘密信息,原告公司也没有在其他任何方面受到重大伤害。因此,原告公司最终败诉。

当然,上述的竞业董事规则争议很大,赞成者和批评者皆有之。一方面,*Bell v. Lever Bros Ltd.*[3]和 *Berlei Hestia（NZ）Ltd. v. Fernyhough*[4] 等案都遵循了上述规则,并阐述了理由。比如,在后者中,新西兰最高法院承认,乍一看上述规则似乎不

---

①　On the Street Pty Ltd. v. Cott (1990) 3 ACSR 54，61-62.

②　(1891) WN 165 Chancery Division.

③　(1932) AC 161.

④　(1980) 2 NZLR 150.

当，与传统的衡平法规则不一致，但是，却完全符合现代商业的做法和需要，而且，竞业董事本身并不必然地意味着利益冲突的现实存在。但是，另一方面，也有不少反对之声。比如，在 *Scottish Co-operative Wholesale Society Ltd. v. Meyer* 一案中，[①]著名的丹宁勋爵认为，竞业董事实际上是把自己放在了一个不可能的位置上，必然会违反自己的信义义务。

第六节 关 联 交 易

一、概述

在第五节讨论自我交易和盗用公司财产两个主要的董事利益冲突情形之后，本节简要讨论一下适用于公众公司董事的特殊的避免利益冲突义务规则，即关联交易规则（related party transactions）。在关联交易中，董事存在严重的利益冲突，以公司利益为代价谋取私利。在 20 世纪 80 年代，澳大利亚的关联交易问题非常严重，很多公司董事通过各种手段，比如转移资产、提供贷款和担保等，将公司财产转移到自己手中。[②] 因此，澳大利亚公司法对于关联交易中的董事规定了特别的义务规则。需要指出，第一，此套规则只适用于公众公司的董事；第二，关联交易的范围非常广泛，体现在交易方和交易内容等各方面。

现行公司法第 2E 章规定，公众公司或其控制方不得给予该公众公司的关联方财务利益，除非满足以下两个条件：（1）该交易已经向股东大会披露并获得其批准，然后，交易必须在批准之日起 15 个月内完成；（2）该交易属于法定的豁免范围。根据第 207 条，关联交易规则的目的在于，通过让股东大会批准关联交易保护公众公司股东的利益。

对于公众公司而言，关联交易规则是在前面讨论的一般法和成文法的忠实义务之外的特殊规则，这些规则对于公众公司董事施加了更为严格的信义义务。总体而言，一般的利益冲突问题，比如自我交易和盗用公司财产，其义务标准都低于关联交易。而且，第 2E 章的规定都是强制性规定，不能通过公司章程进行修改。需要注意，虽然第 2E 章中的关联交易规则在信息披露和批准程序上比一般利益冲突问题的规则严格，但是，在该章没有规定的方面仍然适用普通规则，因此，第 230 条规定，即使

---

① (1959) AC 324.

② Companies and Securities Advisory Committee，*Report on Reform of the Law Governing Corporate Financial Transactions*（1991），p. 1.

关联交易符合第 2E 章的特殊规定,相关董事也可能违反普通规则,包括前面讨论的一般法和成文法上的义务规则。

至于违反规则的后果,第 209(1)条规定,关联交易违反规则并不影响关联交易的有效性,公众公司及其控制方也不会受到惩罚。但是,根据第 209(2)和(3)条,涉及关联交易的人员将会受到民事惩罚,如果这些人违反规则是出于故意,那么,他们还会受到刑事制裁。

在处理关联交易问题时,一般适用以下的分析步骤。第一,审查交易一方是否是公众公司或其控制方;第二,审查交易另一方是否是上述公众公司的关联方;第三,审查交易中是否包含财务利益的给予。如果这三个问题中任何一个的答案是否定的,那么,就不是关联交易问题;如果三个问题的答案都是肯定的,则属于关联交易,需要进一步分析。审查该交易是否属于豁免情形,如果是,则即使没有股东大会批准亦合法;如果不是,则需审查信息披露和股东批准问题。下文就按照这个分析步骤进行讨论。

二、具体规则

(一)公众公司及其控制方

关联交易的参与者既包括公众公司本身,也包括公众公司的控制实体(controlled entities)。前面章节已经讨论过公众公司的定义,故此处不赘。① 公众公司控制方的范围非常广泛。根据第 9 条,实体(entity)包括公司、合伙、非公司组织、信托和个人。第 55AA 条规定了控制的概念,根据该条,如果公众公司具有能力决定一个实体的财务和经营方面的政策问题,那么,就认为前者控制了后者。这里的能力是指实际的影响力,因此,如果一个实体的行为符合公众公司的利益,就足以表明后者的控制能力,即使后者并没有形式上的控制权,比如投票权超过半数等。不过,短期的暂时影响一个实体的能力不太可能符合上述的控制标准。另外,如果公众公司与一个没有关联的实体共同具有能力影响另一个实体,并不必然表明公众公司控制了后者实体。

(二)公众公司的关联方

关联交易中公众公司的交易方必须是其关联方,第 2E 章中的关联方概念非常广泛。根据第 228 条,公众公司的关联方主要包括:(1)控制该公众公司的实体;(2)该公众公司的董事或控制该公司的实体的董事,以及这些董事的配偶;(3)第二项中董事及其配偶的父母和儿女;(4)前三项中所包括的各方所控制的实体,除非该实体也被公众公司控制,因此,公众公司的关联方不包括其子公司;(5)如果一个实体在前六

---

① 参见第二编第一章第三节。

个月中曾经是公众公司的关联方或者有合理理由相信该实体将会成为公众公司的关联方，那么，这个实体也视为关联方；(6)如果一个实体与公众公司的关联方在以下基础上一致行动(acting in concert)，即公众公司给予这个实体一个财务利益而这个实体又给予公众公司的关联方一个财务利益，那么，该实体也视为公众公司的关联方。因此，公众公司不能通过一个中间的媒介进行间接的关联交易。

为了帮助理解上述的关联方，参见以下图1～图3。

图　1

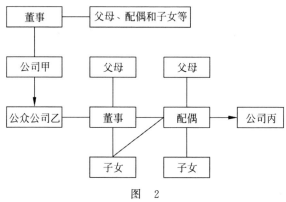

图　2

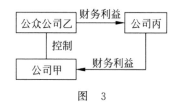

图　3

在图1中，公司甲控制公众公司乙，而后者又控制公司丙。根据第228条，作为母公司，公司甲是公众公司乙的关联方，但是，作为子公司，公司丙不是公司乙的关联方。其原因在于，关联交易规则的目的是保护公众公司的股东利益，而公司丙作为子公司，不可能危害母公司乙的利益。当然，如果公司丙也是公众公司，那么，其母公司乙就是它的关联方，但此时保护的对象就是公司丙，而不是公司乙。

在图2中，公司甲控制公众公司乙。根据第228条，第一，公司乙的母公司甲的董事和公司乙自己的董事都是公司乙的关联方,这些董事的配偶也是关联方。第二,前项中董事及其配偶的父母和儿女都是公司乙的关联方。因此,在关联交易规则中,董事的家庭成员范围很广,连岳父母都包括在内。第三,前两项中各方控制的实体也是公司乙的关联方,除非该实体也被公司乙控制。比如,公司乙的董事的配偶所控制的公司丙就是关联方,除非公司丙也被公司乙控制。

在图3中,公司甲控制公众公司乙,因而是后者的关联方。公司甲与公司丙在以下基础上一致行动,即如果公司乙给予公司丙一个财务利益,公司丙就会给予公司甲一个财务利益。根据第228条,公司丙也是公众公司乙的关联方,因此,二者之间的财务利益转移就属于关联交易。通过这个一致行动人的概念,就使得公司甲不能规避关联交易规则而与公司乙进行间接的关联交易。

(三)财务利益

第2E章没有对于财务利益(financial benefit)进行一个详尽的定义。相反,该章的做法是概括和列举相结合,即先规定一些关于此概念的基本原则,然后再提供一些具体的例子。判断财务利益存在与否的一些基本原则规定在第229(1)和(2)条中,包括(1)注重交易行为的经济和商业上的实质内容,而不是其外在的法律形式;(2)财务利益的给予可以是直接的,也可以是通过中间实体而间接的;(3)财务利益的形式可以是金钱的,也可以是非金钱的;(4)即使交易方为了获得财务利益给予了充分的对价,此财务利益仍然属于关联交易之列。比如,公众公司乙的母公司甲以市场价格卖给公司乙一批原材料,那么,公司乙还是给予了公司甲一个财务利益,因为虽然交易价格是市场价格,但是,公司乙实际上为公司甲提供了一个商业机会,即购买了其产品。当然,由于价格合理,这个交易属于下文讨论的豁免情形,从而无需股东批准。最后,需要注意,财务利益没有数额上的最低标准,因此,只要交易中存在财务利益,而且其不属于豁免情形,那么,就需要股东批准,而不管财务利益的具体数额是多少。

另外,第229(3)条列举了一些财务利益的主要例子,比如,将财产直接转让给关联方,从关联方处买入或向其卖出商品,从关联方处租赁或向其出租资产,从关联方处获取服务或向其提供服务,向关联方发行股票或其他证券,为关联方承担义务或解除关联方的义务等。

(四)豁免情形

第2E章规定了关联交易的一些豁免情形,因此,如果一项关联交易符合豁免条件,就无需股东批准。最重要的一个豁免情形就是所谓的"保持一定距离的交易"(arm's length transaction),这种交易也就是正常的市场交易。第210条规定,如果关联交易的交易条件不比正常的市场交易的条件更为优惠,那么,此项关联交易就可豁免股东批准的要求。除此之外,第 211 到 215 条还规定了其他的一些豁免情形。第 211 条是关于董事、公司管理人员和雇员的报酬问题;第 212 条是关于董事和公司管理人员的责任补偿、责任豁免和责任保险等问题;第 213 条规定,如果董事或其配偶获得的财务利益不超过两千澳元,那么,就无需股东批准;第 214 条规定了公众公司与其全资子公司之间的交易豁免问题;第 215 条规定,如果公众公司向所有股东给予财务利益,而且不存在不公平的歧视问题,那么,就无需股东批准。

(五)信息披露和股东批准

如果一项交易是关联交易,而且不属于豁免情形,那么,就必须进行充分的信息披露并获得股东大会批准。根据第 208 条,关联交易必须在股东批准之日起 15 个月内完成。只有在满足信息披露和投票程序的相关条件,批准关联交易的股东决议才有效力。

一方面是信息披露问题。第 219 条规定,公众公司必须制作一个解释文件,详细说明谁是关联方,关联交易的内容是什么等,而且,该文件还必须列出公司每个董事对于该关联交易的建议及其理由,如果董事不想表达自己的建议或者无法考虑该关联交易问题,就必须陈述有关的原因。另外,该解释文件还必须包括公司所知道的所有的对于股东进行投票合理相关的信息。第 218 条规定,至少在公司向股东发出召开股东大会的通知之日的前 14 天,公司必须向 ASIC 提交以下文件:(1)召开股东大会的通知书;(2)上述的解释文件;(3)其他对于股东进行投票合理相关的信息。在公司提交这些文件后的 14 天之内,ASIC 可能会给公司一些关于这些文件的书面评论。这些评论都是关于形式方面的,而不会对于关联交易是否符合公司最佳利益的实质性问题发表意见。如果 ASIC 给予了这种评论,那么,公司就必须将这些评论与原来提交给 ASIC 的文件,包括会议通知和解释文件等,一起发给股东。而且,根据第 221 条,除了这些文件之外,公司发给股东的材料不得添加其他东西。

另一方面就是股东大会的投票问题。关联交易的投票适用普通决议程序,即只要有权进行投票的股东过半数同意,就可通过批准关联交易的决议。第 224 条规定,在股东大会上,可能获取财务利益的关联方及其盟友不得进行投票。如果违反此规定,那么,批准关联交易的决议就无效,除非将违反规定的投票剔除之后该决议仍可通过。与前文讨论的第 195 条中的归制一般自我交易的投票限制措施相比,关联交易的规则更为严格,因为在第 195 条下存在一些例外规定。当然,这两者的批准机关也不一样,一个是董事会,一个是股东大会。最后,在批准决议通过的 14 天之内,公众公司必须向 ASIC 报告决议的有关内容。

第七节　董事责任之豁免、补偿与保险

一、概述

在本章中,我们已经讨论了董事义务。如果董事违反这些义务,他们通常就需要承担相应责任。但是,通过某些途径,董事责任能够得以免除。首先,公司股东大会可以通过决议或者其他方式批准(ratify)董事的义务违反行为,但是,至于究竟哪些义务可以批准,哪些义务不能批准,尚不完全清楚。[1]　其次,在非常例外的情况下,公司董事会自己有权决定是否免除董事会成员的义务违反责任。比如,在某些小型私人公司中,公司所有股东都是董事会成员,因此董事会实质上就是股东会。[2]　最后,《公司法》第1318条明确授权法院在某些情形下可以免除董事责任。

另外,董事还可以通过公司章程条款对于自己的责任和相关损失进行补偿(indemnify)。最初,公司章程条款规定,如果董事作为被告在关于义务违反的诉讼中获胜,那么他们就可以向公司请求相关费用的补偿。之所以诉讼获胜才能补偿,是因为在普通法上董事向公司请求补偿的权利只适用于补偿费用出自董事合法行为的情形,从而董事不能就自己的违法行为获得补偿。[3]　但是,发展到20世纪早期,公司章程授予董事比此大得多的补偿权利的情况已经非常普遍。1926年,英国对此问题进行调查。结果发现,很多章程条款免除董事的责任,除非其责任是基于明知情况下的过失和故意;有些条款甚至走得更远,赦免除实际欺诈情况下的所有董事责任。在这些条款下,只要董事没有实际意识到自己的行为不当,那么,即使他们具有最为重大的过失,他们也无需承担责任。调查报告认为,这些章程条款对于董事的保护过于慷慨,有悖法理,需要改变。至于如何改变,报告认为通过成文法对于董事义务进行硬性规定并不足取,更好的做法是禁止章程条款免除董事在普通法上的过失责任、义务违反责任和信托责任。因此,从1928年起,英国的公司立法开始规定在哪些情况下公司可以免除董事的责任,补偿相关费用或者为其购买责任保险等。

澳大利亚现行公司法第2D章第2部分第1节在2000年3月曾经进行过实质性修订,内容就是关于董事责任的免除。简言之,根据此节,公司绝对不能完全豁免董事及其他公司高管的责任;但是,在法无明文禁止的情况下,公司可以对于董事责任

---

[1]　对于此问题的进一步讨论,参见第三编第四章第三节。

[2]　一个相关案例就是 Queensland Mines,参见本章第五节。

[3]　L C B Gower et al. , *Gower's Principles of Modern Company Law* (4th ed, 1979), 612.

进行补偿或者为董事购买责任保险。以下逐一讨论董事责任豁免、补偿和保险的相关条款。

二、具体规则

(一)责任豁免

第199A(1)条明确规定,公司及其关联公司不能直接或者间接豁免董事及其他公司职员对于公司的责任。需要指出,前文在董事忠实义务一节中述及,在衡平法上公司可以通过章程条款放松和减弱董事义务,而这种做法并不违反第199条。实际上,当事人通过私下协议改变和减弱衡平法义务的做法古已有之,并非公司法一家特例。澳大利亚公司法历史上,在类似第199条的禁止性规定制定之前,公司通过章程条款减弱董事义务的权利也早已确定。但是,第199条的出现与此并不矛盾,因为其禁止的是"豁免"(exempt)而不是"减弱"(attenuate)。当然,"豁免"与"减弱"两个概念之间的界限并不清楚,"豁免"意味着完全的免除,而"减弱"是指部分的免除,两者之间是一个量变与质变的关系。因此,尽管理论上两者存在差别,但在实际操作上存在模糊之处。[①]比如,以下情形中的章程条款是否有效:(1)允许董事在任何的存在利益冲突的交易中拥有投票权;(2)免除具有利益冲突的董事在衡平法上的信息披露义务。

(二)责任补偿

对于责任补偿,公司法通常区分法律费用与其他责任的补偿。根据第199A(2)条,除了在补偿法律费用时外,公司及其关联公司不得对于董事的以下三种责任进行补偿:(1)向公司或其关联公司负有的责任;(2)在民事惩罚制度下的责任;(3)由于恶意行为而导致的责任。[②] 在上述情况下,公司不得以任何方式,包括某种协议、直接付款或者间接通过第三方,对于董事进行补偿。

至于法律费用责任,根据第199A(3)条,公司或其关联公司不得补偿董事在以下四种诉讼中所导致的法律费用:(1)董事作为被告最终被判决需要承担上述第199A(2)条下的责任,比如民事惩罚责任,恶意行为而导致的责任等;(2)董事作为被告被判决承担刑事责任;(3)在证监会提起的向法院申请禁令等的诉讼中,证监会胜诉;(4)董事提起诉讼请求公司补偿,但被法院拒绝。同样,这里禁止各种形式的补偿,包括直接补偿和间接补偿。因此,对于法律费用责任而言,公司章程中的董事责任补偿条款可以附条件,从而排除第199A(3)条中的四种情形。但是,对于后两种情

---

① See e. g., Movitex Ltd. v. Bulfield (1986) 2 BCC 99, 403.

② 关于民事惩罚制度,参见第一编第二章第四节。

形,公司可以向董事提供贷款或预付款作为诉讼费用,以便其参加诉讼。当然,在诉讼最终结果出来后,如果董事败诉而无补偿权,董事就需要归还贷款或预付款;如果其胜诉,董事就可以根据补偿权而保有哪些贷款或预付款。

(三) 责任保险

相对于责任豁免和责任补偿而言,董事责任保险在立法政策上更为复杂。一方面,向董事提供责任保险似乎会导致一个道德风险的问题,因为这样会减少甚至完全消除董事遵守其法律义务的动机。但是,另一方面,责任保险的长期效果有助于加强董事义务履行,原因在于,第一,由于保险金能够保证法院判决的执行,从而能够鼓励他人提起诉讼,使得董事在强大的诉讼压力下遵守义务;第二,保险公司出于自身利益具有动机去监督董事,从而增加了一个董事的监督机制。

尽管在理论上仍存在争议,但实践中董事责任保险市场已经存在多年,在近二十年以来发展尤为迅猛。在澳大利亚,与其他一些职业比如医生等不同,董事的责任保险并不是强制性的,但数据显示,超过 90% 的上市公司都为董事购买了责任保险。[①]总体而言,澳大利亚公司法对于董事责任保险的态度比较宽容,重在强调责任保险的信息披露。根据第 199B 条,在以下两种情形中,公司或其关联公司不得为董事购买责任保险:(1)董事故意违反对于公司的义务;(2)董事违反第 182 和 183 条下不当使用公司职权或公司信息的忠实义务。这个禁止性规定适用于以任何形式提供的责任保险,无论其是直接的还是间接的。董事对于股东的年度报告中必须充分披露董事责任保险的相关信息,包括保险费和保险范围等。

现实中,董事责任保险的范围一般限制在第三方责任,而不涵盖对于公司自己的责任。投保的董事行为包括义务违反、过失、错误陈述、遗漏和其他一些行为。当然,这些投保情形都必须服从上述第 199B 条的限制。通常的限制情形包括董事的欺诈行为、破产交易行为、违反环境法的行为、证券发行虚假陈述以及内幕交易等。最后,需要注意,上述的董事责任保险都是公司为董事购买的,除此之外,董事自己也可以购买个人的责任保险,而上述的法定限制情形不适用于个人责任保险。

---

① Corporations and Markets Advisory Committee, *Directors and Officers Insurance*: *Report* (2004), 13.

第四章　股　东　救　济

第一节　概　　述

一、股东救济之功能

公司所有权与经营权相分离带来了一系列的委托代理问题。具言之,公司内部存在两个主要的利益冲突或利益偏离问题(divergence of interest):其一,公司股东与经营管理者之间的利益冲突;其二,公司大股东与小股东之间的利益冲突。[1] 确实,公司董事和大股东的很多行为都可能损害小股东的利益。比如,对于公司董事而言,他们可能拒绝向股东派发股利,但同时却付给自己高额的薪酬,或者他们可能将公司的商业机会据为己有,从而使得股东遭受损失;对于大股东而言,他们可能修改公司章程,提升自己的利益但损害小股东的利益;或者投票决定将公司的资产以低价卖给自己等。

与第一个冲突相比,第二个冲突问题更为本质,也更难解决。首先,公司法中已经有诸如董事选举制度和董事义务制度等规则在很大程度上处理了第一个冲突。其次,这两个冲突在很多情况下是重叠的,因为董事往往都是大股东选出来的代言人,甚至就是大股东本人。现实中,当董事存在不当行为时,大股东可能会拒绝对董事提起诉讼,甚至运用手中的多数投票权事后确认董事的不当行为。

当小股东权益受到侵害时,他们可以转让自己的股份退出公司,即用脚投票(vote with feet)来保护自己的权益不受损害,以显示自己对公司经营者或大股东失去信心。这便是现代公司法中的 Voice or Exit 规则。[2]从某种意义上讲,这也不失为小股东保护自己权益的一种方法,但是,这种方法显然过于消极,无论是对于小股东还是公司本身的利益保护作用都非常有限。另外,这种方式也不总是可行。对于那些股票交易活跃的上市公司而言,卖掉股票也许很方便;但是,对于非上市公司或即使上市但

---

[1]　参见拙文:《股东派生诉讼制度研究》,载王保树教授主编:《商事法论集》第7卷,法律出版社2003年版,第348页。

[2]　R Austin and I Ramsay, *Ford's Principles of Company Law* (Butterworths, 13th ed., 2007), 640.

股票交易不活跃的公司而言,"用脚投票"就成问题。现实中,绝大多数的公司都属于后一类。而且,在很多小公司中,公司章程通常都限制了股东的股票转让权,因为小公司的人合性更强,对于股东的身份要求比较高。在此情况下,赋予小股东诉讼提起权从而获得法律救济就凸显重要性。[①]

显然,股东诉讼制度具有保护小股东利益、进行事后救济的直接功能,但更重要的是,它还具有事前威慑公司不当行为、促进公司治理的特别功能。很多学者认为,股东诉讼机制的主要功能是威慑,而不是赔偿。[②]确实,通过股东诉讼对侵害公司和股东利益的人进行制裁,可以阻吓预防不当行为,提高中小股东的地位和影响力,有效制约和监督大股东和公司管理人员,最终促进公司法人治理结构的完善。

二、股东救济与公司治理

在评价股东诉讼救济制度对于公司治理的意义时,我们需要审视其他的相关制度,并进行比较分析。在前面的章节中,笔者提到了公司治理的综合体系,包括法律机制,市场机制和道德机制等。[③] 这些机制相辅相成,各有利弊,在不同的国家具有不同的侧重点,但缺一不可。下文择其要者进行重点考量。

首先,公司监管机关通过监管行为在保护投资者利益、减少代理成本方面扮演了重要角色。需要注意,这里的监管机关既包括证监会等政府机构,也包括证券交易所等自律组织,它们监督公司法、证券法、证券交易所规则以及其他相关规则的执行。这种执行可以统称为公共执行(public enforcement),以区别于股东自己通过诉讼而执行相关法规的私人执行(private enforcement)。公共执行机制必须与私人执行机制协调使用,不可偏废。我国长期以来具有厌讼传统,过度依赖政府行为,私人执行机制被边缘化,这与西方国家形成鲜明对比。美国是这方面的一个突出例子。在公司法和证券法领域,美国的私人执行机制被广泛认为是公共执行机制的"有益和重要的补充"。[④]相对而言,澳大利亚人没有美国人那样好讼,故而私人执行机制的使用没有美国普遍,但其作用不容忽视。

这种通过股东诉讼的私人执行机制非常重要,主要原因在于,第一,监管机关的经费有限,从而不可能顾及所有案件。美国证监会数次在国会的听证程序中认为自

---

① [日]久保欣哉博士:《公司法学之理念》,载《台大法学评论》,第 41 期,第 11 页。

② See, e. g., J C Coffee & D E Schwartz, "The Survival of the Derivative Suit: An Evaluation and a Proposal for Legislative Reform" (1981) 81*Colum. L. Rev.*261.

③ 参见第三编第一章。

④ See e. g., D Langevoort, "Capping Damages for Open-Market Securities Fraud" (1996) 38*Arizona Law Review* 639, 652; Basic Inc v. Levinson 485 US 224 at 230.

己资源不足,呼吁关注私人执行机制。① 如果公认为"模范机构"的美国证监会都经费短缺,那么,其他国家的类似监管机关的问题只可能是更严重。第二,由于经费有限,监管机关不能像撒胡椒面一样地分配资源,而只能集中资源有所偏重,但是,现实中很难保证监管机关的资源优先配置方案的正确性。从自身利益出发,监管机关很可能会进行一些浪费资源的"形象工程"。当监管机关独立性不强,容易受到不当的政治影响时,这种问题就会更加令人堪忧。相对而言,私人执行机制受到的干扰小,更能够保证法律执行的一致性和稳定性,对于股东利益保护和法律自身发展都很有利。第三,私人执行机制有助于提升公共执行机制的质量。私人执行机制除了辅助公共执行机制之外,还能够对后者起到一个很好的监督促进作用。如果没有私人执行机制,就很难评价公共执行机制的效果,而公共执行机制没有这种来自私人执行机制的监督和竞争,实际上就是垄断了法律执行,从而容易滋生官僚化作风。

第二个重要的公司治理机制便是股东投票制度。理论上讲,当小股东权益受到侵害时,他们可以要求召开股东大会对董事会决议或相关董事进行处理,但是,现实操作中往往困难重重。首先,近代以来,特别是第二次世界大战之后,公司治理结构发展的一个重要趋势就是股东大会中心主义向董事会中心主义的转变,董事会在公司法人治理结构中日益成为权力的中心。在包括澳大利亚在内的英美法系国家,股权高度分散,从而出现所谓的"集体行动问题"(collective action problem)。由于每个股东持股很少,投票权也相应很少,因此,股东需要集体联合起来才能达到多数投票的要求。但是,这个集体行动非常困难,一个原因是股东都觉得自己持股少,对于投票结果影响不大,而投票却费时费力,因此出现股东的"理性冷漠"(rational apathy)现象;另一个原因是所谓的"搭便车"(free-ride)问题,即某些股东费时费力地组织投票,并成功地处理了不当行为,然而,得益的却是全体股东,参与股东只是通过其持股比例间接受益,这使得实际参与股东的成本与收益不成比例,从而减少了股东参与的积极性。

其次,即使某些股东克服重重困难而召开股东大会,如果不当行为人与大股东朋比为奸,甚至就是大股东本人,由于资本多数决原则的限制,最终股东大会的作用也可能非常有限,小股东的意志难以得到充分表达和体现,难以达到对董事会进行有效监督和制约的目的。

除了监管机关和股东投票制度之外,还有其他一些公司治理的法律机制,但也都存在问题。比如,有学者认为,机构投资者能够减少集体行动问题,但相反的观点是,类似基金之类的机构投资者多属于股票交易者,没有动机去积极地参与公司治理。

---

① See e. g. , H R Rep No 100-910,at 14 (1988).

理论上争执不下,实证研究也没有得出统一结论。① 另外,独立董事制度被认为是公司治理的重要制度,但也有学者认为独立董事难以独立,而且,由于不熟悉公司经营事务,难以起到监督作用。② 最后,公司信息披露制度对于公司治理非常重要,因为股东需要通过相关信息对于董事工作和公司情况进行判断。但是,现实中,世界各国都出现了大量的公司虚假陈述行为,比如美国的安然,澳大利亚的 HIH 保险公司,中国的银广厦等,最终股东还是需要通过提起诉讼而获得救济。

另外,还需要提及公司治理的市场机制。前面的章节中谈到,市场机制主要包括产品市场,资本市场,公司控制权市场和经理人劳务市场。在市场机制高度发达的西方国家,特别是美国,这些公司治理的市场力量发挥了重要作用,但是,它们也存在自身的缺陷。首先,市场机制的作用依赖于市场本身的发达程度。对于包括中国在内的发展中国家而言,市场机制尚不完善,其对公司治理的效果就自不待言。比如,产品市场的作用发挥需要一个公平、自由的市场竞争环境,而在发展中国家,大量存在国家控股公司的行政性垄断和地方保护主义等问题,严重影响了市场竞争环境。其次,即使是在市场机制发达的国家,也存在市场失灵的问题。其中一个比较突出的例子就是"一锤子买卖"(one-shot killing)现象。以经理人市场为例,通常而言,经理人很爱护自己的职业声誉,因为这将影响到自己以后的就业。但是,在某些情况下,经理人可能会不再顾虑自己的职业声誉,比如,即将退休或者违法行为的收益很高以至于以后不需要再找工作等。此时,股东诉讼便成了阻止这些经理人从事"一锤子买卖"的投机行为的有效机制。

最后,各种市场机制本身在适用范围上都存在一些固有的局限性。比如,公司控制权市场通过公司收购行为能够有效地监督那些表现糟糕的公司管理人员,从而提升股东利益。③ 但是,第一,公司控制权市场主要针对大型的上市公司,而对于私人公司的作用甚微,可现实中绝大多数的公司都是私人公司。第二,反收购行为在一定程

---

① Bernard S. Black, "Shareholder Activism and Corporate Governance in the United States" in Peter Newman (ed.), *The New Palgrave Dictionary of Economics and the Law*(1998);笔者已将此文翻译并发表,参见:[美]伯纳德 S. 布莱克:《美国股东激进主义与公司治理》,黄辉译,载郭锋教授主编:《证券法律评论》第 4 卷,法律出版社 2005 年版,第 573~587 页。

② Bernard S. Black, "The Core Fiduciary Duties of Outside Directors" (2001) July *Asia Business Law Review* 3-16;笔者已将此文翻译并发表,参见:[美]伯纳德 S. 布莱克:《外部董事的核心信义义务》,黄辉译,载王保树教授主编:《商事法论集》第 11 卷,法律出版社 2006 年版,第 215~244 页。

③ See e. g., Frank H. Easterbrook & Daniel R. Fischel, "The Proper Role of a Target's Management in Responding to a Tender Offer" (1981) 94 *Harv. L. Rev.* 1161, 1169.

度上限制了该市场的作用。① 第三,美国哥伦比亚大学的著名公司法教授科菲(Coffee)指出,即使对于上市公司,公司控制权市场的适用范围也相当有限,原因在于,一家公司的无效率问题只有在满足以下条件时,才可能成为潜在的收购目标:一方面,其无效率程度必须足够大,从而其市场价格充分地低于其内在价值,这样收购人才能有利可图;另一方面,其无效率程度不能太大,以至于无药可救,使得收购人担心自己在收购后也无法扭转颓势,从而放弃收购。

以上讨论说明,鉴于其他的公司治理机制存在种种不足,股东诉讼救济制度对于保护股东利益和促进公司治理具有重要的不可替代的作用。需要指出,与其他的公司治理机制一样,股东诉讼救济制度也有自己的优点和缺点。确实,作为一种公司治理机制,股东诉讼存在着天然的缺陷。比如,与股东投票机制一样,股东诉讼机制也存在一定的"集体行动问题"。这些问题将在随后对于股东救济制度的具体讨论章节中逐一论述。因此,在审视股东诉讼救济制度时,需要将其作为众多的公司治理机制之一的角色进行分析。

三、股东救济之方式

概言之,澳大利亚的股东诉讼救济制度具有两个法律渊源,一个是公司法中规定的法定救济;另一个是普通法上的救济,体现在法院判例中。法定救济主要包括:(1)压迫行为救济(oppression remedy);(2)强制公司清算救济(compulsory liquidation remedy);(3)派生诉讼(derivative action);(4)其他针对具体不当行为的救济,由于这些救济将在对于具体不当行为的讨论中涉及,比如公司减资行为等,故此章不赘。另一方面,普通法上的救济主要是对于控股股东的投票权限制。因此,以下各节安排如下,第二节讨论控股股东投票权的限制问题;第三节讨论股东诉讼制度,包括股东的直接个人诉讼和派生诉讼制度,最后一节讨论压迫行为救济和强制公司清算救济。

第二节 控股股东义务

一、概述

公司作为一个拟制的团体法人,为适应商品经济的发展和满足社会化大生产的需要应运而生。然而,如前节所述,由于公司各参与人的利益目标不同,公司内部存

---

① 关于反收购立法的国际比较,see Hui Huang, "China's Take over Law: A Comparative Analysis and Proposals for Reform" (2005) 30 *The Delaware Journal of Corporate Law* 145.

在着固有的利益偏离和冲突。其中最主要的利益冲突有两个：一个是公司股东和公司管理层之间由于所有权和管理权的分离而导致的利益冲突；另一个是公司不同股东之间，特别是控股股东和非控股股东之间的利益冲突。这两个利益冲突是公司法中的核心问题，现实中公司法方面的争议案件大多都与此有关。

就第一个冲突类型而言，早在 20 世纪 30 年代，伯利（Berle）和梅因（Means）就开创性地提出了公司所有权和管理权的分离而导致的代理成本问题。[①]随后，学者们从各个角度对于如何有效地减少和控制代理成本问题研究至今。其中，一个重要的解决方法就是施加适当的责任机制以阻吓公司管理层的偏离公司利益的行为。这个责任机制的基础就是公司董事的信义义务。经过多年判例法发展和学者研究，在英美法中，公司董事信义义务的总体轮廓已较清晰。简言之，公司董事被视为受信人而负有信义义务，此义务包括注意义务和忠实义务两项核心义务。根据董事信义义务规则，董事应当竭力为公司利益最大化服务，而不能将自己的利益凌驾于公司利益之上。

但是，董事义务原则上不能照搬适用于控股股东义务问题。在控股股东义务问题中，不是绝对的公司利益至上，而实际上是一个以下两方利益的冲突衡平：控股股东的利益和非控股股东的利益。一方面，作为理性的经济人，控股股东投资而享有控股权就是为了实现其自身财富最大化，并有权为此而斗争。另一方面，控股股东在公司具有的控制地位使得其可以支配或影响非控股股东的利益，而非控股股东的合法利益应当不受控股股东的不当侵害。这种控股股东和非控股股东之间微妙的衡平关系就是控股股东义务的来源，显然，这个利益衡平关系的处理非常困难，需要高超的法律技巧。就像钟摆一样，一边是完全的保护控股股东利益，另一边是完全的保护非控股股东利益。那个钟摆具体应当停留在什么位置，取决于不同的公平与正义观。

以上两个利益冲突类型具有内在的联系，而这种联系取决于不同国家的具体公司所有权结构。在公司所有权分散的英美法系，公司代理问题非常突出，因为公司所有权的分散会产生所谓的股东"理性冷漠"和"搭便车"效应，即当股东所持有的公司股份非常小时，他们就不会有足够的动力去参与对公司管理层的监督。这种股东监督机制的缺失就导致了公司内部人控制。因此，虽然英美法系国家也存在控股股东与非控股股东之间的利益冲突问题，但是，总体而言，公司股东与董事之间的利益冲突是核心问题。[②]但在很多大陆法系国家，特别是中国，上市公司普遍存在"一股独大"

---

①　A. A. Berle, Jr. & G. C. Means, *The Modern Corporation and Private Property* (New York, MacMillan, 1933).

②　在有些情况下，特别是在小型的私人公司中，董事可能就是控股股东自己，从而股东与董事的利益冲突就变成了控股股东与非控股股东之间的冲突。

的现象,即存在控股股东,控股股东能够决定上市公司的董事会组成,并可左右股东大会。而且,中国大多数的上市公司都是国企改制而来,他们与控股股东之间存在千丝万缕的联系,甚至在人员、财务和资产上都没有分开。这样,上市公司的董事会就沦为控股股东的代言人,上市公司被控股股东所控制。因此,在中国,控股股东与非控股股东之间的利益冲突通常就更为严重。

二、控股股东的界定标准

探讨控股股东义务的一个首要问题便是确定义务承受的主体,即如何从法律上界定控股股东。总体而言,这些界定标准可以分为形式标准和实质标准两种。

首先,由于公司法中的"资本多数决"原则,传统上对于控股股东的界定主要是从简单的资本数量比例角度来理解的。这种界定即采形式标准。从国外相关研究来看,[①]我们还可以根据资本比例的不同数量对此标准再进行以下细分。一种是绝对控股股东,即直接或间接的持股比例超过公司有表决权股份50%以上的股东。另一种是相对控股股东,即直接或间接的持股比例为公司有表决权股份20%以上但在50%以下的股东。这种股东通常能够对公司形成有效的控制,但这种控制不是绝对的。最后,如果任何股东直接或间接持有公司有表决权股份的比例都少于20%,一般就认为这个公司的股权结构很分散,不存在明显的控股股东。

笔者认为,这种形式标准存在以下几个问题。第一,具体持股比例数量的确定带有一定的主观性。比如,对于相对控股股东而言,以上提到的相关比例是20%,但是,严格地讲,这个数字有待商榷,因为没有人敢保证那个比例一定就是20%而不是21%或者19%。这个数字显然与具体国家的公司所有权结构有关。第二,相对控股股东存在不具有控制权的例外情况,因此,我们不能完全依赖于这种僵硬的形式标准。[②] 第三,纯粹以持股比例来界定控股股东的形式标准还有一个更为严重的问题,即现实中除了简单的表决权股份之外,控制权还可以通过连锁董事,控制协议,甚至私人关系或其他因素来取得。比如,美国纽约证券交易所对控制的解释就是"通过表决权股份,合同,私人关系或其他因素享有直接或间接的权力去支配或影响一个公司的经营管理及政策"。因此,控股股东的形式界定标准已不能适应现代经济发展潮

---

① See, P. S. Rao and C. R. Lee-Sing, "Governance Structure, Corporate Decision-Making and Firm Performance in North American", *Corporate Decision-Making in Canada*, ed., R. J. Daniels and R. Morck. Industry Canada Research vol. 5 (Ottawa: Univ. of Calgary Press, 1995), 47.

② 不过,形式标准也有其重要意义,它能让我们对于控股股东的存在有一个相对直观的认识,从宏观上判定一国公司股权结构是集中型还是分散型等。

流,采用此标准的日本商法已颇受学界诟病。①

　　鉴于形式标准的不足,目前世界各国立法趋势是采用实质标准,即"事实上的控制"标准。美国特拉华州判例法认为,控股股东"要么在公司中拥有多数股份或者能够对公司事务进行控制"。②德国公司法也采用实质标准,规定如果一个公司直接或间接地受到了另一个公司所施加的控制性影响,那么该公司就被称为具有附属性。我国财政部1997年颁布的《企业会计准则》规定,控制权是"有权决定一个企业的财务和经营政策,并能据以从该企业的经营活动中获取利益",并且,这种控制权的取得既可以是通过股权关系,也可以是通过其他关系,包括股东间协议。③ 因此,在实质性标准下,持有多数表决权股份只是取得控制权的途径之一,其他方式,比如控制权协议等,也可导致控制权。换言之,实质标准关注的是事实上的控制关系,实现此控制权的方式则非所问。当然,如果一个股东持股半数以上,则可以推定其控制权的存在。相比于形式标准,实质标准更为灵活和准确,能够涵括现实中无法穷尽列举的各种控制权取得情形,从而使其具有空间和时间上的普适性。

　　在论述关联企业时,有学者认为控制权的特征之一是这种控制是有计划而持续的,并非偶然而暂时的。④ 这个描述概括了一般意义上的关联企业中的控制权,强调了控制权的稳定性和长期性,但是,笔者认为,信义义务问题中的控股股东不是一般意义上的固定而持续的控股股东,而是对于具体交易行为而言的。当然,一般意义上的控股股东通常都有控制权,这种控制权可称为"长期的控制权",但是,在某些情况中可能没有控制权。比如,由于修改公司章程需要特别多数投票权支持,因此,一个持股25％以上的小股东反而能够击败一个持股50％以上的绝对控股股东的议案。在此,那个持股25％的小股东就要承担股东信义义务,因为他实际上决定了投票权结果,这种控制权可称为"暂时的控制权"。

　　控制权的上述特征在美国法学研究所(ALI)起草的《公司治理原则:分析和建议》1.10条中得到了体现。此条规定,除了通过拥有半数以上表决权股份而被界定为控股股东外,实质上对于关于公司经营的具体交易行为事实上有支配力的股东也是控股股东。⑤美国特拉华州判例法也表明,法院在决定控股股东时,是针对具体交易行

　　① 许美丽:《控制与从属公司(关联公司)之股东代位诉讼》,载《政大法学评论》,第63期。
　　② *Unocal Corp. v. Mesa Petroleum Co.*, 493 A.2d 946, 958 (Del.1985).
　　③ 《企业会计准则——关联方关系及其交易的披露指南》,中国财政经济出版社1998年版,第18～19页。
　　④ 施天涛:《关联企业法律问题研究》,法律出版社1998年版,第174页。
　　⑤ *Principles of Corporation Governance:Analysis and Recommendation* §5.10 cmt. e, at 328-329.

为而言的,而不是决定其是否在一般意义上享有公司的控制权。[①]类似地,在澳大利亚 1986 年著名的 *Humes Ltd. v. Unity APA Ltd.* 一案中,[②]法院明确判定,如果小股东 在某些情况下拥有阻止公司议案通过的投票权,则该股东被认为具有控制权,从而适 用控股股东投票权的有关限制规则。

因此,从控股股东实质标准的意义上来说,控股股东的信义义务是"对事不对 人",要求任何可能决定公司行为的股东都必须善意行为,因而更为公平合理,更有利 于保护公司和股东利益。

三、信义义务抑或投票权衡平限制:美国与英联邦国家之比较

(一) 控股股东信义义务的名称之辨

从词源上来说,英文中的"fiduciary"来自于拉丁文中的"fides",其基本含义包括 诚信(faith)和信任(confidence)。在英美法中,信义关系(fiduciary relation)起源于信 托法,信义义务是指受信人(fiduciary)对于受益人(beneficiary)所承担的义务。后来, 信义关系逐渐扩展到其他领域,包括公司法等。在 19 世纪中期,法院在处理公司董 事法律地位时开始援引信托关系的有关原则并将公司董事类比为受托人(trustee)而 负有信义义务。[③]《布莱克法律辞典》中对于"fiduciary"有一个经典的定义:是指一 个负有某种义务的人,这种义务来源于他所从事的事务,要求他在与此事务有关的问 题处理中首先服务于另一方的利益(a duty, created by his undertaking, to act primarily for another's benefit in matters connected with such undertaking)。[④]在此原 则下,董事必须为公司利益服务而不得与之冲突。

但是,控股股东义务与公司董事义务是截然不同的。控股股东有权在一定范围 内为了自我利益而行使控股权,而不需要绝对地服从公司利益或小股东利益。投资 就是为了收益,否则,任何一个理性经济人都不会投资设立公司。所以,美国有学者 指出,严格而言,根据《布莱克法律辞典》对于信义义务的定义,控股股东的义务是不 能称为信义义务的,因为"没有人会为了其他公司参与人的利益而去买下公司的控制 权"。[⑤] 诚然,如下文所述,在比较传统的英联邦国家,尽管对控股股东的行为有一定

---

① Citron, 569 A. 2d at 70; Kahn v. Lynch Communication Sys. , Inc. , 638 A. 2d 1110 (Del. 1994).
② (1986) 5 ACLC 15.
③ 除此之外,公司董事还被类比为代理人,执行合伙人等。也有人认为,不可能将公司董事的法律地 位准确地类比为任何一种其他的法律关系。关于此问题的详细论述,参见第三编第三章第一节。
④ *Black's Law Dictionary* 625 (6th ed. , 1990).
⑤ Mary Siegel, "The Erosion of The Law of Controlling Shareholders" (1998) 24 *Delaware Journal of Corporate Law* 27, 33 note 26.

的限制,但一般并不认为控股股东对小股东普遍地负有这种信义义务,甚至拒绝使用控股股东信义义务的提法。比如,在澳大利亚,为了防止多数股股东的权力滥用,施加的是"衡平限制"(equitable limitations),而且明确指出这种限制达不到传统信义义务的标准。①

相反,美国法官将信义义务扩展到控股股东,使用了控股股东信义义务的概念。这个做法有其原因,第一,实际上信义义务的含义相当模糊,也相当原则性。即使在英美法系内部,信义义务的内涵和外延也存在很大差异。比如在美国,信义义务的适用场合非常宽泛,朋友关系和家庭关系都有可能被认为是信义关系;而在英国,信义关系就局限在传统的范围,而在澳大利亚,则似乎介于其二者之间。确实,美国对于信义义务一词的使用非常宽泛,并不限于上述《布莱克法律辞典》的定义,但是,这并不意味着信义义务可以随意扩展,以至于成为某种笼统的道德义务。信义义务作为一种法律义务,只有在某些特殊关系中才存在,比如,董事与公司,律师与客户等,而在完全的陌生人之间就没有此义务。因此,其第二个也是更为重要的原因在于,信义义务的核心本质是要求具有控制地位的人必须善意行为(act in good faith),控股股东对公司的控制关系导致了信义义务的产生。②

总言之,是否能够称控股股东的义务为信义义务,取决于对信义义务本身含义的理解。在包括澳大利亚在内的英联邦国家,信义义务的定义比较严格,因此,在措词上,没有对控股股东施加一种普遍的"信义义务",而只是在某些情况下对控股股东的投票权进行"衡平限制"。正如学者 Pennington 所言:"如果没有契约上的约束,股东在股东大会上可以任意投票,只为自己利益考虑,即使他们与其他股东有利益冲突……不像美国法,英国法并不认为控股股东应普遍地对公司以及其他股东承担信义义务……"。③就本章而言,由于讨论对象以澳大利亚公司法为主,因此,还是主要采用控股股东投票权的衡平限制的提法,不过,出于比较法的角度,有时也提及控股股东信义义务。④

---

① Paul Redmond, *Companies and Securities Law: Commentary and Materials*(4th ed. , 2005),574.
② 关于控股股东信义义务产生机制的详细讨论,参见拙文:《控股股东信义义务:比较法分析及对我国的立法建议》,"21 世纪商法论坛"国际会议论文,北京,清华大学法学院,2004 年 10 月。
③ R. Pennington, *Company Law* (6th ed. , 1990), 643.
④ 在 2004 年清华大学法学院商法中心举办的"21 世纪商法论坛"上,笔者建议在中国从广义上理解信义义务并沿袭美国控股股东信义义务的提法。主要原因在于,我国目前控股股东损害小股东利益的情况相当严重,从而有必要扩大信义义务的适用范围,而且,信义义务的名称本身也能够顾名思义地让控股股东更好地理解其义务并阻止其滥用控股权的行为。参见拙文:《控股股东信义义务:比较法分析及对我国的立法建议》,"21 世纪商法论坛"国际会议论文,北京,清华大学法学院,2004 年 10 月。

(二)"衡平限制"的原则和适用标准

概言之,在控股股东的问题上,存在两个相互制约的原则。一方面,长久以来,股东投票权被视为一种财产权,因而所有者可以为了自我利益而自由支配。比如,沃尔顿(Walton)法官认为:"当一个股东投票支持或反对某个公司决议时,他可以像支配自己财产一样地去行使投票权,不对公司负有任何的信义义务。"[①]确实,公司作为以营利为目的的社团法人,股东投资数额及其承担风险均各有不同,无法同公益社团法人中的社员一样,实行按人头的平等,而只能以股东对公司的投资数额作为衡量标准,实行按比例的平等。故而,股东平等原则便简单地异化为股份平等原则,即所谓"一股一表决权"和"同股、同权、同利",相应地,公司的议决方式便采取了资本多数决原则,这一原则已成为现代公司制度的基石。

另一方面,由于股东内部存在利益偏离问题,因此,僵硬的投票机制和资本多数决原则可能在某些情况下导致不公平,从而需要进行必要的限制。前文述及,在英联邦国家,包括澳大利亚,控股股东在行使投票权时遵循的是所谓的"衡平限制",而不是类似于董事的信义义务。早在 1900 年,林德里(Lindley)法官就在 *Allen v. Gold Reefs of West Africa Ltd.* 一案中给出了此"衡平限制"原则的经典表述:

> 拥有 75% 投票权的控股股东能够修改公司的章程,但是,像行使所有其他的权力一样,此权力的行使必须遵循一般的普通法和衡平法原则,这些原则适用于所有的少数服从多数的情形。控股股东在行使投票权时,不仅应当遵循法律规定的程序和方式,而且,必须是出于善意为了公司整体的利益(bona fide for the benefit of the company as a whole)。[②]

需要指出,这里关于"衡平限制"原则的措词与前面一章中关于董事的善意行使权力义务的表述几乎完全一样,[③]但是,二者的实际适用迥然有异。如上文所述,这里的"衡平限制"标准低于董事的信义义务标准。为了避免这种表述上的混乱,澳大利亚联邦最高法院在 1995 年的具有里程碑意义的 *Gambotto v. WCP Ltd.* 一案中,摒弃了上述表述,转而采用了"权力的行使具有压迫性和出于不当目的"的标准。[④]

具体而言,在适用范围与标准方面,控股股东投票权的"衡平限制"不同于公司董事的信义义务。著名的高尔(Gower)教授明确指出,"投票权是一种私人财产权,股东可以基于自我利益而行使,即使这样做会损害到公司其他股东的利益……在这些方

---

① Northern Counties Sec. Ltd. v. Jackson & Steeple Ltd. ,(1974) 1 W. L. R. 1133,1144 (Ch.).
② (1900) 1 Ch 656 at 671.
③ 关于董事善意行使权力的义务,参见第三编第三章第四节。
④ (1995) 182 CLR 432 at 444. 关于此案的详细论述,参见后文。

面,股东与董事的法律地位是截然不同的";①同时,认为"尽管公司股东不需要像公司董事一样为了其他人的利益而善意行为,但是他们也应当是为了正当的公司目的而行使权利"。② 所以,一方面,控股股东作为公司股权所有者,可以行使股权追求自我利益,即使这样做与其他股东利益相冲突;而另一方面,作为公司控制权所有者,应当为了公司整体利益和其他股东利益而善意行为。所以,与公司董事义务中的公司利益至上原则不同,控股股东义务是一个控股股东利益和公司利益以及其他股东利益的衡平问题,一个公司资本多数决原则与小股东利益保护原则之间的法律矛盾。

需要指出,这个利益衡平非常微妙和困难,我们无法在控股权行使的合法性和不公平性之间进行统一的清晰界定。尽管我们可以举出许多控股股东违反信义义务的表现行为,但问题是如何判断一项具体行为是否属于这些行为。正如学者指出,"控股股东违反义务的特征是不当侵害公司利益和小股东利益(misappropriation of corporate property and rights)……但是,判断具体行为是否构成这种不当侵害非常困难。"③确实,目前英美法还没有发展出一个义务判断标准的普遍适用的总原则,而是取决于每个案件的具体情况。由于法院间公平正义观的不同,事实上几乎无法预测一个案件的结果。在英国著名的 *Clemens v. Clemens Bros. Ltd.* 一案中,法院认为:

克利蒙斯(Clemens)女士不能完全任意地行使她的控股权,需要有所限制,但是,困难在于如何找到一个指导原则。显然,像"要为公司整体利益而善意行为"(bona fide for the benefit of the company as a whole),"不能欺诈小股东"(fraud on a minority)和"欺压性"(oppressive)等表述都无助于建立这样一个原则。我认为,试图找到这样一个原则的努力是不明智的,因为每个具体案件的情况相差太大。④

同样,在美国,特拉华州法院也认为无法事前确定哪些因素必然会触发控股股东信义义务,而需要具体案件具体分析。当然,在长期的司法实践中,美国法院也发展了一些标准,以判定控股股东是否违反了信义义务。其中最主要的标准是"正当意图"(valid purpose)和"合理的商业理由"(compelling business reason)。⑤当大股东认为自己的行为有合理的商业目标时,法院就会让小股东去证明,大股东还有另外的对小股东损害较小的其他途径去达到同样目标。显然,这个标准仍然相当模糊,比如,到底什么是"正当"的意图? 这种用语与英国和澳大利亚的"不当损害""不得欺压小

---

① L. Gower, *Principles of Modern Company Law* (4th ed. , 1979), 614.

② 同上书,629 页。

③ Paul Redmond, *Companies and Securities Law*: *Commentary and Materials* (4th ed. , 2005) 575.

④ Clemens v. Clemens Bros. Ltd. , (1976) 2 All E. R. 268 (Ch.).

⑤ W. Fletcher, *Cyclopedia of the Law of Private Corporations*, § § 5811. 20.

股东"等标准一样,理论上不难理解,但是实践中非常复杂。因此,我们只能通过不同的具体情形来试图大致阐述控股股东义务的范围和标准。[①]

(三)"衡平限制"的主要适用情形

在澳大利亚,学者们对于控股股东投票权衡平限制的适用情形进行了归纳,但是,需要指出,这只是为了学习和研究的需要,而不能完全依赖其作为司法实践的指导。换言之,这些总结出来的情形可能与实际的司法过程存在差异之处,法院并不是僵硬地按照这些已有的模式进行判决。因此,这个问题仍是公司法中一个尚处于发展阶段中的领域。正如新南威尔士州最高法院的杰克布(Jacobs)法官所言:

对于此问题,不同时代的法官具有不同的处理方式……任何的法学理论分析和推理都无法回避这样一个事实,即该问题的处理归根结底取决于法官对于控股股东行为的价值考量,在这个价值考量中,不但需要法律条文或法律原则方面的严格推理,还需要对于行为价值的衡平判断。[②]

现实中,股东大会通常是控股股东与非控股股东的利益冲突的主战场。控股股东可能利用自己的控股权在股东大会上通过决议,不当地损害其他小股东的利益。这个问题传统上称为"欺诈小股东"(fraud on the minority),适用控股股东投票权的衡平限制规则。[③]迄今为止,在澳大利亚的司法实践中,根据通过决议的不同种类,控股股东投票权衡平限制的主要适用情形大致可以归为四类。

第一,控股股东通过决议,实现盗用公司财产或商业机会的目标。这方面的经典案例是库克诉迪克斯案(*Cook v. Deeks*)。[④]此案中,公司的大股东本应以公司名义但却以自己名义签订了合同,从而掠夺了公司的合同利润。该大股东通过决议,让公司表示放弃该商业机会,但是,这种决议被判为无效,因为其目的是为了让大股东自己获得本属于公司的机会。

---

① 我国有学者认为,"利益损害"可以作为衡量控制权是否滥用的普遍标准。参见冯果、艾传涛《控股股东的诚信义务及民事责任制度研究》,载王保树教授主编:《商事法论集》第 6 卷,法律出版社 2002 年版,第 83~86 页。此说值得商榷。我国学者所称的"利益损害"标准是指"控股股东造成公司及少数股东利益受损……只要构成利益损害的客观事实,就难脱违反诚信义务的干系"。上文,85 页。虽然这个标准比较容易认定和操作,但其完全忽视了控股股东的利益,因为根据该观点,只要公司及少数股东受损,控股股东就是违反信义义务,这样,小股东利益被置于绝对的上位。因此,这里的标准不应是简单的"利益损害",而是"不当的利益损害",但是,困难在于如何判断利益损害的"不当性"。

② Crumpton v. Morrine Hall Pty Ltd. (1965) NSWR 240, 244.

③ 在美国法中,控股股东在转让控股权时可能也会涉及信义义务的问题。关于此问题的详细论述,参见拙文:《控股股东信义义务:比较法分析及对我国的立法建议》,"21 世纪商法论坛"国际会议论文,北京,清华大学法学院,2004 年 10 月。

④ Cook v. Deeks, (1916) 1 AC 554 (P.C.).

　　第二,控股股东通过不作为而滥用自己的控股权。比如,在公司遭受控股股东或与控股股东有关联的董事等人的损害后,控股股东不当地拒绝让公司提起相关的诉讼。当然,如下节所述,在此情况下,小股东还可以通过股东派生诉讼制度获得救济。

　　第三,控股股东利用控股权通过决议,事后批准董事的行为,从而免除董事违反善意行使权力的信义义务的责任。通常而言,股东大会有权免除董事违反某些信义义务的责任,从而不构成"欺诈小股东"的情形。但是,需要指出,并不是所有的义务违反都可以批准和免除(ratifiable),而且,如果控股股东自己作为董事参与了义务违反,那么,他们就不能参与投票去批准和免除义务违反的责任。遗憾的是,目前澳大利亚公司法中对于哪些义务违反可以批准和哪些不能批准的问题并不完全清楚,当然,这里还是存在一些大致的规则。首先,所有的法定义务的违反都不能被批准和免除。因此,前面第 7 章中谈到的第 180 到 183 条下的各种义务,第 588G 条款下的防止破产交易义务,以及第 2E 章中的关联交易义务等的违反都不能被批准和免除。其次,对于普通法上的义务,有些义务的违反可以批准和免除,比如,勤勉义务,①董事不得束缚自己的自由裁量权的义务等。但是,有些义务违反的批准和免除要视具体情况而定。比如,对于忠实义务而言,如果董事秘密地从公司中获取了不当的私人利益,但其严重程度又未达到盗用公司财产的程度,那么,这种义务违反就可以批准和免除;②同样,如果董事在公司的交易中没有披露自己的相关利益,则这种义务违反也可以在事后得到批准和免除。③ 但是,如果董事主观上具有欺诈性,达到了盗用公司财产的程度,从而严重地违反了董事忠实义务,那么,这种义务违反就不能批准和免除。在此情况下,董事就不能通过股东大会的决议来免除责任,这种决议无效,因为它属于"欺诈小股东"的行为。

　　至于董事善意行使权力的义务,其义务违反能否批准和免除非常不清楚,从而也难以判断。有些判例允许股东大会批准和免除这种义务的违反。比如,在 1967 年的 *Hogg v. Cramphorn Ltd.* 一案中,④原告不满董事的股票分配计划而诉诸法院,但是,法院最终将该问题的处理权交还给公司,让公司的股东大会决定是否批准董事的股票分配计划。法院认为,董事在制订股票分配计划时是出于善意,真诚地认为该计划符合公司的最佳利益,但是,董事具有让自己保持公司控制权的不当动机,因此,该股票分配计划存在瑕疵,但是,此瑕疵可以通过股东大会的决议确认而解决。这个判例

---

① Pavlides v. Jensen (1956) Ch 565.

② Regal (Hastings) Ltd. v. Gulliver (1967) 2 AC 134n at 150. 在本案中,法院认为,董事可以让股东大会在事前或事后通过相关决议来保护自己的行为。

③ North-West Transportation Co. v. Beatty (1887) 12 App Cas 589.

④ (1967) Ch 254 Chancery Division.

在 1970 年的 *Bamford v. Bamford* 一案中得到了进一步的肯定。①然而,这个判例还留下了很多尚未回答的问题,比如,股东大会能否批准董事的恶意的义务违反行为(比如,董事是完全出于自我利益而不是公司利益)? 换言之,股东大会的批准效力是否严格地限制在上述案件涉及的情形中,即董事行为时是真诚地出于公司利益但其权力的行使具有不当动机?

如下节所述,澳大利亚在 2000 年引入了法定的股东派生诉讼制度,此项法律改革对于股东大会的批准效力具有重大的影响。澳大利亚将传统普通法上的股东派生诉讼制度进行成文化的一个重要原因就是,股东大会的批准效力非常不清楚,从而使得股东派生诉讼的提起也很不确定,因为如果股东大会可以批准和免除董事的某个义务违反行为,则股东就不能提起派生诉讼。在法定的派生诉讼制度下,即使股东大会根据资本多数决原则批准和免除了董事的义务违反,不满的股东仍然可以向法院申请提起派生诉讼。法院在决定是否受理或在后续的审理中,不会因为股东大会的批准而必然地拒绝受理或作出有利于被告的判决。当然,法院会在一定程度上考虑股东大会的批准效力。在这种考量中,法院通常会审查以下两个因素,第一,股东在决定批准董事的义务违反时是否拥有充分的信息;第二,那些投票赞成批准的股东是否出于正当的目的。简言之,法定的股东派生诉讼制度在很大程度上降低了股东大会批准的重要性,但是,股东大会的批准仍然具有一定的法律意义。

第四,控股股东通过特别决议,修改公司章程,不当地损害其他股东的利益。这个问题在现实中非常突出,比如,控股股东通过修改章程强夺小股东的股权,或者强夺小股东享有的诸如投票权和收益权之类的权利。需要指出两点。(1)澳大利亚公司法中对于通过修改公司章程而改变股东权利的问题制定了一些专门的规则,比如,公司法第 2F.2 部分专门规定了改变和取消股东权利的问题。这些专门规则与本章讨论的控股股东投票权的衡平限制是相互独立的,可以一起适用。(2)对于公司章程中的强夺性条款(expropriation),通常而言,公司在设立时可以自由地制定这些条款,但是,公司设立后就不能随意地通过公司决议而增加这种条款,否则,可能构成“欺诈小股东”的行为。

这个不当修改公司章程的问题突出地反映了控股股东投票权衡平限制的窘迫之处。确实,现实中很难判断公司章程修改的“不当性”。虽然有些章程修改客观上损害了甚至是完全剥夺了某些股东的权利,但是,它们可能仍是正当的。在 *Greenhalgh v. Arderne Cinemas Ltd.* 一案中,②公司章程中规定了股份先买权,即一个股东在转

---

① (1970) Ch 212 Court of Appeal,England and Wales.

② (1951) Ch 286 Court of Appeal,England and Wales.

让其股权时,如果其他股东愿意以一个公平的价格购买,那么,该股东就不能将其股权转让给外人。该案中的被告 Mallard 想要将其控股权出售给一个外人,因此,他就利用自己的控股权通过了一个特别决议,改变了公司章程中的股份先买权条款。该特别决议规定,只要获得一个普通决议的批准,任何股东都可以将自己的股份转让给外人。此后,Mallard 很容易地又通过了一个普通决议,批准自己向外人转让股份。一个小股东认为 Mallard 的行为构成了"欺诈小股东"的情形,从而诉诸法院。

法院首先认为,股东在行使投票权时没有义务像董事一样完全不考虑自我利益,而只考虑公司的整体利益;其次,本案中的股东决议及章程修改并没有不当地损害小股东的利益。法院认为,只有当一项股东决议对于大股东和小股东进行区别对待,从而给予大股东一些小股东享受不到的利益时,该决议才会构成"欺诈小股东"的情形。在本案中,那个特别决议的通过符合程序规定,小股东不能要求公司章程永远保持不变;只要公司章程的修改没有对于不同的股东进行不公平的歧视性处理,这种修改就是合法的。最终,法院认为,该案中的章程修改不具有不当的歧视性,因为任何股东都可以在通过一个普通决议后将自己的股份转让给外人,而不论他们是大股东,还是小股东。

在 1959 年的 *Australian Fixed Trusts Pty Ltd. v. Clyde Industries Ltd.* 一案中,①被告公司的董事准备召开一个特别的股东大会,讨论一个章程修改的决议。根据该决议,任何在一个公共基金信托结构下作为受托人而持有公司股票的人都不能行使投票权,除非获得大多数基金份额持有者的授权。20 世纪中期正是澳大利亚机构投资者大发展的年代,基金主要采用信托结构,称为单位信托(unit trust),很多投资者都开始通过基金公司进行间接投资。在公司股东登记本上,登记的股东都是基金公司,而普通投资者持有的都是基金份额。原告是一家基金公司,向法院申请阻止上述决议的施行。法院认为,虽然在理论上可以要求基金公司获得基金份额持有人的授权才能投票,但是,现实中这个要求有过苛之嫌,首先,时间上可能来不及;其次,每次获得基金份额持有人的授权都会导致巨大的费用。这样,对于基金公司和基金份额持有人而言,增加了他们参与公司投票的难度,从而影响了其投票的权利。由于基金份额持有人通常都是普通的投资者和小股东,因此,这个授权要求实际上导致了对于小股东的不公正的歧视,属于"欺诈小股东"的行为。同时,法院也驳回了控股股东提出的该决议符合公司整体利益的理由。

(四) *Gambotto v. WCP Ltd.* **案**

1995 年澳大利亚联邦最高法院审理的 *Gambotto v. WCP Ltd.* 一案具有里程碑的

---

① (1959) 59 SR (NSW) 33 Supreme Court of New South Wales.

意义,值得重点探讨。① 在该案中,WCP 公司的资本的 99.7% 由 IEL 公司持有,但是,这个持股水平还未达到当时的公司法中关于强制收购其他剩余股份的条件。因此,大股东 IEL 公司就通过决议修改了 WCP 公司的章程,根据该决议,作为大股东的 IEL 有权以每股 1.8 澳元的价格在一定时期内强制购买其他小股东的股份。该决议得到了除本案原告之外的所有小股东的一致支持,本案原告没有参与股东大会,也没有指定投票代理人进行投票。与股东大会的会议通知一起发出的一份报告对于小股东持有股份的价值评估为每股 1.4 澳元。本案原告承认,这个价值评估是公平和独立的,但是,它没有将股份收购完成后公司可以获得的 400 万澳元的税收收益计算在内。虽然原告股东持有的股份比例仅为 0.01%,但是他希望保留该股份。原告认为,上述的公司决议构成了"欺诈小股东"的行为。

法院对于控股股东投票权的衡平限制问题进行了详细的分析。首先,法院从正反两个方面讨论了投票权行使的原则。一方面,法院认为,公司可以通过特别决议修改公司章程,股东可以出于自我利益而进行投票。股东在加入公司时,就应当预见到将来公司章程可能被修改,从而自己的利益可能受到影响等问题。换言之,法院承认资本多数决原则的一般适用性。但是,另一方面,法院指出,修改公司章程的权力需要进行合理限制,以免该权力被滥用。

然后,法院开始探讨投票权衡平限制的标准。法院认为,传统普通法上的"善意为公司整体利益而行使权力"的用语不妥,因为该标准在现实中难以操作。在此基础上,法院提出了一个新的标准,即只有满足以下两个条件,修改公司章程而引入强夺性条款(expropriation)的决议才有效:(1)该强夺性的权力是为了正当目的而行使的(for a proper purpose);并且,(2)该强夺性权力的行使不会对其他的小股东造成压迫性(oppressive)。对于第一个条件,法院进一步阐述了什么是"正当目的"。法院认为,当强夺性权力的行使是一种消除或减少公司不利因素的合理手段时,其行使就是出于正当目的。比如,小股东是公司的同业竞争者;公司需要调整股权结构,从而符合法律监管的相关规定(比如,澳大利亚的媒体法对于外国投资者持有澳洲媒体的股权比例有限制)。只有在这些情况下,公司才可以通过决议修改公司章程去强行购买小股东的股份。相反,仅仅为了提升公司的商业利益的理由不足以作为一个"正当的目的"。其原因在于,商业利益是一个很宽泛的概念,比如,在几乎所有的挤出式合并中,公司都能够获得诸如税收和管理效率等方面的收益。如果控股股东能够以此为由而行使强制性权力,那么,他们就可以进行几乎所有的挤出式合并,从而规避法律对于小股东的保护规则,控股股东投票权的衡平限制也就会沦为一纸空文。因此,法

---

① (1995) 182 CLR 432 High Court of Australia.

院对于"正当目的"的定义相当严格,只有在非常有限的例外情形中才能符合"正当目的"的标准。

对于第二个条件,法院要求强制性权力的行使必须公平。这里的公平包括程序上的公平和实体上的公平。在程序上的公平方面,首先要求相关的信息披露必须真实、准确和完整,从而股东在对于公司决议进行投票时能够作出理性的选择。另外,法院还要求公司聘请独立的专业人士对于小股东的股权价值作出评估。但是,法院在此故意回避了一个极其重要的问题,即控股股东能否参与股东大会对于决议的投票。如前所述,与董事避免利益冲突的义务不同,控股股东原则上应当可以行使投票权而追求自我利益,但是,这种投票权的行使又不能完全没有限制。如何进行限制?是否上述的诸如"正当目的""信息披露""独立专业评估"等机制已经能够提供足够的限制?是否还需要对于控股股东的投票权行使本身再进行限制(比如,投票权打折甚至完全取消投票权,如果打折,如何打折,在什么情况下打折)?这些都是极其困难的问题,因此,对于这样一个仍处于发展中的公司法难点,法院明确指出,这个问题在本案中最好不要匆忙作定论,还是留待日后慢慢解决。

在实体上的公平方面,主要是关于强制购买小股东的股份的价格问题,也就是收购价格的公平问题。在判定收购价格是否公平时,法院会审查各种相关的因素,比如股票的市场价格,公司的资产质量,股利派发情况,公司的盈利前景等。一般而言,如果股份的收购价格低于现行的市场价格,就会被推定为不公平的价格。

最后,法院指出,控股股东对于上述各标准具有举证责任。原因在于,控股股东是强夺性权力的行使者,而且,他们控制着公司,拥有更多的相关信息,从而处于强势地位,理应承担举证责任。在本案中,控股股东举出的税收收益和管理效率提高等理由都被法院驳回,认为不构成权力行使的"正当目的",因此,最终法院判定公司的决议无效。

该案判决后在澳大利亚的公司法界引起了巨大反响。在本案中,客观地讲,大股东提出的股份收购计划本应是一个多方共赢的交易。从小股东角度看,其收购价格远远超过公司股票的评估价值,属于公平价格,这也是为什么除了本案原告之外的所有小股东一致同意该收购计划的原因;从大股东角度看,如果该收购计划胜利完成,从而将 WCP 公司变为自己的全资子公司,则可以获得税收和管理效率方面的巨大收益。然而,遗憾的是,这么一个好的商业计划却被一个持股仅为 0.01% 的小股东挫败,实在令人惋惜。因此,很多学者批评法院过分地保护了小股东利益,而忽视了大股东的利益。多数学者认为,法院提出的新的判断标准具有一定道理,但是,对于其中的"正当目的"标准的定义过于狭窄。如果法院对于"正当目的"采取宽泛的解释,将提升公司的商业利益也包括在内,那么,本案可能就是另外一个结果。①

　　鉴于此,在本案之后,澳大利亚修改了公司法,在第 6A.2 部分引入了一个大股东进行强制收购的权力。根据第 664A 条,持股 90％ 以上的大股东可以强制性地收购其他小股东的股份。当然,这个权力的行使需要遵循一些条件,其中最主要的就是收购价格的公平性。根据第 664F 条,小股东能够向法院申请阻止大股东进行强制收购的唯一理由就是收购价格的公平性,而大股东对于该问题负有举证责任。显然,与本案中的标准相比,公司法中的强制收购条款实际上剔除了"正当目的"的限制,而重点强调收购价格的公平性。笔者认为,这个规定更好地平衡了大股东和小股东的利益,有利于正常商业活动的开展。不过,需要指出,公司法中的强制收购权力是一个很具体的权力,因此,在此权力之外的其他领域,本案确立的"正当目的"和"公平性"的双重标准仍然适用于大股东投票权行使的衡平限制问题。②

第三节　股 东 诉 讼

一、概述

　　第二节中讨论了控股股东投票权的衡平限制的问题,除了这个机制之外,小股东利益保护的另一个途径就是股东诉讼,即让股东能够对于自己遭受的损害和公司遭受的某些损害提起诉讼。股东诉讼包括直接诉讼(direct suit)和派生诉讼(derivative suit)。③股东直接诉讼又称为个人诉讼(personal suit),即股东以自己名义对于自己遭受的损

---

　　①　本案中的少数派法官实际上建议对"正当目的"采取宽泛解释。另外,英国法也认为,如果强制收购在程序和实体上都公平,又能够提升公司的商业利益,那么,该强制收购就应当被允许。

　　②　需要指出,由于该案是涉及公司章程修改的情形,因此,该案中提出的新标准是否也适用于其他的大股东投票权行使的场合,尚不清楚。前文述及,除了公司章程修改之外,还有其他三个主要的"欺诈小股东"的情形,比如,盗用公司财产和免除董事违反义务的责任等。多数学者认为,该案的新标准适用于所有的大股东投票权行使的情形,除非另有规定,比如公司法中明确规定的大股东强制收购小股东股份的权力。

　　③　需要指出,由于我国在立法上没有明确使用股东派生诉讼的提法,因此,我国对于此法律术语的使用存在重大分歧。日本和我国台湾地区将其称为股东代表诉讼,故我国大陆亦有不少学者采用此法。但是,笔者认为,我们应当尽快统一法律用语,而股东派生诉讼的称谓似更妥当。首先,股东派生诉讼肇始于英美法系,其对应的英文直译就是派生诉讼(derivative suit)而非代表诉讼(representative suit)。当然,在英美法系中,由于派生诉讼与集团诉讼都具有代表性的特征,有时将二者统称为代表诉讼。因此,派生诉讼只是代表诉讼的一个子类,将派生诉讼称为代表诉讼固然没错,但显然不是一个准确的称谓。其次,股东派生诉讼具有代表性与代位性的双重特征,股东代公司之位而提起诉讼是股东派生诉讼的更为本质的属性。最后,"代表诉讼"的称谓容易与我国民事诉讼法中规定的诉讼代表人制度相混淆,造成法学研究和司法实践中不必要的混乱。因此,股东派生诉讼的提法更为严谨科学,有利于法律概念的整体统一,有利于国际交流和实践。

害提起诉讼,这与其他一般的个人诉讼没有太大区别。但是,派生诉讼就大不相同,因为它是股东针对公司遭受的损害而提起的。通常而言,由于公司是具有独立法律人格的实体,因此,对于公司遭受的损害,应当由公司自己提起诉讼,也就是由董事以公司名义提起诉讼。然而,现实中,董事自己可能就是损害公司的人或者牵涉其中,从而拒绝提起相关诉讼。另外,如果侵害公司利益的人是控股股东,侵害行为构成"欺诈小股东"的情形,那么,显然也有必要让小股东享有诉讼提起权,以有效保护自己的利益。因此,在英美法中,经过长期以来的判例法发展,股东可以在上述情况下代表公司提起诉讼,即派生诉讼。

股东派生诉讼的主要特征在于,股东派生诉讼的诉由是公司利益受到侵害,而非股东个人利益受到侵害;诉讼利益通常归于公司,而起诉股东不能直接受偿,只能间接地通过持股比例获得救济;股东只有在公司惰于行使自己诉权时才能提起派生诉讼。因此,股东派生诉讼与直接诉讼(包括个人诉讼和集团诉讼)存在重大差异,是一个非常具有特色的诉讼类别。[①]需要指出,虽然从概念表述上来说股东派生诉讼和直接诉讼差别分明,但是,在实践中却往往难以判定。由于公司是一个法律上拟制的主体,公司利益最终主要体现为股东利益,因此,在很多情况下,公司利益与股东个人利益并没有严格、清楚的界限,对于公司利益的损害通常都会减损股东所持股份的价值,从而间接导致股东个人的利益损害。由于利益损害的直接性和间接性因个人看问题的角度不同而不同,派生诉讼和直接诉讼的分野就很难把握。这个问题将一直贯穿于本节对于派生诉讼和直接诉讼的具体讨论中。本节先讨论派生诉讼,然后讨论直接诉讼。

二、派生诉讼:国际比较分析及对我国的启示

(一) 历史发展和功能分析

作为一项法律制度,股东派生诉讼肇始于英美衡平法,通过判例法的形式逐渐发展而成。[②] 在包括澳大利亚在内的英联邦国家,股东派生诉讼起源于判例法上 1843 年的 *Foss v. Harbottle*[③] 及其例外规则;在美国,股东派生诉讼制度可以追溯到 1882

---

① 关于股东派生诉讼性质及其与直接诉讼的比较分析,参见拙文:《股东派生诉讼制度研究》,载王保树教授主编:《商事法论集》第 7 卷,法律出版社 2003 年版,第 365~373 页。

② 关于股东派生诉讼的判例法渊源问题的详细论述,参见拙文:《股东派生诉讼制度研究》,载王保树教授主编:《商事法论集》第 7 卷,法律出版社 2003 年版,第 341~344 页。

③ (1843) 2 Hare 461; 67 ER 189.

年的 *Hawes v. City of Oakland*① 一案。在 *Foss v. Harbottle* 案中,一家公司的两个股东提起诉讼,认为董事盗用了公司财产,该诉讼是以除了董事之外的其他所有股东的名义而提起的。法院认为,公司法的一般原则是,对于公司遭受的损害,诉权归于公司自己,而且,该案中的公司章程也没有改变这一普遍原则。只有当公司内部机制出现问题,股东才可以介入,越过公司而提起诉讼,即股东派生诉讼。

因此,*Foss v. Harbottle* 一案限定了一般法上的股东诉讼的范围。如果损害的对象是公司而不是股东个人,那么,通常而言,股东不能对于该损害提起诉讼;只有在非常有限的几种例外情形中,股东才能提起诉讼。该规则的法理在于,公司具有独立的法人格,是一个独立的法律实体,因此,如果公司利益受到侵害,那么,寻求救济的应当是公司自己。然而,在某些情况下,它可能会导致明显的不正义,比如,侵害公司利益的正是董事自己,而董事拒绝让公司起诉。因此,该规则发展了一些例外情形,允许在公司利益受到侵害而公司怠于行使其诉权时,符合一定条件的股东能够代位行使公司的诉权,从而保护其在公司中的持股利益。② 这便是股东派生诉讼制度之由来。

然而,判例法上的派生诉讼制度存在诸多缺陷,比如,对于股东诉讼资格的限制过于严苛和规则不太确定等,因此,很多英美法系国家都先后通过成文法规定了股东派生诉讼制度。比如,早在 20 世纪 70 年代,加拿大就已经制定了股东派生诉讼制度的成文法;③ 1993 年,新加坡和新西兰引入了成文化的股东派生诉讼制度;④ 2000 年,在经过十年左右的研究之后,澳大利亚也将传统上以判例法形式存在的股东派生诉讼制度进行了法典化;⑤ 最近,在股东派生诉讼的发源地——英国,该制度也被成文化。⑥ 另外,美国和南非也都具有股东派生诉讼方面的成文法。⑦ 这些成文法

---

① 104 US 450 (1882).

② 后文将对于 *Foss v. Harbottle* 及其例外规则进行更详细的论述。

③ 加拿大现行的股东派生诉讼制度规定在 Canada Business Corporations Act 1985,ss 238-240, 242.

④ Companies Act 1993 (New Zealand),Pt IX;Companies Act Cap 50 (Singapore),ss 216A-B.

⑤ Corporations Act 2001 (Australia),Pt 2F. 1A.

⑥ Companies Act 2006 (UK),Pt 11 (derivative claims).

⑦ 美国的公司法属于州法范围,但是,各州的股东派生诉讼制度都基本上采纳了以下两个文件中的相关原则,即《模范商业公司法》(*Model Business Corporations Act*)和美国法学研究所(American Law Institute)制定的《公司治理原则:分析与建议》(*Principles of Corporate Governance:Analysis and Recommendations*)。另外,美国提起股东派生诉讼的程序问题规定在《联邦民事程序规则》(*Federal Rules of Civil Procedure*)的第 23. 1 条。

的股东派生诉讼制度为派生诉讼的提起和审理提供了清晰的指导,在一定程度上促进了股东派生诉讼制度的功能发挥。[1] 鉴于股东派生诉讼制度具有赋予股东救济和促进公司治理的重要功能,包括中国在内的很多大陆法系国家也相继引入了该制度。[2]

通说认为,股东派生诉讼具有实现股东救济和加强公司治理的双重功能。[3] 很多学者认为股东派生诉讼能够保护投资者信心,威慑公司的不当行为,从而加强公司治理;[4] 不过,也有不少学者(主要是法经济学学派)反对通过股东诉讼机制加强公司治理,认为股东诉讼减少公司代理成本的效果"并不清楚",甚至适得其反,因为其他的公司治理机制已经促使董事勤勉努力,而股东诉讼可能会不当地干扰董事的日常工作。[5] 另外,有些学者猛烈抨击股东救济的功能,认为现实中股东派生诉讼从未给股东带来真正的救济,而律师是股东派生诉讼的真正受益者。[6]

由于理论上众说纷纭,莫衷一是,因此,很多学者进行了相关的实证分析。遗憾

---

[1]　需要指出,有些学者认为将股东派生诉讼制度成文化的努力并无实益。See e. g., Lang Thai, "How Popular are Statutory Derivative Actions in Australia? Comparisons with United States, Canada and New Zealand" (2002) *Australian Business Law Review* 118, 135-136; P Fitzsimons, "Statutory Derivative Actions in New Zealand" (1996) 14 *Company and Securities Law Journal* 184. 最近的实证研究也表明,澳大利亚成文化的股东派生诉讼制度并没有显著增加派生诉讼案件的数量。Ian M Ramsay and Benjamin B Sauners, *Litigation by Shareholders and Directors: An Empirical Study of the Statutory Derivative Action* (Research Report, Centre for Corporate Law and Securities Regulation, The University of Melbourne), 24.

[2]　中国在 2005 年的公司法修订中引入了该制度。关于中国公司法中该制度的详细讨论,参见拙文:《中国股东派生诉讼:理论分析与实践前景》,"实践中的公司法"国际商法会议论文,北京,清华大学法学院,2006 年 10 月。此文的修订版后发表于《伯克利商法评论》,See Hui Huang, "The Statutory Derivative Action in China: Critical Analysis and Recommendations for Reform" (2007) 4(2) *Berkeley Business Law Journal* 227-250.

[3]　关于股东派生诉讼制度历史发展和功能的详细论述,参见拙文:《股东派生诉讼制度研究》,载王保树教授主编:《商事法论集》第 7 卷,法律出版社 2003 年版,第 340~365 页。

[4]　See e. g., John C Coffee and Donald E Schwartz, "The Survival of the Derivative Suit: An Evaluation and a Proposal for Legislative Reform" (1981) *Columbia Law Review* 261, 302-309; Ian Ramsay, "Corporate Governance, Shareholder Litigation and the Prospects for a Statutory Derivative Action" (1992) 15 *University of New South Wales Law Journal* 149, 156.

[5]　See e. g., Daniel R. Fischel & Michael Bradley, "The Role of Liability Rules and the Derivative Suit in Corporate Law: A Theoretical and Empirical Analysis" (1983) 71 *Cornell Law Review* 262, 262-263; Michael J Whincop, "The Role of the Shareholder in Corporate Governance: A Theoretical Approach" (2001) 25 *Melbourne University Law Review* 418, 432-438.

[6]　See e. g., Roberta Romano, "The Shareholder Suit: Litigation Without Foundation?" (1991) *J. L. Econ. & Org.* 55, 65; Stephen M. Bainbridge, *Corporation Law and Economics* (2002) 402. 本布利奇(Bainbridge)教授甚至认为,解决这个问题的一个激进方案就是干脆完全废除股东派生诉讼。

的是,实证研究的结果也是瑜亮互见,并无定论。① 美国最近的一份实证研究显示,在特拉华州衡平法院 1999 年和 2000 年审理的所有涉及公众公司的股东派生诉讼中,大约 28% 的案件判决了数额可观的金钱赔偿,说明股东派生诉讼还是在一定程度上给股东带来了真正的救济。② 然而,关于股东派生诉讼威慑董事不当行为的实际效果,则无法通过实证研究进行确定,因为它本质上是一个假设性问题,即股东派生诉讼威慑了多少本来可能发生的董事不当行为。③ 但是,股东派生诉讼的威慑效果恰恰正是其最重要的功能,因此,对于股东派生诉讼作用的争论,可能永远不会结束。

总言之,股东派生诉讼只是众多的股东救济方式中的一种,而且,其功能存在两面性,实际上是一把"双刃剑"。一方面,股东派生诉讼可以有效地保护股东利益,并且,通过外部的法院审查对于董事的权力行使进行监督和制约,从而达到改进公司治理的效果。但是,另一方面,公司利益受到侵害后,提起诉讼的权力通常应当属于董事会,因此,让股东越过董事会而提起派生诉讼实际上是对于董事管理公司事务的权力的干涉,会影响董事权力行使的独立性。确实,股东派生诉讼存在被滥用的可能。在美国,一种主要的滥用情形就是所谓的投机诉讼(strike suits)。④不当的股东派生诉讼可能会导致股东过度地干涉公司管理层的经营权,违背公司所有权与经营权相分离的公司法基本原理。职是之故,在构建股东派生诉讼制度时,其关键在于,注意赋予股东救济与保护公司管理层经营权独立之间的冲突与衡平。具体而言,就是需要一方面鼓励正当的诉讼;而另一方面阻却不当诉讼。因此,立法者需要在股东派生诉讼提起权与公司利益保护之间寻求一个适当的平衡点,在允许股东提起派生诉讼的同时对其进行必要的限制。

(二)普通法上的派生诉讼

虽然澳大利亚 2000 年引入的法定派生诉讼制度完全取代了判例法上的对应规则,但是,该法定化的派生诉讼制度仍然存在不确定之处,需要法院的司法解释。在这个司法解释过程中,传统判例法上的派生诉讼规则不可避免地会具有重大影响。因此,为了更好地理解法定化的派生诉讼制度,我们需要对于判例法上的相关规则进

---

① See e. g. , Bryant G. Garth, Ilene H. Nagel and Sheldon J. Plager, "Empirical Research and the Shareholder Derivative Suit: Toward A Better-Informed Debate" (1985) 48 *Law and Contemporary Problems* 137; Banoff & DuVal, "The Class Action as a Mechanism for Enforcing the Federal Securities Laws: An Empirical Study of the Burdens Imposed" (1984) 31 *Wayne Law Review* 1.

② Robert B. Thompson and Randall S. Thomas, "The Public and Private Faces of Derivative Lawsuits" (2004) 57 *Vand. L. Rev.* 1747, 1775.

③ Ibid.

④ 《布莱克法律辞典》将投机诉讼定义为"以获取高额律师费或私下和解为动机,而无真正保护公司利益之目的而提起的股东派生诉讼"。

行一个简要讨论。另外,需要指出,虽然澳大利亚的公司法在传统上承袭英国法,包括 *Foss v. Harbottle* 规则,但是,在澳大利亚,该规则对于股东诉讼提起权的限制程度没有其在英国大。在澳大利亚 2000 年将派生诉讼制度成文化之前,利用 *Foss v. Harbottle* 规则阻止股东提起诉讼的案件并不多,即使在那些适用该规则的案件中,法院也倾向于对于该规则进行比较自由宽泛的解释。而且,与保守的英国法院相比,澳大利亚法院似乎更加愿意承认和接受股东的直接诉讼。① 由于派生诉讼和直接诉讼经常存在交叉和竞合之处,澳大利亚法院的这种做法实际上就是规避了 *Foss v. Harbottle* 规则的限制,允许股东提起直接诉讼,在救济效果上与派生诉讼有异曲同工之妙。

如前所述,*Foss v. Harbottle* 一案中确立的规则限制了股东个人对于董事和控股股东义务违反行为的诉讼提起权,该规则实际上包含两个方面。② 第一个方面是所谓的"适格原告"规则(proper plaintiff)。该规则认为,公司具有独立的法人格,因此,对于公司遭受的损害,通常应当由公司自己提起。四年后,该规则在 *Mozley v. Alston* 一案中得到确认和扩张,③进一步强调了公司内部机制的重要性。这便是 *Foss v. Harbottle* 规则的第二个方面,即所谓的"内部管理"规则(internal management),根据该规则,法院不愿也不能介入公司的内部事务。这个"不干涉公司内政"的原则一经确立后,便迅速扩张适用于各种公司内部的纠纷问题,包括股东大会中投票程序不当的问题,董事会召开时不足法定人数的问题等。另外,董事的任命、免职和薪酬等问题也适用该原则;股东之间的纠纷,比如利润分配,配股,增资和减资等问题甚至也包括在内。法院将这些问题统统交由公司内部机制进行解决。这样,公司的股东大会有权自由地处理这些问题,甚至批准董事的义务违反行为。

在 *Edwards v. Halliwell* 一案中,④Jenkins 法官阐述了股东大会批准行为对于股东诉权的影响,以及"内部管理"规则与"适格原告"规则之间的关系。他认为,如果股东大会批准了被诉行为,那么,小股东就不能起诉,原因在于,第一,如果大股东在股东大会上批准被诉的行为,那么,公司遭受的损害就不复存在,从而也就无需起诉;第二,如果大股东不批准,那么,公司自己就会起诉,同样也无需小股东提起诉讼。显

---

① See e. g. , Residues Treatment and Trading Co. Ltd. v. Southern Resources Ltd. (No 4) (1988) 14 ACLR 569.

② 需要指出,学者们对于该问题具有不同的理解,有的学者认为是一个规则的两个方面,有的学者认为是两个规则,但是,多数人支持前者。See Matthew Berkahn, "The Derivative Action in Australian and New Zealand: Will the Statutory Provisions Improve Shareholders' Enforcement Rights?" (1998) 10 *Bond Law Review* 74, 76.

③ (1847) 1 Ph 790; 41 ER 833.

④ (1950) 2 All ER 1064.

然,这个理论是将大股东的意志等同于公司的意志。在整个 19 世纪,这个观点占据主流地位,理论界和实务界都作如是观。此后,董事会权力日益独立,上述观点也在 1906 年的 *Automatic Self-Cleansing Filter Syndicate Co. Ltd. v. Cuninghame* 一案以及其他相关判例的影响下逐渐改变。[①]

另外,需要指出,对于 *Foss v. Harbottle* 规则的一个比较实际的支持理由是,该规则可以避免股东的重复诉讼,否则,被告将疲于奔命,司法资源也不能有效利用。而且,由于股东个人在金钱和信息等方面的资源限制,其胜诉概率通常会低于公司自己提起诉讼。因此,无论从股东,公司还是不当行为人的角度而言,*Foss v. Harbottle* 一案中的限制股东诉权的规则都具有重要的实益。

尽管 *Foss v. Harbottle* 规则在理论和实践上都具有一定的道理,但是,该规则在某些情况下会导致明显的不公正。因此,法院随后创设了该规则的五个主要的例外情形。[②] 第一个例外情形是所谓的"非法或越权行为"的例外(illegal or ultra vires act exception)。如果一个行为是非法或越权的,股东就可以提起诉讼,因为大股东不能批准这种行为。第二,"特别多数"的例外(special majority exception)。如果法律规定或公司章程要求特别多数投票同意才能采取某个行为,而公司在没有获得特别多数同意时就采取该行为,那么,股东就可以提起诉讼,要求法院判决该行为无效。同样,大股东不能批准这种行为,否则,他们就可以轻而易举地规避法律规定和章程条款。第三,"个人权利"的例外(personal rights exception)。如果一个行为损害的对象是股东的个人利益,那么,*Foss v. Harbottle* 规则就不适用,因为股东能够以自己的名义提起直接诉讼。如前所述,虽然股东的个人利益与公司利益从概念上说很清楚,但是,现实中将它们区分开来是一项非常困难的工作。在后文关于直接诉讼的讨论中,将对该问题展开论述。

第四个例外就是所谓的"欺诈小股东"(fraud on the minority exception)。如果一个行为构成对于小股东的欺诈,而且,相关行为人控制着公司,那么,小股东就可以代表公司起诉该行为人。在前三个例外情形中,股东提起的诉讼都是直接诉讼,但是,在这个例外情形中,提起的诉讼是派生诉讼。因此,有些学者认为,该例外情形是 *Foss v. Harbottle* 规则的唯一的真正的例外。在普通法上,为了提起一个派生诉讼,

---

① (1906) 2 Ch 34 Court of Appeal, England and Wales.

② 如前所述,学者们对于 *Foss v. Harbottle* 规则本身持有不同的理解,因此,对于此规则的例外情形也存在不同的理解。有的学者认为,这些情形是上述规则的例外情形,而有的学者认为,它们不是例外情形,因为 *Foss v. Harbottle* 规则本来就不适用于它们。前者观点目前占据主流地位。See K W Wedderburn, "Shareholders' Rights and the Rule in Foss v. Harbottle" (1957) *Cambridge Law Journal* 194, 203.

原告股东需要证明两个要件,第一,被告控制了公司,即"控制"要件;第二,被告的行为构成了对于小股东的欺诈,即"欺诈小股东"要件。由于控制和欺诈小股东等概念本身就相当模糊,因此,这个举证责任非常困难。如前所述,对于上述概念,英国法院采取了一个非常保守的态度,比如,对于控制要件,法院通常要求被告持有多数的表决权股份,这样,在股权高度分散的大型公开公司中,这一要件很难满足;^①另外,法院认为,除了盗用公司财产,其他的行为通常都不构成"欺诈小股东"的情形。因此,在此例外情形下,股东派生诉讼实际上很难提起,不过,在20世纪下半叶,法院逐渐放松了上述两个要件的限制,从而股东在提起派生诉讼时能够容易一些。

第五个例外情形是所谓的"公正考量"(interests of justice exception)。根据该例外,虽然 *Foss v. Habottle* 规则限制了一项股东诉讼的提起,但如果此诉讼符合社会公正性,那么,法院就会接受此股东诉讼。需要指出,学者们对于此例外情形持有不同意见,有的学者并不承认此例外,比如,Sealy 认为,社会公正性考量是法院保护股东利益的一项普遍原则,而不是一个具体规则的例外。^②另外,有学者认为,该原则极其宽泛,非常模糊,从而不宜视为 *Foss v. Harbottle* 规则的一个例外。

(三)法定的派生诉讼

如上所述,*Foss v. Harbottle* 规则具有重要的理论和现实意义,并且,法院创设了该规则的很多例外情形,以避免产生不公正的结果。其中的"欺诈小股东"例外就允许股东提起派生诉讼,但是,由于以下种种缺陷,一般法上的派生诉讼制度的实际效用大打折扣。

第一,派生诉讼的费用问题。在 *Wallersteiner v. Moir*(*No s*)一案中,^③著名的丹宁勋爵(Lord Denning)认为,提起派生诉讼的股东应当可以要求公司承担相关的诉讼费用,因为公司是胜诉利益的直接承受人。但是,随后的英国判例限制了该案的适用。在 *Smith v. Croft* 案中,Holton 法官认为,只有在证据开示程序(discovery)之后,法院才能发出有关诉讼费用的命令,而且,这种命令应当严格限制在确实必要的场合。澳大利亚的法院也采取了类似的态度。其结果是,小股东在提起派生诉讼时并不确定将来是否能够让公司报销诉讼费用。另外,由于胜诉后公司直接获得利益,起诉的股东只是通过自己的持股比例间接受益,因此,这种诉讼收益与成本之间的不对称减少了股东提起诉讼的积极性。

第二,股东起诉资格的限制过于严格。在 *Prudential Assurance Co. Ltd. v.*

---

① A J Boyle, *Minority Shareholders' Remedies* (Cambridge University Press, 2002), 29.

② L S Sealy, "Foss v. Harbottle—A Marathon Where Nobody Wins" (1981) 40 *Cambridge Law Journal* 29, 32.

③ (1975) QB 373.

Newman Industries Ltd.（No 2）一案中，[①]法院认为，诉讼资格的问题应当视为一个诉前问题。如前所述，"欺诈小股东"要件和"控制"要件非常难以证明，因此，这些诉前的听证程序变得漫长而昂贵。但是，澳大利亚的法院对此问题采取了一个不同的态度。在 *Hurley v. BGH Nominees Pty Ltd.* 一案中，法院认为，上述的 *Prudential* 判例不应适用于所有的案件。[②] 此观点被随后的判例所采纳，以方便派生诉讼的提起。因此，虽然澳大利亚在派生诉讼的诉讼资格方面也存在限制，但是，与英国相比，该问题小很多。

第三，股东大会对于被诉行为的批准效力。前一节讨论了股东大会对于董事义务违反行为的批准问题，从中可见，该问题极其复杂，相关的法律规则非常不确定，从而阻碍了普通法上派生诉讼的提起。通常而言，只有当董事的义务违反行为不能被公司的股东大会批准时，股东才能提起诉讼。但是，普通法上关于哪些董事义务违反行为可以被批准和哪些不能被批准的相关判例模棱两可，甚至相互冲突，以至于学者将此领域描述为"法律的沼泽地"或"法律的地雷区"。

第四，*Foss v. Harbottle* 规则及其例外情形的不确定性。如前所述，由于 *Foss v. Harbottle* 规则相当复杂，学者们对于该规则本身及其例外情形具有不同的理解，比如，该规则的适用范围到底为何，其例外情形到底有几个等，这导致不同的学者对于该规则进行不同的阐述。

第五，派生诉讼与其他相关股东救济方式的关系问题。主张加强股东派生诉讼的学者认为，现有的其他股东救济方式，比如后面章节中将要谈到的压迫行为救济，没有给予股东足够的保护。但是，有的学者认为，法院对于压迫行为救济的适用非常宽泛，使之成为一个小股东利益保护的有力工具，因此，*Foss v. Harbottle* 规则对于股东诉讼的限制问题已经得到了有效的解决。实证研究也发现，法院适用压迫行为救济的案件显著增加。[③]

鉴于以上种种问题，澳大利亚在 2000 年引入了法定的派生诉讼制度，规定在第 2F.1A 部分，以取代普通法上的相关规则。如前所述，这个法定的派生诉讼制度是否更加有效，是否实现了立法初衷，还是一个尚无定论的问题。下文就从诉讼主体资格，前置程序和诉讼费用等方面对于该法定的派生诉讼制度进行讨论。[④]

① （1982）1 Ch D 204，221.
② （1982）1 ACLC 387，389.
③ 关于压迫行为救济的具体讨论，参见本章第四节。
④ 另外一个重要问题是派生诉讼的诉讼架构。在普通法上，股东派生诉讼都是股东以自己的名义提起，公司作为名义被告(nominal defendant)参与诉讼，而在成文法中，派生诉讼是股东以公司的名义提起，比如澳大利亚《公司法》第236(2)条。关于普通法中派生诉讼的诉权性质和公司诉讼地位，参见拙文：《股东派生诉讼制度研究》，载王保树教授主编：《商事法论集》第 7 卷，法律出版社 2003 年版，第 373～418 页。

（四）起诉资格

在澳大利亚,根据《公司法》第236(1)条,派生诉讼中原告股东的范围很广,既可以是现有股东,也可以是前股东,甚至可以是关联公司的现有股东或前股东,也没有对持股数量和时间作出任何规定。① 允许公司前股东提起派生诉讼的原因在于,他们可能是由于董事等的不当行为而被迫离开公司的;允许关联公司的股东提起诉讼,是因为他们的利益也可能受到不利影响。② 加拿大的相关立法与此非常类似。③ 因此,在澳大利亚和加拿大等国,能够提起派生诉讼的股东范围很广。④ 需要指出,这里派生诉讼的形式包括:(1)原告股东提起一个全新的诉讼;(2)公司自己已经提起诉讼,但是,由于各种原因,比如诉讼不力等,法院让原告股东取代公司进行全部诉讼或部分诉讼,也就是将公司的直接诉讼转为股东的派生诉讼。当然,现实中的派生诉讼主要是第一种情形。另外,根据第236(2)条,派生诉讼必须以公司的名义提起。第236(3)条明确指出,普通法上的派生诉讼提起权被完全废除,由法定的派生诉讼规则取而代之。

需要指出,在澳大利亚和加拿大,虽然原告资格范围很广,但是,派生诉讼的提起还需要得到法院的特许(leave),而且,这个特许条件非常严格,因此,在很大程度上限制了真正能够成功提起诉讼的原告范围。在决定是否授予特许时,法院拥有很大的自由裁量权,不仅考虑程序问题,而且考虑实体问题,比如,申请人是否出于善意,授予特许是否符合公司的最佳利益,申请人是否事先通知了公司等。⑤ 因此,现实中能够成功提起派生诉讼的原告范围并没有上文所述的那么广泛,比如,很多加拿大法院认为前股东对于派生诉讼缺乏"充分的利益关系"(sufficient interest),从而不是出于善意提起诉讼。⑥ 实证研究表明,在澳大利亚和加拿大,绝大多数的股东派生诉讼案件都是由现股东提起的。⑦但是,善意的前股东在澳大利亚和加拿大还是能够提起派

---

①　Corporations Act 2001 (Australia)，s 236.

②　Corporate Law Economic Reform Program Bill 1998，Explanatory Memorandum，paras 6. 26-6. 28.

③　Canada Business Corporations Act 1985，s 238.

④　实际上,在澳大利亚和加拿大,除了股东之外,公司的官员也可以提起派生诉讼,理由是,现实中他们可能是最早知道存在派生诉讼诉由的人。因此,严格地讲,澳大利亚和加拿大的相关制度已经不能称为"股东派生诉讼",而是"派生诉讼"。但是,公司官员是否有足够动机去提起派生诉讼不无疑问。一项对于2000 年之后澳大利亚发生的所有派生诉讼案件的实证研究表明,几乎所有的派生诉讼案件都是由股东或前股东提起的。Ian M Ramsay and Benjamin B Sauners，*Litigation by Shareholders and Directors：An Empirical Study of the Statutory Derivative Action*(Research Report，Centre for Corporate Law and Securities Regulation，The University of Melbourne)，26-27.

⑤　这个特许要求将在后文关于前置程序的讨论中进一步述及。

⑥　See e. g.，Jacobs Farms Ltd. v. Jacobs (1992) OJ No 813 (Ont Gen Div).

⑦　B R Cheffins，"Reforming the Derivative Action：The Canadian Experience and British Prospects" (1997) *Company*，*Financial and Insolvency Law Review* 227，239；Ian M Ramsay and Benjamin B Sauners，*Litigation by Shareholders and Directors：An Empirical Study of the Statutory Derivative Action*(Research Report，Centre for Corporate Law and Securities Regulation，The University of Melbourne)，26-27.

生诉讼的,这有利于鼓励正当的派生诉讼,提高派生诉讼的使用率。

在美国,股东派生诉讼提起权适用所谓的"当时股份拥有"(contemporaneous share ownership)规则。此规则要求原告股东在其所诉的过错行为发生的当时持有股票。在美国,根据大多数州的立法和《美国联邦民事诉讼程序规则》第 23.1 条,股东必须"在诉讼中被指控的事务发生之时已经是公司的股东"。① 另外,有些判例还进一步要求原告在派生诉讼提起之时和在诉讼的整个进行过程中仍然具有股东地位。② 显然,"当时股份拥有"规则的功能在于阻却不当诉讼,即防止某些投机之人在获知派生诉讼之事由后为提起诉讼而临时购买公司股份。另外,美国的股东派生诉讼提起权还有一个原告股东的代表公正性要求,即所谓的"公平和充分地代表全体股东利益"规则。③ 由于派生诉讼的结果直接关系到公司和其他股东的切身利益,且诉讼结果对其他股东和公司均产生既判力,因此,这个代表公正性要求非常重要。法院在适用此规则时,通常都会审查原告是否出于善意和是否具有能力提起诉讼,然后在自由裁量的基础上作出判断。④

(五) 前置程序

澳大利亚规定了派生诉讼的前置程序。如上所述,在澳大利亚,派生诉讼的提起需要法院的特许。根据澳大利亚《公司法》第 273(2)条,法院在决定是否特许股东提起派生诉讼时,将会考虑一系列的因素,包括:(1)公司是否可能会自己提起诉讼;⑤ (2)原告的诉讼行为是否"出于善意";⑥ (3)原告获得特许而提起诉讼是否符合公司的最佳利益;⑦ (4)提起派生诉讼的事由的严重程度;(5)原告是否在 14 天之前已经以书面方式向公司董事会通知了自己申请特许的意图及申请的理由,或者是否存在

---

① 《美国联邦民事诉讼程序规则》第 23.1 条规范所有的在联邦法院审理的股东派生诉讼,而且,许多州法也基本采纳了该条规定。比如,《特拉华州法典评注》第 327 条;《俄亥俄州民事诉讼规则》第 23.1 条和《纽约商事公司法》第 626 条。

② See e. g. , Dehass v. Empire Petroleum Co. 435 F 2d 1223 (10th Cir 1970);Rothenberg v. United Brands Co. 573 F 2d 1295 (2nd Cir 1997).

③ Rule 23. 1 of the Federal Rules of Civil Procedure. See also Hansberry v. Lee 311 US 32,61 S Ct 115,85 L Ed 22 (1949).

④ 关于该规则的详细论述,see Hui Huang,"The Statutory Derivative Action in China:Critical Analysis and Recommendations for Reform"(2007) 4(2)*Berkeley Business Law Journal*227-250.

⑤ 在股东通知公司自己将要向法院申请特许而提起派生诉讼时,公司可能会拒绝以自己名义起诉,这就满足了该要件。或者,如果股东能够证明不当行为人实际上控制了公司,则该要件也满足。

⑥ 这个要件是为了保证派生诉讼的提起是出于公司的利益而非股东个人的利益。

⑦ 这个要件的判断非常困难。法院需要全面衡量派生诉讼对于公司的成本与收益,因此,即使一项派生诉讼可能胜诉,但倘若其成本过大,则不符合公司的"最佳利益"。See *Prudential Assurance Co. Ltd. v. Newman Industries Ltd.* (No 2)(1981)Ch 257.

特殊情况使得通知没有必要。① 在美国,股东在提起派生诉讼之前也必须书面请求公司董事会,即所谓的"请求要件"(demand requirement)。通常而言,美国的请求期间是 90 天,但是,如果此等待期间存在导致公司遭受不可弥补损失之虞时,请求期间可以相应缩短。② 另外,如果董事存在利益关系或者没有真正独立而不可能对于股东的请求作出一个公正的决策时,股东就可以以"请求无益"(futile)为由规避书面请求的程序。③

该前置程序具有重要的理论和实际意义。首先,它反映了公司法的基本原则,即公司具有独立的法人格,当公司利益受到侵害时,诉权应当属于公司,因此,公司应当有机会行使自己的权利而提起诉讼。其次,它有利于公司利益的保护。一方面,与单个股东相比,公司在信息、人力和财力等方面拥有更多的资源,由公司自己提起诉讼的胜诉概率更大;另一方面,它让公司管理层能够从公司最佳利益出发对于起诉问题进行商业决策(business judgement)。现实中,当公司利益受到侵害,起诉并不总是符合公司的最佳利益。决定是否起诉通常是一个非常复杂的商业决策,需要考虑到各种因素,比如诉讼对于公司声誉的影响等。最后,该规则可以减少股东不当诉讼或者重复诉讼的可能,既保护了公司利益,又节省了社会诉讼资源。

由于前置程序具有的重大意义,其设计和实施的质量就非常重要。如上所述,在澳大利亚和美国,法院具有广泛的自由裁量权,决定书面请求是否有必要。这种规定无疑极具灵活性,能够很好地处理现实中的各种不同情形,但是,其不足之处在于,股东能够非常容易地规避请求程序,使之成为虚设之物。司法实践中,到底什么情况下请求义务可以免除还是一个尚待解决的问题。股东能够提出很多理由主张"请求无益",比如,董事具有利益冲突,董事没有真正独立等,这些理由通常很容易在股东派生诉讼案件中成立,因此,在美国,绝大多数的股东派生诉讼案件都免除了请求义务。④ 实证研究表明,在特拉华州 1999 年和 2000 年发生的所有股东派生诉讼中,没

---

① Corporations Act 2001 (Australia), s 273(2).

② Rule 23. 1 of the Federal Rules of Civil procedure.

③ See e. g. , Aronson v. Lewis 473 A 2d 805, 814 (Del. 1984); Alabama By-Products Corp v. Cede & Co. 657 A 2d 254 (Del. 1995); Katz v. Pels 774 Supp 121 (SDNY 1991); Ono v. Itoyama 884 F Supp 892 (DNJ 1995).

④ 现实中,原告股东都会将公司的所有董事列为被告,从而以董事与诉讼具有利益关系为由避开请求程序。Dent, "The Power of Directors to Terminate Shareholder Litigation: The Death of the Derivative Suit?" 75 *Nw. U. L. Rev.* 96, 105 (1980); Kim, "The Demand on Directors Requirement and the Business Judgement Rule in the Shareholder Derivative Suit: An Alternative Framework" 6 *J. Corp. L.* 511, 514 (1981).

有一件履行了请求义务。① 为了改变这种状况,同时避免诉讼当事人在"请求无益"问题上的过多争吵,美国法学研究所建议将请求程序规定为一项法定的强制性义务,只有在公司利益存在不可弥补损失之虞时,股东才可以直接提起诉讼,而且,在提起诉讼之后,应当立即追补履行请求义务。②

一般而言,在收到股东的书面请求之后,公司可能作出以下几种回应。第一,被请求的公司机关接受请求,决定由公司自行提起诉讼,这样,股东就不能、也没有必要进行派生诉讼;第二,公司拒绝起诉,善意地认为诉讼不符合公司最佳利益,从而选择采取其他措施妥善解决股东书面请求中提到的问题,比如,通过公司的内部规章对于责任人进行处理;第三,公司拒绝起诉,也未采取任何有效措施维护公司利益。显然,在第二种情况中,虽然公司拒绝起诉,但股东不应提起派生诉讼。因此,公司拒绝起诉可能符合公司的最佳利益,不应成为触发股东派生诉讼的唯一因素,否则,就无法发挥前置程序作为一种诉前的筛选机制而过滤掉不当诉讼的功能。

如上所述,在澳大利亚,股东提起派生诉讼需要首先获得法院的特许。在这个申请特许的阶段,并没有正式的被告,如果法院授予特许,则进入实质的派生诉讼程序,通常就会有被告。因此,法院经常需要自主判断是否应当授予特许,从而扮演着一个极其重要的角色。不过,现实中被诉的公司董事或大股东等经常参加特许申请阶段,反对特许的申请,因为一旦法院授予特许而进入派生诉讼程序,他们就将成为被告。③

如前所述,根据澳大利亚《公司法》第237(2)条,法院在决定是否授予特许时,会考虑一系列的因素,包括申请人是否履行了书面请求义务,公司是否可能自己起诉,申请人是否出于善意,以及提起派生诉讼是否符合公司最佳利益等。其中,如何判断派生诉讼是否符合公司最佳利益,最为困难。根据立法备忘录,法院通常需要权衡比较派生诉讼可能给公司带来的利益和损害,④现实中这种考量还包括派生诉讼的胜诉

---

① Robert B. Thompson and Randall S. Thomas,"The Public and Private Faces of Derivative Lawsuits"(2004) 57 *Vand*. *L. Rev*. 1747, 1782. 需要指出,股东成功规避请求义务并不意味着派生诉讼就能顺利进行,因为派生诉讼开始后,公司仍然可以派生诉讼不符合公司最佳利益为由请求法院驳回派生诉讼。关于这个问题的具体讨论,参见后文。

② American Law Institute, *Principles of Corporate Governance*:*Analysis and Recommendations 1994*,para 7.03(b).

③ Ian M Ramsay and Benjamin B Sauners, *Litigation by Shareholders and Directors*:*An Empirical Study of the Statutory Derivative Action*(Research Report,Centre for Corporate Law and Securities Regulation,The University of Melbourne),31.

④ *Explanatory Memorandum to the Corporate Law Economic Reform Program Bill 1999*(*Cth*)at [6.38].

概率等。① 为了减少这种执行难度,第237(3)条规定了一个可反驳的推定(rebuttable presumption),即如果满足以下条件,就可以推定派生诉讼不符合公司最佳利益:(1)派生诉讼的对象是公司外的第三人;②(2)公司已经决定不提起诉讼;(3)作出决定的所有董事都是出于善意,为了正当目的,没有重大利益冲突,尽责勤勉和理性地认为其不起诉决定符合公司最佳利益。这实际上就是商业判断准则的适用。现实中,在特许申请失败的案件中,由于公司最佳利益问题而失败的比例高达50%,③可见该因素的重要性。

另外,针对普通法上股东大会批准效力的不确定性对于派生诉讼的影响问题,第239条明确规定,股东大会对于被诉行为的批准不能阻止股东申请法院的特许以提起诉讼,也不能阻止法院给予特许,也不必然地意味着股东提起诉讼后一定会败诉等,但是,法院在决定给予特许和正式审理案件时,会适当考虑股东大会已经批准被诉行为的事实。

与此类似,美国也没有将公司拒绝起诉作为派生诉讼的必然触发机制,而是也考虑公司的最佳利益等因素。如前所述,在美国大多数的股东派生诉讼案件中,原告股东都以"请求无益"为由规避了请求义务而直接提起派生诉讼,但是,公司董事会能够以诉讼不符合公司最佳利益为由,嗣后请求法院驳回诉讼。实践做法是,公司董事会组建一个由独立董事构成的所谓的特别诉讼委员会(special litigation committee),让其作出股东派生诉讼是否符合公司最佳利益的决定,在此期间,已经提起的派生诉讼处于中止状态。如果该委员会的最终结论是股东派生诉讼应当被驳回,提起诉讼的股东可以请求法院审查该结论的有效性;如果法院审查后接受该结论,则会驳回业已提起的派生诉讼。因此,虽然澳大利亚和美国的派生诉讼前置程序在实质内容方面非常接近,但是,从程序上看,二者并不完全一样,前者是事前的特许机制,而后者是事后的驳回机制。④

(六)诉讼费用

如前所述,诉讼费用由谁承担的问题对于股东派生诉讼的提起具有重大影响,是澳大利亚2000年引入法定的派生诉讼制度的一个主要原因。在股东派生诉讼中,在

---

① Herbert v. Redemption Investments Ltd. (2002) QSC 340 at[37]-[38].

② 根据第237(4)条,第三人是指除了公司关联人之外的人。

③ Ian M Ramsay and Benjamin B Sauners, *Litigation by Shareholders and Directors: An Empirical Study of the Statutory Derivative Action* (Research Report, Centre for Corporate Law and Securities Regulation, The University of Melbourne), 32.

④ 关于该问题的详细论述,see Hui Huang, "The Statutory Derivative Action in China: Critical Analysis and Recommendations for Reform" (2007) 4(2)*Berkeley Business Law Journal* 227-250.

原告股东费时费力地胜诉后,其诉讼利益直接归于公司,原告股东只是按照其持股比例间接受偿,获得的利益通常很少,而其他股东也能"搭便车",这种情况已经在很大程度上降低了股东提起派生诉讼的动力。另外,根据一般的诉讼规则,提起诉讼的原告通常需要承担自己的诉讼费用,而且,在包括澳大利亚在内的很多英美法系国家,原告一旦败诉,还需承担被告的诉讼费用。显然,这种规则不利于鼓励股东提起派生诉讼,因此,英美法系国家对于股东派生诉讼的费用问题进行了特别处理。

第一种处理方式是授予法院对于诉讼费用问题的自由裁量权,即法院可以根据案件具体情况要求公司承担派生诉讼的费用,毕竟公司是诉讼利益的直接承受者。除美国之外的许多英美法系国家都采用了这一方式,比如澳大利亚和加拿大等。[①] 比如,根据澳大利亚《公司法》第242条,法院可以根据不同的案件情况自由裁量诉讼费用的分担问题。这个问题主要包括两个方面:第一,原告股东与被告之间的费用分担;第二,公司对于原告股东的费用报销。对于上述问题的处理取决于案件本身,比如,案件是否理由充分,是否具有重大价值,以及是否具有投机性质等。司法实践中,法院对于费用问题非常谨慎,在很多情况下都拒绝了原告股东要求让公司承担诉讼费用的申请,[②]因此,法院的这种自由裁量权带来了太多的不确定因素,原告股东还是可能面临自己承担费用的问题,故许多学者将此归结为这些国家中股东派生诉讼不太发达的一个主要原因。[③]

另一种处理方式就是美国的胜诉酬金制(contingency fee)。在美国,一般的诉讼规则是,无论诉讼结果如何,诉讼双方承担自己的费用,但是,在派生诉讼中,根据胜诉酬金制度,原告股东与其律师达成协议,只有在胜诉或者和解为公司带来实质性收益时,律师才能获得报酬,这个报酬通常按照诉讼收益的一定比例进行计算,大概在20%~30%。[④] 因此,胜诉酬金制度实际上将诉讼的大部分风险转移到了律师,但是,由于胜诉酬金数额可观,因此,律师有很大的动力参与诉讼,现实中美国很多股东派生诉讼的真正策划人都是律师。通说认为,此制度是美国股东派生诉讼相对繁荣的

---

① Corporations Acts 2001 (Australia) s 242;Canada Business Corporations Act 1985,s 242.

② See e. g.,Ian M Ramsay and Benjamin B Sauners,*Litigation by Shareholders and Directors:An Empirical Study of the Statutory Derivative Action* (Research Report,Centre for Corporate Law and Securities Regulation,The University of Melbourne),36-38.

③ See e. g.,Pearlie Koh Ming Choo,"The Statutory Derivative Action in Singapore:A Critical and Comparative Examination" (2001) 13 *Bond Law Review* 64,89-92;Lang Thai,"How Popular are Statutory Derivative Actions in Australia? Comparisons with United States,Canada and New Zealand" (2002) *Australian Business Law Review* 118,136.

④ 关于该制度的详细论述,参见拙文:《股东派生诉讼制度研究》,载王保树教授主编:《商事法论集》第7卷,法律出版社2003年版,第405~408页。

主要原因之一。

（七）对于我国的启示

我国 2005 年修订的公司法引入了股东派生诉讼制度。根据《公司法》第 151 条，当董事、监事、高级管理人员执行公司职务时违反法律、行政法规或者公司章程的规定，给公司造成损失，而公司怠于行使诉权时，符合条件的股东能够以自己的名义为公司的利益对侵害人提起诉讼。对于我国而言，股东派生诉讼制度的建立具有独特的意义。我国目前正处于经济改革和体制转型的重要阶段，在实践中，大股东操纵董事、高级管理人员损害公司利益以及公司中小股东利益的情况时有发生，因此，迫切需要强化对公司利益和中小股东利益的保护，而股东派生诉讼制度正是解决这些问题的一个良方。

另外，我国公司法中的股东救济制度的不健全也是股东派生诉讼具有重要意义的一个主要原因。在很多英美法系国家，它们的公司法都规定了一个所谓的压迫救济（oppression remedy）。① 该救济旨在解决小股东在公司中受压迫或侵害的问题，其适用范围非常宽，救济方式也很广。压迫救济的请求权基础是股东个人权益被侵害，因此，与派生诉讼不同，压迫救济诉讼是一种直接诉讼。但是，现实中公司权益与股东个人权益经常纠缠在一起，很难区分，因此，这两类诉讼经常出现竞合的情形。比如，虽然董事对于公司事务的不当管理直接侵害的是公司利益，但也可能被视为对于小股东的压迫或侵害，从而触发压迫救济。在这种情况下，股东往往首选压迫救济，主要原因在于，第一，作为直接诉讼，其诉讼利益直接归于原告股东，而股东派生诉讼的诉讼利益归于公司，一旦败诉原告股东还可能自己承担诉讼费用；第二，从程序上看，压迫救济诉讼更容易提起，比如，它没有像股东派生诉讼中严格的股东资格限制和前置程序限制；第三，压迫救济诉讼的救济方式更多，也更为灵活。因此，有些国家的学者认为，它们的股东派生诉讼制度没有发挥实质性作用的一个重要原因就是压迫救济的存在。② 相比之下，我国公司法尚未建立起类似于国外压迫救济的股东救济

---

① See e. g. , UK Companies Act 2006 s 994；Corporations Act 2001（Australia）s 232；Canada Business Corporations Act s 241. 关于该救济方式的详细讨论，参见本章第四节。

② See e. g. , B Cheffins，"The Oppression Remedy in Corporate Law：The Canadian Experience"（1988）10 *University of Pennsylvania Journal of International Business Law* 305，333（认为压迫救济的存在在很大程度上降低了股东派生诉讼的重要性）；B Cheffins and J M Dine，"Shareholder Remedies：Lessons from Canada"（1992）12 *Company Lawyer* 89；Lang Thai，"How Popular are Statutory Derivative Actions in Australia？Comparisons with United States，Canada and New Zealand"（2002）*Australian Business Law Review* 118，136-137.

方式,[1]因此,股东派生诉讼就凸显重要性。

从数量上看,美国的派生诉讼案件在各国中是最多的。比如,仅在特拉华州,1999—2000 两年内的派生诉讼案件就有 137 件。[2]相比而言,2006 年的英国公司法规定了股东派生诉讼,从 2007 年(10 月 1 日开始)到 2017 年,共有 26 宗案件,其中 24 宗都涉及私人公司。[3]与此类似,2005 年香港引入成文化的股东派生诉讼,在其后的十年中,共有 32 宗案件,其中 30 宗都是涉及私人公司,且从资本数额和人员数量看,都是小型公司。[4]澳大利亚 2001 年引入成文化的股东派生诉讼制度,在其后的五年半时间内,案件总数 31 件。[5]当然,这其中的原因很多,既有派生诉讼制度本身的构架问题,又有其他方面的问题,包括相关配套制度的建立,以及美国的"好讼"传统等。如前文所述,诉讼资格、前置程序和诉讼费用机制等对于派生诉讼的使用率都有重大的影响,我国派生诉讼制度的有效性也将在很大程度上取决于这些要素。[6]

首先,我国对于股东诉讼资格的规定不尽合理。根据《公司法》第 150 条,有限责任公司的股东、股份有限公司连续 180 日以上单独或者合计持有公司 1% 以上股份的股东,享有派生诉讼提起权。[7] 这个限制既不利于鼓励正当诉讼,同时又不利于阻却不当诉讼。一方面,我国享有派生诉讼提起权的主体范围很窄,只限于现股东,而排除了诸如前股东等其他人。如前所述,与澳大利亚和加拿大等国相比,这个限制似有过苛之嫌。另一方面,有限责任公司的所有股东、股份有限公司的符合持股数量和时间条件的股东都享有派生诉讼提起权,而不论在董事不当行为发生之时原告是否持有股票。如前所述,这与美国的"当时股份拥有"规则形成鲜明对比。在我国,理论上而言,在发现提起派生诉讼的机会后,选择立即成为有限责任公司股东,或者购买一

---

① 当然,我国公司法也规定了一些保护小股东权益的措施,比如第 75 条的异议股东股份收买请求权等,但是,我国这方面的规定无论在适用范围还是在救济方式上都不及国外的压迫救济。

② Robert B. Thompson and Randall S. Thomas, "The Public and Private Faces of Derivative Lawsuits" (2004) 57 Vand. L. Rev. 1747, 1762.

③ John Armour, "Derivative Actions: A Framework for Decisions" (2019) 135 *Law Quarterly Review* 411.

④ Félix E. Mezzanotte, "The unconvincing rise of the statutory derivative action in Hong Kong: evidence from its first 10 years of enforcement" (2017) 17(2) *Journal of Corporate Law Studies* 469.

⑤ Ian M Ramsay & Benjamin B Sauners, "Litigation by Shareholders and Directors: An Empirical Study of the Statutory Derivative Action" (Research Report, Centre for Corporate Law and Securities Regulation, The University of Melbourne) (2006).

⑥ 关于这方面的详细讨论,参见拙文:《中国股东派生诉讼:理论分析与实践前景》,载王保树主编:《21 世纪商法论坛——实践中的公司法》,社会科学文献出版社 2008 年版,第 462~475 页。

⑦ 这个限制非常类似于日本和我国台湾地区的立法例。我国台湾地区"公司法"第 214 条规定,提起派生诉讼的原告必须为继续一年以上持有已经发行股份总数 10% 以上的股东。

定比例的股份有限公司股票并耐心等待一段时间后,就可获得提起派生诉讼权。如此法律效果显然欠妥,将会给投机诉讼大开方便之门。

另外,我国股东派生诉讼的前置程序制度存在不完善之处。新《公司法》第152条规定了原告股东在提起诉讼之前的书面请求义务,但对于通知的格式和需要披露的信息,付诸阙如。这可能会影响到股东派生诉讼制度的实施,因为通知的信息内容非常重要,直接影响到被请求的公司机关对于请求的处理。更重要的是,我国的前置程序制度对于公司机关能否阻止股东派生诉讼之提起的问题没有进行明确规定。根据《公司法》第152条第2款,只要公司拒绝提起诉讼,或者自收到请求之日起30日内未提起诉讼,或者由于情况紧急从而股东无需事先请求时,股东就可以提起派生诉讼。从文义解释上看,似乎只要公司不起诉,股东便可以进行派生诉讼,而不管公司决定不起诉的原因是什么。这有悖于股东派生诉讼保护公司利益的立法趣旨,因此需要借鉴前文讨论的相关国际经验进行改革。

最后,我国股东派生诉讼制度对于诉讼费用和利益归属问题没有做出明确的规定,这会影响到股东提起派生诉讼的动力,从而减小该制度的实际效用。在我国,民事诉讼的一般规则是,当原告胜诉时,法院会在判决书或者调解协议书中确定应由被告承担的案件受理费和其他法定诉讼费用,而原告仍然需要负担自己的律师费。这种安排对于普通诉讼也许并无不当,但对于派生诉讼中的原告股东而言,则存在风险收益上的严重不对称。因此,为了鼓励股东派生诉讼,我国需要对于派生诉讼的费用问题进行特别处理,可以考虑引入美国的胜诉酬金制度,并允许提起派生诉讼的原告在某些情况下拥有直接受偿的权利。

我在2014年对于我国股东派生诉讼制度的适用进行了一个实证研究,[①]考量我国自2006年1月1日(即2005年公司法生效之日)起到2010年12月31日之间五年内的所有的股东派生诉讼判例。研究发现,虽然我国引入股东派生诉讼制度的时间不长,但该制度已经在现实中得到了积极运用,并产生了实质性的诉讼利益。在五年的研究期间内,一共发现了60件股东派生诉讼案例,从比较法角度看这一数目相当可观;案件的年度分布比较稳定,但集中在经济发达地区;绝大多数案件发生在不超过四名股东的公司中,经常用以解决公司僵局的问题;起诉股东的持股比例都较高,证实了法经济学的理论预测;违反忠实义务是最常见的诉由,与国外经验相吻合;与美国相比,我国案件中原告股东获得重大诉讼利益的比例更高,表明尚未出现严重的滥诉问题。

需要指出,虽然相关案例不少,但针对股份有限公司的案例只有一个,而其他案

---

① 黄辉:《中国股东派生诉讼制度:实证研究及完善建议》,载《人大法律评论》2014年第1期。

例都是发生在有限责任公司的场合。鉴于派生诉讼的重要功能和我国上市公司的相关问题,当时的立法初衷以及与国外经验比照,应该说这是我国股东派生诉讼制度的一大缺憾。另外,我国的股东派生诉讼制度还存在一些模糊和空白之处,比如,被告范围、公司诉讼地位和前置程序在公司破产情况下的运用及豁免情形等问题。鉴于此,以上实证研究提出了一些建议,比如,放松对于股份有限公司中派生诉讼的原告资格限制;可以让公司承担诉讼费用;被告范围应当采取广义解释,不但包括公司控股股东,而且包括公司的交易方;公司的诉讼地位应确定为第三人,成为股东派生诉讼制度移植到我国的一个重要创新;前置程序应当允许公司以正当理由阻止诉讼,并且扩展豁免请求范围。

总体而言,股东派生诉讼案件的上诉率和改判率明显高于公司案件的整体水平,而且,在一些问题的处理上各家法院缺乏一致性,说明此类案件在我国还属于新鲜事物,加上立法上的不少模糊和空白之处,使得审判难度较高,故有必要通过立法修订或司法解释等途径就相关问题提供更多指导。2017 年 9 月 1 日实施的《公司法司法解释四》,采用了以上的一些建议,比如,第 24 条规定了公司列为第三人参加派生诉讼,第 26 条规定,诉讼请求部分或者全部得到人民法院支持的,公司应当承担股东因参加诉讼支付的合理费用。当然,何为"合理费用",还需要法院的自由裁量,也需要进一步研究。

三、直接诉讼

与前面讨论的派生诉讼不同,直接诉讼的请求权基础是股东个人利益被侵害,诉讼利益也直接归于起诉股东。但是,困难之处在于,如何辨别一项具体的利益是公司利益还是个人利益,从而判断股东是否具有提起直接诉讼的资格(standing,有时使用拉丁词"locus standi")。通常而言,澳大利亚公司法中的股东个人利益可以大致分为三类。第一类是基于公司章程的契约性质的股东个人利益。由于公司章程被视为一种公司内部的契约,因此,如果相关的章程条款被违反,则侵犯了股东的契约利益。第二类是成文法和公司章程中承认的存在股东个人权利的具体情形。这些情形数量巨大,非常混乱,难以归纳和总结出一个普遍适用的原则,还是一个尚处于发展之中的法学领域。第三类来自于澳大利亚公司法中特殊的法定条款,如果这些条款被违反,则受损的股东可以寻求禁令或赔偿金救济。下面就对上述三类情况逐一进行讨论。

(一)公司章程视为一个法定契约

从历史上看,长期以来澳大利亚公司法都规定,公司章程对于公司和股东具有约束力,就像它们都各自签署了该文件而同意遵守其中的所有条款一样。这种规定可以追溯到英国 1956 年的股份公司法,该公司法以公司章程条款替代了股份公司中原来的契约文件。根据现行的 2000 年澳大利亚《公司法》第 140 条,公司章程和公司选择适用的公司法中的可替代性法律条款(replaceable rules)在以下主体之间具有契约效力:[①](1)公司与股东之间;(2)公司与董事之间;(3)股东相互之间。需要注意,股东在依据此契约关系对于公司提起诉讼时,只能获得禁令救济,而不能获得赔偿金救济,但是,如果公司起诉股东,则没有此限制。至于董事起诉公司,是否存在上述的救济方式限制目前尚不完全清楚。另外,如果这些主体之间存在明示的契约,比如劳务契约等,那么,相关争议的解决就直接适用契约法,而无需援引上述条款。

在 1915 年的 *Hichman v. Kent or Romney Marsh Sheep-Breeders' Association* 一案中,[②]被告是一家非营利性公司,其章程第 49 条规定,公司的争议应当仲裁解决。原告是一个股东,就一项争议向法院提起诉讼。公司认为,根据章程条款,应当进行仲裁。法院认为,本案的关键在于公司章程的效力问题,即章程条款是否构成公司与股东之间的一项契约。法院对于相关判例进行了深入的探讨,最后得出三点结论。第一,公司章程构成公司与股东之间,以及股东相互之间的契约关系。第二,对于公司而言,这种契约权利只限于对方是股东的情形。因此,如果一个人不是股东,而是董事和律师等,则公司与其不存在这种基于公司章程的默示契约关系。第三,公司章程不构成公司与第三人之间的契约关系。最后,法院认为,该案中的公司章程构成原告股东与被告公司之间的契约关系,故而,相关争议应当交付仲裁。

由上可见,与判例法相比,成文法扩展了章程条款构成契约关系的范围,即除了判例法承认的公司与股东和股东之间两种情形之外,公司与董事之间也基于章程条款存在默示的契约关系。但是,需要指出,不管是在判例法还是在成文法上,章程条款都不构成股东与董事之间的默示契约关系。

(二)股东个人权利的情形

股东在公司中享有很多种权利,比如投票权,股利收益权等,但是,有些权利属于个人性质,有些则不是。[③] 遗憾的是,这里并没有一个普遍适用的判断准则,因此,需要具体情况具体处理。在 *Pender v. Lushington* 一案中,[④]因为公司的投票权与股份之间是一个屡进递减的关系,即当股份超过特定比例时,其投票权需要打折,股份越大,打折越多,因此,原告股东将自己的股份进行细化,分给不同的关联人,从而增加自己的投票权。公司反对这种做法,拒绝在股东大会上计算原告股东的关联人的投

---

① 关于澳大利亚公司法中可替代条款的论述,参见第二编第二章第一节。

② (1915) 1 Ch 881 Chancery Division.

③ 在大陆法系,学者们通常将股东权利分为自益权和共益权,但是,这两种权利之间的界限也是相当模糊。

④ (1877) 6 Ch D 70.

票。法院认为,原告股东的投票权是其个人权利,他可以进行处分。股东个人权利的例子还有很多,比如,《公司法》第249D条和第249F条规定的股东可以召集股东大会和要求董事召集股东大会的权利,以及普通法上的股东得到股东大会会议通知和相关信息的权利。总言之,股东的个人权利难以准确定义,只能大致列举。

现实中,股东能否对于董事权力的行使提起直接诉讼,是一个非常重要的问题。在澳大利亚,股东针对董事的诉讼主要具有三种类型。第一种是为了保护公司利益而提起的派生诉讼。第二种是根据《公司法》第175条或普通法而提起的关于纠正股权登记问题的诉讼。第三种是在董事违反信义义务而损害股东的个人利益时提起的直接诉讼。前文已经详细讨论了派生诉讼,故此不赘。对于第二种纠正股权登记的诉讼,《公司法》第175条规定,受损的股东有权要求董事建立和保存一个正确的股权登记。在 Grant v. John Grant & Sons Pty Ltd. 一案中,[1]法院认为,股东要求纠正股权登记的权利是股东的个人权利,因此,股东可以提起个人诉讼。

与前两类相比,第三类诉讼涉及董事义务,法院对于允许股东提起个人诉讼的理由通常很简略,即认为董事的权力行使侵害了股东个人利益,而没有进一步解释为什么侵害的利益是股东个人利益而非公司利益。[2] 笔者认为,法院之所以没有这样做的原因,也许是根本就无法清楚地解释个人利益与公司利益之间的区别。现实中,由于股东个人诉权存在上述问题,股东通常都是倾向于提起上述第一类和第二类诉讼:当董事权力的行使与股权分配有关,股东就根据第175条提起诉讼;如果董事行为构成"欺诈小股东"的情形,则提起派生诉讼。

在 Residues Treatment and Trading Co. Ltd. v. Southern Resources Ltd. 一案中,[3]原告是一家公司的小股东,认为董事发行新的股票是滥用权力,因为其新股发行的目的是为了挫败一个敌意收购,从而让公司控制权保留在现有的大股东手中。法院认为,董事为了不正当目的而发行股票确实违反了信义义务,但是,董事是向公司承担义务,因此,通常而言,公司是追究董事违反义务行为的责任的适格原告。只有当公司怠于行使该诉权时,符合条件的股东才可以提起派生诉讼。但是,上述规则存在一些例外。其中一个例外就是,如果董事违反义务的行为侵害了股东的个人权利,则股东可以提起个人诉讼。此时,股东大会对于董事义务违反行为的批准没有任何效力,因为这里侵害的利益是股东的个人利益,而非公司利益。在本案中,新股发行会直接影响某些股东的投票权,稀释他们的股份,从而侵害他们的个人权利。因此,

---

[1]　(1950) 82 CLR 1.

[2]　See e. g. , Harlowe's Nominees v. Woodside (Lakes Entrance) Oil Co. (1968) 121 CLR 483.

[3]　(1988) 51 SASR 177 Supreme Court of South Australia (Full Court).

最终法院判决原告股东具有起诉资格。

（三）违反成文公司法中特殊的条款而产生的禁令救济

根据《公司法》第 1324(1) 条，法院可以对于违反公司法的人施以禁令，阻止该人从事违反公司法的行为。法院还可以给予赔偿金救济，要么作为禁令救济的补充，与禁令救济一同使用，要么作为禁令救济的替代。禁令救济的申请人很广泛，包括澳大利亚证监会和"任何的权利受到侵害的人"。后者通常包括股东和债权人。[①]

这里一个重要的问题是禁令救济的诉讼对象。从文义上看，被告可以是任何违反公司法的人，包括大股东和第三人等。但是，股东能否对于董事违反义务的行为提起该种诉讼？多数学者认为，股东可以这么做。如前所述，公司法第 2D.1 部分将判例法上的董事义务成文化，[②]因此，如果董事违反义务，就违反了公司法的此部分，从而股东就可以寻求禁令救济。但是，至于根据第 1324 条提起的禁令诉讼是派生诉讼还是直接诉讼，尚不清楚；另外，该条款与 *Foss v. Harbottle* 规则之间的关系也存在争议。的确，如果股东针对董事义务违反行为的禁令诉讼可以采取直接诉讼的方式，那么，*Foss v. Harbottle* 规则对于股东诉讼资格的限制实际上就被规避了。

澳大利亚的法院在此问题上意见不一致。有的法院采取比较宽泛的态度，允许股东这么做，[③]但是，有些法院则比较严格，比如，在 *Mesenberg v. Cord Industrial Recruiters*（*Nos 1 & 2*）一案中，[④]法院认为，上述的董事义务条款都是民事惩罚条款，只有证监会才有权执行这些条款，因此，股东没有诉讼资格。该法院进一步认为，让股东规避 *Foss v. Harbottle* 规则而直接对于董事行为提起禁令诉讼是不当的，然后论述了很多理由，比如，公司拥有更多的信息等资源，从而公司起诉会更加有利等。实际上，该法院就是把 *Foss v. Harbottle* 规则的好处重述了一遍，认为该规则具有合理性，不应被轻易地规避掉。这种严格的司法态度遭到了很多人的批评，认为这显然与第 1324 条的允许"任何的权利受到侵害的人"起诉的文义解释相悖。另外，上述适用是否局限于公司法第 2D.1 部分中的董事义务条款，还是扩展到公司法中所有的民事惩罚条款，尚不清楚。对于此问题，很多学者认为，主张民事惩罚条款的执行完全依赖于证监会的观点是不当的，因为这完全忽略了股东等主体的私人执行机制的作用。如果这些批评之声被采纳，即股东可以根据第 1324 条提起直接诉讼，那么，股东个人的救济途径就大为加强，因为这种直接诉讼是针对股东的个人权利，从而不会受制于前文所述的法定派生诉讼规则。

---

① See e. g. , Allen v. Atalay (1993) 11 ACSR 753.

② 参见第三编第三章。

③ See e. g. , Broken Hill Proprietary Co. Ltd. v. Bell Resources Ltd. (1984) 8 ACLR 609.

④ (1996) 12 ACSR 483.

第四节　特殊的法定救济

一、概述

　　本节将探讨澳大利亚公司法中的两个法定的股东救济途径。前面几节阐述了普通法上的一些股东救济方式,它们在一定程度上可以保护小股东利益,但是,存在重大的不足之处。一方面,是不确定性问题。比如,普通法上的股东派生诉讼制度在股东起诉资格和诉讼程序等方面非常不确定,这也正是澳大利亚将其法定化的原因。然而,由于该制度的内在本质,尽管在法定化后该制度的不确定性程度有所降低,但仍然存在。另一方面,是救济性质问题。前面谈到的各种救济都是针对某件具体的、孤立的行为或交易,而不是一段时期内的总体的行为模式。由于审视问题的角度是静态和孤立的,这导致相应的救济方式也呈现类似缺陷。具言之,救济都是局限于某件具体行为,比如,针对具体行为的禁令,返还特定财产和进行金钱赔偿等。固然,这些救济都很重要,但是,它们并不能很好地解决某些重大纠纷。有些公司问题可能积重难返,已不是"头痛医头,脚痛医脚"之类的几次孤立的针对具体行为的救济可以解决的,而是需要"重症下猛药",进行一些更为全面和彻底的根本性的救济。

　　职是之故,澳大利亚公司法提供了两个法定救济,以弥补普通法救济的不足之处。这两个救济就是强制公司清算救济(compulsory liquidation remedies)和压迫行为救济(remedies for oppression),它们都是直接赋予股东个人的,在股东起诉资格方面非常清楚和明确。强制公司清算救济就是在某些情况下允许不满的股东向法院请求强制解散公司,从而撤回自己的投资。由于解散公司是一项极其严厉的措施,因此,一般是在问题非常严重而无法挽救时,作为最后的救济手段而使用。相比之下,压迫行为救济更为灵活,法院能够采用的救济方式也更多。顾名思义,该救济的适用场合是公司行为对于某个股东或股东全体具有压迫性,导致不公平的损害或具有不公平的歧视性。需要指出,这两大救济途径在适用场合和救济方式上存在着一些交叉之处,因此,实践中律师需要根据案件的具体情况选择适用一个最为有利的救济方式。下文先讨论强制公司清算救济,然后讨论压迫行为救济,最后进行一个比较和总结。

二、强制公司清算救济

（一）适用场合

　　根据第461条,该救济在以下情形中适用:(1)公司已经通过特别决议决定由法院处理公司清算问题;(2)公司在成立后一年内没有营业,或者在超过一年的时间内中止营业；(3)公司没有股东；(4)董事在执行公司事务时是为了谋取自我利益而不是服务于股东的整体利益，或者以任何其他的对于其他股东而言不公平的方式执行公司事务；(5)公司的事务处理对于某个股东或全体股东具有压迫性，导致不公平的损害或具有不公平的歧视性；(6)公司作出的或者代表公司作出的行为或遗漏，或者某类股东提出的决议或议案，对于某个股东或全体股东具有压迫性，导致不公平的损害或具有不公平的歧视性；(7)澳大利亚证监会(Australian Securities and Investments Commission)依法认定，公司无法清偿其债务从而应当被清算，或者出于公共利益、股东利益或债权人利益的考虑，公司应当被清算；(8)澳大利亚审慎监管局(Australian Prudential Regulation Authority)认定，出于公共利益、股东利益或债权人利益的考虑，公司应当被清算；(9)法院认为，公司清算是公平和公正的。[1]

由上可见，强制公司清算救济的适用场合很多，可以向法院申请该救济的主体也相应很多，包括股东、债权人和监管机关等。但是，现实中其主要的适用场合只有三个。第一，董事在执行公司事务时追求自我利益。一般而言，只要大多数的董事如此行为就可达到此标准，而无需证明所有董事都追求自我利益。第二，公司事务的处理对于股东具有压迫性。这个标准与后文将要谈到的压迫行为救济基本上是一样的。第三，公司清算符合公平和公正原则。由于该标准比较宽泛和复杂，下文将进行重点讨论。

(二) 公司清算公平和公正的请求权基础

公司清算公平和公正的请求权基础可以追溯到 1848 年的英国法。起初，在适用该请求权基础时，为了提高可操作性和确定性，通常将其局限于一些特定情形。1973 年，英国上议院在 *Ebrahimi v. Westbourne Galleries Ltd.* 一案中，摒弃了这种局限性的做法，认为虽然可以用一些特定情形来阐明该请求权基础，但不应将其局限在那些特定情形中，公平和公正等用词应当保留其固有的宽泛的涵义。[2] 从起源上看，该请求权基础实际上来自于合伙法。实践中，该请求权基础也是主要适用于具有准合伙性质的公司。

现实中，该请求权基础主要有以下的几类适用情形。第一，公司出现僵局 (deadlock)，以至于无法进行正常经营。比如，股东之间出现严重分歧，双方势均力敌，无法通过公司协议，也无法达成和解。[3] 第二，公司的经营和存续具有欺诈和重大不当行为的问题。[4] 第三，公司事务的处理不当导致股东有理由对公司失去信心。比

---

[1] 关于澳大利亚证监会和审慎监管局的职责以及相互关系，参见第一编第二章第三节。

[2] (1973) AC 360 at 374-375.

[3] See e.g., *McMillan v. Toledo Enterprises Int Pty Ltd.* (1995) 18 ACSR 603.

[4] See e.g., *Re Neath Harbour Smelting & Rolling Works* (1886) 2 TLR 336.

如,公司管理层拒绝制作年度财务报告并将其送达股东等。[①] 需要指出,这个信心丧失标准是一个客观标准,法院需要判定一个合理的人在类似情况下是否会失去信心。当然,在此情形中,通常会涉及董事违反诚信义务或控股股东违反有关程序规则等问题,但是,申请强制公司清算救济的好处在于,法院在进行审查时不是局限于某些孤立的具体行为,而是会全面考察一段时期内的公司总体行为方式。换言之,虽然某个具体行为本身并不是特别严重,但是,由于该种行为一直重复发生,使得股东对公司失去信心,因此,法院也会给予强制公司清算救济,这样,原本可能难以获得普通法上关于董事义务等救济的情形就可以得到法定救济。第四,在具有准合伙性质(quasi-partnership)的公司中,股东之间丧失了相互信任和信心。这实际上反映了合伙法和公司法之间的历史发展渊源,为合伙法和公司法提供了一个交流桥梁。在合伙法中,合伙人是基于相互之间的信任和信心才共同创业,一旦这种相互的信任和信心不复存在,合伙企业就应当解散。这一原则在具有准合伙性质的公司中得到类推适用,但关键问题是如何判定一家公司是否具有准合伙性质。现实中,法院会考察所有相关的因素,主要包括公司的规模,股东之间的个人关系和信任程度,以及股东转让股份的限制等。[②]

最后一个主要的适用情形是,公司放弃了原来的主营业务,或者从事公司当初设立时经营目的之外的行为。由于公司经营行为是公司存续的基础,因此,这种重大改变公司经营行为的问题又称为"公司基础的崩溃"(failure of substratum)。

*Re Tivoli Freeholds Ltd.*一案重点阐述了上述"公司基础崩溃"的情形。[③] 在该案中,Tivoli Freeholds Ltd. 是一家在墨尔本经营电影院的公司(以下简称 Tivoli)。在其经营的剧院毁于火灾后,公司就卖掉了剧院而不再经营剧院业务。公司在股东会上通过决议,决定将其多余的资金借贷给大股东。该大股东控制了公司的大多数资本,这些借贷资金用于帮助大股东进行公司收购行为。按照人数计算,大约93%的Tivoli 股东反对该项交易,但这些股东总计持有公司 42%的股权。大约三年之后,其中的一个小股东向法院起诉,以"公司基础崩溃"为由申请强制清算公司救济。

法院认为,第一,"公司基础崩溃"的请求权基础非常宽泛,因此,法院具有很大的司法自由裁量权。至于公司基础是否崩溃,基本上是一个事实问题,需要全面考量所有相关的因素。第二,在判例法上,如果公司从事的行为已经完全游离于股东当初进

---

① See e. g., *Loch v. John Blackwood Ltd*. (1924) AC 783.

② See e. g., *Re Caratti Holdings Ltd*. (1975) 1 ACLR 87, affirmed sub nom *Caratti Holding Co. Pty Ltd*. *v. Zampatti* (1979) 52 ALJR 732; *Re City Meat Co. Pty Ltd*. (1983) 8 ACLR 673; *Re Dalkeith Investments Pty Ltd*. (1985) 3 ACLC 74.

③ (1972) VR 445 Supreme Court of Victoria.

入公司之时的共同意图之外,那么,强制清算公司就是公平和公正的。当然,确定全体股东的"共同意图"(common understanding)是一个很困难的工作。通常而言,在准合伙性质的小型私人公司中,业务比较单一,因此,比较容易确定全体股东的"共同意图",但是,这并不意味着该请求权基础就局限于准合伙性质的公司,而是适用于所有公司。显然,在从事综合业务的大型公众公司中(尤其是上市公司中),股东人数众多,变动频繁,人合性不强,大家可能彼此根本都不相识,从而很难确定"共同意图",加之公司业务宽泛,因此,所谓的股东"共同意图"很可能是无所不包,公司从事任何行为可能都属于"共同意图"的范围之内,从而几乎无法适用"公司基础崩溃"的情形。第三,在确定股东的"共同意图"时,法院需要审查所有相关因素,但是,最重要的一个信息来源就是公司章程。其他的相关因素包括公司发行股票时的招股说明书,以及公司长期以来的行为模式等。但是,这些因素的适用场合和证明效力尚不完全清楚,一般而言,它们都是作为辅助性的证据。第四,需要指出,在确定股东"共同意图"时适用的判断标准不同于在确定公司行为是否越权时(ultra vires)的判断标准。从表面上看,这两个判断存在类似之处,因为它们都是确定公司的营业性质和范围,但是,它们具有重大的本质差异:前者是一个公司与股东之间的衡平问题,而后者是一个公司与交易第三人之间的法律问题。最终,法院判定,Tivoli 从事的交易违反了股东当初的"共同意图",因为该公司的主营业务是电影院,而且,三年以来,公司的资金一直完全用于与此主营业务毫不相干的借贷行为,从而"公司基础崩溃"成立,强制清算公司是公平和公正的。

三、压迫行为救济

(一)历史发展

与上文讨论的公司强制清算救济相比,压迫行为救济的历史要短得多。直到 1947 年,英国和澳大利亚才相继引入这个特殊的法定救济,适用于公司的事务处理对于股东具有压迫性的情形。根据该救济,法院可以发布很多种类的命令,包括强令公司解散等,以终止公司的压迫性行为。

从历史上看,最初该救济的适用范围比较局限,以后不断扩张,直至今日已经发展成为一个非常灵活而有效的股东救济途径。英国第一个成功适用该救济的判例是 1959 年的 *Scottish Co-op Wholesale Society v. Meyer* 一案。[①] 在该案中,英国上议院对于"压迫性"(oppression)的法律解释相当狭隘,认为"压迫性"是指"繁重、苛酷和错误"(burdensome, harsh and wrongful),而且,相关行为必须是针对原告人的股东身

---

① (1959) AC 324.

份,即原告是作为股东的角色而受到压迫,最后,该行为必须是在一段时期内持续或重复发生,而不仅仅是孤立的个别行为。随后的法院在适用这些限制性条件时比较生硬,导致股东很难获得该救济,从而该救济的现实意义也相应不强。鉴于此,法院开始对于"压迫性"一词进行比较自由的解释。比如,在前面谈到的 *Re Tivoli Freeholds Ltd.* 一案中,澳大利亚的维多利亚州最高法院认为,在判断公司的事务处理是否对于某些股东构成压迫性时,法院需要考量所有相关的因素,"压迫性"一词并没有一个普遍适用的定义,而需要具体情况具体分析。

(二)构成要素

澳大利亚现行的压迫行为救济规定在其《公司法》的第 2F.1 部分。根据第 234 条,具有申请资格的人的范围很广,包括(1)所有股东(无论是大股东还是小股东),而且,即使公司行为不是针对原告的股东身份,该股东也可以申请;(2)前股东,这样,如果一个人的股东身份被公司不当剥夺,那么,此人仍然可以申请压迫行为救济;(3)澳大利亚证监会在调查公司事务后认为应当有资格申请的其他人,比如,公司债权人等。

根据第 232 条,该救济的请求权基础包括:(1)公司作出的或者代表公司作出的行为或遗漏,或者某类股东提出的决议或议案,违背了股东的整体利益;(2)公司作出的或者代表公司作出的行为或遗漏,或者某类股东提出的决议或议案,对于某些股东具有压迫性,导致不公平的损害,或具有不公平的歧视性,而无论上述公司行为是否针对该人的股东身份。相比可以发现,这些适用标准也存在于前文谈到的公司强制清算救济中。就这两个标准而言,第一个标准的适用性相对狭小一些,通常它只适用于董事以股东利益为代价而追求自我利益的情形,而不适用于大股东侵害小股东利益的情形或董事偏好大股东而歧视小股东的情形。因此,现实中,关于压迫行为救济的大多数案件都是基于第二个适用标准。在第二个标准中,实际上存在三个子标准,即压迫性(oppressive);导致不公平的损害(unfairly prejudicial);具有不公平的歧视性(unfairly discriminatory)。前文述及,传统判例法对于"压迫性"一词的解释过于局限,导致压迫行为救济难以适用,因此,澳大利亚公司法增加了其他两个子标准。"不公平损害"标准可以追溯到 1962 年英国的一个公司法改革,该改革认为,"压迫性"一词过于强烈,不太适合作为压迫行为救济的唯一标准,因此,该改革建议增加一个"不公平损害"的标准。[①]"不公平歧视"标准则是来源于 1973 年新西兰的一个公司法改

---

① Report of the Company Law Committee (Cmnd 1749, 1962), para 212(c). 英国 1962 年改革的一个结果是,在称谓上摒弃传统的"压迫行为救济"(oppression remedy)一词,转而采用"不公平损害救济"(unfair prejudice remedy),当时作为英国殖民地的香港也接受了这一做法,并保留至今;但在澳大利亚和加拿大等英联邦法域,仍然使用"压迫行为救济"。

革。① 这两个新增的标准大大拓宽了压迫行为救济的适用场合,同时也反映了澳大利亚公司法兼收并蓄其他英美法系国家立法经验的一贯特征。

现实中,压迫行为救济的适用场合主要有以下几类。第一,董事盗用公司机会。当然,股东也可以通过董事义务规则处理该问题。第二,董事侵占或不当使用公司财产。同样,董事也违反了其避免利益冲突的诚信义务,股东可以选择通过董事义务规则进行处理。第三,公司发行新股票,以实现稀释某些股东的持股比例和投票权的不当目的。在此,董事也违反了其善意行使权力的诚信义务。第四,公司怠于提起针对董事不当行为的诉讼。显然,股东可以提起派生诉讼,以作为压迫行为救济的替代方案。第五,公司拒绝向股东支付股利,而董事或大股东通过薪酬等方式将公司利润据为己有。需要指出,公司拒绝支付股利本身并不必然构成"压迫行为",因为董事对于是否派发股利具有自由裁量权,可以根据公司的具体情况作出不同决策。但是,如果董事不派发股利的目的是出于自我利益,即将公司利润转移给自己,而不是派发给股东,则构成压迫行为。第六,某些股东参与公司经营的权利被不当剥夺。股东都有参与公司管理的某些权利,如果这些权利被不当剥夺,则构成压迫行为。

相关判例法为上述的适用标准和场合提供了进一步的厘清和指导。在澳大利亚联邦最高法院审理的 *Wayde v. New South Wales Rugby League Ltd.* 一案中,②被告公司是一家经营悉尼地区橄榄球联赛的公司,其主要目标是培育和经营该地区的橄榄球市场,公司的章程授权董事会可以自由决定哪些球队能够参加其主办的橄榄球联赛。在 1984 年,该公司改革赛制,将参加联赛的球队从 13 支减为 12 支,被删减出去的那个俱乐部向法院起诉寻求压迫行为救济。法院首先认为,公司是基于善意作出相关决定的,公司权衡考虑了各种相关因素,比如,整个橄榄球联赛市场的发展,改革对于具体球队的影响等。虽然公司的决定客观上对于被删减的球队具有负面影响,但却有利于整个联赛。其次,除了决策人的主观状态之外,更重要的是考量决策的客观效果。法院认为,尽管公司的决定损害了被删减球队的利益,但这种损害不是"不公平的"。换言之,为了获得压迫行为救济,仅仅存在损害是不够的,而是需要"不公平"的损害,因为理论上任何一支被不幸选中而删除出去的球队都会遭受损害。再次,法院认为,损害的公平性与否是一个事实问题和程度问题,判断不是孤立的,不能只从一方的角度出发,而需要全面考虑所有相关因素,需要考量各种利益冲突的衡平问题。而且,其标准是一个客观标准,即一个理性的董事在类似情形下是否会作出同

---

① Final Report of the Special Committee to Review the Companies Act (Macarthur Committee) (1973), para 364, adopted in Companies Act 1955 (NZ), s 209.

② (1985) 59 ALJR 798 High Court of Australia.

样的决策。最后,法院判决,由于公司作出的决定是出于善意,符合相关程序和权限范围,没有造成"不公平"的损害,故而不构成压迫行为。

另外,在 *Re G Jeffrey*(*Mens Store*)*Pty Ltd*. 一案中,[①]G Jeffery 是两家公司的创始人,在他死后,每家公司的股权都按照以下比例分给其他家庭成员,30％给儿子 Richard,30％给儿子 Anthony,20％给遗孀,剩下的 20％给两个女儿。Richard,Anthony 和他们的母亲成为每家公司的董事,Richard 和 Anthony 分别是两家公司的总经理。后来,Anthony 执掌的公司效益不佳,因此,经营权就转到 Richard 手中。另外,Richard 还从其妹妹处购买了股权,使得其在两家公司的股份都达到 40％。他母亲不懂公司经营,在公司开会和决策时,总是听从和支持 Richard,从而 Richard 拥有两家公司的实际控制权。Richard 经营有方,两家公司都很成功,但是,Richard 日渐专横,将两家公司视为己物。Anthony 开始不满 Richard 的专横作风和自己不能参与公司经营的困境。Anthony 想要公司派发更多的股利,但是,Richard 执行保守的财务政策,拒绝发放高额股利,认为公司需要积累更多的资本金。Anthony 向法院起诉,同时寻求强制公司清算救济和压迫行为救济。法院认为,"不公平损害"和"不公平歧视"的范围比"压迫性"宽泛,而且,相关行为不需要针对原告的股东身份。换言之,压迫行为救济的范围已经大为扩展。但是,法院认为,Richard 是出于善意,是为了公司的最佳利益而作出相关决策的,因此,Anthony 并没有遭受"不公平"的损害。最终,法院驳回了 Anthony 的诉讼请求。

(三)救济方式

根据第 233 条,法院在压迫行为救济中能够发布的命令种类非常宽泛。比如,法院可以命令强制公司清算,这实际上是与强制公司清算救济的重合;法院可以让股东提起派生诉讼,这为股东派生诉讼提供了一个替代性的启动机制;[②]法院可以发布禁令进行救济,从而成为第 1324 条下的一般性禁令救济的一个替代选择;法院还可以指定公司的托管人或者经理。在 *Re Spargos Mining NL* 一案中,[③]法院就为公司指定了一个董事会,然后让这个具有独立性的董事会去调查公司以前的不当行为,并妥善地管理公司。

另外,在压迫行为救济中,法院还可以命令公司或其他股东以一个公平价格购买起诉股东的股份,从而让起诉的股东退出公司。这个救济在美国被称为"估价救济"(appraisal remedy),国内学者通常称之为"异议股东股份收买请求权"。现实中,此救

---

① (1984) 9 ACLR 193 Supreme Court of Victoria.
② 关于股东派生诉讼提起的一般机制,参见本章第三节。
③ (1990) 3 ACSR 1 Supreme Court of Western Australia.

济方式非常有效,使用率最高。但是,该救济的困难之处是如何确定购买价格的公平性。对于小型的私人公司而言,由于没有一个流动的股权市场,因此,其股权的价格从本质上就难以确定,另外,被诉的相关行为通常已经影响到起诉股东的股权价值,使得对于起诉股东的股份的价值评估难上加难。司法实践中,法院根据具体情况运用多种不同的评估方案。比如,在前文提到的 *Scottish Co-op Society Ltd. v. Meyer* 一案中,①购买价格是起诉股东的股份在没有压迫行为的情况下在起诉之时可能具有的价值。在 *Bright Pine Mills Pty Ltd.* 一案中,②被诉的压迫行为是董事将公司机会不当地转移给自己的合伙企业,因此,在确定起诉股东的股权价值时,就将董事自己的合伙企业视为公司的一个全资子公司,然后计算该合伙企业在获得公司商业机会后给母公司带来的收益,最后按照比例计算起诉股东的股权价值。在另外一个案件中,③一家私人公司的董事付给自己的薪酬过高,因此,在确定公司股权价格时,首先将董事薪酬调整到一个合理的数额,然后,在此基础上计算相关股利并将其资本化,最后,按照比例计算起诉股东的股份价格。

四、小结:实证分析

公司强制清算救济和压迫行为救济是澳大利亚公司法中两个重要的法定救济途径,补充了普通法中各种救济方式的不足。这里有几点需要指出。第一,从上文讨论中可见,这两个法定救济与其他救济之间存在一定程度的交叉,比如,股东派生诉讼和法院禁令等既可以通过其他专门的救济途径提起,也可以在这两个法定救济下提起。第二,这两个救济之间也存在重合之处。比如,强制公司清算命令在两个救济方式下都可以获得。有时,在寻求强制公司清算命令时,原告股东会选择同时适用两个救济,以增加胜诉概率。第三,总体而言,与公司强制清算救济相比,压迫行为救济的范围更广,使用率也高得多。首先,从起诉对象上看,公司强制清算救济的对象显然只能是公司,而压迫行为救济的对象既可以是公司,比如申请强制清算公司,也可以是董事或大股东,比如申请股份收买请求权,股东派生诉讼或禁令等。其次,司法实践中,由于强制公司清算救济的严厉性,法院对于该救济的适用非常谨慎,真正获得此救济的案件比例很小。根据第 467 条,如果法院认为股东应当寻求其他的更为适当的救济方式,比如股东派生诉讼或压迫行为救济等,法院就不会给予强制公司清算救济。由于压迫行为救济更为灵活,因此,其适用性更好。

---

① (1959)AC 324.

② (1969) VR 1002.

③ Sandford v. Sandford Courier Service Pty Ltd. (1986) 10 ACLR 549 and Sandford v. Sandford Courier Service Pty Ltd. (No 2) (1987) 11 ACLR 373.

根据有关实证研究,[①]虽然压迫行为救济在理论上适用于所有的公司,但现实中,大概四分之三的案件都是涉及小型的私人公司。这个现象主要存在两个原因。第一,在小型的私人公司中,由于没有流动的股权市场,遭受压迫的小股东无法方便地"用脚投票";第二,在这种公司中,通常股东也参与公司经营,具有股东和雇员的双重身份,因此,在遭受压迫行为时,损失的不仅仅是投资,而且还有工作机会。这样,即使能够"用脚投票",也不能真正地解决问题。另外,实证研究还有其他几个很有意思的发现。第一,在澳大利亚的几个州中,新南威尔士州最高法院审理的压迫行为救济案件最多。这可能与该州的人口最多、经济最发达有关。第二,在大概41%的案件中,被诉的压迫行为都是小股东被剥夺参与公司管理的权利。第三,在大概41%的案件中,被诉的压迫行为都至少持续12个月左右。第四,在起诉股东申请的救济命令中,最多的是要求强制公司清算,但是,在法院实际上给予的命令中,最多的是让公司或其他股东购买起诉股东的股权。在申请公司强制清算救济的案件中,最终成功获得该救济的比例只有15%左右。

另外,作为股东救济一章的最后一节,有必要在此总结一下澳大利亚公司法中的股东救济方式。概言之,在股东遭受公司的不当行为后,首先,最简单的救济办法就是"用脚投票",即通过卖出股份退出公司。如果此项办法不可行或者不能有效解决问题,第二个办法就是,通过自己的投票权或联合其他股东的投票权,运用公司的投票机制等在公司内部解决问题。如果此办法仍不奏效,那么,就只有诉诸法院了。根据起诉对象的不同,诉讼方式和救济种类也不同。为方便起见,表2作一简要概括。

表 2

股东起诉董事	股东起诉公司	股东起诉股东
1. 直接诉讼:通常情况下公司是起诉董事义务违反行为的原告,因为董事只对公司承担信义义务。但是:(1)在某些情况下,董事对于股东个人承担义务,比如 Coleman v. Myers 案;(2)另外,董事违反义务行为可能侵害股东的个人权利,比如 Residues Treatment and Trading Co. Ltd. 案。	1. 直接诉讼:(1)根据第140条,公司与股东之间具有默示的法定契约关系;(2)特殊的法定条款	1. 直接诉讼:(1)根据第140条,股东与股东之间具有默示的法定契约关系;(2)特殊的法定条款,比如第246D条关于改变股票权利的相关规定

[①] Ian M Ramsay, "An Empirical Study of the Use of the Oppression Remedy" (1999) 27 *Australian Business Law Review* 23.

续表

股东起诉董事	股东起诉公司	股东起诉股东
2. 第1324条的禁令救济	2.第1324条的禁令救济	2.第1324条的禁令救济
3. 股东派生诉讼：(1)根据第2F.1A节的法定股东派生诉讼程序提起；(2)或通过第2F.1节的压迫行为救济程序提起	3. 第2F.1节的压迫行为救济	3. 第2F.1节的压迫行为救济
	4. 第461条的强制公司清算救济	4.资本多数决规则的衡平法限制：比如 *Gambotto v.WCP Ltd.* 一案

第四编 公司集团

第一章 公司集团及其法理基础

第一节 概 述

行文至此,本书基本上已经完成了对于公司法各个问题的讨论,但是,在讨论中,公司似乎被视为一个个孤立的实体,就像物理世界中的原子一样。对于小型商业而言,它们可能比较接近这种原子式的状况,然而,对于大型商业而言,公司集团(corporate group)则是主要的组织形式。在 1998 年,一项对于澳大利亚前 500 名上市公司的实证研究发现,[①]第一,89%的公司控制着其他公司。第二,公司的市场筹资额越大,该公司控制的公司就越多。市场筹资额位列前 25%的公司平均每家控制 72家公司,而市场筹资额位列后 25%的公司平均每家控制 9 家公司,平均而言,这 500家公司每家控制 28 家公司。第三,在这些被控制公司中,90%都是全资子公司,而且,在剩余 10%的被控制公司中,9%的公司的控股比例在 50%以上,只有 1%的公司的控股比例在 50%以下。第四,公司集团中垂直控股的层级在一个到九个之间,平均而言,控股链长度为三到四级。

在英美法系中,公司集团的成立通常有以下几个主要原因。第一,公司股权收购行为的结果。与资产收购相比,股权收购在很多方面具有优势,比如,税收,以及有效利用被收购公司的品牌、客户关系和市场等。在股权收购之后,收购方获得被收购方的控股权,从而形成公司集团。第二,提升商业组织的运营效率,减少商业风险。大型的商业通常需要分散投资和经营,通过集团形式可以让不同的公司从事不同的业务。第三,减少法律风险。在公司集团中,各组成公司相互独立,如果一家公司出现环境或产品方面的法律责任,此责任通常只限于该公司,而不会殃及其他公司,从而具有法律责任防火墙的好处。第四,公司集团的出现有时是出于项目融资的需要。在项目融资中,出借方为了降低借贷风险,通常会要求借入方设立一家独立的子公司

---

① Companies and Securities Advisory Committee, *Corporate Groups: Discussion Paper* (1998); I Ramsay and G Stapledon, *Corporate Groups in Australia* (Research Report, Centre for Corporate Law and Securities Regulation, University of Melbourne, 1998).

而从事某个项目,从而保证自己对于该子公司的财产具有第一次序的抵押权。第五,在非全资控股的情形中,公司集团形式是一种有效的资本运作模式。一方面,对于一家需要吸纳新资本的公司而言,它可以出让部分股权,在获得资本的同时又不失去控股权。另一方面,对于投资方而言,它可以获得被投资方的控股权,但又不需要购买所有的股份,从而降低控股成本。最后,在有些情况下,公司集团的形成是由于法律监管的要求,比如,法律规定某些行业必须设立独立的子公司开展经营,另外,对于跨国公司而言,有时经营地所在国的法律要求设立子公司后才能在当地营业。

本编作为本书的最后一编,从行文逻辑和篇章结构上而言非常合适。前面章节已经系统地讨论了各个公司法问题,包括公司的存续,公司的决策机制,公司法人格和公司治理等。当然,这些问题的讨论都是在一家公司作为孤立实体的背景下进行的,现在本编将这些讨论扩展到公司集团中,并进行相应比较。首先将主要讨论公司集团的概念和法人格等问题。比如,如何从法律上界定公司集团?如果一个集团中的一家公司破产,该家公司的债权人是否可以向其他的集团组成公司请求偿债?然后,重点讨论公司集团中董事义务等治理问题。比如,集团各组成公司中的董事是应当服务于该特定公司的利益,还是整个集团的利益?在二者出现矛盾时,孰先孰后?

第二节　公司集团的定义

虽然"公司集团"一词在理论文献和实务操作中广泛使用,但是,它并没有一个清晰的法律定义。在 *Walker v. Wimborne* 一案中,澳大利亚联邦最高法院将"公司集团"描述为"一组通过共同持股或交叉持股等途径而联系在一起的具有控股关系的公司的总体"。[①] 但是,澳大利亚的《公司法》并没有专门对于公司集团进行定义,因此,现实中,公司集团是一个非常模糊的概念,几乎可以涵括所有的使用公司组合形式的各种商业组织。

需要指出,虽然澳大利亚《公司法》没有为公司集团提供一个明确和统一的定义,但是,它规定了两个不同的具有公司集团性质的法律概念。一个是《公司法》第 1.2 部分规定的"母子公司及关联公司"(holding, subsidiary and related companies)的概念;另一个是以第 50AA 条为代表的"被控制实体"(controlled entities)的概念。下文就对这两个概念分别论述,并进行比较。

①　(1976) 137 CLR 1, 6.

一、母子公司及关联公司

公司法第 1.2 部分第 6 节定义了母公司、子公司和关联公司等法律概念。根据第 46 条,一家公司是另一家公司的子公司,如果后者(1)控制了前者的董事会人员组成;或(2)在前者的股东大会中能够行使或者控制了超过半数的投票权;或(3)持有前者的超过半数的股份。对于第 1 款,第 47 条进一步规定,如果一家公司有权力任命或免除另一家公司的全部或大部分董事,则前者控制着后者的董事会组成。而且,在某些情形下,前者被推定具有这种权力,这些情形包括:(1)无人能够被任命为后者的董事,除非得到前者的支持;或(2)后者的章程规定,后者的董事必须首先是前者的董事。对于第 3 款,根据第 48 条,一个人是否持有股份,应当以公司的股东名册为准。另外,需要指出,这里的股份不限于表决权股份,但是,也不是所有的股份都计算在内。① 因此,如果持有超过半数的表决权股份,则符合第 46 条的第 2 款;如果持有超过半数的公司股权资本,则符合第 46 条第 3 款。

需要注意,第 46 条包括一些诸如"控制董事会组成"和"控制投票权"的用语,这些用语的含义非常不确定,比如,到底什么构成"控制"? 是否包括事实上的控制? 在 1994 年的 Mount Edon Gold Mines(Aust)Ltd. v.Burmine Ltd. Europa 一案中,法院认为,在商业现实中,很多公司的股权高度分散,使得持股比例少于 50% 的股东通常也能够在公司股东大会上决定一项决议的通过与否,但是,这种事实上的控制还是不能满足第 46 条的规定。② 因此,第 46 条中的控制标准非常严格,也非常僵硬,注重形式上的持股比例等,而忽视了事实上的控制因素。③

其他条款进而定义了一些相关的概念。比如,如果一家子公司的全部资本由其母公司持有,则该公司称为"全资子公司"(wholly owned subsidiary);如果一家持股公司不是其他公司的子公司,则该公司称为"最终持股公司"(ultimate holding company)。这个最终持股公司与它所控制的所有子公司通常就被总称为一个公司集团,这个集团中的所有公司之间相互称为关联公司(related companies)。

---

① See NCSC v. Brierley Investments Ltd. (1988) 14 ACLR 177, 184.

② (1994) 12 ACSR 727, 748.

③ 需要指出,第 46(a)(i)条规定,即使一家公司没有持有另一家公司超过半数的投票权或股权资本,前者也可能通过一些"法律上可执行的权力"达到控制后者董事会组成的目的,比如,股东之间的具有法律效力的投票协议,公司章程条款等。这里的关键在于,上述权力必须是"法律上可执行的"(legally enforceable),而不是事实上可行使的。不过,第 46(a)(ii)条似乎承认事实上的权力,而无论该权力是否在法律上可执行。*See Bluebird Investments Pty Ltd. v.Graf*(1994) 13 ACSR 271, 282-283.

二、被控制实体

如上所述,第 46 条下的"关联公司"概念存在过于僵硬之嫌,从而给规避行为带来可乘之机。比如,由于公司交叉持股存在诸多弊端,澳大利亚公司法长期以来禁止子公司持有母公司的股权,但是,上述的"母子公司"标准过于形式化,易被规避。因此,在 1998 年,公司法进行修改,在公司交叉持股的场合中首先引入了"被控制实体"(controlled entities)的标准,禁止"被控制实体"反向持有其控制者的股权。在此,"控制"的界定标准更为广泛和灵活,根据第 259E 条,如果一家公司有能力去决定一个实体的财务和经营政策方面的决策结果,那么,前者就控制了后者。在判断前者是否具有这种能力时,需要考量前者能够施加的事实影响力(而不仅仅是在法律上可执行的权力)和任何的可能影响到后者财务或经营决策的行为模式。另外,"实体"(entity)一词的范围非常广泛,包括公司,合伙,自然人和信托等。这样,这个"被控制实体"的标准很宽泛,难以规避。

另外,公司法还要求公司集团制作整个集团的合并财务报表。这样能够消除公司集团的内部交易对于各组成公司财务的扭曲,防止公司集团利用内部交易操纵和转移各组成公司的利润,从而更准确地反映一个公司集团的整体财务状况。但是,这个规定同样受到"母子公司"标准的规避问题的影响,因此,在 1991 年,公司集团合并财务报表的制作规则开始采用一个类似于上述第 259E 条的会计行业的标准。[①] 另外,该会计标准还适用于关联交易的场合,从而进一步拓宽了该标准的适用范围。在 1999 年,鉴于该标准日益增长的重要性,公司法增添了第 50AA 条,引入了一个普遍适用的"被控制实体"的定义,以方便有关规则援用此标准而无需重复规定。需要指出,虽然诸如上述第 259E 条等原有的规定与第 50AA 条几乎完全一样,但是,为了减少条文的改动,这些规定仍然有效,而没有自动地被第 50AA 条取代。

三、小结:二元标准抑或统一标准

由上可见,澳大利亚公司法没有专门为公司集团提供一个独立的法律规范体系。公司集团内部的控制关系存在两个不同的标准:一个是所谓的"关联公司"标准;另一个是所谓的"被控制实体"标准。从历史发展上看,前者是传统的法律标准,而后者明显受到了会计标准的影响。后者是作为克服前者的局限性而出现的一个解决方案,反映了公司法规则从"精确性"到"模糊性"的发展趋势,其给予了司法机关更大的

---

① Accounting Standard 1024: Consolidated Accounts, para 9. See now Accounting Standard 127: Consolidated and Separate Financial Statements.

解释和适用自由,以适应千变万化的商业社会,从而更好地实现监管目标。从内容上看,前者注重形式上的标准,比如,多数持股比例和投票权控制等,显得比较僵硬,但更精确,易于实务操作;后者则是一个实质标准,强调事实上的影响和控制,从而比较宽泛和灵活,充分考虑到了商业现实,但问题是不确定,较难适用。因此,这两个标准各有千秋,从而具有各自不同的适用场合。

总体而言,作为传统的标准,"关联公司"标准在目前的澳大利亚公司法中仍占主流地位,适用于大多数的规则中。比如,第588V条规定的母公司对于子公司的破产交易责任;第2J.3部分规定的限制公司为他人购买自己的股票或母公司股票而提供财务资助;公司及其子公司的董事披露薪酬的规定;限制公司或其关联公司为董事提供法律责任保险和补偿的规定等。"被控制实体"标准的适用场合主要有:第2E章规定的关联方交易问题;第45A(4)条对于小型私人公司的界定标准;第259C和第259E条规定的禁止被控制实体持有其控股公司的股票;公司集团的合并会计报表要求等。

因此,澳大利亚公司法中的公司集团概念目前适用二元标准,有的场合适用"关联公司"标准,有的场合适用"被控制实体"标准,从而公司集团的概念取决于其适用的具体场合。这种情况在现实中造成了一些问题。第一,某些场合到底适用哪个标准并不完全清楚,由于这两个标准在措词上很接近,加上有时在立法上或司法上用语又不太严格,导致这两个标准的适用在一定程度上模糊不清;第二,由于公司法中同时适用两个不同的标准,使得公司法各个规则之间经常出现冲突之处。如上所述,这个双重标准并存的问题是历史原因造成的,而且,这个局面尚处于发展之中。作为后来者,"被控制实体"标准的适用场合正在不断扩大,甚至有可能完全取代传统的"关联公司"标准。在2000年的一份官方研究报告中,澳大利亚的公司和市场顾问委员会(CAMAC)认为,公司集团的双重概念标准已经导致很多问题,因此,需要建立一个统一的概念;而在目前的两个标准之中,"被控制实体"标准更为可取,应当作为公司集团的唯一标准。[①]

第三节　公司集团的法律规制原则：英美法系与大陆法系之比较

一、企业集团的经济本质：介于市场与企业之间的中间组织

较早使用"企业集团"一词的国家是日本,日本学者奥村宏系统地描述了企业集团具有的本质特征,认为企业集团本质上是大企业之间在资本上的相互结合,体现为

---

① Companies & Securities Advisory Committee, *Corporate Groups：Final Report*(May 2000), s 1.39.

规模经济和集团领导制。①企业集团形成规模经济的原因可以通过科斯的交易费用理论进行解释,即企业集团是节约交易费用的一种有效的制度安排。

根据交易费用理论,企业和市场是两种协调配置经济资源的方式,前者体现为组织协调,后者体现为价格协调,现代企业起源是由于组织协调比价格协调更加有效,即节约了交易费用。② 进而推之,企业之间的交易同样存在交易费用,比如搜寻交易对象和进行谈判等成本,而在企业集团这种特殊的组织形态下,集团内部成员企业之间具有长期稳定的交易关系,通过成员之间的沟通与合作,建立独特的集团内部治理安排,可以极大地节约市场交易费用,有效地缓解契约不完备问题,降低不确定性,减少缔约费用并降低履约风险,防止机会主义和逆向选择。

因此,企业集团可以被视为介于市场和企业之间的一个联结机制。在交易费用经济学中,组织交易的制度形式主要有三种,包括企业组织、市场以及存在于这两种形式之间的各种契约安排,即中间组织。③ 中间组织既可以利用市场机制,又可以利用管理手段来协调交易行为。理论上讲,市场机制应当在资源配置中发挥主要作用,有利于提高资源配置效率,增加生产要素利用率,但现实中存在高昂的交易成本,裹挟着不确定性和道德风险,使得很多交易无法完成,故有必要采用一种机制把交易各方联结起来,通过这种联结机制把不确定的市场交易转化为组织内部的协调管理,从而降低交易成本和市场风险,提高资源配置效率。企业集团的经济功能就是有效联结了市场和企业,成为二者之间的一个所谓的"中间规制结构"。具言之,它可以对于企业集团的成员进行产业分工,通过集团内部市场的机制手段调节资源配置并进行有效管控,保证集团内部组织交易成本低于市场价格协调成本,从而节省交易费用;同时,通过集团管控机制让集团成员之间进行资源互补和共享,促进协同效应,获得竞争优势,最终实现规模经济的收益。

由上可见,企业集团在本质上是一个市场化组织生产的机制,将市场竞争和组织管理有机地结合起来。在这个过程中,集团通过组织的权威性将各个成员按照其核心程度的不同进行不同程度的市场化,实现经济产生的内部分工和资源配置。故而,企业集团的成员之间既有市场关系,也有组织关系,这个市场与组织之间的张力决定了公司集团在内部治理结构上的不同发展方向。根据公司治理的委托代理理论,母公司作为子公司的股东,将子公司委托给子公司的管理层,二者之间存在典型的代理问题。为了降低代理成本,母公司需要对于子公司进行管控,涉及母公司对子公司的

---

① ［日］奥村宏:《日本六大企业集团》,金明善译,辽宁人民出版社 1981 年版。

② Ronald H. Coase, "The Nature of the Firm", *Economica* , 4, 1937, p. 386.

③ Oliver E. Williamson, "Transaction-Cost Economics: The Governance of Contractual Relations", *The Journal of Law & Economics* , 22(2), 1979, p. 233.

集权程度、协调机制以及战略整合等方面的问题。现实中，集团公司对其成员的管控程度有所不同，大致可以分为集权式、分权式和中间模式，在治理结构上体现为层级化结构或网络化结构等。在层级化结构下，子公司受到母公司的严格管控，缺乏自主权，凸显组织特征而少有市场化特征，相反，在网络化结构下，母子公司、各子公司之间存在互动关系，强调子公司的独立性，故更多体现市场关系。①

现实中，母子公司管控模式的选择受到多种因素的影响，既与公司集团涉及的产业等自身情况有关，又与所在国家的政治、经济和文化等外部环境有关，并最终影响了不同国家对于母子公司法律规则的进路选择。确实，母子公司管控模式有三个维度，即控制、权力和责任，在不同的管控模式下，母公司对子公司的控制力度不同，子公司享有的自主权不同，从而母子公司之间的责任分担也不同，包括母公司对子公司债务的清偿法律责任。

从国际上来看，各国对于公司集团的法律规制互不相同，但大致可以分为两类范式：一类是所谓的"分离实体"（separate entity）模式，将公司集团中的各成员公司视为法律上的独立实体，相互之间分离，体现了公司集团的网络化治理框架。在这种模式下，公司集团的债务责任称为"实体责任"（entity liability）。另一类是所谓的"单个企业"（single enterprise）模式，将公司集团视为一家单个企业，各成员公司不再具有独立性，体现了公司集团的层级化治理框架，这种模式下的公司集团债务责任称为"企业责任"（enterprise liability）。

二、网络化治理框架下的分离实体模式：英美法系

英美法系主要采用了"分离实体"模式，此模式实际上包含了三个相互联系的原则：第一，集团中的各个组成公司都具有独立的法人格；第二，各组成公司中的股东都承担有限责任；第三，各组成公司中的董事都只对本公司负责。因此，虽然公司集团中的各组成公司被其他公司控制，与其他公司共同从事集团的业务，但是，它们都是分离的个体，独立地享受权利和承担义务，其法律地位与单个孤立存在的公司并无太大差别。

显然，这个模式直接决定了公司集团的有关法律规则。比如，各组成公司的债务都是该公司自己的债务，而不是公司集团的债务，与其他公司和整个集团无关。其次，在没有明确规定的情况下，各组成公司都是以自己的名义与第三人签订契约，其母公司并不自动地成为缔约方。同理，母公司在计算自己的利润时，不能将其子公司的留存利润包括在内。最后，如果某个组成公司将第三方的秘密信息传递给其母公

---

① Sumantra Ghoshal and Christopher A. Bartlett, "The Multinational Corporation as an Interorganizational Network", *Academy of Management Review*, 15.4, 1990, p. 603.

司,则可能违背其对于第三方的保密义务。

对于各组成公司的无担保债权人而言,这个模式有利有弊。一方面,此模式能够有效地保护无担保债权人。由于各组成公司都是分离实体,因此,一家公司的无担保债权人无需担心其他公司的财务状况。反之,如果各公司承担相互的连带债务责任,那么,债权人承担的风险就增大,需要调查和监控各个公司的财务状况,从而增加贷款成本。当然,现实中,债权人通常会要求提供担保,从而降低了该模式保护债权人的重要性。另一方面,该模式也有可能不利于无担保的债权人。公司集团之间各公司可以合法地相互转移资产,以使得整个集团的商业利益最大化,这正是前一节中谈到的利用公司集团形式进行经营的一大优势。但是,这显然会影响无担保债权人的利益——公司可以轻易地将资产转移到其他公司,从而规避自己的债务偿还责任。当然,债权人可以通过要求担保获得保护;对于无担保的债权人而言,可以求助于"刺穿公司面纱"规则,否认某家具体公司的法人格而要求其控股公司偿还债务。

三、层级化治理框架下的单个企业模式：德国康采恩制度

以德国为代表的一些大陆法系国家采用了"单个企业"模式。[①] 与"分离实体"模式不同,"单个企业"模式将公司集团视为一个单一的经济体,该经济体的目标是提升集团的整体财富,各组成公司需要服务于这个总体利益。根据"单个企业"模式,公司集团的法律规制呈现出以下几个特征:第一,从管理上看,公司集团总部可以为了集团的整体利益而统一协调部署下属公司的经营,甚至可以要求某些下属公司作出牺牲。第二,各组成公司的董事对公司集团总部或整体承担信义义务,而不是对于自己任职的具体公司负责。第三,母公司对于子公司作出的牺牲需要进行赔偿,并对于其破产的子公司的债务承担连带责任,无论该子公司是否被全资控股。单个企业模式的一个典型法律表现形式是德国颇具特色的康采恩(Konzern)制度,为公司集团中母

---

① 总体而言,只有少数欧洲大陆国家采用了德国模式,比如葡萄牙和斯洛文尼亚等。另外需要指出,德国在 1965 年的《股份公司法》(*Stock Corporation Act*)中制定了一套专门适用于公司集团(Konzernrecht,康采恩)的法律框架,而其他很多国家都是具体问题具体处理,关于公司集团的问题散见于不同的法律之中,比如公司法,会计法,税法和劳工法等。

欧盟数次试图制定一个关于公司集团问题的指令以统一各国立法,但都由于分歧太大和立法难度等原因而搁浅,比如,1990 年关于公司集团问题的第九号公司法指令提议还没有正式向欧盟部长会议提交就被撤回。当然,欧盟已经发布的一些指令实际上也涉及公司集团问题,比如关于公司资本的第二号公司法指令;关于公司合并的第三号公司法指令;关于合并财报的第七号公司法指令;关于公司跨境合并的第十号公司法指令和关于公司收购的第十三号公司法指令等。参见 Adriaan Dorresteijn et al., *European Corporate Law* (2nd ed., Kluwer Law International, 2009), 293-295.

公司对于子公司债务承担责任等问题进行了专门规定。从功能的角度看,康采恩制度实际上也是突破公司集团中的各成员公司的独立人格,从而让这些成员公司彼此之间承担债务责任,与公司法人格否认制度有异曲同工之妙,只是其规制进路更加偏重于组织法而非市场法的逻辑,因此,在比较法上,有些学者也将康采恩制度的相关规则视为广义上的公司法人格否认制度,即适用于公司集团中公司法人格否认问题的特殊规则。[①]

德国的康采恩制度主要基于其1965年的股份公司法(Stock Corporation Act),对于康采恩的结构、治理、信息披露以及债务责任等各个方面都有详细规定。总体而言,康采恩分为两种类型,一类是"契约性康采恩"(contractual Konzern),另一类是"事实性康采恩"(de facto Konzern)。由于这两类康采恩都是德国1965年股份公司法明确规定的,因此都只适用于公司集团中附属公司是股份公司(Aktiengesellschaft,或称为AG)的情形。对于附属公司是有限责任公司(Gesellschaft mit beschrankter Haftung,或称为GmbH)的情形,德国法院类推适用1965年的股份公司法,通过判例法发展了所谓的"合格事实性康采恩"(qualified de facto Konzern)。[②]

从现实角度看,与"分离实体"模式相比,"单个企业"模式更加准确地反映了那些治理结构高度集中的公司集团的经济运营和组织架构。有些公司集团总部的经理将集团作为一个单一企业而运营,从集团整体的角度出发制定经营目标和策略,规划各组成公司的设置和角色,而各组成公司被视为总部的下属部门而已,执行总部派发的任务,服务于集团的整体利益。在商业运营中,他们以公司集团的名义对外借款,然后总部进行协调,将款项分派给具体的公司;出于集团整体战略的考虑,总部可能允许某些下属公司亏损运营,或者注资不足;如果需要,总部可以在各下属公司之间转移资产和债务,当然,转移的手段和名目繁多,比如以"利息""利润""管理费"等名义转移,或者干脆在集团内部以非商业的条款相互提供贷款,担保和进行其他相关的财务安排。

另外,"单个企业"模式也更好地反映了与公司集团进行交易的债权人的预期。这些债权人通常都认为自己是在与整个集团进行交易,而不是具体的组成公司,从而可以依赖集团整体的信用。

但是,该模式也存在重大问题。首先,如上所述,母公司需要为子公司作出的牺

---

① See e. g,, Sandra K. Miller, "Piercing the corporate veil among affiliated companies in the European community and in the US: a comparative analysis of US, German, and UK veil-piercing approaches", *American Business Law Journal*, 36, 1998, p. 73.

② 关于德国康采恩制度的详细探讨,参见黄辉:《国企改革背景下母子公司债务责任问题的规制逻辑和进路》,载《中外法学》2017年第6期。

牲进行赔偿,但现实中很难计算赔偿额;另外,母公司需要对于子公司的债务承担连带责任,但如果此规则在适用时被绝对化,那么,公司集团中的母公司就可能需要为所有的集团公司的债务承担责任,而不论该公司集团的具体组织架构。比如,如果某个公司集团的治理结构并不高度集中,某些下属公司具有很大的经营自主权,那么,不分青红皂白地让母公司为所有子公司买单就未免有过苛之嫌。其次,由于第一个问题的存在,公司集团总部为了减少风险,加大对于下属公司的监控,就不得不采用高度集中的治理结构,但是,在有些情况下,这种治理结构的经营效率并不高。换言之,公司集团为了减少法律风险而需要付出高昂的经济代价。最后,对于母公司的无担保债权人而言,如果母公司对于所有子公司的债务承担责任,这无疑会严重影响到他们的债权。当然,从另一个角度说,这有利于子公司的无担保债权人。

四、澳大利亚经验

如前所述,包括澳大利亚在内的英美法系国家传统上适用"分离实体"模式,将公司集团的各组成公司视为独立的法律实体。显然,如果此模式被严格遵循,则毫无必要讨论公司集团的问题,因为公司集团中的公司与孤立存在的公司几乎没有任何区别,从而可以直接适用前面章节中关于原子式公司的各种规则。但是,公司集团具有特殊性,各组成公司之间具有相互控制关系,因此,澳大利亚公司法在某些情形下也适用"单一企业"模式。第一,公司集团会计报表的合并。公司必须制作自己和下属控制公司的合并报表,从而更好地披露整个集团的财务状况和经营表现。当然,各组成公司仍然需要制作自己的单独报表。第二,关联交易。鉴于关联交易可能会对于公司的股东造成损害,澳大利亚公司法对于关联交易进行了严格规制,[①]换言之,此时的各组成公司不再被视为完全分离的实体,而是关联的交易方。第三,交叉持股。与孤立的公司不同,在公司集团中,公司之间的投资受到限制,比如,子公司不能持有母公司的股票,子公司不能为他人购买母公司股票的交易提供财务资助。第四,母公司对于子公司破产交易的债务承担责任。[②] 如果母公司知道或应当知道其子公司在破产状态下进行交易,那么,前者就需要对后者导致的债务负责,以保护第三方债权人。需要指出,该规则只限于子公司进行破产交易的场合,而不是所有的交易场合。该规则的理由在于,既然母公司具有控制子公司的能力,那么,有权利就有义务,母公司就应当承担防止子公司进行破产交易的义务,否则,母公司有可能滥用公司集团的形式

---

① 对于关联交易规则的详细论述,参见第三编第三章第六节。
② 后文将对该问题进行更详细的论述。

而逃避债务。[①]

　　因此,澳大利亚公司法目前采用了一个折中态度,总体上是"分离实体"模式,但在有些情形中是"单一企业"模式。在 2000 年澳大利亚公司和市场顾问委员会(CAMAC)的研究报告中,建议进一步加大"单一企业"模式的适用,让全资子公司选择是否完全适用该模式,而非全资子公司仍然适用目前的混合模式。[②] 另外,如果全资子公司选择完全适用"单一模式",那么,整个公司集团就需要共同承担债务,但是,这个债务应当只限于契约之债,而非侵权之债。

　　[①]　笔者认为,中国可以借鉴引入这个破产交易的责任规则。对于中国公司集团母子公司债务责任制度的更多立法建议,参见黄辉:《国企改革背景下母子公司债务责任问题的规制逻辑和进路》,载《中外法学》2017 年第 6 期。

　　[②]　Companies & Securities Advisory Committee, *Corporate Groups*: *Final Report*(May 2000), s1. 109.

第二章　公司集团的若干法律问题

第一节　公司法人格否认问题

如前所述,原则上澳大利亚公司法对于公司集团问题主要采用了"分离实体"模式,根据该模式,集团中的各公司保留了独立的法律实体地位,具有各自分离的资产和债务。换言之,公司集团的成员地位没有改变各成员公司的独立法人格。因此,如果没有特别的契约安排、法定义务或"刺穿公司面纱"规则的适用,那么,各成员公司的债权人只能在本公司的资源范围内请求偿还债务。前面章节已经对于澳大利亚公司法中的"刺穿公司面纱"规则进行了详细论述。[①] 简言之,如果公司形式被不当利用,或公司只是其他公司的一个代理时,公司面纱就有可能被揭开。但是,公司集团中母公司对于子公司的仅仅的控制关系通常不足以作为揭开集团中各成员公司的面纱的理由,否则,各成员公司的法人格将会很轻易地被否认,从而与"分离实体"的法律模式相悖。因此,在澳大利亚,法院并不会仅仅因为公司集团的缘故而更加愿意"刺穿公司面纱"。

前面章节谈到,在美国,对于公司集团而言,"刺穿公司面纱"的主要情形包括:欺诈;在形式上没有将各成员公司视为独立的法律实体;具体成员公司的资本额不足等。值得指出,近年来,美国法院似乎越来越多地在侵权之债中"刺穿公司面纱",让母公司直接承担子公司的侵权债务。但是,在公司集团的场合,资本额不足作为"刺穿公司面纱"的理由存在很大争议,在具体适用上也不是很清楚。在英国,如果公司形式只是一个掩饰(facade),法院就可能会"刺穿公司面纱"。由于英国法院认为公司集团是一种有益的商业形式,因此,通常不会仅仅因为公司集团内部的控制关系而揭开各成员公司的面纱。另外,长期以来,英国法院通常不接受以资本额不足作为揭开各成员公司面纱的理由。

一、判例法规则

澳大利亚新南威尔士州最高法院 1990 年的 *Qintex Aust Finance Ltd. v.*

---

① 　参见第二编第三章第三节。

*Schroders Aust Ltd.*①一案充分反映了"分离实体"模式在澳大利亚的适用。在本案中,原告 Qintex Aust Finance Ltd.(以下简称 QAF)是 Qintex 公司集团中的一个成员公司,被告是该公司集团中很多成员公司的证券交易经纪人。现实中,由于公司集团的复杂性,被告在交易中经常将原告和 Qintex 集团中其他的成员公司相混淆。比如,在 1989 年 8 月,被告为该集团中的一个称为 Qintex Television Ltd.(以下简称 QTL)的成员公司出售证券,但是,所得款项并没有付给该公司,而是付给了原告。几乎与此同时,被告收到了 Qintex 公司集团的指令购买远期合约,但是,购买之后市场出现不利,最终遭受损失。由于被告只是证券交易的代理商,因此,就直接从原告的账户中拨款以弥补损失。但是,原告认为,购买远期合约的指令不是自己发出的,因此,被告不是代表自己购买合约,从而不能从自己账户中拨款。被告的答辩是,自己分不清 Qintex 公司集团的具体运作和组织结构,因此,长期以来都是将该集团视为一个单个实体而进行交易,从而该集团中的各成员公司应当相互承担责任。

法院认为,公司集团中的各成员公司都是分离的实体,具有独立的法人格,各自享受权利和承担义务,而且,法院不会仅仅因为公司集团的存在而自动"刺穿公司面纱"。因此,被告不能将整个的 Qintex 公司集团视为一个单一实体,从而也不能让各成员公司相互承担连带债务责任。这样,问题的焦点就变成了被告到底代表哪个成员公司购买了远期合约,是原告、还是 QTL、抑或其他的成员公司?由于被告长期以来将 Qintex 公司视为一个实体,在购买远期合约时,被告记录的客户代码也只是 Qintex,而没有标明具体的成员公司。在法院的审理中,各种证据表明,购买指令实际上是 QTL 发出的,而非原告,因此,被告不能从原告账户中划款,而且,法院也拒绝适用"刺穿公司面纱"规则而让原告为 QTL 承担责任。

在 *Briggs v. James Hardie & Co. Pty Ltd.* 一案中,②新南威尔士州最高法院对于公司集团背景下的"刺穿公司面纱"规则进行了详细阐述。本案中,原告 Briggs 是一家名为 Asbestos Mines 公司(以下简称 AM)的员工,该公司主要从事石棉的开采和加工。该公司的股份由被告 James Hardies & Co. Pty(以下简称 JH)和另一家名为 Wunderlich 的公司等额持有,但后来前者购买了后者的股份,从而将 AM 变为前者的全资子公司。原告在工作中长期接触石棉粉尘,从而患上了石棉沉淀症,因此,原告提起诉讼,要求法院刺穿 AM 公司的面纱,让其母公司 JH 承担责任。原告认为,AM 是 JH 的全资子公司,后者对于前者具有完全的控制,因此,前者只是后者的一个代理而已,除了名称不同之外,二者就是一个实体。

---

① (1990) 3 ACSR 267 Supreme Court of New South Wales.
② (1989) 7 ACLC 841 Supreme Court of New South Wales.

法院认为,首先,迄今为止,公司法中关于"刺穿公司面纱"的问题还没有一个确定的规则。法院追溯了公司独立法人格的形成历史,然后讨论了"刺穿公司面纱"的各种理由,诸如代理和欺诈等,认为这些理由都非常不确定。其次,法院讨论了公司集团结构对于该规则的影响。法院认为,总体而言,在公司集团的背景下,公司具有独立法人格的基本原则并没有改变,不能仅仅因为母公司有效控制或完全控制子公司的事实而适用"刺穿公司面纱"规则。最后,法院讨论了契约之债和侵权之债对于"刺穿公司面纱"的影响。法院认为,侵权之债不同于契约之债,理由在于:侵权受害人无法选择侵权行为,从而公司的控制情况对于侵权行为并不直接相关;而在契约之债中,受害人是信赖了母子公司之间的关系而签订契约的,因此,母公司的控制力更可能导致适用"刺穿公司面纱"规则。

法院同时指出上述差别的几点注意事项:第一,侵权行为中母公司的控制关系也有一定影响,比如,母公司的控制可能导致了子公司怠于采取必要的安全防范措施,从而发生侵权事故,因此,在侵权行为中也可能适用"刺穿公司面纱"规则,只是在力度上没有契约之债那么强。第二,如果母公司设立子公司的目的是为了逃避业已发生的侵权责任,则适用"刺穿公司面纱"规则。第三,与外部人不同,公司雇员在工伤事故中的法律地位可能被视为公司雇用契约的当事人,而非简单的侵权受害人。鉴于上述理由,最高法院将案件发回到地区法院,要求按照上述原则和相关法律进行审理。

二、立法改革与成文法规则

由上可见,在判例法中,公司集团背景对于"刺穿公司面纱"规则的适用影响甚微,法院不会仅仅因为公司集团的缘故而更加愿意刺穿公司面纱。因此,现实中,有不少母公司成功地从子公司的债务纠纷中脱身,比如1971年的 *Mutual Life and Citizen's Assurance Co. Ltd. v. Evatt*。[①] 这个问题引起了公司法理论界和实务届的广泛关注,并开始讨论公司集团中法人格与有限责任的角色和作用。的确,从本质上看,"刺穿公司面纱"规则是对于公司有限责任制度的逆反和制衡,因此,作为后者的一个微妙调节机制,前者的适用力度应当取决于后者的优劣。这样,在讨论公司集团结构对于"刺穿公司面纱"规则的影响时,需要首先讨论有限责任制度在公司集团中的作用。

通常而言,公司有限责任制度具有以下几个重要的经济功能。首先,鼓励投资。在有限责任制度下,股东仅以自己的出资额为限承担责任,从而控制了投资风险,这显然能够促进投资。其次,减少了股东对于经理的监督问题。由于股东承担有限责

[①] 　(1971)AC 793.

任,他们对于经理进行监督的需要大为降低,毕竟即使公司失败,他们的责任也只限于出资额。再次,提升证券市场效率。在有限责任制度下,股东的责任限于出资额,其个人资产不会用于清偿公司的债务,因此,公司的股价与股东个人资产没有关系,股票可以更自由地转让,从而提升股票市场的流动性和效率,使得公司收购市场的运作更为有效。最后,促进股权投资的分散化。在有限责任制度下,投资者可以分散投资于不同的公司,以减少商业风险。如果没有有限责任的保护,这种分散投资就毫无意义,因为投资者在每家公司中都承担无限责任,从而只要其中一家出问题就可能赔个精光。

有限责任制度的上述经济功能在孤立的原子式公司中表现得非常突出,但是,在公司集团的场合,其重要性就小很多。第一,在减少股东对于经理的监督问题方面,只有在股东高度分散从而监督成本高企的情况下,此功能才凸显重要性。在公司集团中,子公司处于母公司的有效监控之下,甚至完全控制,监督成本已经很小。在此情况下,有限责任反而会导致母公司怠于监督子公司。第二,提升证券市场效率的功能只有在上市公司的场合才有意义。对于很多的子公司而言,它们被母公司高度控股甚至完全控股,不符合上市的条件,自然也就与证券市场无关。第三,由于公司集团中持股的目的都是控制,而不是纯粹的投资,因此,股权投资分散化的功能也没有太大意义。第四,在公司集团中,有限责任制度仍然具有鼓励投资的重要经济功能,因为如果没有有限责任的保护,母公司就可能卷入子公司的债务问题而无法控制投资风险。但是,有限责任制度可能增加母公司的“道德风险”(moral hazard),或者在某些情况下导致商业风险完全转移到外部的债权人。如果有限责任绝对化,母公司就可以轻易地设立一个子公司从事高风险项目:如果一切进展顺利,母公司就可以大获收益;如果不幸出现问题,子公司就关门大吉,然后母公司再设立一个新的子公司从事同样的高风险项目,而真正的受损方主要是外部的无担保债权人。因此,这个成本与收益之间的不对称会促使母公司过度从事高风险行为。

总言之,从经济分析的角度看,与孤立的原子式公司相比,公司集团中的有限责任制度的重要性有所降低,而且,如果有限责任绝对化,还会产生很多负面作用。因此,很多学者认为,作为有限责任制度的例外,“刺穿公司面纱”规则的适用在公司集团的场合中应当可以更大胆和激进一些。[1] 在这些理论的指导下,近年来,澳大利亚加强了对于公司集团的监管,在公司集团中引入了一个法定的“刺穿公司面纱”规则,即母公司需要为子公司破产交易承担责任的法定义务,以遏制利用母子公司关系而试图“金蝉脱壳”的做法。

---

[1]　P I Blumberg, *The Multinational Challenge to Corporation Law* (1993), 138-147.

　　这个母公司为子公司破产交易承担责任的法定义务规定在公司法的第 5.7B 部分第 5 节。根据第 588V 条,如果满足以下四个条件,母公司就需要为子公司的交易债务承担责任:(1)在子公司产生债务时,母公司的控股法律地位已经确立;(2)在交易债务产生时,子公司已经处于破产状态,或者由于该交易债务的产生而发生破产问题;(3)在子公司产生上述债务时,客观上存在合理的基础去怀疑该子公司已经处于破产状态,或者将由于该债务而破产;(4)在子公司产生上述债务时,母公司或其董事知道或应当知道第三个条件中的怀疑子公司破产的合理基础。关于该条款,需要指出两点。第一,在该条款中,公司集团的概念采用了"母子公司"的标准,而不是"被控制实体"的标准。第二,该条款确立了母公司对于子公司的破产交易的责任,实际上是刺穿了子公司的面纱,让作为股东的母公司直接承担责任,但是,这仅仅限于破产交易债务的场合,而不是所有的交易债务,当然更加不包括侵权之债。

　　根据第 588W 条,在满足以下四项条件时,子公司的破产管理人可以追究母公司的上述责任:(1)母公司符合上述第 588V 条的情形;(2)子公司的破产问题给相关债权人造成了损害;(3)子公司的破产交易债务是完全无担保或部分无担保;(4)子公司已经进入了破产程序。需要注意,该责任的追究有一个时限规定,即必须在子公司破产程序开始后的六年之内提起相关诉讼。另外,对于该责任,母公司具有一些抗辩理由,比如,第一,母公司及其董事合理地认为子公司在交易时没有破产问题,而且不会由于该交易而破产;第二,即使母公司的某个董事知道子公司在交易时存在破产问题,但是,如果该董事由于生病或其他原因而没有参与母公司的管理,母公司也无需承担责任;第三,母公司已经采取了所有的合理措施去阻止子公司进行该交易等。

第二节　董事义务问题

一、概述

　　在公司集团中,董事义务的问题主要包括两个方面。第一个方面是公司集团背景对于董事义务的总体影响,即董事是否能够以及在多大程度上可以服务于公司集团的整体利益;第二个方面是关于提名董事(nominee directors)的问题,在传统的判例法上,提名董事是一类特殊的董事,与普通董事不同,提名董事可以只服务于提名股东的利益,而不是服务于全体股东的利益和公司利益。本节将次第讨论上述两个问题。

　　通常而言,董事是向公司承担信义义务,而不向股东个人承担义务。在公司集团中,集团内部经常发生一些交易,但是,无论涉及的公司是全资子公司还是非全资子公司,董事的义务都同样适用于这些内部交易。不管这些义务内容为何,如果董事违反义务,则将承担相应责任。然而,在普通法上,只要公司不存在破产问题,股东大会通常可以通过决议批准免除董事违反义务而导致的责任。[①] 如下所述,这种决议通常分为两种,一种是全体同意,另一种是多数同意,这两种决议的法律效力当然也有所不同。与孤立的原子式公司不同,公司集团的组织结构对于这种决议问题具有重大影响。

首先,公司股东可以全体同意通过决议免除董事的义务违反责任,这种决议既可以是事前的,也可以是事后的。这种决议通常既适用于普通法上的义务,也适用于成文法上的义务。因此,在公司集团的情形中,此决议机制可以用来保护董事从事集团内部交易的行为。显然,如果与母公司进行内部交易的子公司是全资子公司,股东实际上就是母公司自己,因此,股东全体同意的决议也就变成了一个纯粹的形式而已。但是,在非全资子公司进行内部交易时,股东全体同意的决议就未必一定能够达成。

其次,在某些情况下,多数同意的股东决议可以免除董事的义务违反责任。因此,在公司集团的场合,非全资子公司的控股股东(即母公司)可以利用该机制来保护董事从事集团内部交易的行为。但是,与全体同意的决议不同,多数同意决议只能适用于某些董事义务违反行为,而不能免除对于小股东具有压迫性或不公平损害的董事行为的责任。

总言之,在全资子公司的场合,公司集团内部交易中的董事义务问题通常能够方便地通过全体同意决议机制而解决,但是,在非全资子公司的场合,多数同意的决议机制只能部分地解决问题。因此,虽然公司集团背景下的董事义务问题理论上存在于所有类型的子公司中,但是,现实中该问题主要出现在非全资子公司的场合。

二、董事义务的一般原则

(一) 问题的提出

在孤立的原子式公司中,董事通常向公司承担信义义务,包括为公司整体利益而善意行为。但是,在公司集团中,各公司之间存在唇齿相依、荣辱与共的关系,那么,董事在服务于自己供职的公司的利益之外,是否还可以考虑集团的整体利益呢?如

---

① 如果公司存在破产风险,董事就需要考虑公司债权人的利益。换言之,在此情形下,董事有义务保护债权人的利益,显然,股东的决议机制不能免除董事对于债权人的义务违反责任。关于澳大利亚公司法中董事的防止破产交易义务,参见第三编第三章第三节。

果答案为"否"，那么，各公司之间就成了各自为战的局面，与陌路人无异，公司集团的存在本身也就没有太大意义；如果答案为"是"，那么，在多大程度上考虑集团利益呢？如果二者发生冲突，孰先孰后？是"个人利益"服从"集体利益"，还是"集体利益"让位于"个人利益"？现实中，这个"个人主义"与"集体主义"相互冲突的现象是一个恒久的哲学命题，不同的国家有不同的处理，依赖于诸如文化渊源和法律传统等各种因素。

公司集团内部交易是各成员公司的利益与集团整体利益发生冲突的主要场合。现实中，这种内部交易主要包括以下几种情形。第一，一家成员公司以非商业性的条款与另一家成员公司进行产品交易，或者前者将自己的营业、资产或商业机会转让给后者；第二，一家成员公司借款给另一家成员公司，或者为后者的借款提供保证或第三方抵押担保；第三，所有的成员公司共同签订一个交叉保证的契约（cross-guarantees），从而集团作为一个整体能够更加有效地利用集团资产进行融资。显然，很多内部交易可能构成关联交易，从而需要无利害关系的股东的投票批准，但是，这种批准并不能免除董事违反关联交易的有关义务的责任。[①] 因此，在公司集团的内部交易中，董事面临着一个利益衡平的难题，既要服务于自己供职的公司利益，又要考虑公司集团的整体利益。

如前所述，在包括澳大利亚的英美法系国家中，法律对于公司集团的规制采取了"分离实体"模式，即集团中的各个成员公司都是相互独立的法律实体，因此，集团总部不能将下属的各个公司视为自己的分支部门，也不能在集团内部随意地转移资金或其他资产，或相互提供担保。但是，如上所述，公司集团的内部交易是不可避免的，本质上是各成员公司利益与集团整体利益的衡平问题，对于董事而言，就是这种交易中的信义义务问题。

（二）判例法规则

澳大利亚联邦最高法院1976年的 *Walker v. Wimborne* 一案是关于该问题的经典判例。[②] 在本案中，一家集团成员公司的董事向其他成员公司提供借款。法院认为，集团中的各成员公司都是独立的法律实体，各成员公司的董事应当服务于本公司的最佳利益，因此，在决定是否向其他成员公司提供借款时，董事的义务是考虑本公司的利益，而不是集团的整体利益。换言之，董事不能为了集团的整体利益而牺牲本公司的个体利益。

但是，法院也在一定程度上考虑了公司集团的特殊性。法院指出，如果成员公司

---

① 关于董事在关联交易方面的义务，参见第三编第三章第六节。

② (1976) 137 CLR 1 High Court of Australia.

的董事诚实而理性地认为,一项内部交易在提升集团利益的同时,也能够直接或间接地增加本公司的利益,则可以进行该交易,而不违反董事义务。关于此规则,需要注意以下几点。第一,该标准是一个主观标准,强调董事在作出上述判断时的诚实和理性的主观心理状态。第二,此规则与各成员公司董事服务于本公司利益的总体原则是一致的。在决定是否进行一项交易时,本公司利益仍然是唯一的判断标准和出发点,只有在服务本公司利益的前提下,才能考虑集团利益。换言之,集团利益只不过是一个附带的考虑因素。第三,本公司从内部交易中的受益既可以是直接的,也可以是间接的。但是,对于到底在什么情况下本公司才算受益的问题,并不完全清楚。有的情形比较容易判断,比如,在母公司向子公司提供贷款中,子公司获得款项后从事项目,母公司作为股东可以间接地从中获利,但是,反过来,在子公司向母公司提供贷款的情形中,子公司是否受益的问题就不太确定了。

英国法院采取了类似的态度。在 *Charterbridge Corp Ltd. v. Lloyds Bank Ltd.* 一案中,①法院认为,如果一个理性和诚实的人在类似的情形下认为某项内部交易是符合本公司利益的,那么,该公司中的董事在从事此内部交易时就没有违反义务。显然,此判例也是要求董事将本公司利益作为唯一的判断标准,而且,本公司的受益也可以既是直接的,也是间接的。比如,这种利益包括本公司从交易中获得的直接商业利益和通过交叉持股而获得的利益,以及公司集团的整体状况对于本公司的影响等,即"一荣俱荣,一损俱损"方面的考虑。需要指出,此判例中提出的标准是一个客观标准,不是强调董事本人的主观状态,而是"一个理性和诚实的人"对于一项交易的客观看法。另外,此客观标准只是适用于董事没有考虑本公司利益而只考虑了集团整体利益的场合,因为在此情况下,根据主观标准,董事显然将违反义务,从而使得交易无效,但是,交易有可能是一个双赢的结果,既有利于集团,同时也有利于本公司,使得这样一个交易无效显然不妥,而客观标准就能够避免此窘境。另外,在董事出于恶意从事内部交易时,此客观标准不适用,因此,即使客观上内部交易有利于本公司,该董事仍然违反义务。

简言之,在英国,主观标准仍是主流标准,而客观标准只是在董事根本没有考虑本公司利益而完全考虑集团利益的情况下才适用。在 *Equiticorp Finance Ltd.(in liq) v. Bank of New Zealand* 一案中,②澳大利亚新南威尔士州最高法院表示对于 *Charterbridge* 一案中的客观标准持保留意见,因为董事就是应当考虑本公司利益,如果董事没有考虑,这本身就已经是违反义务。但是,如果某项交易在客观上确实有利

① (1970) Ch 62.

② (1993) 32 NSWLR 50 Court of Appeals of the Supreme Court of New South Wales.

于本公司,则董事不承担违反义务的责任。换言之,在此情况下,虽然董事违反了义务,但免除其责任。从某种意义上讲,这只是法律逻辑上的区别,实质效果并无大异。因此,总体而言,澳大利亚与英国对于公司集团中董事义务的处理基本一致,二者都认为董事应当首先服务于本公司利益,只有在本公司获益的前提下,才能够附带地考虑集团的整体利益。

(三)成文法规则及立法改革

如上所述,形象地讲,澳大利亚传统的判例法对于公司集团中董事义务的处理原则是"个体利益"高于"集体利益"。在进行集团内部交易时,这种处理可能将董事置于一个窘迫的两难境地:一方面,从法律角度看,董事义务的终极标准是本公司的利益,而不是集团的整体利益;另一方面,从商业角度看,作为集团的组成部分,让成员公司的董事完全忽视集团的整体利益是不符合现实的。现实中,成员公司的董事通常都需要有大局观,有时甚至不得不"丢车保帅",即为了集团的整体利益,成员公司必须作出牺牲。这种法律规则与商业现实之间的不协调将使得董事无所适从,因为很多商业上有利的交易却不符合法律的规定。当然,如前所述,成员公司受益的标准包括直接和间接方式,因此,对于成员公司间接获益的标准采取宽泛解释也许能够从一定程度上纾解困境,比如,根据"皮之不存,毛将附焉"的逻辑,将成员公司作出一定牺牲而保全整个集团的做法视为有利于该成员公司,但是,由于该问题尚未完全解决,变数太多,因此,董事在从事相关行为时就将面临极大的法律不确定性。

鉴于上述问题,澳大利亚一直试图通过成文法对于判例法规则进行相关修改,有些已经改革,有些仍在考虑之中。此改革的主要指导原则是,一方面,让董事在从事集团内部交易时能够更加灵活地考虑集团的整体利益;另一方面,又需要保证董事对于本公司负责,从而保护本公司的小股东和债权人的利益免受集团内部交易的侵害。对于上述利益的衡平,当然存在不同的处理机制。比如,在法国,成员公司的董事在满足一定的条件下可以考虑集团的整体利益,并将本公司的利益放在次位,有权为了集团利益而牺牲本公司利益。这些条件包括,公司集团具有一个平衡且结构稳定的组织形式;成员公司进行的相关内部交易符合一个长期且连贯的集团整体策略;董事善意且理性地认为,本公司在该内部交易中遭受的损失将在以后通过其他形式获得补偿。

澳大利亚则采取了另一种模式,该模式专门主要立足于成员公司的小股东和债权人的保护。根据此模式,成员公司的董事可以服务于集团的整体利益,但其条件是,董事这样做不会损害成员公司偿还债务的能力,而且,其具有公司章程或小股东的授权。由于全资子公司与非全资子公司在此方面存在重大区别,下文就逐一进行探讨。

1. 全资子公司

2000年3月,澳大利亚引入了《公司法》第187条,允许全资子公司的董事在某些情况下可以考虑控股母公司的利益。该条规定,在满足以下条件时,一家全资子公司的董事将被视为善意地服务于本公司的最佳利益,从而不违反董事义务,这些条件包括:(1)该子公司的章程明确地授权董事可以服务于母公司利益;(2)董事善意地服务于母公司的利益;(3)该子公司在董事进行交易时没有破产问题,并且,也没有由于相关交易而破产。

该条有助于子公司从事集团内部交易,比如,为母公司提供担保和第三方抵押,因为子公司的董事在进行这些交易时被界定为善意服务于本公司利益,从而不违反董事义务。但是,上述内部交易不能导致子公司的破产,否则,在法律上没有执行力,而且,董事也将违反其防止破产交易的义务。需要指出,如前所述,在普通法上,股东可以通过全体同意的决议免除董事责任,显然,在全资子公司中这种决议不过是一个形式而已,因此,有学者认为,第187条实际上并没有太大的意义。这种观点具有一定道理,不过,支持第187条的学者指出,普通法上的股东决议免除董事责任的规则存在很多局限之处,比如,到底哪些义务违反的责任可以免除,并不完全清楚。的确,虽然普通法上的董事责任也许都可以免除,但是,法定的义务能否免除还有待商榷。第187条的优势在于,该条既适用于普通法上的董事义务,又适用于成文法上的法定义务,从而解决了普通法上股东决议效力不确定的问题。

2. 非全资子公司

相对而言,非全资子公司的问题困难得多,因为这涉及公司小股东的利益保护。目前,澳大利亚公司法中还没有关于非全资子公司的董事在何种情况下可以服务于母公司利益的条文,但是,这方面立法改革的努力一直在进行。1998年的公司法改革草案曾经借鉴新西兰公司法的做法,提出了一个相关条款,但最终没有被采纳。在2000年澳大利亚的公司和市场顾问委员会(CAMAC)对于公司集团的研究报告中,该条款再次被提出来,建议国会采用,至今尚无下文。该条款规定,在满足以下条件时,一家非全资子公司的董事将被视为善意地服务于本公司的最佳利益,从而不违反董事义务,这些条件包括:(1)该子公司的章程明确地授权董事可以服务于母公司利益;(2)该子公司的股东大会通过决议,授权董事服务于母公司的利益,但是,母公司及其关联人不得投票通过决议;(3)董事善意地服务于母公司的利益;(4)该子公司在董事进行交易时没有破产问题,并且,也没有由于相关交易而破产。

根据该建议条款,在符合上述四个条件的情况下,非全资子公司的董事可以服务于母公司的利益。与针对全资子公司的第187条相比,该条款增添了一个条件,其他部分几乎一样。这个新增条件就是第二个关于无利害关系股东通过决议的条件,这显然是为了保护非全资子公司小股东的利益。另外,与第187条一样,债权人的利益通过第四个关于禁止破产交易的条件而获得保护。

该条款的主要优点有:第一,能够有效地保护非全资子公司的董事在一定条件下服务于母公司利益,适应商业的现实需要。如前所述,目前在普通法上,只有在服务于本公司利益的前提下,成员公司的董事才能附带考虑母公司的利益。但是,如果本公司直接或间接受益不是很明显或存在争议或干脆需要作出牺牲时,董事就可能面临很大的法律风险,从而裹足不前。另外,理论上讲,非全资子公司的股东也可以通过决议免除董事责任,但是,在非全资子公司中,这种决议机制存在很大局限,因为其通过的决议更可能是多数同意,而非全体同意,因此,就会出现小股东的利益保护问题,从而增加决议效力的不确定性,更何况如上所述,即使是全体同意的决议,也不一定能够适用于法定义务。第二,由于董事能够更加安全地进行某些集团内部交易,公司集团可以更有效地利用内部交易而提升整个集团的财务效率。第三,在诸如成员公司为母公司提供担保或抵押的内部交易中,该条款能够为交易提供确定性,从而更好地保护外部债权人。

但是,该条款也有其弊端。第一,对于董事的保护存在过大之嫌。由于本公司利益不再是一个考虑基准,因此,本公司的利益可能受到不当损害,当然,这损害将最终由小股东和债权人承担。第二,董事可能存在利益冲突。该条款允许成员公司为母公司的利益服务,而董事可能在母公司中具有个人利益,从而导致董事从中不当受益。第三,可能过度影响小股东的利益保护。根据该条款的第二个条件,无利害关系的股东可以通过多数同意的决议,这样,对于那些反对该决议的小股东而言,他们很可能就没有权利提起压迫行为救济的诉讼。

另外,该条款还存在一些尚待解决的问题。第一,根据第二个条件,无利害关系的股东可以通过决议,但是,这些股东在投票时需要充分的信息才能作出理性的决定,因此,法律需要对于信息披露问题作出规定,否则将影响该机制的运行。第二,股东的这种决议是应当在相关的内部交易进行之前作出,还是也可以在事后?第三,股东的决议是应当只针对某项具体的交易,还是也可以进行一般性的授权?如果是一般性的授权,法律是否应当规定一个强制性的有效期限,还是完全由股东自己决定?第四,如上所述,如果无利害关系的股东通过多数同意的决议,反对的小股东是否可以提起压迫行为救济的诉讼?比如,这些小股东能否行使所谓的"异议股东股份收买请求权",让公司以公平价格购买他们的股份而退出公司?第五,该条款除了适用于母子公司之间的内部交易之外,是否还应当扩展到兄弟公司之间的内部交易?

简言之,该条款利弊参半,而且存在很多不确定之处,因此,经过数次的立法辩论,始终是议而不决。另外一个导致此情况的根本性问题是,该条款究竟在现实中有多大的意义,不无疑问。该条款的支持者承认,如果一项内部交易是以本公司利益为代价而提升母公司利益,无利害关系的小股东们通过决议同意该内部交易的可能性应当不会很大。不过,他们认为,虽然该条款在现实中的使用频率可能不会太高,但是,在某些情形下还是具有一定的适用价值,因此,立法应当引入该条款以满足这种需要。

三、董事义务的特殊规则:提名董事

提名董事(nominee director)是一个非常有意思的问题。在澳大利亚公司法中,提名董事并没有一个单一的法律定义,成文法没有使用该概念,判例法对于该用语也没有给出权威的界定。不过,在商业现实中,该用语通常是指那些被任命为服务于某些公司参与人的利益而非公司整体利益的董事。换言之,提名董事对于提名自己担任董事的人承担义务,从而代表提名者的利益。通常而言,提名者可以是一个股东,也可能是一群股东,有时,还可能是公司的主要债权人和公司雇员。① 在公司集团中,提名董事的应用更为突出。不过,在全资子公司中,这个概念没有太大意义,因为公司的股东就只有一个,即其母公司。但是,在非全资子公司中,母公司作为控股股东,可能在子公司中提名并任命代表自己利益的董事,即提名董事。

另外,根据提名董事服务于提名者利益的程度上的差别,提名董事可以分为代表性的提名董事(representative nominee directors)和独立性的提名董事(independent nominee directors)。前者对于提名者利益的服务更为明显,忠诚度也更高,而后者则相对独立于提名者,自由裁量权更大,现实中,后者通常仅仅是作为提名者在公司中的联络员,向提名者报告公司事务等。

现实中,我们很难准确地识别提名董事的身份,以及他们代表何人的利益。有时,公司章程可能会明确地列出正式任命的提名董事,但是,在大部分情况下,这种身份是默认的,或仅仅是一种预期。在澳大利亚公司法中,除了存在利益冲突而需要进行信息披露的一般性董事义务之外,提名董事没有进行特别登记的义务,而且,也无需向公司告知自己代表某些人利益的事实。另外,虽然公司章程通常也会包括利益冲突信息披露的有关条款,但是,这些条款并不是专门针对提名董事的,而且,现实中这些条款也不能用以要求提名董事披露自己与提名者达成的相关协议等。因此,到底现实中存在多少提名董事,他们代表谁的利益,都是无法回答的问题。

---

① 这种提名公司管理者代表某些公司参与人利益的做法在大陆法系也存在。德国公司治理的共决机制即是显例。在德国,公司雇员可以在公司监事会中任命自己的监事,专门代表雇员的利益。另外,在中国的公司法中,公司雇员在监事会中也有自己的利益代表,虽然中国的监事会与德国的监事会在职权上存在重大差异,但是,从利益代表的局部性而言,二者都类似于英美法系中的提名董事。

从董事义务的角度看,提名董事处于一个非常微妙的地位。乍一看,提名董事的概念与董事的忠实义务及避免利益冲突等义务存在抵牾。的确,在非全资子公司的场合,提名董事同时扮演着两个角色:一个是管理子公司,服务于子公司的利益;另一个是代表作为提名者的母公司的利益。如何处理这两个角色之间的冲突呢?提名董事是否真正合法?澳大利亚《公司法》第203D(1)条规定,对于那些被任命为代表某些股东或公司债券持有人利益的董事而言,他们的罢免只有在公司任命了他们的接替者之后才能生效。该条款似乎间接地承认了提名董事的合法性,但没有对于其角色冲突问题进行相应规定。

长期以来的判例法认为,提名董事的任命本身并不违法,因为提名董事仅仅存在角色冲突的可能性,这并不必然导致董事义务的违反。在公司集团的情形下,子公司中的提名董事是由母公司提名的,但是,其对于子公司承担信义义务,因此,如果子公司的提名董事承诺在所有的公司事务上都完全听从母公司的指令,则可能违反其积极行使职权而服务于子公司利益的董事义务。但是,子公司的章程或股东决议等可以改变提名董事对于子公司承担的义务的性质和范围。比如,在 *Levin v. Clark* 一案中,①一家公司的章程允许任命提名董事;据此,该公司的抵押权人任命了提名董事,这些提名董事只有在该公司没有偿还相应债务时才能行使职权,服务于提名者的利益。原告认为,这些提名董事是服务于提名者,即公司的抵押权人,而不是公司,因此违法。新南威尔士州最高法院判定,公司章程或股东协议能够改变提名董事的信义义务,从而该案中的提名董事合法。

简言之,根据判例法,在公司章程和股东协议没有相反规定时,提名董事可以考虑提名者的利益,但其前提条件是,提名董事诚实而理性地认为,这样做符合子公司的自身利益。在子公司利益与提名者母公司利益相冲突时,如果提名董事明知地为了母公司利益而牺牲子公司利益,则违反义务。需要指出,除了以上的主流观点之外,判例法中还有一些相反的观点,使得提名董事的法律地位仍存隐患。

从比较法角度看,在英美法系中,各个国家对于提名董事的义务问题的处理并不完全一样,主要有以下几个模式。第一,就是以上论述的澳大利亚模式。第二,在英国著名公司法教授高尔起草的一个模式中,提名董事可以特别考虑,但不能完全考虑提名者的利益。第三,新西兰公司法规定,只要获得公司章程或股东决议的授权,子公司中的提名董事就可以服务于母公司的利益。另外,提名董事的任命和提名者的利益问题等都必须进行公开的信息披露,从而公司中的其他董事、股东、债权人以及交易方等利害相关人知道提名董事的存在。第四,在美国,前面章节谈到,控股股东

---

① (1962) NSWR 686 Supreme Court of New South Wales.

对于小股东承担信义义务,这样,在非全资子公司的场合中,控股的母公司对于子公司中的其他小股东负有信义义务。由于母公司需要对于子公司中的小股东利益负责,因此,母公司在子公司中任命的提名董事就可以服务于母公司的利益。换言之,由于子公司中的小股东利益能够通过母公司的控股股东信义义务而得到保护,公司法就无需再对提名董事服务于母公司的行为进行限制。

参 考 文 献

Alchian, A & Demsetz, H, "Production, Information Costs, and Economic Organization" (1972) 62 *Am Econ Rev* 777

American Law Institute, *Principles of Corporate Governance: Analysis and Recommendations* (1994)

ASIC, *Continuous disclosure obligations: infringement notices* (2004)

Australian Securities Commission, *Enhanced Statutory Disclosure System: A Response to the Companies and Securities Advisory Committee* (1992)

Australian Securities Exchange, *Listing Rules*

Australian Stock Exchange, 2004 *Australian Share Ownership Study*

Australian Stock Exchange, *Principles*

Bainbridge, Stephen M., *Corporation Law and Economics* (2002)

Bainbridge, Stephen M., "In Defence of the Shareholder Wealth Maximization Norm: A Reply to Professor Green" (1993) 50 *Washington and Lee Law Review* 1423

Banoff & DuVal, "The Class Action as a Mechanism for Enforcing the Federal Securities Laws: An Empirical Study of the Burdens Imposed" (1984) 31 *Wayne Law Review* 1

Baysinger, Barry D & Butler, Henry N, "Revolution Versus Evolution in Corporate Law: The ALI's Project and the Independent Director" (1984) 52 Geo. *Wash L Rev.* 557

Bebchuk, Lucian A, "Federalism and the Corporation: The Desirable Limits on State Competition in Corporate Law", (1992) 105 *Harv. L Rev* 1435

Bebchuk, Lucian & Roe, Mark, "A theory of path dependence in corporate ownership and governance" (1999) 52 *Stanford Law Review* 127-170. 笔者已将该文翻译并发表,参见: [美]卢西恩·伯查克和马克·罗伊.黄辉译.公司治理和所有权结构中的路径依赖理论. 载王保树教授主编.商事法论集. 第 10 卷.北京:法律出版社,2006

Berkahn, Matthew, "The Derivative Action in Australian and New Zealand: Will the Statutory Provisions Improve Shareholders' Enforcement Rights?" (1998) 10 *Bond Law Review* 74

Berle, A A, "Corporate Powers as Powers in Trust" (1931) 44 *Harvard Law Review* 1049

Berle, Adolph A. & Means, Gardiner C., *The Modern Corporation and Private Property* (Macmillan 1933)

Bhagat, Sanjai & Black, Bernald, "Uncertain Relationship between Board Composition and Firm Performance" (1999) 54 *Bus Law* 921

Bishop, Joseph W., "Sitting Ducks and Decoy Ducks: New Trends in the Indemnification of Corporate Directors and Officers" (1968) 77 *Yale Law Journal* 1078

Black，Bernard S，"Is Corporate Law Trivial：A Political and Economic Analysis"（1990）84 *Nw U L Rev* 542

Black，Bernard S.，"Shareholder Activism and Corporate Governance in the United States" in Peter Newman（ed.），*The New Palgrave Dictionary of Economics and the Law*（1998）；笔者已将此文翻译并发表，参见：［美］伯纳德 S. 布莱克. 黄辉译. 美国股东激进主义与公司治理. 载郭锋教授主编. 证券法律评论. 第 4 卷. 北京：法律出版社，2005

Black，Bernard S.，"The Core Fiduciary Duties of Outside Directors"（2001）July *Asia Business Law Review* 3-16；笔者已将此文翻译并发表，参见：［美］伯纳德 S. 布莱克. 黄辉译. 外部董事的核心信义义务. 载王保树教授主编. 商事法论集. 第 11 卷. 北京：法律出版社，2005

Blair，Margaret M. and Stout，Lynn A.，"A Team Production Theory of Corporate Law"（1999）85 *Virginia Law Review* 247-328；笔者已将此文翻译并发表，参见：［美］玛格丽特·M. 布莱尔、林恩·A. 斯托特. 黄辉译. 公司法的团体生产理论. 载王保树教授主编. 商事法论集. 第 9 卷. 北京：法律出版社，2005

Blumberg，P I，*The Multinational Challenge to Corporation Law*（1993）

Boyle，A J，*Minority Shareholders' Remedies*（Cambridge University Press，2002）

Bradley，Michael and Schipani，Cindy A.，"The Relevance of the Duty of Care Standard in Corporate Governance"（1990）75 *Iowa Law Review* 1

Brandeis，L D，*Other People's Money*（1914）

Bratton，W，"The New Economic Theory of the Firm：Critical Perspective from History"（1989）41 *Stanford Law Review* 1471

Carney，William J，"Political Economy of Competition for Corporate Charters"，（1997）26 *J Legal Stud* 303

Cary，William L，"Federalism and Corporate Law：Reflections upon Delaware"，（1973）83 *Yale L J* 663

CCH Int'l，*French Law on Commercial Companies*（2nd ed.，1988）

Cheffins，Brian R，Company Law：Theory，*Structure and Operation*（1997）

Cheffins，Brian R，"Reforming the Derivative Action：The Canadian Experience and British Prospects"（1997）*Company，Financial and Insolvency Law Review* 227

Cheffins，B R and Dine，J M，"Shareholder Remedies：Lessons from Canada"（1992）12 *Company Lawyer* 89

Cheffins，Brian R，"The Oppression Remedy in Corporate Law：The Canadian Experience"（1988）10 *University of Pennsylvania Journal of International Business Law* 305

Clark，Robert Charles，"The Four Stages of Capitalism：Reflections on Investment Management Treaties"（1981）94 *Harvard Law Review* 561

Coffee，John C. Jr.，"Gatekeeper Failure and Reform：The Challenge of Fashioning Relevant Reforms"（2004）84 *Boston University Law Review* 301

Coffee，J C，& Schwartz，D E，"The Survival of the Derivative Suit：An Evaluation and a

Proposal for Legislative Reform" (1981) 81 *Colum L Rev* 261

Corbett, Angus, "The (Self) regulation of Law: a Synergistic Model of Tort Law and Regulation" (2002) 25(3) *The University of New South Wales Law Journal* 616

Corporations and Markets Advisory Committee, *Directors and Officers Insurance: Report* (2004)

Companies and Securities Advisory Committee, *Corporate Groups: Discussion Paper* (1998)

Companies & Securities Advisory Committee, *Corporate Groups: Final Report* (May 2000)

Companies and Securities Advisory Committee, *Report on Reform of the Law Governing Corporate Financial Transactions* (1991)

Companies and Securities Advisory Committee, *Shareholder Participation in the Modern Listed Public Company, Discussion Paper* (1999)

Companies and Securities Law Review Committee, *Report to the Ministerial Council on the Issue of Shares for Non-Cash Consideration and Treatment of Share Premiums* (1986)

Corporate Law Economic Reform Program (Audit Reform and Corporate Disclosure) Bill 2003, *Explanatory Memorandum*

Conard, A F, *Corporations in Perspective* (1976)

Corporate Law Economic Reform Program, *Directors' Duties and Corporate Governance* (paper No 3, 1997)

Davies, Paul L., *Gower's Principles of Modern Company Law* (1997)

Davies, Paul L., *Gower and Davies' Principles of Modern Company Law* (8th ed., Sweet & Maxwell, 2008)

Dent, "The Power of Directors to Terminate Shareholder Litigation: The Death of the Derivative Suit?" (1980) 75 *Nw. U. L. Rev.* 96

Dodd, E M, "For Whom are Corporate Managers Trustees?" (1932) 45 *Harvard Law Review* 1145

Dorresteijn, Adriaan, et al, *European Corporate Law* (2nd ed., Kluwer Law International, 2009)

Easterbrook, Frank H. and Fischel, Daniel R., *The Economic Structure of Corporate Law* (1991)

Easterbrook, Frank H. and Fischel, Daniel R., "The Corporate Contract" (1989) 89 *Columbia Law Review* 1416-1448；笔者已将此文翻译并发表,参见：[美]弗兰克 H. 伊斯特布鲁克、丹尼尔 R. 费雪. 黄辉译. 公司契约论. 载清华法学. 第 4 期,2007

Easterbrook, Frank H., & Fischel, Daniel R., "The Proper Role of a Target's Management in Responding to a Tender Offer," (1981) 94 *Harv. L. Rev.* 1161

Eisenberg, Melvin A., "Corporate Law and Social Norms—Symposium: The Living Legacy of William Cary", (1999) 99 *Columbia Law Review* 1253

Farrar, John H, et al, *Farrar's Company Law* (3rd ed., Butterworths UK, 1991)

Fischel, Daniel R. & Bradley, Michael, "The Role of Liability Rules and the Derivative Suit in

Corporate Law: A Theoretical and Empirical Analysis" (1983) 71 *Cornell Law Review* 262

Fisse, B & Braithwaite, J, Corporations, *Crime and Accountability* (1993)

Fitzsimons, P, "Statutory Derivative Actions in New Zealand" (1996) 14 *Company and Securities Law Journal* 184

Fletcher, K L, *Higgins and Fletcher—The Law of Partnership in Australia and New Zealand* (8th ed. , 2001)

Fletcher, W. , *Cyclopedia of the Law of Private Corporations*

Ford, H A J, Austin, R P and Ramsay, I M, *Ford's Principles of Corporations Law* (12th ed. , 2005)

Formoy, R R, *The Historical Foundations of Modern Company Law* (1923)

Gabaldon, T, "The Lemonade Stand: Feminist and Other Reflections on the Limited Liability of Corporate Shareholders" (1992) 45 *Vanderbilt Law Review* 1387

Garth, Bryant G. , Nagel, Ilene H. and Plager, Sheldon J. , "Empirical Research and the Shareholder Derivative Suit: Toward A Better-Informed Debate" (1985) 48 *Law and Contemporary Problems* 137

Gilson, Ronald, "Globalizing corporate governance: convergence of form or function" (2001) 49 *The American Journal of Comparative Law* 329-357. 笔者已将该文翻译并发表,参见:[美]罗纳德 J. 吉尔森. 黄辉译. 公司治理全球化:形式性抑或功能性融合? 载王保树教授主编. 商事法论集. 第11卷. 北京:法律出版社,2006

Hahlo, H R, "Early Progenitors of the Modern Company" (1982) *Juridical Rev* 139

Hansmann, Henry & Kraakman, Reinier, "The end of history for corporate law" (2001) 89 *The Georgetown Journal* 439-468. 笔者已将该文翻译并发表,参见:[美]亨利·汉斯曼、内涅尔·克拉克曼. 黄辉译. 公司法的终极. 载王保树教授主编. 商事法论集. 第10卷. 北京:法律出版社,2006

Herman, E S, *Corporate Control , Corporate Power* (Cambridge University Press, 1981)

Hepworth, A, *Australian Financial Review , Salary Review 2004* , 9 November 2004

Hill, Jennifer & Yablon, Charles M. , "Corporate Governance and Executive Remuneration: Rediscovering Managerial Positional Conflict" (2002) 25 (2) *The University of New South Wales Law Journal* 294

Holdsworth, W S, *A History of English Law* (1925)

Huang,Hui, "China's Take over Law: A Comparative Analysis and Proposals for Reform" (2005) 30 *Delaware Journal of Corporate Law* 145

Huang, Hui, *International Securities Markets: Insider Trading Law in China* (London, Kluwer Law International, 2006)

Huang, Hui, "The Regulation of Insider Trading in China: A Critical Review and Proposals for Reform" (2005) 17(3) *Australian Journal of Corporate Law* 281

Huang, Hui, "The Statutory Derivative Action in China: Critical Analysis and Recommendations for Reform" (2007) 4(2) *Berkeley Business Law Journal* 227

Hunt, B C, *The Development of the Business Corporation in England 1800—1867* (1936)

Jensen, M C & Meckling, W H, "Theory of the Firm: Managerial Behaviour, Agency Costs and Ownership Structure" (1976) 3 *J Fin Econ* 305

Langevoort, D, "Capping Damages for Open-Market Securities Fraud" (1996) 38 *Arizona Law Review* 639

Lahey, K and Salter, S, "Corporate Law in Legal Theory and Legal Scholarship: From Classicism to Feminism" (1985) 23 *Osgoode Hall Law Journal* 543

Kim, "The Demand on Directors Requirement and the Business Judgement Rule in the Shareholder Derivative Suit: An Alternative Framework" (1981) 6 *J. Corp. L.* 511

Mark, G, "The Personification of the Business Corporation in American Law" (1987) 54 *University of Chicago Law Review* 1331

Millon, David, "Communitarians, Contractarians, and the Crisis in Corporate Law" (1993) 50 *Washington and Lee Law Review* 1373

Mitchell, C, "Lifting the Veil in the English Courts: An Empirical Study" (1999) 3 *Company, Financial and Insolvency Law Review* 15

NYSE, *Listed Company Manual*

Parliamentary Joint Committee on Corporations and Financial Services, *CLERP (Audit Reform and Corporate Disclosure) Bill* 2003

Pennington, R. , *Company Law* (6th ed. , 1990)

Ramsay, Ian M, "An Empirical Study of the Use of the Oppression Remedy" (1999) 27 *Australian Business Law Review* 23

Ramsay, Ian, "Corporate Governance, Shareholder Litigation and the Prospects for a Statutory Derivative Action" (1992) 15 *University of New South Wales Law Journal* 149

Ramsay and Noakes, "Piercing the Corporate Veil in Australia" (2001) 19 *Company and Securities Law Journal* 250

Ramsay, Ian M, and Sauners, Benjamin B, *Litigation by Shareholders and Directors: An Empirical Study of the Statutory Derivative Action* (Research Report, Centre for Corporate Law and Securities Regulation, The University of Melbourne)

Ramsay, I and Stapledon, G, *Corporate Groups in Australia* (Research Report, Centre for Corporate Law and Securities Regulation, University of Melbourne, 1998)

Rao, P. S. , and Lee-Sing, C. R. , "Governance Structure, Corporate Decision-Making and Firm Performance in North American", *Corporate Decision-Making in Canada*, ed. R. J. Daniels and R. Morck, Industry Canada Research vol. 5 (Ottawa: Univ. of Calgary Press, 1995)

Redmond, Paul, Companies and Securities Law: Commentary and Materials (4th ed. , 2005)

Redmond, Paul, "Safe Harbors or Sleepy Hollows: Does Australia Need a Statutory Business Judgment Rule?" in Ian M. Ramsay (ed), *Corporate Governance and the Duties of Company Directors* (1997), 185

Redmond, Paul, "Transnational Enterprise and Human Rights: Options for Standard-Setting and Compliance" (2003) 37 (1) *The International Lawyer* 69

Romano, Roberta, "Competition for Corporate Charters and the Lesson of Takeover Statutes" (1993) 61 *Fordham L Rev.* 843

Romano, Roberta, "Law as a Product: Some Pieces of the Incorporation Puzzle", (1985) 1 *J. L. Econ. & Org.* 225

Romano, Roberta, *The Genius of American Corporate Law* (1993)

Romano, Roberta, "The Shareholder Suit: Litigation Without Foundation?" (1991) *J. L. Econ. & Org.* 55

Rosenstein, Stuart & Wyatt, Jeffery G, "Outside Directors, Board Independence, and Shareholder Wealth" (1990) 26(2) *J. Fin. Econ* 175

Sealy, L S, "Foss v. Harbottle—A Marathon Where Nobody Wins" (1981) 40 *Cambridge Law Journal* 29

Shields, J, O'Donnell, M, & O'Brien, J, *The Buck Stops Here: A Report Prepared for the Labor Council of New South Wales* (May 2003)

Siegel, Mary, "The Erosion of The Law of Controlling Shareholders" (1998) 24 *Delaware Journal of Corporate Law* 27

Smith, Adam, *Wealth of Nations* (1776)

Stapledon, G P, "Australian Sharemarket Ownership" in G R Walker, B Fisse and I M Ramsay (eds), *Securities Regulation in Australia and New Zealand* (2nd ed., 1998)

Stapledon, G P, & Lawrence, J, "Board Composition, Structure and Independence in Australia's Largest Listed Companies" (1997) 21 *Melbourne University Law Review* 150

Stapledon, G, et al., *Proxy Voting in Australia's Largest Companies* (Research Report, Center for Corporate Law and Securities Regulation, University of Melbourne, 2000)

Thai, Lang, "How Popular are Statutory Derivative Actions in Australia? Comparisons with United States, Canada and New Zealand" (2002) *Australian Business Law Review* 118

Thompson, Robert B., "Piercing the Corporate Veil: An Empirical Study" (1991) 76 *Cornell Law Review* 1036

Thompson, Robert B. and Thomas, Randall S., "The Public and Private Faces of Derivative Lawsuits" (2004) 57 *Vand. L. Rev.* 1747

Wagner, John A & Fubara, Edward I, "Board Composition and Organizational Performance: Two Studies of Insider/Outsider Effects" (1998) 35(5) *J Mgmt Stud* 655

Wang, Baoshu, & Huang, Hui, "China's new Company Law and Securities Law: An overview and assessment"(2006) 19(2)*Australian Journal of Corporate Law* 229

Wedderburn, K W, "Shareholders' Rights and the Rule in Foss v. Harbottle" (1957) *Cambridge Law Journal* 194

Whincop, Michael J, "The Role of the Shareholder in Corporate Governance: A Theoretical Approach" (2001) 25 Melbourne University Law Review 418

Williamson, O E, *The Economic Institutions of Capitalism* (1985)

Winter, Ralph K Jr. , "State Law, Shareholder Protection and the Theory of the Corporation",
(1977) 6 *J Legal Stud* 251

Woodward, S & Marshall, S, *A Better Framework*: *Reforming Not-For-Profit Regulation*
(Center for Corporate Law and Securities Regulation, University of Melbourne, 2004)

判　例

Aberdeen Railway Co. v. Blaikie Bros (1854) 1 Macq 461 House of Lords

Adams v. Adhesives Ltd. (1932) 32 SR (NSW) 398

Alabama By-Products Corp v. Cede & Co. 657 A 2d 254 (Del. 1995)

Alexander v. Automatic Telephone Co. (1900) 2 Ch 56

Alexander Ward & Co. Ltd. v. Samyang Navigation Co. Ltd. (1975) 1 WLR 673

Allen v. Atalay (1993) 11 ACSR 753

Allen v. Gold Reefs of West Africa Ltd. (1900) 1 Ch 656

Aronson v. Lewis 473 A 2d 805, 814 (Del. 1984)

ASIC v. Adler (2002) 168 FLR 253

ASIC v. Rich (2003) NSWSC 85; (2003) 44 ACSR 341 Supreme Court of New South Wales

Attorney-General (Can) v. Standard Trust Co. of New York (1911) AC 498

Australian Fixed Trusts Pty Ltd. v. Clyde Industries Ltd. (1959) 59 SR (NSW) 33 Supreme
　　Court of New South Wales

Australian Innovation Ltd. v. Petrovsky (1996) 21 ACSR 218

Automatic Self-Cleansing Filter Syndicate Co. Ltd. v. Cuninghame (1906) 2 Ch 34 Court of
　　Appeal，England and Wales

Bamford v. Bamford (1970) Ch 212 Court of Appeal，England and Wales

Bank of New Zealand v. Fiberi Pty Ltd. (1994) 12 ACLC 48 Court of Appeal of the Supreme
　　Court of New South Wales

Barron v. Potter (1914) 1 Ch 895；Foster v. Foster (1916) 1 Ch 532

Basic Inc v. Levinson 485 US 224

Bell v. Lever Bros Ltd. (1932) AC 161

Berlei Hestia (NZ) Ltd. v. Fernyhough (1980) 2 NZLR 150

Bluebird Investments Pty Ltd. v. Graf (1994) 13 ACSR 271

Boulting v. Association of Cinematograph，Television and Allied Technicians (1963) 2 QB 606

Brick and Pipe Industries Ltd. v. Occidental Life Nominees Pty Ltd. (1990) 3 ACSR 649

Bright Pine Mills Pty Ltd. (1969) VR 1002

Broken Hill Proprietary Co. Ltd. v. Bell Resources Ltd. (1984) 8 ACLR 609

Brunninghausen v. Glavanics (1999) 32 ACSR 294

Byrnes v. R (1996) 183 CLR 501

Canadian Aero Service Ltd. v. O'Malley (1973) 40 DLR (3d) 371 Supreme Court of Canada

Canadian Dredge and Dock Co. Ltd. v. The Queen (1985) 19 DLR (4th) 314 Supreme Court of Canada

Cawthorn v. Keira Construction Pty Ltd. (1994) 33 UNSWLR 607, 611

Chan v. Zacharia (1984) 154 CLR 178 High Court of Australia

Charterbridge Corp Ltd. v. Lloyds Bank Ltd. (1970) Ch 62

Clemens v. Clemens Bros. Ltd., (1976) 2 All E.R. 268 (Ch.)

Clifton v. Mount Ltd. (1940) 40 SR (NSW) 31

Coleman v. Myers (1977) NZLR 225 New Zealand Court of Appeal

Compagnie de Mayville v. Whitley (1896) 1 Ch 788

Cook v. Deeks (1916) 1 AC 554 Privy Council

Crabtree-Vickers Pty Ltd. v. Australian Direct Mail Advertising and Addressing Co. Pty Ltd. (1975) 133 CLR 72 High Court of Australia

Crumpton v. Morrine Hall Pty Ltd. (1965) NSWR 240

Davidson v. Smith (1989) 15 ACLR 732

DCT v. Austin (1998) 28 ACSR

Dehass v. Empire Petroleum Co. 435 F 2d 1223 (10th Cir 1970)

DuPont v. Ball, 106A. 39 (Del. 1918)

Ebrahimi v. Westbourne Galleries Ltd. (1973) AC 360

Edwards v. Halliwell (1950) 2 All ER 1064

Environmental Protection Authority v. Caltex Refining Co. Pty Ltd. (1993) 178 CLR 477

Equiticorp Finance Ltd. (in liq) v. Bank of New Zealand (1993) 32 NSWLR 50 Court of Appeals of the Supreme Court of New South Wales

Exeter and Crediton Railway Co. v. Buller (1847) 16 LJ Ch 449

Foss v. Harbottle (1843) 2 Hare 461; 67 ER 189

Fraser v. NRMA Holdings Ltd. (1995) 127 ALR 543 Federal Court of Australia (Full Court)

Freeman and Lockyer v. Buckhurst Park Properties (Mangal) Ltd. (1964) 2 QB 480 Court of Appeal, England and Wales

Furs Ltd. v. Tomkies (1936) 54 CLR 583 High Court of Australia

Gambotto v. WCP Ltd. (1995) 182 CLR 432 High Court of Australia

Gilford Motor Co. Ltd. v. Horne, 1 Ch 935 Court of Appeal, England and Wales

Gluckstein v. Barnes(1900) AC 240 at 249

Gorton v. FCT (1965) 113 CLR 604

Grant v. John Grant & Sons Pty Ltd. (1950) 82 CLR 1

Grant v. United Kingdom Switchback Railway Co. (1888) 40 Ch D 135

Great Eastern Railway Co. v. Turner (1872) LR 8 Ch App 149

Greenhalgh v. Arderne Cinemas Ltd. (1951) Ch 286 Court of Appeal, England and Wales

Hamilton v. Whitehead (1988) 65 ALJR 80 High Court of Australia

Hansberry v. Lee 311 US 32, 61 S Ct 115, 85 L Ed 22 (1949)

Hanson Trust PLC v. ML SCM Acquisition Inc 781 F 2d 264 (2nd Cir 1986)

Harlowe's Nominees Pty Ltd. v. Woodside (Lakes Entrance) Oil Co. NL (1968) 121 CLR 483
    High Court of Australia

Harris v. S (1976) 2 ACLR 51

Hawes v. City of Oakland 104 US 450 (1882)

Hawkesbury Development Co. Ltd. v. Landmark Finance Pty Ltd. (1969) 2 NSWR 782

Hawkins v. Bank of China (1992) 7 ACSR 349

Hely-Hetchinson v. Brayhead Ltd. (1968) 1 QB 549 Court of Appeal, England and Wales

Herbert v. Redemption Investments Ltd. (2002) QSC 340

Herrman v. Simon (1990) 4 ACSR 81 Court of Appeal of the Supreme Court of New
    South Wales

Hichman v. Kent or Romney Marsh Sheep-Breeders' Association (1915) 1 Ch 881
    Chancery Division

HL Bolton (Engineering) Co. Ltd. v. TJ Graham & Sons Ltd. (1957) 1 QB 159

Ho Tung v. Man On Insurance Co. Ltd. (1902) AC 232 Privy Council

Hogg v. Cramphorn Ltd. (1967) Ch 254 Chancery Division

Holmes v. Life Funds of Australia Ltd. (1971) 1 NSWLR 860

Horn v. Henry Faulder & Co. Ltd. (1908) LT 524

Hospes v. Northwestern Manufacturing & Car Co. 50 N. W. 1117 (Minn. 1892)

Hospital Products Ltd. v. United States Surgical Corp (1984) 156 CLR 41

Howard Smith Ltd. v. Ampol Petroleum Ltd. (1974) AC 821 Privy Council

Huddart, Parker & Co. Ltd. v. Moorehead (1909) 8 CLR 330

Humes Ltd. v. Unity APA Ltd. (1987) 11 ACLR 641

Hurley v. BGH Nominees Pty Ltd. (1982) 1 ACLC 387

Hutton v. West Cork Railway Co. (1893) 23 Ch D 654

Imperial Mercantile Credit Association v. Coleman (1871) LR 6 Ch App 558 Court of Appeal in
    Chancery, England and Wales; (1873) LR 6 HL 189 House of Lords

Industrial Development Consultant Ltd. v. Cooley (1972) 1 WLR 443 Birmingham Assize Court

Irvine v. Union Bank of Australia (1887) 2 App Cas 366

Isle of Wight Railway Co. v. Tahourdin (1884) 25 Ch D 320

Jacobs Farms Ltd. v. Jacobs (1992) OJ No 813 (Ont Gen Div)

John Shaw & Sons (Salford) Ltd. v. Shaw (1935) 2 KB 113 Court of Appeal, England
and Wales

Jones v. Lipman (1962) 1 WLR 832 Chancery Division

Kahn v. Lynch Communication Sys., Inc., 638 A. 2d 1110 (Del. 1994)

Katz v. Pels 774 Supp 121 (SDNY 1991)

Kerry v. Maori Dream Gold Mines Ltd. (1898) 14 TLR 402

Kodak Ltd. v. Clark (1903) 1 KB 505

Kinsela v. Russel Kinsela Pty Ltd. (In Liq) (1986) 4 NSWLR 722 Court of Appeal of the
Supreme Court of New South Wales

Lee v. Lee's Air Farming Ltd. (1961) AC 12 Privy Council

Lennard's Carrying Co. Ltd. v. Asiatic Petroleum Co. Ltd. (1915) AC 705 House of Lords

Levin v. Clark (1962) NSWR 686 Supreme Court of New South Wales

Liggett Co. v. Lee (S. Ct. 1933)

Loch v. John Blackwood Ltd. (1924) AC 783

London and Mashonaland Exploration Co. Ltd. v. New Mashonaland Exploration Co. Ltd.
(1891) WN 165 Chancery Division

Lyford v. Media Portfolio Ltd. (1989) 7 ACLC 271

Marshall's Valve Gear Co. Ltd. v. Manning Wardle & Co. Ltd. (1909) 1 Ch 267
Chancery Division

Massy v. Wales (2003) NSWCA 212

McMillan v. Toledo Enterprises Int Pty Ltd. (1995) 18 ACSR 603

Meinhard v. Salmon 249 NY 456, 464; 164 NE 545

Mesenberg v. Cord Industrial Recruiters (Nos 1 & 2) (1996) 12 ACSR 483

Meridian Global Funds Management Asia Ltd. v. Securities Commission (1995) 2 AC 500 Privy
Council on appeal from New Zealand

Molomby v. Whitehead (1985) 63 ALR 282 Federal Court of Australia

Morgan v. Babcock and Wilcox Ltd. (1929) 43 CLR 163

Movitex Ltd. v. Bulfield (1986) 2 BCC 99

Mount Edon Gold Mines (Aust) Ltd. v. Burmine Ltd. Europa (1994) 12 ACSR 727

Mousell Bros Ltd. v. London & Northwestern Rly Co. (1917) 2 KB 836 Court of Appeal,
England and Wales

Mozley v. Alston (1847) 1 Ph 790; 41 ER 833

Mutual Life and Citizen's Assurance Co. Ltd. v. Evatt (1971) AC 793

National Australia Bank Ltd. v. Bond Brewing Holdings Ltd. (1991) 1 VR 529

NCSC v. Brierley Investments Ltd. (1988) 14 ACLR 177

New South Wales v. Commonwealth(1990) 169 CLR 482

New York Central and Hudson R v. US，212 US 481 (1909)

Northern Counties Sec. Ltd. v. Jackson & Steeple Ltd.，(1974) 1 W. L. R. 1133，1144 (Ch.)

Northside Developments Pty Ltd. v. Registrar-General (1990) 170 CLR 146 High Court of Australia

North-West Transportation Co. v. Beatty (1887) 12 App Cas 589

NRMA Limited v. Scandrett(2002) NSWSC 1123

O'Brien v. Walker (1982) 1 ACLC 59

Ono v. Itoyama 884 F Supp 892 (DNJ 1995)

Overend and Gurney Co. v. Gibb (1872) LR 5 HL 480

Parker and Cooper Ltd. v. Reading(1926) Ch 975 Chancery Division

Parker v. Mckenna (1874) LR 10 Ch App 96

Pavlides v. Jensen (1956) Ch 565

Per Buckley J. in Re Stanley (1906) 1 Ch. 131 at 134

Peso Silver Mines Ltd. (NPL) v. Cropper (1966) 58 DLR (2nd) 1 Supreme Court of Canada

Permanent Building Society v. Wheeler (1994) 11 WAR 187 Supreme Court of Western Australia

Pender v. Lushington (1877) 6 Ch D 70

Phipps v. Boardman (1967) 2 AC 46 House of Lords

Pong Property Development Pty Ltd. v. Sleiman (2004) VSC 92

Prudential Assurance Co. Ltd. v. Newman Industries Ltd. (No 2) (1982) 1 Ch D 204，221

Qintex Aust Finance Ltd. v. Schroders Aust Ltd. (1989) 7 ACLC 841 Supreme Court of New South Wales

Queensland Bacon Pty Ltd. v. Rees (1966) 115 CLR 266

Queensland Mines Ltd. v. Hudson (1978) 52 ALJR 399 Privy Council

R v. Cawood (1724) 2 Ld. Raym. 1361

R v. Hughes(2000) 171 ALR 155

Re Brazilian Rubber Plantations and Estates Ltd. (1911) 1 Ch 425

Re Caratti Holdings Ltd. (1975) 1 ACLR 87，affirmed sub nom Caratti Holding Co. Pty Ltd. v. Zampatti (1979) 52 ALJR 732

Re Cardiff Savings Bank (1892) 2 Ch 100

Re City Equitable Fire Insurance Co. Ltd. (1925) Ch 407

Re City Meat Co. Pty Ltd. (1983) 8 ACLR 673；Re Dalkeith Investments Pty Ltd. (1985) 3 ACLC 74

Re Compaction Systems Pty Ltd. (1976) 2 ACLR 135 Supreme Court of New South Wales

Re Duomatic Ltd. (1969) 2 Ch 365 Chancery Division

Re EI Sombrero Ltd. (1958) 3 All ER 1

Re Express Engineering Works Ltd. (1920) 1 Ch 466 Court of Appeal，England and Wales

Re FG (Films) Ltd.，1 WLR 483 Chancery Division

Re G Jeffrey (Mens Store) Pty Ltd. (1984) 9 ACLR 193 Supreme Court of Victoria

Re George Newman & Co. (1895) 1 Ch 674

Re Lands Allotment Co. (1894) 1 Ch 616

Re Movitar Pty Ltd. (1996) 14 ACLC 587

Re Namoi Cotton Co-operative Ltd. (1998) 26 ACSR 694

Re Neath Harbour Smelting & Rolling Works (1886) 2 TLR 336

Re Rossfield Group Operations Pty Ltd. (1981) Qd R 372

Re Smith and Fawcett Ltd. (1942) Ch 304 Court of Appeal，England and Wales

Re Spargos Mining NL (1990) 3 ACSR 1 Supreme Court of Western Australia

Re Tai-Ao Aluminium (Aust) Pty Ltd. (2004) 51 ACSR 465

Re Tivoli Freeholds Ltd. (1972) VR 445 Supreme Court of Victoria

Re Wakim；Ex parte McNally (1999) 163 ALR 270

Re Wragg Ltd. (1897) 1 Ch 796 Court of Appeal，England and Wales

Regal (Hastings) Ltd. v. Gulliver (1967) 2 AC 134n House of Lords

Residues Treatment and Trading Co. Ltd. v. Southern Resources Ltd. (No 4) (1988) 14 ACLR
569

Rich v. ASIC (2004) 50 ACSR 242

Richard Brady Franks Ltd. v. Price (1937) CLR 112

Rothenberg v. United Brands Co. 573 F 2d 1295 (2nd Cir 1997)

Royal British Bank v. Turquand (1856) 6 E & B 327；119 ER 886 Court of the
Exchequer Chamber

Salomon v. Salomon & Co. Ltd. (1897) AC 22 House of Lords

Sandell v. Porter (1996) 115 CLR 666

Sandford v. Sandford Courier Service Pty Ltd. (1986) 10 ACLR 549 and Sandford v. Sandford
Courier Service Pty Ltd. (No 2) (1987) 11 ACLR 373

Sawyer v. Hoag84 U. S. 610 (1873)

Scottish Co-operative Wholesale Society Ltd. v. Meyer (1959) AC 324

Smith v. Van Gorkom 488 A 2d 858 (Del. 1985)

Smith Stone and Knight Ltd. v. Birmingham Corporation (1939) 161 LT 371 King's
Bench Division

Southern Cross Interiors Pty Ltd. (in liq) v. DCT (2001) 53 NSWLR 213

Standard Chartered Bank of Australian Ltd. v. Antico (1995) 38 NSWLR 290 Supreme Court of New South Wales

Story v. Advance Bank Australia Ltd. (1993) 31 NSWLR 722 Court of Appeal of the Supreme Court of New South Wales

Strickland v. Rocla Concrete Pipes Ltd. (1971) 124 CLR 468

Teck Corp Ltd. v. Millar (1973) 33 DLR (3rd) 288 Supreme Court of British Columbia

Tesco Supermarkets Ltd. v. Nattrass (1972) AC 153 House of Lords

Thorby v. Goldberg (1964) 112 CLR 597 High Court of Australia

Tracy v. Mandalay Pty Ltd. (1953) 88 CLR 215 High Court of Australia

Transvaal Lands Co. v. New Belgium (Transvaal) Lands and Development Co. (1914) 2 Ch 488

TSC Industries Inc v. Northway Inc, 426 US 438, 449 (1976)

Turquand v. Marshall (1969) LR 4 Ch App 376

Walker v. Wimborne (1976) 137 CLR 1

Wallersteriner v. Moir (No s) (1975) QB 373

Wayde v. New South Wales Rugby League Ltd. (1985) 59 ALJR 798 High Court of Australia

Whitehouse v. Carlton Hotel Pty Ltd. (1987) 162 CLR 285 High Court of Australia

Wood v. Dummer, 30 F. Cas. 435, No. 17, 944 (C. C. D. Me. 1824)

Woolmington v. DPP (1935) AC 462

Woolworths Ltd. v. Kelly (1991) 4 ACSR 431

一 版 后 记

在本书的写作过程中,我有幸得到了多方面的支持和帮助,并最终得以完成本书。新南威尔士大学法学院的同事们提出了很多有益的评论,特别是 Angus Corbett 和 Paul Redmond 等,我的研究助手 Sebastian Robinson 和 Emily Wong 对于本书的资料收集和整理也贡献颇多,在此一并表示感谢。

在我负笈海外、求学工作的日子里,我的家人一直是我的最大支柱。自 2002 年初攻读博士到留校工作、从临时讲师到定期讲师、再到正式讲师,升任高级讲师和副教授,指导博士生并获得终身职位(tenure),这前后大概八年时间,幸运地成为澳大利亚"八大名校"法学院正式员工中的第一位中国人,2010 年我受聘香港中文大学副教授,新南威尔士大学同时聘我为双聘副教授(conjoint associate professor)。在这段"累并快乐着"的海外岁月里,爱妻李薇不仅在生活上悉心照顾,而且学术上颇多赞襄。她是本书的第一读者,每撰一章,她就校对样稿,并提出宝贵意见,感激之情,无以言表。

另外,这是我第一次在国内出书,更是第一次与清华大学出版社合作,让我惊喜的是,出版过程非常顺利和愉快,此间,本书的责任编辑李文彬老师严谨的工作风格和热情的待人态度给我留下了深刻印象。

最后,本书的出版特别要感谢母校清华大学法学院院长王振民教授。当我 2009 年从英国剑桥大学结束学术访问后在归途中顺便拜访母校时,王院长谈到清华法学院正在筹备出版一批著作,以庆贺清华百年校庆,并热情邀请本书加入此项目。这是何等的荣光和幸运!我在清华园里从工科学士、法学学士再到法学硕士,一共度过了人生中最美好的八年半的青春岁月,这段经历让我受益无穷,如果说我目前在国外幸运地取得了一些微薄成绩的话,这应当首先归功于母校的培养。2011 年是清华大学建校一百周年,本书出版正当其时,故敬献此书,恭贺母校清华百年华诞。

黄 辉

2010 年 11 月于香港